跨文化研究

TRANSCULTURAL STUDIES

总第 5 辑
（2018 年第 2 辑）

王柯平　胡继华
主　编

《跨文化研究》编辑委员会

主办： 北京第二外国语学院文学院（跨文化研究院）
　　　社会科学文献出版社
顾问： 乐黛云　刘小枫
主编： 王柯平　胡继华
本期执行主编： 院成纯
国内编委（按照姓氏汉语拼音首字母排序）：

　　　曹卫东　曹顺庆　常耀华　陈太胜　陈戎女　程　巍
　　　高建平　耿幼壮　郭　刚　胡继华　黄薇薇　刘　燕
　　　潘先军　裴登峰　邱　鸣　王成慧　王红斌　王柯平
　　　汪民安　谢寿光　杨乃乔　杨　群　杨　平　院成纯
　　　张　辉　赵京华　郑承军　周启超　周志强

国外编委：

　　Timothy Bewes（美国布朗大学英语系文学批评教授）
　　Lionedas Bargeliotes（希腊雅典大学哲学系古典学教授，
　　　　　　　　奥林匹亚文化中心主任）
　　Rick Benitez（澳大利亚悉尼大学哲学与社会学院古典学教授）
　　Galin Tihanov（英国伦敦大学比较文学教授）
　　Thomas Robinson（加拿大多伦多大学哲学和古典学教授）

本期编辑助理：

　　　朱凤娟　丁　莉　张　蕊　康雨辰

目 录

· 学术焦点·尼采新论·

内心的希望：考夫曼、雅斯贝斯与尼采的学术个性
　　………… 大卫·皮卡斯（David Pickus）/文　杨　旭/译 / 1
尼采，永恒轮回以及对存在的恐惧
　　………… 菲利普·J. 凯恩（Philip J. Kain）/文　邵伊凡/译 / 23
尼采的价值观冲突：文化，个体，综合体
　　………………… 乔·沃德（Joe Ward）/文　李静宜/译 / 41
尼采的"生成意志"作为区分性因素 ………………… 院成纯 / 62

· 经典视界·释读荷马·

"被拯救的神话"
　　——反思荷马史诗与柏拉图《理想国》中的神话学
　　…… 查尔斯·塞加尔（Charles Segal）/文　杨　旭　张泽恒/译 / 70
阿弗洛狄特的遗产
　　——论《荷马阿弗洛狄特颂歌》中安喀塞斯的后裔
　　… 安德鲁·福克纳（Andrew Faulkner）/文　李　莎　赵　燕/译 / 91
荷马与历史
　　——《伊利亚特》9.381-384 注
　　…… 艾德里安·凯利（Adrian Kelly）/文　徐艺宁　罗诗惠/译 / 107
荷马致阿弗洛狄特颂歌
　　——一篇文学的赞词
　　…… 彼得·沃尔科特（Peter Walcot）/文　赵午阳　邵伊凡/译 / 119

·文学研究前沿·

哈姆雷特与窦娥 ……………………………………… 袁宪军 / 142

从"无家可归"到"诗意地栖居" …………………… 张　严 / 150

德里达与激进的无神论 ……………………………… 庞红蕊 / 161

论希利斯·米勒的解构修辞 ………………………… 何博超 / 178

·经典迻译·

"喻象"的释义与考辨
　　——一段概念史
………… 埃里希·奥尔巴赫（Erich Auerbach）/文　林振华/译 / 189

·新著揽英·

透视尼采 …………………………………………… 左依祎 等 / 229

Abstract ……………………………………………………… / 256

《跨文化研究》稿约 ………………………………………… / 262

·学术焦点·尼采新论·

内心的希望：考夫曼、雅斯贝斯与尼采的学术个性

大卫·皮卡斯（David Pickus）/文

杨　旭/译

摘　要：考夫曼和雅斯贝斯两位学者推动了 20 世纪尼采的研究，他们主张将尼采作为一个整体进行解读。虽然研究的基本路径相似，但是由于尼采作品本身所具有的不确定性因素，二者在研究过程中产生了分歧。两位学者在相互论争的过程中，不断探寻尼采思想的独一无二性，同时也向我们揭示了两人分歧背后所隐藏的更加深层的因素。他们对尼采的解读深受德国启蒙时期思想家的研究范式的影响，并且将这种范式应用于对尼采的阐释。在解读尼采的过程中，两位学者也展示着他们希望尼采所能展示的特点，表现出其"内心的希望"。

关键词：雅斯贝斯；考夫曼；尼采；内心希望

一　简介：谁在言说尼采？

如果没有雅斯贝斯（Karl Jaspers）和考夫曼（Walter Kaufmann）倾注的心血，严肃的尼采研究可能要倒退一代人。他们二人各写了一部关于尼采的"鸿篇巨制"，不仅对尼采的哲学进行了全面的概述，而且鼓励读者对尼采的作品和个性做出全面的解释。这篇文章的主要观点是：要对雅斯贝斯 1935 年的著作《尼采：哲学活动阐释的概述》（*Nietzsche: An Introduction to the Understanding of His Philosophical Activity*）和考夫曼 1950 年的著作《尼采：哲学家、心理学家、反基督教者》（*Nietzsche: Philosopher, Psychologist, Antichrist*）进行深入的研究，并且理清二者之

间的关系。① 尼采学术研究的现状十分紧迫，学者们已经开始对次级文献的潜在价值进行研究。毕竟，尼采警告过不要妄图借助教授来理解他的思想。在他看来，这些学者"冷酷，漠然，僵硬，平庸，既无才华，也缺精神"（Beyond Good and Evil，以下简写 BGE）。因此，像雅斯贝斯和考夫曼这样的人物，肯定明白查拉图斯特拉轻蔑的语气"来自学者"，如果这些人在此基础上做了关于尼采的学术研究，我们就要质疑他们从尼采的"反学术"精神中保留了什么。

这其中蕴藏的危机超过了对于尼采"接受史"与广泛的当代社会文化之间纠缠问题的过度关注。在尼采的学术中包含着一些非尼采的因素，就好像雅斯贝斯和考夫曼的作品，没有以他们自己的方式展示权力意志。的确，尼采要求他的评论者对此做出思考。正如考夫曼提到：尼采是"哲学史的先驱"，他着眼于去理解那些影响人类道德和精神生活的动机。② 事实上，《善恶的彼岸》的开头部分是一种邀请，要用心理学的脉络，追寻"内心的希望"（wishes of heart）（BGE 19）中元气淋漓的世界观，并且展现它的形式，以此来观照哲学史。探寻尼采之后而不是他之前的观点，这看起来是对的（一旦他停止对"学术公牛"的怒骂），他会让他哲学的研究者去调查，"内心的希望"如何被广泛地定义，同时寻找对他偏颇的评论。是什么让雅斯贝斯和考夫曼对尼采作品的解读既内涵丰富，又充满矛盾？

这不是一个狭隘的研究主题。从 21 世纪的角度来反观，当尼采被牢固地作为学术研究对象时，人们很容易忘记在 20 世纪上半叶"尼采"对于他的读者是多么飘忽不定，因为他经常被人们用某种方式"掩藏"，从而无法将他的所思所写整合起来形成一个整体。一些人们熟知的关于尼采接受的事实需要重新提及：在尼采的一生中，他的作品很少被重视，有时他甚至自己支付出版经费。直到 1889 年 1 月他精神崩溃的时候，他才受到文学界的广泛关注。自此，尼采的名字和声望迅速传播，不仅仅局限于德国。然而，没有人能为尼采的出名找到合适的理由，同时他出名也不是因为他被人们完全理解。对尼采的解读方式是多样的，但经常是以争论性的、糟糕

---

① 雅斯贝斯：《尼采：哲学活动阐释的概述》（Nietzsche: An Introduction to the Understanding of His Philosophical Activity），Berlin: Walter de Gruyter, 1950 [1936]；考夫曼：《尼采：哲学家、心理学家、反基督教者》（Nietzsche: Philosopher, Psychologist, Antichrist），第四版，Princeton: Princeton University Press, 1974。

② 考夫曼：《发现心灵：尼采、海德格尔与布伯》（Discovering the Mind: Nietzsche, Heidegger and Buber），New York: McGraw Hill, 1980。下简称考夫曼《尼采》。

的或二者兼有的方式进行。因此，近半个世纪以来，关于尼采的严肃书写都是为了证明：尼采作为真正的哲学家，他的观念是具有一致性的，并且这种一致性不是对不道德行为歇斯底里的鼓吹。① 像雅斯贝斯和考夫曼这样的评论者宣扬并且强调尼采具有结构性，至少，我们从尼采研究的学术严肃性来看他的这些论述有欠准确。

当然，这并不意味着只有雅斯贝斯和考夫曼鼓励对尼采进行规范的研究。同时，也不建议将他们的解释本身作为权威。毫无疑问，围绕尼采作品含义的论争将依旧存在。但是，这两位作家很明显在尼采研究方法上有重要的作用，强调要进行整体性而非消遣随意的研究。考夫曼说道："比起其他所有的思想家，尼采的书是最容易读，却最难理解的。"② 他们并不像其他哲学家那样使用强大的技术性语言，而是"当一个人想超越富有智慧的警句，转而想冒犯性地去参透其结果，并且整合它们时，这个人就遇到麻烦了"③。这句话中，考夫曼回应了雅斯贝斯的中心论点。他指出，对于大多数哲学家来说，存在这样一种忧虑，即他们不是书本上真实的文字，而是文字所表达出的含义。当面对尼采时，由于"存在这样的危险，他太容易接近了，以至于被理解得很糟糕"④，这种不安加剧了。毕竟，雅斯贝斯在他的第一句话中提醒读者，无障碍不是理解的捷径。尼采为我们所熟知者，乃是借着他的"随笔、大量的断章、书信和诗章——举凡这一切，或是部分地以断断续续的方式完成在文学框架之内，或部分地经过二十多年的累积而构成了一部巨大的《遗稿》"⑤。因此，如果想要公正地对待尼采，我们必须齐心协力去阅读，谨慎避免"阅读尼采时的随波逐流，而要振作起来，捕捉每一个令人喜悦的瞬间"⑥。这样的态度，考夫曼是完全同意的。他利用几乎相同的语言警告说，"如果我们阅读时缺少严谨性，并且仅仅

---

① 分析对尼采的接受史，参见史蒂芬·阿什海姆（Steven Aschheim）《尼采在德国的遗产，1890~1990》（*The Nietzsche Legacy in Germany, 1890-1990*），Berkley：University of California Press，1992；曼弗雷德·里德尔（Manfred Riedel）：《尼采在魏玛：德国的戏剧》（*Nietzsche in Weimar: Ein Deutsches Drama*），Leipzig：Reclam Verlag，1997；斯坦伯格（Hays Alan Steilberg）：《美国对尼采的接受》（*Die Amerikanische Nietzsche-Rezeption*），Berlin：Walter de Gruyter，1996。
② 考夫曼：《尼采》，第72页。
③ 考夫曼：《尼采》，第72页。
④ 雅斯贝斯：《尼采》，第15页。
⑤ 雅斯贝斯：《尼采》，第9页。
⑥ 雅斯贝斯：《尼采》，第15页。

是随意浏览，故意忽略尼采思想上的一致性"①，对理解尼采没有任何好处。

因此，如果我们想在阐释尼采的过程中使用"权力意志"，我们可以看到雅斯贝斯和考夫曼尽力想让读者把尼采理解成为雅斯贝斯所谓的"一个整体"（ein Ganzes）。对于这些作者来说，想要欣赏和评价这种"整体"，我们必须在某一方面超越尼采。考夫曼说道："在一定程度上，尼采应该为自己不被理解而负责。他沉迷于语言的魅力，利用富有暗示性的语句和具有魔力的隐喻来书写，而这种方式导致了误读。"② 因此，我们必须排除误读。在雅斯贝斯的观点中，人们偶尔会发现尼采"在自然主义和极端主义的习语中犯了错误"，但他必须避免使用"毁灭"的方式，将这些提升为尼采的哲学。③ 相反，每一个旨在让读者看到尼采哲学全面性的作家，都努力让自己摆脱尼采语言和形式上的诱惑，从而进行全面的阐释。

所以，他们的两部作品有一些意味深长的共同之处。无论是传记性的还是知识性的著作都解释了尼采思想的发展，同时阐述尼采所有作品中贯穿的哲学目标。因此，每部作品都会充分引用尼采的全部著作，包括书信和未发表的笔记。每部作品都可称得上是哲学上的风向标，指导那些想要避开尼采迷幻的描述而直达其思想本身的人。即使是那些不同意雅斯贝斯和考夫曼的结论的作家，也没有任何进展。研究的基础已经在这里准备好了。当今的学者可以像雅斯贝斯和考夫曼说的那样，对尼采的作品进行综合的理解，甚至在不引用原始研究的基础上对其进行修改或者扩展。

毫无疑问，左右着我们对尼采的理解的，绝不止雅斯贝斯和考夫曼这样的思想家，值得追问的是：为什么必须把他们挑出来进行研究？答曰：并非其他评论家不重要。例如，海德格尔对现代尼采研究有重要的影响，但是将海德格尔关于尼采的研究与雅斯贝斯和考夫曼的著作进行简单的比较可以看到，为什么后两者的研究可以被视为一个整体。海德格尔的研究中，没有传记的章节，也没有更多勾勒尼采的思想发展及其成就。此外，笔者认为，海德格尔并没有像雅斯贝斯和考夫曼那样，尝试整体的反思，因为他首先关注的始终是形而上学的终结，同时他的思考方式又具有隐喻

---

① 考夫曼：《尼采》，第74页。
② 考夫曼：《雅斯贝斯与尼采的关系》（"Jaspers' Relation to Nietzsche"），载 Paul Arthur Schilpp 编《卡尔·雅斯贝斯的哲学》（The Philosophy of Karl Jaspers），N. J.：Tutor Publishing Co.，1957，第427页。
③ 雅斯贝斯：《尼采》，第二、三版导言。

性。另外,雅斯贝斯和考夫曼当然是哲学家,但他们的目标是通过自己的哲学视野让尼采直接发声。因此,他们的书与海德格尔的不同。所有这一切,绝非暗示无须研究海德格尔的影响,或者其他尼采论者均可忽略不计;相反,我们只是想说:在雅斯贝斯和考夫曼之间存在一种相互归属感,因而值得置于一处,一并讨论。

因此,最后一个关于"尼采"的观点得以显露:雅斯贝斯和考夫曼应该联系在一起研究,因为他们对尼采的观点引发了一场人格冲突。尽管每个人都认为,用考夫曼的措辞来说,尼采的观点"不是关注一个国家或集体的成员,抑或是单独的哲学家,而关注的是天下苍生",但他们不相信,其他人也可以用哲学的方式表达尼采,同时把这样的观点向大众展示出来。① 人们可能会认为,由于有如此多的共同之处,他们的解释在某种程度上可能是一致的,毕竟,每个人都找到了一种方式塑造出伟大的尼采。然而,他们之间的观点相互面对时"迸发出火花"。笔者认为,这种"火花"照亮了某种"内心的希望",它可以给予读者一种阅读尼采的方式。

二 在世哲学家的争论

1957年,《卡尔·雅斯贝斯的哲学》(*The Philosophy of Karl Jaspers*)问世,全书厚达918页,它是"在世哲学家典藏"系列图书之一。众多关于雅斯贝斯的文章都在探讨"雅斯贝斯与尼采的关系"。1952年,考夫曼率先在他的文章中强烈反对雅斯贝斯关于尼采的观点。在"在世哲学家典藏"系列图书的体量巨大的"评论的回复"部分中,雅斯贝斯肯定,考夫曼的文章"与其他人相比是独特的"②。考夫曼的论调确实有很强的批判性,他主要的观点是"尼采被用来为我们介绍雅斯贝斯"③。这就相当于说雅斯贝斯滥用尼采来谈论尼采哲学之外的事情。而考夫曼对雅斯贝斯评论中的一些好的方面,例如雅斯贝斯有良好的品德,以及他哲学的观点和目标,都不能掩盖上述判断。雅斯贝斯没有忽略掉这样的信息,他认为考夫曼"阻

---

① 考夫曼:《尼采》,x-ii。
② 雅斯贝斯:《对批评者的回应》(*Reply to My Critics*),载 Paul Arthur Schilpp 编《卡尔·雅斯贝斯的哲学》,第857页。
③ 考夫曼:《雅斯贝斯与尼采的关系》,第427页。

止我创作的关于尼采书籍的全球化"①。

雅斯贝斯选择拒绝这种阻碍。他对考夫曼的回应也应该受到指责，因为雅斯贝斯后来经常批评考夫曼利用某种方式弱化或淡化了尼采。考夫曼是故意而为之，想通过让人有所顾虑的方式使尼采"振奋"起来："他所要证明的是在超人学说和尼采升华过程中，以及永恒回归的信条中，尼采是一个积极的人。他隐藏了我的引文，在引文中尼采质疑这些立场，尽管他经常在他的文本中把它们当作确定的……"② 这意味着考夫曼误用了尼采，他扭曲了雅斯贝斯来掩盖这一点。尽管雅斯贝斯对考夫曼还有其他好的评价（甚至将考夫曼对尼采的研究列为可接受的范围），但是他指出考夫曼从根本上不符合他提出的全面解释尼采的既定目标。这重复了考夫曼对雅斯贝斯否定的主要内容。在《从莎士比亚到存在主义》(From Shakespeare to Existentialism) 中的一篇修订文章中，③ 考夫曼对此做出了论述。他指出，雅斯贝斯宣称自己十分欣赏考夫曼对于尼采的阐释同时试图确定一个"辩论者的立场"，但又不全然认同他的批评。事实上，考夫曼甚至认为，无视批评是雅斯贝斯哲学研究中的基本程序。他根据雅斯贝斯从前学生们的见证，指出雅斯贝斯是以打印在档案卡上的一些简单句子构思出其著作的。考夫曼指出，"在这个过程中，他所讨论的观点结构和意义有时会完全不受他的控制"④。可见，考夫曼确实对雅斯贝斯关于尼采的著作有所深思。

这种深刻的分歧原因何在？其他学者之间观点相左，是因为各自的论辩立场实际上飘忽不定，但这两位论者不一样，却一致认为：一个简单的基本论题也深陷于争论之中。这涉及尼采自相矛盾的问题，或者是他们称之为"漩涡"（the whirl）的问题。每一位作者在他的作品之前都指出，一位哲学家多产的作品中有一些自相矛盾的地方，在这些作品中，有许多个人陈述是清晰易懂的，但"整体构架"却很难把握。这也是他们的分歧所在。雅斯贝斯强调，我们应该认识到，尼采的自相矛盾"看起来是显而易见的"，因此"可以说他没有立场，也不可能在他身上找到相反的立场"⑤。因此，雅斯贝斯在研究尼采时设置了一个目标，他要列出一个尼采详尽的

---

① 雅斯贝斯：《对批评者的回应》，第860页。
② 雅斯贝斯：《对批评者的回应》，第858页。
③ 考夫曼：《从莎士比亚到存在主义》(From Shakespeare to Existentialism), Boston: Beacon Press, 1959。
④ 考夫曼：《雅斯贝斯与尼采的关系》，第289页。
⑤ 雅斯贝斯：《对批评者的回应》，第858页。

语录来展示其矛盾性。"以这种方式展示一个有序的漩涡,可以让矛盾本身具有意义"①。

考夫曼并没有遵循这样的范式。他在席尔普(Schilpp)的《在世哲学家典藏》(Library of Living Philosophers)中发表的文章旨在表明"漩涡"是雅斯贝斯的创造,而不是尼采的。此外,考夫曼对雅斯贝斯的指控并不是一劳永逸的。在大量的著作中,他回归到最初探讨雅斯贝斯方法的不正当性这一主题。这帮助他设定了一个阅读尼采的标准。例如,考夫曼在《从陀思妥耶夫斯基到萨特的存在主义》(Existentialism from Dostoevsky to Sartre)的引言中满腔愤怒地回应了他对雅斯贝斯1936年著作提出的观点:

> 在一个哲学家创作的关于另一个哲学家的最为有趣的著作中,雅斯贝斯引用了尼采数百条语录,在这些语录中雅斯贝斯没有区分早期和晚期,是尼采自己出版的还是他姐姐从废纸篓里捞出的;雅斯贝斯在"他也发现矛盾"之前会一直这样做。利用这样令人惊讶的且完全不科学的方法是违背语言学和历史的,尼采所有确定的概念、理论以及观点都很容易被消解,并且最终变成雅斯贝斯所定义的概念"无休止的反思",大声地质疑一切,不停地探寻,不能得出新的基础,反而是新的荒诞。②

当然,这类评论并没有逃过雅斯贝斯的法眼(尽管1956年他似乎已经和考夫曼合作过了),而他的回答只是简单地说"不"。在席尔普的书中,雅斯贝斯回应考夫曼对他最初的批评,他不认为他的方法使得尼采关键的观点遭到消解:"参考一下我详细论说这一问题之趋向的著作,〔你会发现〕我一定不会承认,我只是大而化之地阐释尼采的独断概念,或者是将尼采塑造为一名轻浮的浪漫主义者。相反,我的整本书都把尼采展示为一个事件,即通过他的牺牲来显示现代性;如果将任何孤立的立场抽离出来,这一事件都将黯淡无光。"③

---

① 雅斯贝斯:《对批评者的回应》,第858页。
② 考夫曼:《从陀思妥耶夫斯基到萨特的存在主义》(Existentialism from Dostoevsky to Sartre),Cleveland: Meridian Books, 1956,第30~31页。在考夫曼创作这部著作时,雅斯贝斯已经形成对考夫曼较为稳定的观点。
③ 雅斯贝斯:《对批评者的回应》,第860页。

因此，阐明他们的分歧的性质并没有为和解展示任何可能性。将二者对尼采的不同观点展示出来，不仅加剧了他们之间的分歧，而且将使得这一争论升级，进而将尼采在现代德国史中的用途这样具有爆炸性的问题囊括在其中。他们的论说逻辑仍然可以进一步讨论，但现在值得重申的是，他们的"内心希望"，即决定着其哲学立场的心灵秘密，（委婉说来）也是形若冰炭，几乎就没有什么共同之处。

三 个人立场

论辩交流会让人有所偏袒，为了免于直落陷阱，最好是反思一下：为什么这些论辩对参与各方在情感上如此意味深长？显而易见，最终的答案不会自天而降，但是各自的著作会隐约闪现出一些有意义的线索。以雅斯贝斯为例，他的《哲学自传》（*Philosophical Autobiography*）具有特殊的价值，特别在前面的章节中他讲述了他从心理学到哲学的知识历程。① 雅斯贝斯强烈反对心理学流派在竞争中声称自己在科学和道德方面超越其他流派。他把这种对狭隘主义的蔑视带进了哲学。雅斯贝斯从一位不同意他"通用心理学"的年轻同事口中引用的批评，澄清了雅斯贝斯的思想。这位同事所指责的是雅斯贝斯没有"信仰，一个人不能这样做研究……你是一个相对主义者……一个危险的虚无主义者"②。雅斯贝斯没有说他如何回应这位同事，但是显然不同意他对真实性缺少奉献精神的观点。这样的情形对雅斯贝斯十分重要，他继续解释道，同样（不正当）的方式在他的作品中"再三"被提出。要探讨雅斯贝斯对虚无主义这一定义的反驳，我们可以追溯到他第一部完整的著作《世界观的心理学》（*Psychologie der Weltanschauungen*）。在这里，雅斯贝斯写道，尼采发现"在真实性和准确性的意志中，真实性（*Echtheitswillen*）有一种接近虚无主义的倾向"。③ 因此，虚无主义与其说是拒绝采取立场，不如说是拒绝看到每一个明确立场的局限性。这是一种强烈的暗示，隐藏在雅斯贝斯对尼采最终的追求中。

---

① 雅斯贝斯：《哲学自传》（*Philosophical Autobiography*），Munich：R. Piper, 1977 [first written in 1953]。
② 雅斯贝斯：《哲学自传》，第 28 页。
③ 雅斯贝斯：《世界观的心理学》（*Psychologie der Weltanschauungen*），第三版，Berlin：Julius Springer, 1925, 第 289 页。

内心的希望：考夫曼、雅斯贝斯与尼采的学术个性

反观考夫曼关于尼采的书，他也同样将虚无主义作为尼采核心关注点之一，但他对这两者的理解和与尼采的关系都有很大的不同。他将其与尼采作为"哲学博士"的自我理解联系在一起，并提出虚无主义是传统道德价值表象背后的道德空虚。因此，虚无主义是哲学与强大的概念知识相斗争的东西。他的结论是："尼采相信，要克服虚无主义，我们首先必须认识到它。"① 值得注意的是，和雅斯贝斯一样，考夫曼不仅对尼采做出了回应，也对他所看到的知识文化做出了回应。最有决定性的是，考夫曼——一个来自纳粹德国的犹太难民——认为，"在德国，批判精神在希特勒时代衰退；只要过去的回忆被压抑，思想的氛围就会发生巨大的变化"②。因此，他们对尼采的分歧不仅仅是理论上的。每个人都把对尼采的误读与灾难性的后果联系在一起。这些后果及其政治影响，需要更充分地表达。

这就引出了核心观点：考夫曼直接将雅斯贝斯的研究与20世纪20年代到30年代德国知识分子运用理智的失败联系起来。他说："可悲的是，即使是雅斯贝斯也不应该超越'歧义'这个概念，尽管它肯定与纳粹版本相抵触，但它几乎不可能成为任何反对人士的集结点，也不可能公正地对待尼采。"③ 对于考夫曼来说，问题在于他从雅斯贝斯那里找到了与贝尔特拉姆（Ernst Bertram）在1918年出版的《尼采：一种神话学的试验》（*Nietzsche：Versuch einer Mythologie*）中使用的相似方法。尽管今天很少阅读，但贝尔特拉姆的书是魏玛时代研究尼采最著名的著作之一。考夫曼提到在1929年出版的第七版印刷了2.1万册。他还指出由于某种错误的原因这本书流行起来。理智上来讲，贝尔特拉姆与"格奥尔格圈子"结盟来赞扬尼采"注定天才"的观点中的非理性，这一观点是格奥尔格（Stephan George）在他1900年创作的诗歌《尼采》中提出的。作品的第一行写道："你创造了神，难道不是为了推翻它们吗？"考夫曼说，这个意象"创造了后来雅斯贝斯所描绘的画面"④。贝尔特拉姆的作品为尼采的思想中不存在理性以及

---

① 考夫曼：《尼采》，第109页。
② 考夫曼：《二战后德国思潮》（*German Thought after World War II*），载考夫曼《从莎士比亚到存在主义》，第343页。
③ 考夫曼：《雅斯贝斯与尼采的关系》，第428页。
④ 考夫曼：《雅斯贝斯与尼采的关系》，第418页，格奥尔格的诗《尼采》由考夫曼翻译成英文并且收录在他的文集中；考夫曼：《二十位德国诗人》（*Twenty German Poets*），New York：Modern Library，1962，第164页。

他生活中只存在"神话"这样的观念提供了可信度。① 根据考夫曼的论述,可从贝尔特拉姆与雅斯贝斯的相似之处得出一个结论:在德国战争期间,雅斯贝斯没有足够的能力去对抗真正有害的观点。

雅斯贝斯对格奥尔格、贝尔特拉姆以及他们的观点都很熟悉。他知道对贝尔特拉姆的批评,也明白格奥尔格的独裁主义。他对考夫曼的建议感到愤怒,因为这让他联想到他所厌弃的德国生活和文化中的元素,同时这些元素也给他带来了极大的伤害。(要记住的是,雅斯贝斯的妻子是犹太人,他这些年从来没有从恐惧中解脱出来。)在这种"你是另类"的评论中,雅斯贝斯回应道:"考夫曼这种趋势……就其形式而言,已经流传了很久了。"② 这就像学术上笼统地批评对方没有提出新的观点一样,直到有人意识到雅斯贝斯所提出的"趋势",换句话说,尼采思想中唯一的一方面,明显与尼采的非理性和右翼思想滥用联系在一起。因此,如果考夫曼找到一种间接的途径,将尼采与德国右翼的作者联系在一起,则雅斯贝斯找到了一种方法,将考夫曼的方法与他在格奥尔格和贝尔特拉姆发现的倾向"联系起来"。

为了阐明这里的利害关系,我们应该简单地考量一下贝尔特拉姆的著作的具体内容。考夫曼的书中充斥着歪曲的、没有记录的、带有倾向性的引语,所有这些引语都是为了支持他不断提出的断言和劝告。毫无疑问,贝尔特拉姆的尼采是一种激进的"英雄主义"的有力倡导者,这一观念很容易被魏玛时期德国法西斯作家们所采纳。按照贝尔特拉姆的说法,尼采呼吁"在文明的斗争中唤醒希腊主义,以恢复真正的德国精神"③。当雅斯贝斯发现考夫曼使用与贝尔特拉姆等作家相同的方法,但加入了"新的内容"时,我们可以理解雅斯贝斯言说的力量。④ 在雅斯贝斯看来,考夫曼和贝尔特拉姆都选择了部分,并误导性地将它们作为一个整体。尽管考夫曼表面上选择了更"积极"的部分,但这一事实仍不能证明他的观点。

---

① 更多关于贝尔特拉姆的讨论,参考拉舍尔(Heinz Raschel)《格奥尔格圈子对尼采的印象》(*Das Nietzsche-Bild im Georg-Kreis*),Berlin: de Gruyter, 1984。拉舍尔描述了贝尔特拉姆对待尼采的方式,他说"人们所期盼的某种具体的生活和工作的形式是徒劳的,每次如是的努力都会被另一个新的类似的意象所代替,永远不会达到亲身感受的程度"(拉舍尔:《格奥尔格圈子对尼采的印象》,第135页)。
② 雅斯贝斯:《对批评者的回应》,第860页。
③ 贝尔特拉姆:《尼采:一种神话学的试验》(*Nietzsche: Versuch einer Mythologie*),Berlin: Bondi, 1918,第84页。
④ 雅斯贝斯:《对批评者的回应》,第860页。

反观考夫曼和雅斯贝斯两人相互关联的重要观点，他们都发现了一种将对方与德国历史错误联系的方法。并且两人都说这一悲剧的结果源于对方学术中不可磨灭的缺陷。可以肯定的是，有人会把两人的矛盾当作没有其他影响的私人口角。然而要记住，这种局面的影响远远超出了这两个人。即使雅斯贝斯和考夫曼已经被取代，他们的潜在担忧仍然在尼采研究中占据着重要地位。考夫曼写到"权力意志是尼采哲学的支柱"，他认为尼采对权力的理解不是形而上学的，而是"人（个人）最重要的状态"①。他的意思是，我们主要看尼采如何理解和运用权力。考夫曼在此处引发了一场关键的讨论，即关于尼采在道德上"变形"的可能性，尤其在历史、社会和艺术领域。另外，雅斯贝斯尽管从不忽视尼采的伦理学，却专注于尼采在总体上提出的对人类的一种新的知识态度。这种新的态度不是一个具体的立场，而是一个人思考立场的方式。因此，即使雅斯贝斯个人的立场被否定，他仍然是反思尼采解释首要地位的主要煽动者之一。早在"新尼采"之前，雅斯贝斯就曾写道："所有的知识都是解释。理解文本的过程是对存在的所有理解的一个明喻"②。因此，他们之间的冲突揭示了尼采学者自我理解过程中存在裂痕的本质。这个裂痕对尼采阐述的影响值得进一步探讨，特别是沿着尼采自己的哲学心理学所暗示的"内心的希望"进行。

四　内心的希望

如果有人需要，便有可能将雅斯贝斯和考夫曼之间的论辩降格为一种"亚哲学"现象。也许纯粹是自高自大，或者是学术上的调侃戏谑，或者是夸夸其谈的"影响焦虑"，才让他们彼此反目，谴责对方真正误解了尼采。然而，很难说骄傲和其他强烈情感的心理问题会在什么时候消失。我们能否将这种影响和激情理解为一种一旦开始认真思考就变得沉默的特质？很难想象尼采是通过这种方式书写的。更重要的是，雅斯贝斯和考夫曼都不赞同放弃对追求哲学过程产生的心理学影响进行反思。雅斯贝斯的《世界观的心理学》从某种程度上是通过我们关注心灵感知的方式来理解哲学的世界观。考夫曼赞扬了这种观点，他说"在这方面人们会经常提出正确或

---

① 考夫曼：《尼采》，第 420 页；考夫曼：《雅斯贝斯与尼采的关系》，第 420 页。
② 雅斯贝斯：《智慧之路》，引自考夫曼《雅斯贝斯与尼采的关系》，第 413 页。

错误的观点,这产生于不同视野下的心理学背景,尼采称之为'心理学'的"①。考虑到考夫曼同意了这一观念,我们希望他继续做下去,而他也确实这么做了。他在《发现心灵》(Discovering the Mind)中的核心部分解释尼采的"世界观心理学,精神史学及其遮蔽"②。因此,尼采的精神以及每个作者的个性,都需要我们深入探讨,据此来理解为什么他们的观点水火不容。从哲学意义上来看,他们渴望着什么?是什么让他们观点产生分歧?每个人又如何理解"权力意志"?

如果我们采取过于中立的态度或者拒绝承认其中存在的权力和地位之争,我们将不能回答最后一个问题。存在这样一种情形,即当面对完全对立的观点时,这些观点从不同的地方汲取灵感,让它们显得并不是真正矛盾,即使二者确实相悖。这样的观念背后隐藏着某种信念或希望,即每种观点都是平等的,可以互补的,不幸的是双方都误解了这一事实。然而,在这个特殊的实例中,不能证明平等的有效性。相反,考夫曼对雅斯贝斯的责难却是可以证实的(尽管这并不意味着他对雅斯贝斯的结论是最终论断)。另外,雅斯贝斯对考夫曼的反驳只是简单地否认。此外,雅斯贝斯认为考夫曼某种程度上掩盖了论证,这仅仅是简单的论断,而不具有任何争议性。在这种非对称关系中,我们要问的是,为什么雅斯贝斯必须拒绝而不是回应考夫曼的挑战?为什么他是利用拒绝的权利而不是反驳的权利?

答案不仅与雅斯贝斯的性格有关,也与考夫曼为挑战雅斯贝斯解释尼采的原则而设下辩论的赌注有关。一个例子可以证明考夫曼有能力做到。关于雅斯贝斯的一部小著作《尼采与基督教》(Nietzsche und das Christentum)(考夫曼称之为"雅斯贝斯大著《尼采》研究理路的微缩版"),考夫曼批评雅斯贝斯认为尼采欣赏耶稣虔诚的生活方式,同时却以同样的方式否定其生活的颓废,人们可以很容易发现其中的"自相矛盾"③。为了表明这是一个值得怀疑的例子,考夫曼说:"这里没有任何歧义或逆转。一个人可以不考虑其道德性而推辞一个职位,也可以追随他人认为是颓废的事物。"④ 考夫曼大部分的观点都是相同的。他有意将雅斯贝斯的尼采与"格奥尔格圈子"联系起来,因为几乎所有圈外人都认同,格奥尔格与其追随

---

① 考夫曼:《雅斯贝斯与尼采的关系》,第 410 页。
② 考夫曼:《发现心灵:尼采、海德格尔与布伯》,第 119~166 页。
③ 考夫曼:《尼采》,第 502 页。
④ 考夫曼:《雅斯贝斯与尼采的关系》,第 420 页。

内心的希望：考夫曼、雅斯贝斯与尼采的学术个性

者努力地将尼采变成不是尼采该有的样子。因此，根据考夫曼的观点，我们必须看到雅斯贝斯也在抹黑尼采。

  他接受了他们的判断，即尼采关于相同事件永恒再现的理论是"迷惑人的谬误"，他的其他结论，也就是引用雅斯贝斯自己——"一堆荒谬和空虚"。超人概念中丰富的心理资源被武断地掏空，并被作为永远不可实现的象征而记录下来；永恒的轮回被误解为一个宗教神话；权力意志的想法被视为一条死胡同；而将意志与超人联系在一起的升华概念几乎被忽视了。①

  因此，考夫曼关注的是当雅斯贝斯的方法成为一种孤立的策略时，他要求雅斯贝斯回应他。为什么尼采必须以这种特殊的方式阅读。在考夫曼看来雅斯贝斯从没有直接给出过他答案。这一点对他来说是如此重要，以至于在后来的一篇关于马丁·布伯（Martin Buber）的文章中，他引用了自己的评论，抱怨道："我在文章的最后不到两页的篇幅里总结了一些具体的批评，但雅斯贝斯却用了五页的篇幅，试图用一种我没有表达过的、与我所宣称的截然不同的哲学观点来约束我。"②考夫曼对存在主义者提出了"存在主义"的批评：他将视野放在产生这种观点的"整个人"身上。

  正是在这里，二人的冲突变得最有趣也最具有尼采风格。雅斯贝斯显然把交流的概念提升到了他哲学的关键位置。考夫曼指责雅斯贝斯站不住脚的研究方法，结果是指责雅斯贝斯拒绝交流。针对这样的观点，雅斯贝斯的反应最为强烈。他说道："如果考夫曼认为这不是正确理解尼采本质的关键，那么我可以暂且认为可能是正确的——尽管它确实是我研究的关键所在。然而，当考夫曼完全否认我的时候，他可能忽略了一种可能性，在我看来，即通过我细致的方式来获得尼采本身不可或缺的东西。"③ 就目前的情况来看，考夫曼的辩护者可以指出，雅斯贝斯所称的"一种可能性"

---

① 考夫曼：《雅斯贝斯与尼采的关系》，第419页，关于谬误的引用来自贝尔特拉姆《尼采》，第12页；关于荒谬的说法来自雅斯贝斯《尼采与基督教》（*Nietzsche und das Christentum*），Munich：Piper Verlag，1952，第71页。
② 考夫曼：《布伯宗教的意义》（"Buber's Religious Significance"），载《存在主义、宗教与死亡：十三篇论文》（*Existentialism, Religion and Death: Thirteen Essay*），New York：Meridian Books，1976，第41页。
③ 雅斯贝斯：《对批评者的回应》，第857页。

是雅斯贝斯所能接受的唯一观点。如果说"漩涡"是"不可或缺的",那么雅斯贝斯是在逃避考夫曼对这一概念的批评。雅斯贝斯的方法不能被认为是"不可或缺的",除非他完全拒绝考夫曼对他提出的批评,但雅斯贝斯显然不这么看。当他认为自己被误解时,他在想什么呢?

雅斯贝斯在给汉娜·阿伦特(Hannah Arendt)的一封信中发表的私人评论,让人们对当时的情况有了一些了解。①1953年,阿伦特去了普林斯顿,在那里结识了考夫曼。在讨论一个论坛时,她向雅斯贝斯提到,考夫曼猛烈抨击了她的观点。之后,她对考夫曼做了一些尖锐的不入耳的评论,并询问雅斯贝斯对他的看法。1953年11月27日,雅斯贝斯做出了回应,他提到他在席尔普的书籍"回复"部分的末尾中提到了对考夫曼的评论,因为他并不很重视考夫曼。他提到,考夫曼在巴塞尔拜访了他,并转述了阿伦特对他的印象。接着,他谈到了考夫曼对思想史的看法,解释了使考夫曼误解他的哲学/政治理由:"对他来说,康德凭借着前期批判作品而成为一位伟大的哲学家。因为,康德是启蒙时代的欧洲人。创作《纯粹理性批判》(*Critique of Pure Reason*)之后,他落入了德国人的窠臼。从这里可以了解到考夫曼对于哲学的理解。我对于他来说当然是德国人,而非欧洲人,没有完全启蒙,因而值得怀疑。"② 这些复杂的陈述在展示雅斯贝斯自己被辱骂的同时证明考夫曼不值得被认真对待,展现了雅斯贝斯的防备心理。至少在诉诸文字的资料中,考夫曼似乎从未声称(哪怕是以某种贬低的口气宣称),雅斯贝斯是"纯种"德国人,或者天生"反启蒙"。即使如此,对研究雅斯贝斯的学者而言,成为一名"不彻底的启蒙者",最终要接受一个内涵丰富的"启蒙"概念。然而,这些评论揭示的核心观念并不是某项指控是否可以"钉在"雅斯贝斯身上。信件中情绪的爆发不应被作为一个人动机的最终判断。观点不在于争吵。关键是,雅斯贝斯在这封信中,阐明了一个比在公开回应中更为清晰的事实:对德国历史上哲学人物解读的分歧,阻碍了他与考夫曼和解。正是这个特殊的知识领域显示了为什么两人不能和解。我们现在要掌握更多细节来了解哲学对这二人意味着什么,来阐明为什么对哲学理解的分歧导致二人对尼采解读的矛盾。

---

① 阿伦特、雅斯贝斯:《1926~1969年的信件》(*Briefwechsel 1926–1969*),Lotte Köhler 和 Hans Saner 编,Munich:Piper,1985,第266~270页。
② 阿伦特、雅斯贝斯:《1926~1969年的信件》,第269页。

五　启蒙的根源

考夫曼对雅斯贝斯《尼采》结构更深层次的批评，以及他对雅斯贝斯多方面的影响，在于考夫曼在雅斯贝斯的作品中读到了源于康德和弗里德里希·施莱格尔（Friedrich Schlegel）的知识谱系。此时引入康德和施莱格尔似乎令人惊讶并且没有必要，但在考夫曼的谱系中对此有着清晰的逻辑。考夫曼指出康德和雅斯贝斯之间的共同点，即他们都担忧科学机制对道德规范的影响，并且这种担忧从正式的道德规范扩展到人类的虔诚。因此雅斯贝斯和康德都尝试着阐明"超越"这种经验主义的事物。正如考夫曼提到的：

> 与康德在自由、决断和信仰方面的"实践"相比，雅斯贝斯的思考总是缺少知识或美学理论。即使康德也"必须抛弃知识来为信仰腾出空间"，然而雅斯贝斯在很大程度上还是重视尼采，因为他抛弃了知识——可能比康德更激进，更明显，也更非学术性——从而为雅斯贝斯的"哲学信仰"腾出空间。①

因此，即使雅斯贝斯关于考夫曼不理解哲学的人身攻击是正确的，那也是无关紧要的。最终的结论是，雅斯贝斯是否将尼采融入了一种从根本上与后者格格不入的知识传统之中，以及何种程度上他意识到他在这样做。考夫曼关于康德的核心主张是，他的"实际"的虔诚与尼采不相符。② 关键在于，考夫曼能否证明，雅斯贝斯调整他对于思想传统的理解是为了避免对尼采言听计从。

笔者认为考夫曼可以做到。他文章最重要的部分就是将雅斯贝斯和施莱格尔联系在一起。考夫曼认为，在施莱格尔对莱辛的评论中，可以找到雅斯贝斯对尼采"近乎完美的平行"的批评方式，考夫曼称莱辛为"德国启蒙运动最伟大的文学代表"。为了证明这一点，考夫曼引用施莱格尔的话，在括号中加入了他自己的重要补充和评价："'他自己的价值超过了他所有

---

① 考夫曼：《雅斯贝斯与尼采的关系》，第418页。
② 参见考夫曼《发现心灵：歌德、康德和黑格尔》（Discovering the Mind: Goethe, Kant and Hegel）第1卷，New York: McGraw Hill, 1980。

的才能。[雅斯贝斯可能会说，《存在》（Existenz）]这依赖于他个性中的伟大。'施莱格尔作为浪漫主义运动最初的精神领袖，没有接受莱辛启蒙的观点，却钦佩他那永不停息、孜孜不倦的头脑。"① 这些在雅斯贝斯看来，与考夫曼别无二致，都是利用尼采制造出一种"飘忽不定的浪漫"。如果我们转向施莱格尔其他的文章《论莱辛》（über Lessing），我们可以看到这不是飘忽不定的，而是破坏了沟通。施莱格尔的文章具有非常吸引人的一面，考夫曼称其为"卓越的"。对莱辛批评的文章已经很多了，施莱格尔表现出一种不要通过他恰好钦佩或蔑视莱辛的方面，来强化这种批评。相反，他想通过真诚严格的标准来证实莱辛博学的特质。② 这种方法将更加注重莱辛本身。然而，当施莱格尔说他想抓住莱辛的全部学说时，他提出了一个破坏交流的解释原则。他引用了莱辛对路德的评价，认为莱辛不会拘泥于路德的著作，而是专注于后者的精神，施莱格尔总结道："从根本上说，莱辛性格的核心特征就是对这封信无限的蔑视。"③

但事实上，莱辛的轻蔑并不是"无限的"，施莱格尔的说法充其量不过是真假参半。不管莱辛沉溺于怎样的讽刺和偶尔的自我贬低，他并不怀疑自己的著作和研究的真实性和价值。即使我们理解"信"总是带有使徒保罗的负面的影响，我们也看到莱辛极为尊重可能带来启蒙的外在形式。毕竟，在他"指环的寓言"中，不可能区分真实和伪造的东西。因此，每一个戒指都必须被接受，只要它有能力使佩戴者成为"上帝和人类的宠儿"④。施莱格尔没有承认这一点，因为他塑造的莱辛要保持内部的一致性。

这与雅斯贝斯有什么相干？这将表明，就像施莱格尔对待莱辛那样，那些非常具有现代气质并且具有存在主义心灵的思想家也会如法炮制地对待尼采。考夫曼声称，雅斯贝斯利用了一个心照不宣的前提，使得他自己与尼采相悖。对雅斯贝斯著作的研究证实了考夫曼的说法。⑤ 在雅斯贝斯的

---

① 考夫曼：《雅斯贝斯与尼采的关系》，第418页。
② 施莱格尔：《论莱辛》（über Lessing）（1797），载 Hans Eichner 编《校勘本》（Kritische Ausgabe）Bd. II, Zurich: Thomas Verlag, 1967, 第104页。
③ 施莱格尔：《论莱辛》，第109页。
④ 《智者纳旦》（Nathan the Wise）中著名片段，见三幕第七场。
⑤ 考夫曼不是唯一提出这种批评观点的人。参考威约曼（J. Vuillem）《尼采的今天》（Nietzsche Aujourd'hui），载《现代》（Les Tempes Modernes），1951年5月，1921~1954；理查德·洛威尔·豪威（Richard Lowell Howey）：《海德格尔与雅斯贝斯论尼采：海德格尔与雅斯贝斯对尼采阐释的批判性考察》（Heidegger and Jaspers on Nietzsche: A Critical Examination of Heidegger's and Jaspers' Nietzsche Interpretation），The Hague: Nijoff, 1973。

《尼采与基督教》中可以很容易看到此点。这本书的前半部分是对尼采关于基督教负面观点的枯燥总结,后半部分是要尝试着证明,尼采"事实上"是被"基督教的冲动"所驱使,这种方法将"事实"和"基督教"的概念延伸到无法识别的程度。在总结观点时,雅斯贝斯写道:"尼采真正的思想与这一时代所普遍谈论的尼采有很大的不同。"① 他提到尼采的"揭示心理学"和"反基督教"思想已经成为共同的资源,然而又补充道:"尼采哲学思想本身,只是哲学领域的步骤和方法而不是最终的真理,尼采像德国其他伟大哲学家一样将真理隐藏起来。"② 这一切的结果是,任何从尼采的心理学或对基督教的批判中得出一个过于具体的结论的人都将被认为是迷失和缺失了尼采真正的深度。

对此,有人可能反驳说:在写这本书的时候,雅斯贝斯有其特殊的防御动机(这些评论最初是在1938年5月一个新教神学家会议的演讲中发表的)。然而,受到这种对待的不仅是尼采的反基督教立场,几乎尼采全部的观点都如此。雅斯贝斯在其巨著《尼采》中总结了他不喜欢尼采的观点。例如,在关于权力意志的讨论中,雅斯贝斯想要表明,这种动力或冲动不应该被认为是尼采形而上学的最终形式。我们可以看出,为什么尼采学者——尤其是那些热衷于避开粗鲁和非哲学解释的学者——会在这个方向争论。然而,尽管雅斯贝斯提到了尼采关于权力的一些观点,但他的解释并不依赖于对尼采的引用,而更多基于他自己对"超越"的观点,"绝对与权力意志无关,它本身在没有权力意志影响的情况下才可以真正显现"③。这不仅仅是雅斯贝斯为发现尼采思想的"界限"所做的努力,这更是一种秘而不宣的分歧。综观全书,这也是雅斯贝斯与尼采之间许多隐而不显的分歧之一。

第二个例子更多地表现了雅斯贝斯将尼采融入自己的哲学之中的努力;一旦稍不顺畅,他便将其拒之门外。在结束他对尼采关于真理观点的讨论时,雅斯贝斯认为"尼采最终的观点很可能是:真理的生命包含着理性和存在的源头,尽管它们的源头是不可知的"④。这一观点呈现出雅斯贝斯自

---

① 雅斯贝斯:《尼采与基督教》,第77页。
② 雅斯贝斯:《尼采与基督教》,第77~78页。
③ 雅斯贝斯:《尼采》,第317页。
④ 雅斯贝斯:《尼采:对其哲学活动理解的概述》(*Nietzsche: An Introduction to the Understanding of His Philosophical Activity*),沃拉夫(Charles F. Wallraff)、施密茨(Frederick J. Schmitz)译,Baltimore: Johans Hopkins University Press, 1965,第217页。

身哲学的核心观点,即生活是对一个无法实现的目标的澄清。然而,要把它归因于尼采,雅斯贝斯必须坚持尼采哲学的真理不能是心理的,也不能迷失在他所宣称的由过度客观思考导致的逻辑死胡同中。[①] 以这种方式解读尼采的结果是,尼采所提出的特殊的心理学观点被贬低到次哲学和非约束性思维的领域中。考夫曼对施莱格尔和雅斯贝斯的比较在这里显得更有说服力。雅斯贝斯在尼采身上发现的真理并不是尼采所做的特殊的观察,而是一个假定的非经验的真理,它不会"停留在困境"[②] 中。问题是尼采是否会在雅斯贝斯的论述中认出自己。不难想象,尼采一直拒绝接受还原的"科学"真理。但难以想象(这是考夫曼的立场)他同意他的哲学超越于他的特殊论断之外。

现在,考夫曼自己的议题和激情可以澄清了。他在展示一场失去希望的悲剧。雅斯贝斯的观点只能被融入尼采的研究中,代价是对自己施加暴力,更有可能是对尼采,因为如果我们严格遵循雅斯贝斯的阅读,尼采作为一个社会或心理批评家的地位总是容易受到指责,这种对尼采的批评不能反映他的哲学,也不是他的目标。因此,笔者想通过反思这一思想对我们理解尼采的影响来进行总结。一方面,这有助于修正关于尼采在政治上令人钦佩和应当谴责的评论的区别。正如考夫曼指出的,雅斯贝斯对尼采的解释与纳粹主义不相容。他的专著展示了许多东西,它与法西斯意识形态背道而驰,将尼采与"血液与土地"的庸俗联系在一起。在纳粹统治下出版这本书需要一些勇气,因为和所有集权主义政权一样,纳粹希望作家公开支持他们,而不仅仅是避免批评。不应忘记这一点,以免将雅斯贝斯的观点与他从未支持过的观点相提并论。

尽管如此,考夫曼依然认为,雅斯贝斯应该做更多的事情将尼采争取过来,以对抗时代的非理性主义。当然,这在1936年是不可能实现的,但是考夫曼问:"为什么不在1926年呢?"[③] 考夫曼认为原因可能在于,像雅

---

① 整体上引用相关段落是有帮助的。沃拉夫与施密茨对此进行如下翻译:"因为尼采思想中所有关于真理的部分是可辨认的(尽管它们从没有客观化),他的思想仍然是哲学的并且没有迷失在像心理学这样的客观化中,一劳永逸地迷失在逻辑中,或者被困在不屈的地位中。"(雅斯贝斯:《尼采》,第217页)

② 沃拉夫与施密茨翻译成"被困在不屈的地位中",但雅斯贝斯没有说"不屈"(参见雅斯贝斯《尼采》,第220页)。也许"不屈服"是他的意思,但是任何想要贬低甚至忽视尼采所做出的特定的心理、历史等见解的人,都可以把雅斯贝斯当作自己的目标。

③ 考夫曼:《雅斯贝斯与尼采的关系》,第427页。

内心的希望：考夫曼、雅斯贝斯与尼采的学术个性

斯贝斯这样的思想家不想去承认德国的传统中没有一位作者可以"像尼采一样对民族主义和国家崇拜、反犹太主义、军国主义和文化野蛮主义展现出如此强烈的愤怒和持久的蔑视……"① 雅斯贝斯可能会反驳说，哲学家的任务不是"挑出"这样的观点。然而，他不太可能会说服考夫曼这样做，因为他认为考夫曼从纳粹手中逃过一劫，并将自己的一本书献给"数百万因信仰而被那些禁止批判理性的人所谋杀"的人。②

但是，如果这一点既被当作考夫曼（以不合情理的方式）将尼采视为一名"人文主义者"的证据，又被当作一种更适当的例证，那么，我们就必须在考夫曼的评价魏玛德国精神生活所提供的一种精准情境中来理解他的哀怨之间了。在他眼里，在一场捍卫批判理性的真切斗争中，尼采的作为乏善可陈。考夫曼反问当时的作家和学者："他们让右翼反对派散布一个彻头彻尾的谎言，即所有伟大的德国人都是右派和民族主义者，难道这不是悲剧吗？"③ 这是问题的关键。这并不是要质疑雅斯贝斯在政治和道德上的正直，因为在他的时代，这两方面都很容易被抛弃。相反，它质疑的是雅斯贝斯的哲学意愿，即将尼采的心理定式、历史和社会学见解融入他的"有序漩涡"中。这将尼采交到野蛮人手中。此外，在一个激进的知识分子不断试图将政治化为一种对大众和力量的审美庆典的氛围中，一个不反对暴力非理性的尼采可以被理解为是对他们的支持。④ 考夫曼希望雅斯贝斯认识到这种危险。他从未承认，这一事实表明，这两位评论家的"内心的愿望"，就他们对尼采的期望而言，是无法调和的；这种差异要求我们即使在今天也要做出自己的选择。

如果要重述考夫曼案例以便揭示尼采研究在当前所面临的挑战，那么我们就完全不敢断言：尼采思想之菁华与绵延不息的生命不可能依据其与时代精神的对立姿态来定义。这种时代精神充满了邪恶的怨恨，充满了非理性的复仇情绪，充满了无所用心的顺服及不知羞耻的快乐。正如雅斯贝斯本人所抱怨的，解释尼采的可能性烟消云散了。正因为如此，我们有必

---

① 考夫曼：《雅斯贝斯与尼采的关系》，第 426~427 页。
② 这是考夫曼《从莎士比亚到存在主义》中的献身精神，书中的精神完全是资本主义资格的。
③ 考夫曼：《雅斯贝斯与尼采的关系》，第 427 页。
④ 关于美学与政治幻想之间危险联系的概述，参见彼得·雷切尔（Peter Reichel）《第三帝国的美丽外观：法西斯主义的魅力与暴力》（*Der schöne Schein des Dritten Reiches: Faszination und Gewalt des Faschismus*），Frankfurt A. M.：Fischer Verlag, 1993。

要回顾一下雅斯贝斯和考夫曼的论述,这也恰恰表明他们对尼采论述研究的结果值得思考。这样的努力不需要考虑是否有给定的作者,或者是否符合"雅斯贝斯阵营"的观点,如此等等的其他因素。尼采学术的影响谱系是复杂的,学者们从来没有通过与其前辈相同的注解完全理解尼采。相反,这是研究学术写作中常见的主题和修辞的另一种方式。例如,考夫曼似乎真的认为,与尼采的全面接触会减少知识文化的复仇心理和怨恨情绪。有没有研究尼采的学者用同样的方式写作?这一问题值得思考,也值得利用考夫曼早期的例子来反思这个案例的优势和局限。

尽管雅斯贝斯特定"兼收并蓄"的语言可能后继乏人,但同样值得追问的是,他把哲学置于具体心理学观点之上,是否已经成为20世纪和21世纪尼采哲学研究的一个未被承认的模式?所罗门(Robert C. Solomon)提道:"尼采总是坚持其作为一个心理学家的首要地位,但这并不总是被人们特别重视,尤其是哲学家。"[1] 正如考夫曼所描述的,雅斯贝斯导致了这种趋势,并不是因为他不愿意讨论尼采的心理学对他的哲学观念的影响,相反,他在这方面做了很多,而是因为他的方法将人们的注意力从尼采(对像考夫曼这样的人来说)心理学最为闪耀的调查和陈述(大概是真实的)他人的动机这一重点移开了。尽管所罗门看到了他所称的尼采的个人偏好方法的缺陷,但他认为,尼采的"最聪明、最尖刻的评论、观察和论文都涉及对人的敏锐洞察和理解,无论是群体、类型还是个人"。他想知道是什么让人们"嘀嘀咕咕",他理所当然地怀疑,人们如何审视和思考自身以及他们所追求的理想,几乎都是误导、错误的,或者纯粹是骗人的。[2] 作为一名心理学家,雅斯贝斯非常熟悉这种过于人性化的知识生活现实,但是(如果有人遵循考夫曼的观点)他并不认为直接衡量尼采的心理学观点及其对所有研究领域的影响,是哲学讨论的范畴。直到今日,谁来引导当下的研究?是否其他尼采哲学研究者都会追随雅斯贝斯,不对尼采进行推理?如果不充分讨论他们的作品,就指责这些作家,似乎是不公平的。然而,公平地说,如果考夫曼对于雅斯贝斯研究方法的非难可以接受的话,那么

---

[1] 所罗门(Robert C. Solomon):《尼采的偏好:透视主义、个性与怨恨》("Nietzsche ad hominem: Perspectivism, Personality and Ressentiment"),载马格努斯(Bernd Magnus)、希金斯(Kathleen M. Higgins)编《剑桥尼采指南》(*The Cambridge Companion to Nietzsche*),Cambridge: Cambridge University Press, 1996, 第180页。

[2] 所罗门:《尼采的偏好》,第180页。

内心的希望：考夫曼、雅斯贝斯与尼采的学术个性

对雅斯贝斯的批评可以被应用到抽象的、"专业的"方法上，这些方法，以一种严谨的方式对尼采重要的论题进行研究，同时不让尼采的具体观察的个人意义渗入其中。从这方面讲，雅斯贝斯为哲学家提供了一种保护自己研究不受个人情绪以及自身隐藏的权力意志影响的模型。

我们对这一点不可以坐视不管，因为它意味深长。对于当今仍对尼采感兴趣的人，雅斯贝斯与考夫曼之争依然意义重大，因为二位学者显然深深关切着尼采的命运：不能误将非其所是的东西认作尼采本人。如果雅斯贝斯在试图不误解尼采的过程中确实误解了他，那么就没有理由认为他的冲动缺乏一切合法性。反对雅斯贝尔斯对尼采的解释，支持考夫曼对其反对的理由，这并不是故事的结尾而是故事的开始。它打开了探究什么类型的智力和道德的"内心的希望"的领域，使得雅斯贝斯需要以一种方式而不是另一种方式来看待尼采。考夫曼提出了一种具有冒犯性的解释，雅斯贝斯的动机是不要把尼采视为一个批判的历史学家，一个隐藏不体面动机的心理学家，一个反基督教的无神论者。与此同时，我们也希望看到哲学家和哲学存在于这一斗争之上的领域中。这种以不同形式表达的愿望如今还存在吗？同样，考夫曼自己的尼采也可以被看作被一种反愿望所驱使，即看到尼采回到揭露人类生活弱点的竞争领域。他显然想让雅斯贝斯的尼采完成一项社会使命，而让考夫曼失望的是雅斯贝斯从未承认需要实现。如前所述，考夫曼对尼采的解释通常被理解为是为了让尼采更受欢迎。① 要评估这种说法需要一篇他自己的论文，但一个好的起点在于，考夫曼在不断回应雅斯贝斯。考夫曼想要阻止尼采在哲学上过于崇高的地位，以至于他不能再作为一个标准来评估脆弱和强大的哲学立场和判断。与此同时，他想要一个能与哲学家对抗的尼采，来衡量他们是否真的能成为"那个时代的坏良心"②。如果考夫曼的观点仍然得到了追随者的支持，那么有必要探讨一下他们在多大程度上认同考夫曼的反学究议程。

这种对过去尼采研究的态度对我们理解尼采及其在英语世界中的地位有两个重要的启示。首先，标签显然对我们没有帮助。我们可以称雅斯贝

---

① 参见索克尔（Walter H. Sokel）《沃尔特·考夫曼尼采形象中尼采的政治用途和滥用》（"Political Uses and Abuses of Nietzsche in Walter Kaufmann's Image of Nietzsche"），载《尼采研究》（Nietzsche-Studien）第 12 卷，Berlin：Walter de Gruyter，1983，第 436～342 页。

② 典故是 BGE 第 212 页。参见考夫曼利用这一点在《一个异教徒的信仰》[The Faith of a Heretic，New York：Doubleday，1978（1959 年首次出版）] 第 48～49 页中批评他那个时代的专业化哲学。

斯为"存在主义者",但这并没有告诉我们,他关于"漩涡"的观点是否真的能让我们直面尼采的存在主义主题。考夫曼可以被斥为"辩护者",但这并不能解决这样一个问题,即尼采心理学中尖锐的锋芒是否被埋没在哲学散文之中。这就引出了第二点,也是最后一点。正如尼采在《论道德的谱系》(*On the Genealogy of Morals*)的"前言"中所指出的,我们天生的爱好就是不注意自己。我们就像睡眠者,不知道我们已经睡了多久。这种历史调查的目的不是谴责,而是要更加清醒地认识到在学术中获得和失去的可能性。考夫曼和雅斯贝斯相遇的故事是一个令人悲伤的故事,它让人们失去了自我意识和意识到激励哲学的"内心的希望"的机会。具有讽刺意味的是,雅斯贝斯自己开创了对世界观心理学的探索,但在被迫这样做时却没有探究自己世界观的心理学。然而,无论失去了多少机会,仔细观察这一事件仍会有所收获。考夫曼和雅斯贝斯的"心照不宣的告白"可以让我们认识到,服从内心希望必将大有所成,同样也让我们对自我探索的机会被拒时所造成的伤害保持警觉。

(作者单位:中国人民大学哲学学院,芝加哥大学;译者单位:北京第二外国语学院跨文化研究院)

尼采，永恒轮回以及对存在的恐惧

菲利普·J. 凯恩（Philip J. Kain）/文　邵伊凡/译

摘　要：尼采对于永恒轮回（Eternal recurrence）和存在的恐怖性（The horror of existence）的思考是其思想的核心内容，但许多研究者并未认识或重视这一点。尼采在许多著作中，谈到了自己对于存在的思考和对永恒轮回的反思。本文以尼采的著作为文本依据，分析其中呈现的对永恒轮回和存在恐怖性的思考，并且提出尼采认为苦难与轮回无关，应当热爱自己的生活，接受生活中的一切，包括其中的苦难。最后，本文重申对于永恒轮回和存在的恐怖性的思考是尼采思想的中心内容这一观点。

关键词：永恒轮回；存在；恐怖性；尼采

一

尼采关于"存在的可怕性及恐怖性"的思考，是其思想的核心。正如在《悲剧的诞生》（*The Birth of Tragedy*）中呈现的那样：

> 流传着一个古老的神话：弥达斯国王（King Midas）①在树林里久久地寻猎酒神（Dionysus）②的伴护，聪明的西勒诺斯（Silenus）③却没有寻到。当他终于落到国王手中时，国王问道：对人来说，什么是最好最妙的东西？这精灵木然呆立，一声不吭。直到最后，在国王强逼下，他突然发出刺耳的笑声，说道："可怜的浮生呵，无常与苦难之子，你为什么逼我说出你最好不要听到的话呢？那最好的东西是你根

---

① ［译按］弥达斯国王：古希腊神话中弗里几亚国王，可以点物成金。
② ［译按］酒神：狄奥尼索斯，是狂喜的施予者，戏剧之神。
③ ［译按］西勒诺斯：半人半兽的森林神灵的首领，狄奥尼索斯的养子。

本得不到的，这就是不要降生，不要存在，成为虚无。不过对于你还有次好的东西——立刻就死。"（参见《悲剧的诞生》3）①

为什么不要降生才是人间最美妙之物呢？因为身为人类，我们唯一可以期待的就是受苦。然而，这也不是问题的症结所在。就像尼采在《论道德的谱系》（On the Genealogy of Morals）中所谈及的那样，人可以与苦难共存，但是，人不能与无意义的苦难，即毫无理由的苦难共存（参见《论道德的谱系》3：28）。在尼采的观点中，我们被"可怕的虚无包围着……"［《论道德的谱系》3：28；还参见《权力意志》（The Will to Power）55］我们生活在一个空荡、无意义的宇宙中。如果不能克服困难，就不能看透现实。确实如此，尼采甚至在《善恶的彼岸》（Beyond Good and Evil）一书中这样建议："存在物的本质可能是这样的，即人们会因为充分了解它而被压垮……"（《善恶的彼岸》39；《权力意志》822）

让尼采对生存心生畏惧的，不仅仅是其理性的思考。他自己就活在其中。② 尼采在写于1888年4月10日的一封信中曾说道："自1876年起，我的身体每况愈下……强烈的痛苦和顽固的头痛使我筋疲力尽。这些折磨与日俱增，在痛苦成性时到达顶峰，接下来的每一年中，都包含着让我痛苦的二百天……我可以在连续的两到三天之内完全保持清醒，同时不断呕吐，以此忍耐那些极度的痛苦……这现在是我的特长。"③ 在《瓦格纳事件：尼采反对瓦格纳》（Nietzsche Contra Wagner）中，他指出这种痛苦对他有莫大的意义：

> 我经常问自己，我是否比其他人更深切地感激自己生命中最艰难的岁月……对于我长久的疾病来说，难道我对它的感激不应该多于对

---

① 索福克勒斯：《俄狄浦斯王》，R. Fitzgerald 译，见 Colonus, Sophocles 卷一（Chicago: University of Chicago Press, 1954），第134页。尼采也谈到了"泰坦神族原始神圣的恐怖秩序"（参见《悲剧的诞生》3）和"自然的恐怖"（《悲剧的诞生》9）；仅仅把痛苦看作"对整个存在的谴责"（《快乐的科学》48）；基督教认为创造了"崇高的语言和姿态，抛弃了可怕的现实"（《权力意志》685）；而世界则是"虚假、残酷、矛盾、诱惑的"存在（《权力意志》853；《权力意志》4）。

② 参见 L. Salomé 著、S. Mandel 译《尼采》（Redding Ridge, Conn.: Black Swan Books, 1988），第10页。

③ 参见尼采于1888年4月10日写给乔治·勃兰德斯的信，C. Middleton 译，《尼采信集》（Chicago: University of Chicago Press, 1969），第294页。

自己健康的感激吗？是它让我拥有一种更高级的健康，此种健康在万物之下茁壮成长，却不曾消灭我的顽疾！——也是它让我对自己的哲学头脑心存感激……只有伟大的苦难才是精神的最终解放者……只有伟大的苦难；在这种巨大痛苦的重压下，我们仿佛置身于一片绿林中，正是这种痛苦，强迫作为哲学家的我们下潜到我们心灵的最深处……（《瓦格纳事件：尼采反对瓦格纳》"后记"）

如若未能完全了解尼采的思想，多数学者就会过分关注其信仰中对存在的恐惧。[①] 笔者在此想要证明，对存在的恐惧感使尼采的思想产生了深远影响。诚然，若没有认识到其在尼采哲学思想里的中心地位，就不能充分理解尼采思想的要义。为了解其重要性，就让笔者带领大家考察以下三种有关人类处境的迥异看法吧。

第一种观点认为人类生活在一个良性的世界中。这个世界仿佛就是为人类而存在的。我们适合这里，我们属于这里，我们在这里如鱼得水。我们被这个世界肯定，这个世界还再度加持我们的力量。这引发了人类的自然回应：一种想要了解自己所生活的世界的渴望油然而生，以欣赏自己与世界的合拍。让我们把它称作"既成世界"。大体上，从柏拉图到亚里士多德，再到中世纪的大多数哲学家都秉持这一传统观点。这种观点的绝大部分内容在现代消失殆尽，现在已经很少再有哲学家是这个观点的虔诚信徒了。

第二种观点同第一种观点的假设相差甚远。弗朗西斯科·培根应当是这个观点的开山鼻祖，这种观点也为大多数现代人认可。在这种观点中，

---

① 下面的例子几乎没有或根本没有意识到"存在的恐怖性"是尼采思想的核心：B. Magnus，《尼采势在必行的生存》(Bloomington: Indiana University Press, 1978); W. Kaufmann，《尼采：哲学家与心理学家》，Antichrist 第四版 (Princeton: Princeton University Press, 1974)。有些学者注意到尼采思想中存在恐怖的生存概念，但对他们来说，这并没有任何重要的意义来解释：A. Danto，《作为哲学家的尼采》(New York: Macmillan, 1967); R. Schacht，《尼采》(London: Routledge and Kegan Paul, 1983)，第376页和第378页；A. Nehamas，《尼采：作为文学的生命》(Cambridge, Mass.: Harvard University Press, 1985)。一些学者确实认识到生存的恐怖性概念的核心重要性：J. Sallis，《交叉点：尼采与悲剧空间》(Chicago: University of Chicago Press, 1991); K. Ansell-Pearson，《作为政治思想家的尼采：完美的虚无主义》(Cambridge: Cambridge University Press, 1994); D. Ahern，《作为文化医师的尼采》(University Park: Pennsylvania State University Press, 1995)。然而，正如笔者希望表明的，即便是这些学者，也没有充分认识到尼采的思想受到存在的恐怖性的影响到底有多深。

世界对人类来说并不陌生,但也绝非仅为人类而建。这个世界并不可怕,但也绝不仁慈。这个世界是中性的,而且最重要的是,这个世界具有可塑性。人类必须通过科学认知这个世界,通过科技控制这个世界。我们需要让这个世界适合我们的要求。在这世界诞生之初,我们与其并不相配。我们要努力改造这个世界,将其塑造成我们的"家园",我们必须打造属于我们自己的地方。对这些现代思想家来说,我们比生活在古代和中世纪的人获得了更多东西。我们最终得到了他们曾经有过的那种契合,但是我们还靠自己的努力、个性化和对自由的追求,获得了额外的满足感。让我们把它称为"完美世界"。

第三种观点认为世界对人类来说是陌生的。世界根本不是为人类而设计的,人类也不是为世界而生的。我们不适合这个世界。我们不属于这个世界。我们永远也不会融入这个世界。这个世界是可怕的,是让人恐惧的,而且人类永远不能超越这个事实。人类在这个地方无缘无故地受苦。人最好永远不要出生。这就是"恐怖的世界"。尼采也持有同样的观点。

尼采只是简单地否定了已经无人相信的"既成世界"(《权力意志》12a),却极为认真、不顾一切地批驳"完美世界"这一观点。① 对尼采来说,人类必须停止浪费自己的时间和精力,不要希冀去改变一切,提升一切,不要希冀自己可以进步(《权力意志》40,90,684)——尼采将自由主义者、社会主义者,甚至基督教徒的观点合在一起,加以痛斥。尼采认为人类不可能减少自己的苦难,怀抱这样不切实际的幻想只会削弱人类的能力。相反,如果人类想继续在这个世界上生存,就必须将这个陌生、可怕的世界隐藏起来,而且人类必须锻炼出这样的能力,人类要让自己变得更加坚强。人类需要更多的苦难,因为苦难"目前是人类的前进之源……"(参见《善恶的彼岸》225:44;还参见《权力意志》957;还参见《论道德的谱系》Ⅱ:7)

尼采认为,如果人们深入探究事物的本质,深入探讨存在的可怕,就会感到茫然无措,丧失自己的勇气。我们和哈姆雷特一样,无法行动,因为我们会看到行动也改变不了事物的永恒本质(《悲剧的诞生》7)。尼采认为人类必须知道"有一种深刻的妄念……最早表现在苏格拉底的人格之中,

---

① 笔者的三个世界模型,即完美世界模型、既成世界模型和恐怖世界模型,应该与尼采在《悲剧的诞生》18 中提出的三个模型进行比较。苏格拉底式的、艺术的和悲剧性的,见《权力意志》333。

那是一种不可动摇的信念。认为思想循着因果律的线索可以直达存在至深的深渊,还认为思想不仅能够认识存在,而且能够修正存在。这一崇高的形而上学妄念成了科学的本能……"(《悲剧的诞生》15)在尼采的观点中,人类不可能改变事物。相反,和哈姆雷特一样,我们应该"觉得荒谬或是耻辱,因为我们被要求去设定一个并不存在的世界"[《悲剧的诞生》7;《偶像的黄昏》(*Twilight of the Idols*)"反本性",6]。

对存在的恐惧性认识扼杀了需要间隔和幻觉的行动。如果人类想要继续生存和行动,那么就必须掩藏生存的恐怖性和无意义性。尼采认为,人类必须为受痛苦构建出合理的意义。我们能够承受痛苦,但是我们无法承受毫无意义、毫无理由的痛苦。所以我们要赋予苦难以意义。我们要为它发明一个意义,我们要为它创造一个幻想。希腊人构建出了众神,对希腊人来说,战争和其他形式的受难就是节日时的戏剧,这也是诗人们的欢庆时刻。基督徒想象出了上帝这一形象,对基督徒来说,受难就是对罪恶的惩罚。[《论道德的谱系》Ⅱ:7;《曙光》(*Dawn*):78]

也许有人会觉得这一些都让人难以接受。无论怎样,我们显然有能力改变世间的事物、减少自己的痛苦、改善我们的生活并且不断前进。这些都是不争的事实,而且现代技术很明显已经完成了这些事实。对尼采来说,拒绝承认重大变革的可能性难道不荒谬吗?难道这些变化还没出现吗?

是的,也许这些变化仍未出现。即便是现代的环保主义者也会抵制所有这些显而易见的事实。他们可能会以一种更加尼采化的方式来回应:科学技术在解决难题的同时,也为人类带来了新的困扰。另外,"完美世界"论者无疑会反驳尼采式的悲观主义,他们认为,即便科技已经造成了一些问题,但是只有更好的科技才能解决这些问题。然而,我们扪心自问,这仅仅是我们的希望,不是我们证明过的存在,也不是荒谬的怀疑——并不是一切都显而易见。未来,科技不一定会改善世间的事物。抗生素的广泛使用似乎为提高人类健康水平、减轻人类病痛立下了汗马功劳,但是我们也发觉这些抗生素培养出了威力更大的病菌,他们对这些抗生素具有抗药性。我们已经在很大程度上消灭了霍乱、天花、疟疾和肺结核等疾病,但癌症、心脏病也被我们亲手造出。过去,我们可以治愈梅毒和淋病,但现在我们却需要面对艾滋病。

即使我们能够表明,人类在科技的帮助下有可能不断减少痛苦,但是,我们永远也不可能消除痛苦。如果真是这样,那么真正的问题依旧存在:

是不是直面痛苦才是更好的选择，是不是应该把受苦的过程当作一种训练，甚至刻意加重痛苦，以便让自己更加坚强，而不是让苦难削弱我们，凭借我们想要战胜它的愿望而变成我们的主宰？

但是，无论我们怎么看待减少痛苦的可能性这一个问题，它可能都毫无实际意义。尼采在故事中这样讲道："在那散布着无数闪闪发光的太阳系的茫茫宇宙的某个偏僻角落，曾经有过一个星球，它上面的聪明的动物发明了认识。这是'世界历史'的最为妄自尊大和矫揉造作的一刻，但也仅仅是一刻而已。在自然做了几次呼吸之后，星球开始冷却冻结，聪明的动物只好死掉。"［《真理和谎言之非道德论》（*On Truth and Lies in an Extra-Moral Sense*）1，79］不管我们认为人类在减少痛苦方面取得了哪些进展，无论我们认为人类正在给世界带来怎样的变化，最终可能都只是生物学时间中短暂且偶然的时刻，而生物时间的转瞬即逝将最终证实存在的恐怖和无意义。

这里的分歧不在于人类可以期望在这个世界上找到多少苦难，而在于其本质如何。对于"既成宇宙"论者来说，痛苦基本上是偶然的。它既非生命的基石，亦非生命的中心。它不是事物的本质的一个必要部分，也并不构成存在的本质。人类必须形成自己的道德，才可以期望在这个世界如鱼得水般生存。对于"完美世界"论者来说，痛苦既非必不可少，也绝非无关紧要。这个世界是中性的。人类必须努力减少痛苦，必须让自己适合这个世界。对尼采来说，即使我们可以改变这个或那个，即使我们可以减少这里或那里的痛苦，但对于人类来说，唯一不能改变的，就是痛苦是生命的根本和核心。事物的本质、存在的本质就是痛苦。而且，它意味着毫无意义的痛苦——毫无理由的痛苦。这无法改变——因此只能将其隐藏。

尼采并不是反对所有形式的改变。他所反对的是为一个"完美宇宙"所必需的那种变革。他反对那种"科学技术可以改变事物本质"的观点——他也反对"人的努力可以大大减少身体痛苦"的观点。相反，尼采只是认为在一个毫无意义的世界中，可以建立起必要的权力来建构意义，以此掩盖不可磨灭的存在的恐怖性。

我们不能证明与尼采相反的观点，笔者同时认为，我们不能仅仅因为尼采的观点违背了基督教、科学、自由主义、社会主义等等的假设而否定它。而且，如果我们想了解尼采，当然就不能否定这个观点。对于尼采来说，人类无论如何都不能消除痛苦，只能试图将其掩藏。

二

尼采在《快乐的科学》(*The Gay Science*)第 341 部分中首次接受了永恒轮回学说:

> 《最沉重的负荷》(*The Greatest Weight*)——假如有个恶魔在某日或某夜闯入你十分孤独的寂寞中,且对你说:"人生便是你目前所过或往昔所过的生活,将来仍将不断重演,绝无任何新鲜之处。然而,每一样痛苦、欢乐、念头、叹息,以及生活中许多大大小小无法言传的事情皆会再度重现,而所有的结局也都一样——同样的月夜、枯树和蜘蛛,同样的这个时刻以及我。那存在的永恒之沙漏将不断地反复转动,而你在沙漏的眼口只不过是一枚灰尘罢了!"
>
> 那个恶魔竟敢如此胡说八道,难道你不咬牙切齿地诅咒他?还是,若在以前的话,你也许会回答他"你真是一个神,我从未听过如此神圣的道理!"假如这种想法得逞,那么你就会被它改造,甚至被碾得粉碎。一切的症结端在:"你是否就想这样一成不变地因循苟且下去?"这个问题对你是一个重担!或者,你宁愿安于自己和人生的现状,而放弃去追求比这最后之永恒所认定的更强烈的东西?(《快乐的科学》:341)①

尼采认为仅仅相信"永恒轮回"是不够的,他要求人类发自心底地爱它。在《瞧,这个人》(*Ecce Homo*)中,尼采阐释了他的"爱命运"(*amor fati*)学说:"对于人类的伟大,我言简意赅地说就是热爱命运。一个人不要除此之外的其他东西,未来不要,过去不要,永远都不要。不仅要忍受必然性,更不要隐瞒它……而要热爱它。"(《瞧,这个人》"我为什么这样聪明";《快乐的科学》276)在《查拉图斯特拉如是说》(*Thus Spoke Zarathustra*)中,查拉图斯特拉这样说道:"挽回过去,而将每个'已是'改为'我会要它如是'——那才是我所谓的赎救!"(《查拉图斯特拉如是说》卷

---

① 《查拉图斯特拉如是说》卷三"视觉与谜语",2;《查拉图斯特拉如是说》卷三"疗养"1~2;《权力意志》1057~1067。关于哲学史上对永恒重复说的较早近似的讨论,见 Magnus《尼采势在必行的生存》,第 47~68 页。

二"赎救";《查拉图斯特拉如是说》卷三"旧表与新表"151)将"已是"转为"我会要它如是"就意味着完全接受自己的命运,并且发自肺腑地去爱它。人们别无选择;人们想让一切永远不变:"这就是生命吗……那么,再来一次吧!"(《查拉图斯特拉如是说》卷四"醉歌行")

我们该如何理解这些学说呢?索尔(Soll)认为,永远重复同样的东西根本不会压垮我们。如果每一次轮回的每一细节完全相同,如果人们根本无法区分它们,那么轮回就并不可怕。索尔认为,如果想让人们害怕轮回,就必须从一次次循环中积累新的经验,记住过去的轮回,人们才会因其再次归来而瑟瑟发抖。① 我认为这个观点是错误的。首先,过着极度痛苦生活的人常常把死亡当作逃避痛苦的一种方式。例如英雄埃涅阿斯②在《埃涅阿斯纪》(Aeneid) 卷六中探访冥界时就期望如此。当他发现他将不得不转世时,他震惊了。诚然,埃涅阿斯的下一个轮回并不完全像尼采说的那样永恒重演上一世的一切,但埃涅阿斯似乎认为接下来要面对的痛苦和苦难与上一世大相径庭。尽管在轮回之后的生活中,埃涅阿斯不会再记得他现在的生活,然而他却因为自己将必须再次经历这一切的念头而恐惧。③

此外,虽然人们不能从一个到另一个的循环中积累经验,但我们必须知道尼采在某些地方已经向我们暗示说,人类有可能记住早期的轮回。④ 此外,从某种意义上来说,如果我们相信轮回学说,就固然可以认知到其他的轮回——魔鬼会告诉我们其他的轮回是怎么回事。只要同样的记忆、知觉和反应在每个周期中都在同一个节点上重复出现,那么就不会造成任何问题——关键在于每个周期都必须完全相同。索尔有可能假设这样的记忆、知觉和反应必然会使循环有所不同,因为这些肯定至少缺席一个循环——

---

① I. Soll:《关于轮回的反思:对尼采学说的重新审视》,R. Solomon 编《关于尼采的评论文集》(Garden City, N. Y.: Anchor, 1973),第 335、339 ~ 340 页。
② [译按] 埃涅阿斯(Αινείας):特洛伊英雄,安喀塞斯王子与爱神阿弗洛狄特(相对于罗马神话中的爱神维纳斯)的儿子。
③ 同样,如果一个人相信有什么类似于基督徒死后的生活,那么对于永恒轮回就很难说无动于衷了。如果永恒轮回是真实的,那么基督徒会被剥夺有意义的来世——至少它必须永远被打断,你每一次都必须重新体验自己的尘世生活。
④ 《查拉图斯特拉如是说》卷三"视觉与谜语"2;还参《查拉图斯特拉如是说》卷五"最丑的人"。有关此观点的有趣发展,请参见 P. Loeb《时间,力量和超人性》,《尼采研究》,21 (2001),第 27 ~ 47 页。

第一次循环。① 这种想法是错误的。尼采早已洞悉一切。时间是无限的（《查拉图斯特拉如是说》卷三"幻想与谜团"；《权力意志》1066）——所以根本就不存在所谓的第一次循环。在所有轮回中，这些记忆、知觉和反应都会按着顺序，在不同轮回的同一节点上依次登场。

索尔还认为，"在某个特定轮回中，不同意识形态之间的同一性不可能存在于不同人的统一轮回中。尽管这样解释并不恰当，但只有以余生的苦难为模板刻画来世的苦难，才能够将人的痛苦的永恒轮回的问题如泰山压顶般施加于人"②。我认为这简直荒谬至极。我十分不想再过现在的日子，即便在下一个轮回中，我不会记得这个轮回中的痛苦。如果我爱我的生命，不想改变最细微的细节，如果我想再过一次这样的生活，即便在未来的轮回中，我不会再记得今生，那也没关系。如果魔鬼告诉我，未来的轮回将是完全一样的（如果我相信的话），如果我现在已经知晓原来一切如此，那么眼前就很难有足够的信心再次经历我现有的痛苦生活，即使在真的经历后仍会忘却。

索尔以来世的角度来回溯我们的现世，同时认为我们不会带有前世的记忆，也不会因为预料到轮回的来临而恐惧，这样看来，其观点似乎有些道理。但这不是思考永恒轮回的唯一角度，而且也不是尼采想要强调的角度。对于尼采来说，魔鬼强迫我们打量自己的现世生活，对它做出回应。魔鬼在考察我们对待现世生活的态度，评估我们对当下的积极程度：如果我们的一生只能一成不变地反复重演，我们的感觉会是如何。眼下最关键的是我们对当下的生活有何感悟。③

如果说我没有足够的证据来证明在下一个轮回中我还是那个真的我，那也没关系。对尼采来说，关键在于我对自己当下生活的反应——来世生命威胁的提出是为了激发这种反应。如果我不认同那个将要活过我下辈子的人，如果我不关心那个人，如果我把那个人当作另一个人，那么我就回避了恶魔向我提出的问题，而且我也回避了问题的核心。问题在于我是否热爱我的生活，我当下的一切——我完全地热爱它，以至于我还想以同样

---

① G. Braddock 似乎在《个人同一性、决定论与永恒的循环》[*Eidos*, 14 (1997)] 第 35 页中有此假设。
② I. Soll：《关于轮回的反思：对尼采学说的重新审视》。
③ 反对 Soll 观点的早期版本请见 Philip J. Kain《尼采、怀疑主义与永恒的重现》，*Canadian Journal of Philosophy* 13 (1983): 377。

的方式再活一次。有人问我是否愿意再活一次，看看我是否热爱现在的生活。如果我坚持把那个过着我来生的人看作另外一个人，那么我至少应该问问自己，我是否足够热爱现在的生活，这样我就可以把它寄托在别人身上了。

无论如何，尼采声称，只要思考永恒重复的可能性，就能粉碎和改变我们。① 尼采在已出版的著作中，认为人们对永恒轮回的思考就如同聆听圣人的教诲，是对魔鬼发起的反抗，或是取得人心灵占有权的某种思想。在《快乐的科学》341 中，我们必须注意到"永恒轮回"并不是以真理的形式出现的。许多评论家认为对于其真伪的辩论是无关紧要的；其重要性在于它对那些相信它的人所产生的影响。②

笔者在其他作品中详细地叙述了这一复杂理论。接下来，笔者将针对细节为读者做进一步的阐述。③ 笔者想在此指出，宣扬"永恒轮回"的哲学家，相信"爱命运"学说的哲学家，同样也是相信存在具有恐怖性的哲学家。这种观点从未被重视，确实，评论家们也鲜少注意到这种观点。④ 露·莎乐美（Lou Salomé）告诉我们，尼采在与她谈论"永恒轮回"时"声音平静，而且表现出深深的恐惧……事实上，生命为他带来了巨大的痛苦，对他来说，永恒的生命轮回必定意味着某种可怕的东西"⑤。试想一下你患有偏头痛。试想一下你正处于发烧的状态，并且感到恶心和呕吐。试想一下，这类事情已经持续多年而你对此却无能为力。即便你极度注意饮食、注意天气的变化、不断尝试新药，但所有这些都毫无用处。你无法让自己痊愈，你甚至不能明显改善自己的身体状况。⑥ 你永远不希望这样做。假设这个状态会让你看到存在的可怕及恐怖，或者也许仅仅证实了你之前对它

---

① *Kritische Gesamtausgabe* 卷二，11：203。
② Soll：《关于轮回的反思：对尼采学说的重新审视》，第 322~325 页；Magnu：《尼采势在必行的生存》，第 116~117 页；Nehamas：《尼采》，第 142~144、146~148 页；M. Clark：《尼采论真理与哲学》（Cambridge：Cambridge University Press，1990），第 246~248 页；L. J. Hatab：《尼采于永恒轮回：时间与生成的救赎》（Washington，D. C.：University Press of America，1978），第 93~94 页。
③ Kain：《尼采、怀疑主义与永恒的重现》，第 365~387 页。
④ 然而 Brodsky 更接近：G. M. Brodsky《尼采的爱命运概念》，《大陆哲学评论》31（1998），第 35~57 页。
⑤ Salomé：《尼采》，第 130 页。很明显，尼采在永恒的重复上摇摆不定。还参见 Salomé《尼采》，第 133 页。有时尼采甚至说："我不想再活下去。"（参 *KGW* 卷二，4：81）
⑥ Friedrich Nietzsche 著、W. Kaufmann 译《查拉图斯特拉如是说》的序言与注释，目录页 xiii~xiv 及第 4~5 页。

尼采，永恒轮回以及对存在的恐惧

的了解。这让你不禁怀疑西勒诺斯是对的：最好永远不要生下来；次之，要尽快死去。你能期待的只有痛苦，毫无理由的痛苦，毫无意义的痛苦。你甚至想到过自杀（《悲剧的诞生》157）。① 设想一下，现在你处于最糟糕的时刻，身处最孤独的时刻，这时一个魔鬼出现在你眼前，或者想象一个魔鬼出现在你眼前。这个魔鬼告诉你，你不得不一遍又一遍地重复你的生活，所有的一切，每一点痛苦和折磨，每一次偏头痛的侵袭，每一次恶心和呕吐的攻击，都将一遍又一遍地上演。

你的反应会是什么呢？如果你选择拒绝，当然，没有人会感到诧异。要是你选择接受，或是想要接受呢？如果你全心全意地爱着自己的生活，甚至不想改变任何一个时刻——即便是一个痛苦的时刻呢？如果你渴望的是你生命中每一刻都能永恒轮回，那该怎么办呢？如果你将此视为最终对生命的确认与封印，任何事都不比它神圣，那又将如何呢？你怎么能这么做呢？你为什么要这么做呢？你难道发疯了吗？这里到底发生了什么？这怎么会被所有的评论家忽视了呢？这一切亟须合理的解答。

笔者认为，永恒轮回向我们展现了存在的可怕。不管你对自己的生活做何评价，不管你声称自己曾经多么快乐，不管你脸上的表情多么灿烂，永恒轮回的威胁给每个人都带来了根本性的恐惧。原封不动的生活再次上演？正是"原封不动"才使得一切发生。我们就是这样度过我们的今生。我们有所希望，我们有所期待，我们想要一些新的生活、一些不同的经历，想让生活有一些改进、一些进步，或者至少是让生活有一些波澜，有一些希冀。如果排除上述的一切，如果我们来世的一切都与前世一模一样，那么情况就会大不一样。如果你觉得自己对生活非常满意，那么请设想一下，如果你不得不重新这样活一次，又会发生什么呢？

假设你能如亚里士多德所建议的那样，将自己的生活作为一个考察的整体，并且认为它是一个优质的、快乐的生活，这会让你产生再如此活一遍的念头吗？在你感到自己生活的幸福时，你是否渴望再次过上这样幸福的生活？如果你的生活是快乐的或是让你引以为傲的呢？很明显，你其实本可以非常积极地对待自己的生活，而根本不想再过这样的一生。事实上，如果对永恒重演的期盼在你身上滋长并占据了你的心灵，那么它会不会降低最好的生活对你的吸引力呢？希望永恒轮回的想法难道不会降低任何事

---

① 尼采于1883年2月1日及3月24日写给Franz Overbeck的信，《尼采信集》，第206、210页。

情对你的吸引吗？它难道不会使你的生活失去重要性和意义吗？大多数评论家似乎认为，美好的生活才能让任何人都想再活一次，但这样对笔者来说毫无意义。另外，大多数人会认为，充满剧烈痛苦与苦难的生活根本不是人们想要再活一次的生活。笔者认为尼采能够看到，充满剧烈痛苦与苦难的生活也许是唯一值得再过一次的生活。笔者在此尝试加以解释。

尼采多年疾病缠身，经历着剧烈的偏头痛、恶心和呕吐。他经常不能工作，又时常被困在床上。他与病魔顽强奋战。他竭尽所能地尝试一切：他曾寻求在气候条件更好的地方居住，对自己的饮食也十分在意，曾参与药物试验。但这一切都毫无作用，他还是不能改善自己的健康状况。尼采遭受的苦难远超出他可以掌控的范围。疾病主宰着他的生活，决定着他的一切活动。他被疾病征服了，自由与尊严在这里荡然无存。他变成了自己疾病的奴隶，他被它征服了。他该怎么办？席勒（Schiller）在散文《论崇高》(On the Sublime) 的开头这样写道：

> 再也没有比接受强制暴力与人的身份更不相称的了……谁要是出于懦弱而接受强制暴力，谁就是在抛弃他的人性……人正好是处于这种状况。他被无数胜于他的并控制他的力所围……假使他没有比例相当的力去对抗各种物质的力，他要想不接受任何强制暴力，那就再也没有别的办法，除非完全彻底地废除对他如此不利的比例关系，按照概念消灭它事实上必须接受的强制暴力。而"按照概念消灭强制暴力"又不是别的，正是自愿屈从于它。①

虽然尼采没有按照席勒的想法去做，但是，这正是尼采所做的。对于自己的遭遇，他该怎么办呢？他该怎么做才能改变疾病控制着他生活中的每一刻这一事实？面对疾病剥夺了他的一切自由和尊严这一事实，他该怎么办？对于这种征服与奴役，他又应当如何反抗？他决定自愿服从、全盘接受。他决定不改变生命中的任何一个细节，连一刻的痛苦也不会改变。

---

① 席勒：《论崇高》，《天真与感伤诗》及《论崇高》，J. A. Elias 译（New York：Ungar, 1966），第193页，及第195页。尼采在《偶像的诞生》"小规模冲突" 36 中提出了一个非常相似的观点。尼采的妹妹告诉我们，即使是在尼采上学的时候，他也曾毫不畏缩地烫过自己的手，见 Frau Förster-Nietzsche《青年尼采》，A. M. Ludovici 译（London：William Heinemann, 1912），第81页。

尼采，永恒轮回以及对存在的恐惧

他决心热爱自己的命运。他想再次活过来，一遍又一遍，没有丝毫的变化，每一个痛苦和痛苦的细节都一样。他愿意说，"那么，再来一次吧"（《查拉图斯特拉如是说》卷5"醉歌行"1）。他无论如何也改变不了自己的生活，但他用这种方式打破了疾病对他的心理束缚。他结束了疾病对他的征服。他将权力掌握在自己的手中，把"已是"变成了"欲是"。对于在生命中将要发生的一切，他接受，他选择，他愿意。他成为自己生活的王。尼采张开双臂，坦然接受了一切，疾病成了他的手下败将。

三

笔者认为现在可以看到永恒轮回对我们有何影响，就如同它对尼采的作用一般，我们没有拒绝它的资格，我们必须热爱一切，我们生命当中的每一刻，即便是痛苦的时刻。乍一看，有一个版本的永恒轮回似乎更有吸引力，即在来世的轮回中，只包含现世生活中让人愉悦的部分，将痛苦的部分排除在外，但我们决不能为这种观念所诱惑。一旦屈服于这种诱惑，我们就将承受失去现有一切的风险。笔者认为，一旦屈从于这种诱惑，就会使现世的苦难再次束缚我们的心灵。人们会再次被苦难征服，再次被苦难掌控。人们会试图减少自己的痛苦，或是选择逃避，抑或努力改善自己痛苦的处境，甚至想要将其消除。这样，人们将再次成为苦难的奴隶。

出于同样的原因，笔者认为我们不会仅仅因为一个或几个伟大的时刻就接受永恒的轮回，愿意永远容忍余下的并不伟大的时刻。马格努斯（Magnus）认为人们需要的只是一种重回巅峰的体验。① 这表明人们对大部分生活，甚至是绝大部分生活所持的态度，往往可能是宽容、接受或漠不关心——甚至可能是消极。我们要做的就是热爱生命中的任一伟大时刻，因为生命中的每一时刻间都存在某种内部关系（《查拉图斯特拉如是说》5"醉歌行"；《权力意志》1032），因此，我们要坦然接受生命中的每一时刻。这比真正热爱自己生命中的所有时刻——每一个细节——要容易得多。后者在《瞧，那个人》中有所呈现，书中提到"爱命运"意味着一个人"不希望来世与今生有什么不同"，并且我们"不又要忍受必然性……而且要热

---

① B. Magnus：《耶稣、基督教和超人性》，J. C. O'Flaherty、T. F. Sellner 和 R. M. Helm 编《尼采研究与犹太基督教传统》（Chapel Hill：University of North Carolina Press，1985），第317~318页。

爱它"〔《瞧，那个人》"我为什么这样聪明"10，附加强调（除了爱）〕。我们想要"毫无保留地大声说'是'，即便这意味着受苦……任何存在的东西都不能被删减，一切都不可或缺"（《瞧，那个人》"悲剧的诞生"2）。如果我们不是因为这一时刻本身而热爱它，那么笔者认为，那些我们想要抛弃的时刻，那些我们出于当时的荣耀而热爱的时刻，终将渐渐消逝。① 我们会祈祷，希望不必遭受如此多的困难，我们会试图制定出应对策略，我们会忧心忡忡，这样，苦难的压迫再次卷土重来，它们会逐渐控制我们，把我们再次变成它们的奴隶。我们不能以一种妄图逃避、试图改变或减轻苦难的态度，对待生命中的每一时刻——否则苦难将成为我们的统治者。事实上，在《瞧，那个人》中，尼采说他必须表现出"俄国宿命论"。他是这样做的：

> 多年以来，我面临意想不到的几乎不堪忍受的环境、场地、居所和社交圈子时，我坚持苦守在那里——这比改变它们要好些，这比感觉到它们是可改变的要好些，这比反抗它们要好些。
> 那时，凡是阻碍我奉行这种宿命论的，用强制的办法唤醒我的，我都十分恼怒——实际上，每次都非常危险。
> 把自己视为天命，不想自己"与众不同"——这就是在这种情况下的伟大的理性本身。（《瞧，那个人》"我为什么这样有智慧"6）

永恒轮回是人类可以用来处理无意义的痛苦的一种尝试。这种尝试可以彻底拒绝以下说辞：让我们改善这个世界，让我们改变自己的现状，让我们一步步地努力消除痛苦——尼采时常反对这些自由主义者和社会主义者的观点。在尼采的眼中，世界充斥着痛苦，如果人们所做的一切都不能明显地减少这世间的苦难，那么这样的尝试无疑会使你被自己的苦难奴役。

四

我们已经看到，在尼采看来，人类不能忍受无意义的痛苦，所以人类

---

① 一个伟大的时刻可能足以让我们对永恒轮回产生兴趣和兴奋，但是，正如尼采所说，思想必须"占有你"。笔者建议，为了获得我们的占有权，我们必须在生命中的每一时刻或永恒轮回中去爱自己。《快乐的科学》341；《查拉图斯特拉如是说》卷四"醉歌行"10。

就给予它一个意义。例如，基督教将其解释为对罪的惩罚。然而，永恒轮回似乎肯定会使我们重新陷入无意义的痛苦中（《权力意志》55）。它意味着苦难终将发生，它会永恒轮回，它就是命中注定，毫无计划，毫无目的，甚至毫无理由。永恒的轮回似乎为人类逃不开苦难的命运雪上加霜。

在某种程度上说，这样的说法极为正确。尼采确实想接受他所能忍受的无意义和痛苦（《悲剧的诞生》39：225；《权力意志》585a）。然而，这里的意义恰恰存在于无意义当中。拥抱永恒轮回意味着把无意义的痛苦、必然发生的痛苦和毫无理由的痛苦强加给自己。但同时，这也创造了存在的无辜。痛苦的无意义意味着痛苦的无辜。这就是人类给予痛苦的新含义。苦难不再有其古老的含义。痛苦不再具有基督教所赋予它的意义了。痛苦再也不能被视为惩罚。人们再也没有负罪感了，也不再有任何罪过。人们不再要对谁负责（《偶像的黄昏》"错误"；《人性，太人性》99）。如果痛苦只能永远轮回，如果哪怕连最轻微的变化都不可能发生，这又怎么能怪它呢？一个人怎么能负责呢？我们对此无能为力，我们何其无辜。这本身就能解释为什么一个人能够真心接受永恒轮回，热爱自己生活的每一个细节，不希望改变任何痛苦的时刻。人类会拥抱自己的无邪。人类会爱上罪恶中的救赎。

永恒的重复使超人（übermensch）尽可能地接近真理、无意义、空无，但它并没有一直走下去，甚至会垮掉。永恒的重现赋予了超人说以意义。它能消除空虚，填补空白。何以做到呢？它使自己充斥着完全熟悉的和完全已知的东西，没有任何新的、不同的或奇怪的东西——完全不可怕的东西。它用自己的生命填满空旷——永恒轮回。的确，这种生活是一种痛苦的生活，但是（考虑到存在的恐怖）无论如何都无法避免痛苦，而且至少痛苦已经被罪恶、惩罚或罪恶的概念所带来的任何额外痛苦所剥夺。它已成为天真的生活。而且，正如尼采所说，问题的根源在于无意义的痛苦。如果给它一个意义，痛苦也会成为我们可以寻求的东西（《论道德的谱系》3：28）。永恒的轮回，痛苦的宿命，无意义的重复，使人类的痛苦变得无辜。这很可能是支持人类接纳它的理由。又或者，尽管人类可能不能接纳自己，但笔者认为我们至少可以理解为什么尼采会这样——甚至理解他为什么必须这样。

永恒轮回也给予苦难以另一种意义。如果一个人能够接受永恒的轮回，如果他能够把所有的"已是"变成"欲是"，那么他不仅能把痛苦减轻为身体上的痛苦，打破心理上的束缚，并消除与内疚有关的多余的痛苦，而且在某种意义上，甚至可以减少低于身体上痛苦的痛苦。人不能像自由主义者、社会主义者或基督教徒那样，通过改变世界来减轻痛苦。在尼采看来，那是不可能的，而且，事实上，永远重复同样的规则，至少这也是一切存在的最终成就。① 相反，身体上的痛苦可以通过将其视为一种考验、纪律、训练而得以减弱，从而带来更大的力量。也许会想到运动员的例子，运动员从事的活动越来越激烈，接受的痛苦越来越大，处理得也越来越好，并把这看作一种拥有更强力量的标志，是能力提升的标志。痛苦和苦难变成了力量。事实上，爱上这种痛苦是有可能的，因为它是力量增强的标志。人可以渴望痛苦——"让痛苦来得更猛烈些吧！"（《论道德的谱系》3：20）一个人承受的痛苦越多，他就越坚强。

　　如果痛苦是自我的施加，如果施加的目的在于打破它对我们的心理束缚，如果要把痛苦变成力量，并使其反过来加强力量，那么我们就完全不应当为受难者感到难过。同情受难者要么表明对其做事的过程一无所知，要么表明受难者试图通过痛苦实现某个目标，要么表明对受难者的痛苦缺乏尊重（《快乐的科学》338；《曙光》135）。同情受难者，希望受难者不用经历这样的痛苦，会贬低受难者的人格，及其试图通过这种痛苦获得更大力量的整个过程。

　　让我们再试着把自己放在尼采的位置上去看。尼采已受苦多年，吃尽了苦头。他终于认识到他不能结束这种痛苦，甚至不能大幅度地减少它。他最终还是打破了痛苦对他的心理束缚。他能接受它，他也愿意这样做，他不愿意改变丝毫的细节。他能爱上自己的痛苦。这就增加了他的力量。那么，他对我们的怜悯有什么反应呢？他很可能会生气。他会以为我们在高人一等地帮助他，然而他并不需要。他认为我们是想剥夺他已经获得的力量，使他再次陷入痛苦，剥夺他的尊严。他会厌恶我们试图做的善事，厌恶我们企图将我们自己的意义强加给他的痛苦（把它当作怜悯和帮扶），这样的做法同尼采的初衷背道而驰。

　　尼采在很大程度上笃信他的信念，即痛苦在这个世界上不可能显著减少。因为如若可以实现，那么怜悯和同情将是激发减少痛苦的最重要因素。尼采致力于接纳苦难的价值，以至于他愿意除去，或者至少是从根本上贬

---

① 永恒轮回本身并不意味着在目前的循环中不可能做什么来减轻痛苦，但是永恒轮回确实意味着在下一个周期中，就像西西弗斯一样，打破所有的一切，人们将不得不从头开始。

低怜悯与同情。

为了解尼采对苦难是何等的忠诚,不如假设我们是"不可救药的"空想社会改良家——自由主义者或基督徒。我们只是不忍心看到任何人受苦。假设我们找到了一个研究尼采病的治疗方法的研究者,这位研究人员认为,在几年内可以生产出一种药物来消灭这种疾病。假设这位研究者是对的,假设尼采已经完全沉浸在永恒轮回这一信念当中,就像他对自己的命运一样热爱,他已经决定不会改变自己生命中任一最细微的细节。现在,让我们告诉他这个疗法。

尼采会怎样回应呢?他会接受治疗吗?他会放弃他那来之不易的态度,接受他的偏头痛、恶心和呕吐,拒绝任何改变吗?他是否会回到他的老态度,希望减少他的痛苦,尝试任何可能实现这一点的办法?他会给疾病一个重新束缚自己心灵的机会吗?我们必须记住,我们的假设是尼采实际上可以在几年之内痊愈。如果承认永恒轮回和对命运的爱,这一切本来是可以做到的,但尼采也会放弃约束、强化和赋予权力。虽然他的病可以痊愈,但在一个以可怕的生存为特征的世界里,他也不可能有足够的方法来处理任何其他的痛苦。我们不知道尼采是否会决定采取治疗,但可以肯定的是,如果他这样做了,他或不会是我们所知道的尼采了。

克尔凯郭尔(Kierkegaard)① 讲述了亚伯拉罕和以撒的故事。神吩咐亚伯拉罕,把他的独生子带到摩利亚山,在那里献为燔祭。忠诚的亚伯拉罕出发准备去践行上帝的旨意。但在他到达以后,正准备拔出刀献祭儿子的时候,神告诉他把神所预备的公羊献上即可。克尔凯郭尔暗示,如果他处于亚伯拉罕的位置并对上帝有足够的信心,并且像亚伯拉罕一样服从他,那么如果他能够鼓起同样的勇气,面对失而复得的儿子时,他会感到尴尬。克尔凯郭尔认为亚伯拉罕并不尴尬。他并不因为自己选择始终相信上帝而抛弃了以撒而难堪,这正是他的荒谬之处。②

尼采又会如何呢?我们假设尼采已经完全致力于永恒轮回以及对命运的热爱,他已经开始爱他的命运,他已经决定不再改变任何细微的细节。

---

① [译按] 克尔凯郭尔:索伦·克尔凯郭尔(Soren Aabye Kierkegaard, 1813 – 1855),丹麦宗教哲学心理学家、诗人,现代存在主义哲学的创始人,后现代主义的先驱,也是现代人本心理学的先驱。

② 克尔凯郭尔:《恐惧与颤抖》,《恐惧与颤抖》及《致死疾病》,W. Lowrie 译(Garden City, N. Y.:Doubleday, 1954),第 26 ~ 64 页,特别是第 46 页。

此外，他还在著作中向世界宣布了这一点。让我们假定，多年来，这一承诺赋予了他更大的力量。我们这些空想家现在告诉他，我们可以治好他的病，消除他的痛苦。再进一步说，假设我们能够向他证明，永恒轮回是不可能的。那么尼采会尴尬吗？

或许吧，但也不绝对。尼采也许会回答说，相信永恒轮回——甚至可能是由于荒谬——让他面对存在的恐怖。尼采还可能会回答说，他的生命是否会真正轮回，其实并不重要。唯一要紧的是他对现在的生活所能培养的态度。尼采可能会回答说，自己的疾病能否痊愈真的无关紧要，恐怖的存在中还有大量的其他痛苦等待人们去面对。尼采可能会回答说，重要的事情，是他能够从相信永恒轮回和对自己命运的热爱中获得的力量，而不是轮回是否真实。

特别致谢：本文第一部分的一个较简略版本首次出现在菲利普·J. 凯恩的《尼采、真理和存在的恐怖》(*Nietzsche, Truth, and the Horror of Existence*) 一书中，《哲学史季刊》23（2006）：41－44。

（作者单位：美国圣克拉拉大学；译者单位：北京第二外国语学院跨文化研究院）

尼采的价值观冲突：文化，个体，综合体

乔·沃德（Joe Ward）/文　李静宜/译

摘　要：本文主要讨论尼采价值观的问题，我们需要一个公认的答案用以证明尼采对特殊个体和文化类型的贡献：尼采的价值观是对权力意志的某种综合，具有不同等级。这些合成物具有独特的"贵族"结构，因为存在一种"哀伤的距离"而使统治和被统治元素之间相分离。但是尼采的价值观也包含着一种"竞争性"关系，包括对于其他元素的征服以及个人的"特殊"地位等，或为外在价值标准导向。价值的确定必须结合内在和外在因素。因此尼采的价值观内部发生了冲突，因为产生最杰出个体的条件与繁荣文化所需的条件不一致。本文认为，尼采后期的思想中提出了一种缓解这种紧张冲突的方法，即愿意放弃个人的特殊地位，转而推动文化进程走向繁荣。

关键词：尼采；价值观；个体；综合体

我想在这篇文章中解决的，是近年来广为讨论并且极具争议性的问题：尼采的价值观是什么？在过去几年中对尼采道德立场的不同解释让人们对这个问题有了比较统一的答案：尼采的地位与基本形象已经确定，即完美主义者、虚构主义者和一位道德上的非认知主义者。①

---

① 我参考了托马斯·赫卡（Thomas Hurka）、纳迪姆·侯赛因（Nadeem Hussain）、莫德玛里·克拉克（Maudemarie Clarke）和戴维·达里克（David Dudrick）的论文，分别载于布赖恩·莱特（Brian Leiter）和尼尔·曾黑巴布（Neil Sinhababu）合编的《尼采和道德》（*Nietzsche and Morality*）（牛津：牛津大学出版社，2007）。从我自己的角度，我认为自己是在回答关于尼采的伦理学和西蒙·罗伯逊（Simon Robertson）在最近一篇文章《尼采的伦理学重估》（"Nietzsche's Ethical Revaluation"）[*Journal of Nietzsche Studies*, 37 (2009)，第66～90页] 中提出的关于尼采的元伦理学的问题。我正在探讨的问题与罗伯逊作为一节标题提出的问题密切相关："最高价值存在于何处？优秀的个体或成就中？"见其文第77～80页。探讨这个问题的时候，我自创了一个独特的方法来解决这个问题，那就是什么是尼采认为的最有价值的东西。为了切合当前文章的主题，我将把一些元伦理问题暂（转下页注）

尼采的价值观是什么？我试图阐释尼采价值观运作的最普遍的原则。在后面的讨论中我会提及尼采自己对这个问题给出的明确的、直观的答案，但我首先从分类学考虑，先列举出尼采重视的一类或两类事物。人们很容易想到：尼采重视某些人，也就是个人。任何初次接触尼采文本的读者都会发现，尼采并没有强调所有被视为个体的人，而是更关注作为整体的一部分人，有时被尼采命名为"少数个体"（例如，尤利乌斯·恺撒、歌德和拿破仑），有时尼采会用更一般的术语来描述。① 对于这一观点最著名的论述在尼采的早期文本之一《论历史对生活的用途与弊端》（"On the Use and Disadvantage of History for Life"）中。这篇作品之所以广为人知，部分原因在于它似乎在尼采后期的哲学研究中捕捉到了一个共同的主题："人类的目标不能仅仅存在于其最终范例中。"如果想了解尼采思想的成熟过程，请考虑《论道德的谱系》（On the Genealogy of Morals）中的一段话——作为对"失败，憔悴，劳累，疲惫的人"，也就是现代欧洲变成道德的奴隶的人的沉思，所引起的令人作呕的回应。尼采渴望着：

（接上页注①）且放在一边，尽管我同意西蒙·罗伯逊所说的这些问题也是亟待解决的。我还想说这里提到的两种方法与尼采的相关读物有许多共同之处，与其说是探究什么是尼采的价值观，不如说是探究尼采的价值观是怎么形成的。因此，对于一个小说主义者来说，重点在于尼采所持有的价值观的地位：一个人为了赋予生命意义和目的选择相信其作为价值的象征，但没有更确切的理由。对于非认知性的阅读，只要一个行为者有他或她相信这些价值的理由，价值就是正当的，他们并不关心这些价值的客观有效性。但是，作为一个非认知主义者或完美主义者，并不意味着尼采价值观应被人们忽视。即使人们坚持尼采"武断"地维护这些价值观，或者把它们当作一种"虚构"，我认为我在本文概述的价值图式为尼采的价值观提供了理论基础。

① 关于尼采将歌德作为受人尊重的个体范例的原文（同时也提到了拿破仑），请参阅《偶像的黄昏》的《远征篇》（"Expeditions"），第49页。尼采对拿破仑的崇敬在这一段中体现得总是模棱两可，但在一定程度上显然是真实的。参见《论道德的谱系》第一章。另可参见《尼采著作全集考订研究版》第12章，第108页；第10章，第33页。在引用尼采的著作时，我参考了以下翻译：霍林代尔（R. J. Hollingdale）翻译的《偶像的黄昏》（Twilight of the Idols and the Antichrist）（伦敦：企鹅出版社，1990）；史密斯（D. Smith）翻译的《论道德的谱系》（牛津：牛津大学出版社，1996）；霍林代尔在《不合时宜的沉思中》（Untimely Meditations）中的《论生命史的作用与缺点》的翻译；丹尼尔·布雷泽尔（Daniel Breazeale）（剑桥：剑桥大学出版社，1997）；霍林代尔的《善与恶的彼岸》的翻译（伦敦：企鹅出版社，1990）。对于未出版材料的翻译，我广泛使用考夫曼（W. Kaufmann）《权力的意志》的翻译（纽约：古董图书出版社，1968）。除此之外，我明确表明使用了斯特奇（K. Stage）在比特纳（R. Bittner）编辑的著作中的翻译（剑桥：剑桥大学出版社，2003）。

尼采的价值观冲突：文化，个体，综合体

瞥见一些完整的，完全成功的，快乐的，有力的，胜利的……一个为人类辩护，为人类转运并带来救赎的人，这是人类信仰留存的理由！……

让我只看一些完美的东西，在世纪终结时，快乐，强大，胜利……一个为人类辩护的人……（《论道德的谱系》第一章，第12页）

正如尼采在《瞧，这个人》中所强调的那样，这个人是极度完美的，在世纪终结，他可以为人类辩护，这个人让其余人类的存在有价值。①

因为我认为这是人尽皆知的，所以我不会在尼采的这个方面过多赘述。以这几个段落为基础，一些评论家应用这一逻辑得出最终结论，声称尼采基本上认为个人毫无价值，他的整个伦理学却在倡导促成这些个人的成长。② 在这样的观点上，尼采可能将其他任何东西都视为纯粹的工具，因为它们可以促进或促成这些个体的生产：所以尼采可能不看重某些社会或文化，而仅仅因为它们促进了伟大的个人繁荣，就像他重视特定的大气条件和饮食一样。在下文的一些段落中确实可以见到类似的观点。③

这将为我们提供一个直观的答案：尼采的价值观是偏重特殊的个体，而其他一切都是为了达到这个目的才拥有了价值。但是，我对那些学者表示同情，他们指出尼采不是，或者至少不总是只对少数人或小众精英的价值感兴趣，而是全神贯注于更广泛的社会单位，特别是对未来人类的人性；尼采的一些表述常自然地被看作在关注未来人类的整体。例如，赫尔曼·西门子（Herman Siemens）在几篇文章中强调了尼采对整个人类未来的兴趣，大量引用了《未发表的遗作》（Nachlass）的内容，同时也引起了学者们对尼采在《善与恶的彼岸》（Beyond Good and Evil）等文本中强调对于未来人性的发展的关注。"我们……已经将我们的眼睛和我们的良知着眼于植物的'人'如今依然充满活力的生长的问题上，一切邪恶、可怕、暴虐、

---

① 关于个人的价值，请参考《尼采著作全集考订研究版》第11、12章。在前一篇文章中，尼采说他试图阐释"一个人在某些情况下可以证明几千年来的某些存在是正当的"。
② 这是著名的布赖恩·莱特在其关于道德的尼采论著中提出的观点（伦敦：劳特利奇，2002），特别是第73~112页。
③ 因此，在《偶像的黄昏》中，尼采称赞"罗马和威尼斯模式中的贵族社区"是"强大人类的巨大强迫之所"（《偶像的黄昏》的《远征篇》第49页）。关于希腊和法国文化是如何赋予"自己形式上力量"的，参考《尼采著作全集考订研究版》第11章，第178页。

兽性和人类的狡猾都有助于'人'这一物种越变越强。"① 从这段话读者有希望找到尼采哲学中可能存在的非个人主义政治取向。而另一个事实是，尼采确实关注的是一种介于个体与人类整体之间的人类存在形式，其存在于社会或国家之中，或者在这种背景下，使用尼采最喜欢的术语——文化（因为它们更容易联系上下文，我在下文会继续使用社会和国家这两个词）。人们似乎毫无争议地认为：尼采在他的哲学生涯中全神贯注于什么样的文化才是有价值的这一问题。他早期作品的主要动机之一就是坚信希腊人文化的价值远远高于现代欧洲的文化，他在《悲剧的诞生》时期的著作往往围绕着德国现代的文化问题，希望恢复甚至超越希腊文化的辉煌时期。对于希腊文化的信仰贯穿着尼采思想的成熟之路，毫无疑问，尼采到最后都在不断提出这个问题："是什么造就了一种有价值的文化？"

然而，尼采个人主义倡导者就这一观点不假思索予以回应。根据这个回答，尼采对"是什么造就了一种有价值的文化？"的回答可以如下：有价值的文化是鼓励或允许特殊个人兴旺发达的文化。这又一次表明，对尼采来说，文化只具有工具价值，而尼采价值观的真正重点是个人发展。但这真

---

① 西门子认为尼采的所谓成熟立场实为模棱两可：有时他确实会同情杰出的个人，但有时他会把人视为"物种"、"植物"或"类型"。我稍后会重谈尼采的这种模棱两可之处。考虑到更迫切的另一问题，对西门子来说，"将尼采视为只关注单个人或少数人的绝对价值而不关心大众是错误的，例外或单一的个人不是排他性的受益者，而是伟大的实验者，是满足对人类具有普遍性或普遍性倾向的完美主义需求的关键人物"。西门子：《1870～1886年尼采的民主批判》["Nietzsche's Critique of Democracy (1870 – 1886)"]，《尼采研究杂志》第38期，2009年）。西门子还谈道："是的，不，也许……尼采对民主主义与'大政治'关系的模糊理解。"详见西门子和瓦斯蒂·罗特（Vasti Roodt）编《尼采、权力与政治：重新思考尼采的政治思想遗产》（Nietzsche, Power, and Politics: Rethinking Nietzsche's Legacy for Political Thought），柏林，2008年，第231～268页。西门子在这一领域的贡献在当前背景下尤为重要，因为他的研究关注点放在尼采思想的各个方面，其中个人的价值与其参与"非理性"社会结构的程度是相对的。其他评论人士则对尼采政治思想的可能性有着不同解读。例如，大卫·欧文在这方面的总体看法，在我看来，除了强调尼采对自由主义的批判外，还承认尼采关注个人基本利益，但他认为尼采寻求的个人素养最好不是出自贵族社会培养，而是通过某种方式重新思考架构的民主条件来提供。见大卫·欧文《尼采，政治和现代性》（Nietzsche, Politics, and Modernity），伦敦：鼠尾草出版社，1995；《平等，民主和自尊：反思尼采的非理性完美主义》（"Equality, Democracy, and Self-Respect: Reflections on Nietzsche's Agonal Perfectionism"），选自《尼采研究杂志》第24期，2002年，第113～131页；《多元主义和哀伤的距离（或：如何别具一格地放松）：康诺利，痛苦的尊重和政治理论的局限》["Pluralism and the Pathos of Distance (Or: How to Relax with Style): Connolly, Agonistic Respect, and the Limits of Political Theory"]，选自《英国政治和国际关系杂志》10（British Journal of Politics and International Relations 10），第2期，2008年，第210～226页。

的是尼采的立场的合理解读吗？考虑一下尼采在《反基督者》（Antichrist）一书中提到的那些只字片语，即早期基督教对其本身的反抗：

> 在今日已经克服的诸多艰难困苦下，最古老的国家组织形式——罗马帝国的统治耆佩伦尼乌斯（aere perennius）所进行的一切事务都是在弥补与挽救，笨拙且愚昧……基督教如同罗马帝国的吸血——罗马人大张旗鼓地清除世间的诸多异端文化，本是需要花费许多时间的事情，基督教一夜之间就可以完成……这所有风格各异的艺术作品中最令人敬佩的一件，是一个开端。它的庞大宗教结构在几千年前就证明了自己——直到今天，从未有过这样的创造，甚至无人梦见能创造如此伟业的物种！（A58）

尼采的最后一句话特别值得注意。尽管引用的第一句话可能会让我们认为这是尼采在谈具体的政治、军事，甚至是帝国成就的一个例子，但我们需要明白尼采在这里真正强调的是什么，即奠定罗马政治帝国基础的文化。

通过假设我们可以得到罗马帝国建立的价值仅仅在于成就了某个伟大个人或某种伟大文化，但是尼采当然没有在这里就个人生产进行明确说明，我们不应该忽视罗马帝国本身就是一项成就："在困难条件下最宏伟的组织形式""罗马人的壮举""所有艺术品中最令人钦佩的宏伟巨制"。① 也没有任何迹象表明帝国的建立是作为一个人甚至数个人的成就而得到重视的。

如果我们把注意力转向尼采哲学的其他一些方面，我们就不应该惊讶于文化本身可能与个体一样有价值。首先要考虑的是，如果认为尼采关于"权力意志"的关键概念应该只与人类的"意志"相联系，那就太狭隘了。一方面，在尼采的《未发表的遗作》中有一个众所周知的应变，它将权力延伸到基础物理领域，因此物质的基本成分可以用权力的意志来进行表征。② 即便这只是一种猜测，也不能断然否定：在未刊遗稿的已刊作者中，

---

① 在这种背景下，人们也可以考虑尼采声称喜欢《旧约》，而不是《论道德的谱系》第三章中提到的《新约》。也不仅仅发现了"伟人，英雄风貌，地球上最珍贵的特质，坚强心灵中无可比拟的天真"。正如他补充说的，"更重要的是，我找到了一个民族（在沃尔克）"（作者的重点）。迈尔诺奇明确地暗示，尼采之所以肯定伏尔克，不仅因为其作为"伟人"，而且因为其作为一个高一层次的价值中心本身。

② 详见《尼采著作全集考订研究版》第12章、第13章、第14章。

尼采也曾以大量篇幅描述人类个体的重要构成——权力意志，或他们身上的原始驱力。尼采哲学最著名的特征之一是将结构从有意识的、自我掌控的人类自我中转移出来，并将其重新置于自主、矛盾的驱动中，这种驱动以一种构成人类的稳定的张力形式聚集在一起，而这些驱动器本身可以被视为"意志"。① 在《善与恶的彼岸》中，"身体"被描述为由许多灵魂组成的社会结构，而屈从的灵魂也被描述为"意志不足"或"灵魂不足"（《善与恶的彼岸》，第19页）。因此，理查德森（John Richardson）将"驱动或强迫"（卡夫）作为权力意志的典型单位。② 理查德森认为，个人将被视为"合成意志"，这是由更基本单位组成的综合体，如果能够在这个水平上进行综合，那么唯一的基本功率单位是驱动，那么我们没有理由认为不能在更高的层级上进行更复杂的合成。③ 盖斯（Raymond Geuss）用这种充满洞察力的精神体悟到，④ 当人们在谈到尼采的"代理"时：

> 它不一定是以特定人类个体（即生物学上的单一动物）作为代理的……事实上，在这种情况下，尼采并没有像我所说的那样谈论"机构"，而是谈到"意志"。尼采以非常灵活多样的方式使用"意志"一词来指代较小和较大的实体而不是生物个体的意志。根据尼采的说法，人们可以将我们通常称为"我的意志"的东西视为"我"内心的各种驱动、冲动和欲望斗争的结果，而这些在某种意义上可以称为"意志"。同样，人们可以将"意志"归于比自身大的各种实体：剑桥大学可以有意志，英国、欧盟等也可以。⑤

---

① 关于"灵魂是驱动和情感的社会结构"的假说，见《善与恶的彼岸》第12章和第36章，以及笔记摘录的《尼采著作全集考订研究版》第12章。许多笔记中的文章对一般的生物生活提出了类似的建议。例如，见《尼采著作全集考订研究版》第10章。
② 约翰·理查德森（John Richardson）：《尼采的系统》（*Nietzsche's System*），纽约：牛津大学出版社，1996，第21页。
③ 同上书，第44～52页。
④ 理查德森在这一章节同样指出了这一点。
⑤ 盖斯：《尼采与谱系》（"Nietzsche and Genealogy"），《道德、文化与历史：德国哲学论文集》（*Morality, Culture, and History: Essays on German Philosophy*），剑桥：剑桥大学出版社，1999，第12页。参考劳特《尼采：他的矛盾哲学和他哲学的矛盾》（*Nietzsche: His Philosophy of Contradictions and the Contradictions of His Philosophy*），帕лог译，芝加哥：伊利诺伊大学出版社，1999，第181页："所有的生物都具有组织性，因此具有基本相似结构的支配结构，这对于尼采来说是毫无疑问的，直到他的创造性生命结束。"

当然，盖斯并不是在谈论尼采的价值场域，而是在谈尼采所用术语的涵盖范围，就像理查德森在上文中提到的一样。① 到目前为止，我已经基本解释清楚尼采如何重视社会，或者更确切地说是重视"文化"作为一个整体或个人，"权力意志"的概念同样适用于基本的组成单位（驱动力），包括个人的以及社会等更高等级的综合。但我还没有为尼采的价值指定一个潜在的模式，以及他重视文化和个人的理由。为了步入正轨，现在是时候转向尼采就其自身具有何种价值给出的答案了。

众所周知，尼采通过提出这个问题开始对第二部分展开探讨，并不假思索地给出答案。"什么是善？所有强调权力感、权力意志、人的内在权力的，都是善的。"我们可以注意到，综合来看对这三方面有促进作用的，都可被称为"好的"［在德文或在霍林代尔（Hollingdale）的翻译中没有任何暗示称这是一个或两个表述］。这把某些可能性消除了：尼采的价值观中的权力感不仅是一种虚幻的权力感，不是没有权力，不是能够行使但不能感受、体验的权力。这一结论是影响深远的，但对它们的全面讨论并不止于此。相反，我想围绕我所认为的最重要的意义之一进行讨论。根据上文表述，尼采所重视的是人的权力和权力本身的意志。当然，"权力的意志"根据尼采的一些陈述似乎意味着"一切"，意味着整个存在，② 在阅读许多翻译文本时会发现更多的替换词语，"权力意志"在生物学界，具体在人类心理学领域中似乎代表着最根本的力量。尼采在这里似乎主要关注的是后者，在文章结尾总结性地讨论了"文艺复兴的美德"而不是基督徒美德。因此，根据对"权力意志"的不同释义，这可能仅仅意味着尼采的价值取向是重视整体的存在，或者他重视自然或人类的整体。我们不应该忘记，尼采确实承认自己是一个整体存在的坚定支持者，尤其是在他反复论述的"考验"和"命运之爱"的概念中，但是这样全局化的肯定似乎与上文提到的"提高"或"增加"的讨论不一致，毫无疑问尼采也拥有更明确的判定性的价值观，本节将继续阐明尼采的负面价值观。"什么是坏的？所有坏的都来自弱点。"尼采

---

① 在《未发表的遗作》中有一些关于价值和权力之间联系的极具张力的陈述，例如《尼采著作全集考订研究版》第 13 章中的："我们在哪里能找到一个客观的价值度量？只有在增强的、有组织的力量的量子范围内，只有在事件中，才有更多的能找到的可能性……"（斯特奇的译文，修改版）另见"应设法确定一种科学的价值秩序是否可以简单地建立在一个数字和确定的力量尺度上，而所有其他'价值度量'都是偏见的、幼稚的和误解的"。
② 最著名的是在《尼采著作全集考订研究版》第 11 章中："这个世界是权力的意志，除此之外一无所有！你们自己也是这样的意志。"

是一位哲学家，在某种意义上肯定了整体而在另一种意义上否定它。①

通过阐明不止是权力意志为善，"人本身具有的权力"同样地为善，尼采转移读者的焦点之余给出最合理的解释，这构成了全人类的通用驱动器，所有人都受到权力意志的驱动，渴望获得实际的权力。尼采认为的价值存在于世间可以实现的、实际的力量，一种相当大的权力中。因此，根据上文，在人类事务中，价值存在于高等级的权力之中，关于这一点，我得出如下结论：尼采重视的不是强大的个人，或是强大的社会，而是掌握各等级权力的权力意志结构。② 人们可能会和理查德森讨论，作为权力意志的综合，人们也可以使用一个类似的概括性术语，艾登（Ciano Aydin）在一篇文章中使用的术语与我的想法非常贴近：生成（formation）。③ 我将继续用"综合"（synthesis）这个词，因为我觉得它最能体现这些"构成"所达到的统一的等级，即：合成统一。尼采的价值观就是最强大的权力意志的综合体。

权力的图式：内在，外在和复合价值

高层级的权力从何而来？这依然是个值得探究的问题，只有如此才能

---

① 这听起来可能有点自相矛盾，但不妨记住，它代表了尼采作为一位哲学家与许多西方传统的共同之处，包括神学传统，这些传统必须调和世界的概念，将世界视为上帝完美的创造，但在这个世界中做出规范的区分。尽管尼采在很多方面都反对这一传统，但在我看来，他仍然有一个著名的"邪恶问题"的版本。

② 理查德森制定了这些标准，接着指出，尼采似乎重视更大范围内的综合，这是一个比个人所代表的小规模社会更高的社会，但同时也承认事实上尼采的主要价值重点仍然是特殊的个人（《尼采的体系》，第51~52页）。在尼采系统中的许多地方，他探讨了为什么会这样，最初的重点是尼采对社会综合的真正地位不确定，以及它是否代表了一个恰当的综合（第51~52页）。虽然我认为这是一个合理的需要确认的问题，但我认为尼采对个人的关注远没有理查德森所言的那么具有排他性。事实上，理查德森最终给出了一个更为复杂的原因去回答为什么社会不能接受尼采的最高价值观："任何社会都必须由它所看不到的价值观维系。因此，没有一个是开放式的综合，总是迫切地要克服自己，这就是酒神奥弗曼。"（第122~141页）整个讨论与我的主题高度相关，但我不相信某种理想的社会也不能被认为是一种"开放的综合"，或者尼采总是以这种更有限、更静态的方式来看待社会。更广泛地说，我不一定同意理查德森的观点，相比个人，尼采确实应该更重视社会，即使前者被认为是统一和开放的综合，其程度也与后者一样。探讨第二次分歧背后的原因将需要走一个相当大的弯路，但要问的相关问题是：为什么社会综合比个人组成的综合更受重视？因为它们在某种意义上是"更大的"还是"更高的"？两者之间的相关性仍有待证明。

③ 艾登（Ciano Aydin）：《尼采作为权力意志的实现：面向一个"组织-斗争"模式》（"Nietzsche on Reality as Will to Power: Toward an 'Organization-Struggle' Model"），《尼采研究杂志》（*Journal of Nietzsche Studies*）第33期，2007，第25~48页。

确定它们所处何地。尼采的最高权力不一定与我们所谓的绝对权力完全处于同一等级。让我们先以个体为例开始分析：什么样的人被视为有权力的人？我在上文已经提到过，尼采认为人本质上是受驱动的合成物。那么，这些驱动器的处理方式或分配方式对价值有影响吗？的确，目前来看答案是肯定的。首先，我所引用的几段文字暗示，一个健康、强大的人类心理具有某些必要的特征，例如统一性以及由统治和服从组成的结构。由于这里没有足够的篇幅，我将不再引用更多的段落来罗列所有特征，而是大量借用一篇我认为忠实记录相关特征的报告。上文我已经提到过理查德森关于尼采的系统的描述，理查德森给出了关于人作为合成物的某些标准，虽然这并不是理查德森关注的重点问题，但在判定个人价值时，这些标准将变得至关重要。我想稍微简化这些标准，给出我认为必不可少的元素，并将它们添加到理查德森后期引入的四项标准中：

1. 复杂性：一个人拥有的动力种类越多，当把它们结合在一起它们构成的合成力就会越强大。

2. 相对权力等级的分配：尼采认为同时存在一个或几个占主导地位的驱动器和大量极低劣的驱动器，两者被一条鸿沟隔开，有着"哀伤的距离"（最大的差距）。

3. 统一程度："一个人的驱动器与另一个人的驱动器区别有多大？尼采认为一个人的统一程度是不可确定的，只是就某一程度某一方面来说的。"①

4. 主导驱动力的性质和运作方式：尼采所认为的价值与一个人的驱动力是否以最佳方式来进行运作和驱动力的性质有关，即通过囊括较少的驱动力进行运作，而不是一味消除或压制它们。②

---

① 理查德森：《尼采的系统》，第48页。理查德森也构筑了一个标准的"兼容性"的驱动器。为解释其原因我认为是多余的，至少就我的目的而言，这将使我超出本文的范围。

② 这一点通过尼采使用诸如支出、合并（埃佛雷比）和感化（埃佛雷比）等术语最为清楚。见《善与恶的彼岸》，第230、259页。理查德森对这种"掌握"的描述，在我看来并没有完全融入他对综合和价值的更广泛的讨论。《尼采的系统》第33~35页："为了帮助更重要的力量增长，给予支持的力量必须坚守自己的性棒，不能完全变成仅仅是促进工具，它们必须在其结构中加入自己的模式和观点。"（第34页）关于教会执行"阉割"的策略，《偶像的黄昏》中就有论述："道德被视为反天性"；"其目标乃是废黜肉欲、私心，以及对权力的欲望、贪婪、复仇；然而，攻击欲望之根源於激情也危及生命之根：教会的所作所为乃是源于对生命的敌视。"

现在基本具备为社会起草一份类似的价值标准清单的条件了。我认为对以下的类似论点，就整个社会（或文化）的价值而言，必须做出关键性的区分。①

1. 复杂性：尼采钦佩那些能够在某种意义上把不同民族或种族结合在一起的社会，比如罗马帝国把它的权力范围扩展到许多不同的民族。

2. 相对权力等级的分配：尼采对少数精英控制低级平民大众的社会的崇拜是众所周知的。

3. 统一程度：一个社会是如何成功地统一为一个整体的？

4. 统治阶级的性质和模式：同样，尼采对那些被认可的人或阶级统治的群体，也就是那些天生适合统治的群体，保持着最高的敬佩。这样的社会有一种治理模式标准，这种模式不是通过压制、排斥或消灭个体，而是通过纳入这些个体来进行运作。② 就个体而言，模式的稳定性允许驱动力存在，例如性冲动，在某种意义上被允许存在。因此，类似的政治综合体的运作方式是允许个体保留他们的真实面目。

上述两种标准对比来看立刻使我想起柏拉图的《理想国》。对柏拉图和尼采来说，这意味着那些最适合作为社会或文化的领导者的个人，也将是那些拥有类似上文内在结构的人。③ 这确实是我在这里推演出来的尼采思想图式的直接含义：我们不要忘记从这个内在图式的角度来看，那些符合第一套标准的个人，即最有权力的个人，也是最适合以第二套标准所规定的方式进行统治的人，根据定义，这就是最有力的统治方式。④

---

① 理查德森：《尼采的系统》，第51页。从19世纪德国知识分子辩论的角度来看尼采的思想，摩尔（Gregory Moore）展示了尼采时代个人与国家之间类比的普遍性，特别是在生物学上受到启发的鲁道夫·维肖（Rudolf Virchow）的"细胞状态"的伪装：尼采正在回应并参与一场持续的辩论。见格雷戈里·摩尔《尼采，生物学和隐喻》（*Nietzsche, Biology, and Metaphor*），剑桥：剑桥大学出版社，2002，第35~41页。

② 在目前的情况下，"合并"这一比喻是一种令人不安的暴力行为，意味着个人的耗尽，同时也更中立地暗示着某种类似"同化"的东西。我认为这种矛盾心理很好地反映了尼采对即将出现的问题的态度。

③ 这一点在《理想国》中很明显，正义的人的灵魂三分结构确认之后，"理性的部分"必须占据统治地位。详见柏拉图《理想国》441e，格鲁伯（G. M. A. Grube）翻译，库珀（John M. Cooper）编辑，印第安纳波利斯：哈克特（Hackett），1997。这一章节给我们的著名启示是，正是由于人的理性部分居于统治地位，哲学家才是唯一适合统治城邦的人（详见487e）。

④ 这也意味着柏拉图思想中的一些独特之处和悖论也将在尼采构建的模型中出现，我将进一步探讨。关于尼采对于政治的思想观念与柏拉图的灵魂说以及理想城邦模型的一些相似之处，详见帕克斯（Graham Parkes）《构筑灵魂：尼采心理学的延伸》（*Composing the Soul: Reaches of Nietzsche's Psychology*），芝加哥：芝加哥大学出版社，1994，第346~352页。

尼采的价值观的基本图式，根据所列出的标准，通过赋予权力意志综合的特殊形态和特征来追踪高等级的权力。例如对于第二个标准，虽然尼采无法确定"距离感"是整个社会还是个体的精神状态，但他始终确定价值。然而，这些标准并不能展示给我们一个完整图景，因为它们只规定了尼采价值观的内在标准，而尼采也对各种外在的或关系上的价值感兴趣，而这些价值是这些综合体可以共同呈现的。[1] 这种解释倾向于只强调内在的和存在于关系中的价值，我在这里强调的是，尽管尼采从未明确地用这些术语进行表述，但他实际上持有一种复合的价值观。两种外在的价值显现已经饱受争议，因为它们关系到个人和社会之间的关系。如果尼采的主要关注点在一个社会的价值，那么个人就会获得外在的（存在于关系中的）价值体现，只要他们贡献并分享他们所属文化的价值。因此，罗马公民获得价值，不仅是因为他的内在品质，而且因为他参与了推动罗马帝国不断演变的这个伟大的工程，尼采将其描述为"迄今为止在艰苦条件下取得的最宏伟的组织形式"。反过来说，正如前面所讨论的，如果一个文化或国家有助于塑造具有内在价值的个人，那么它就被认为是具有外在价值的。

文献中通常强调关系价值而忽视内在价值，关注点集中在古希腊竞技活动或斗争这些概念上。强调这种价值，最初源自尼采早期对希腊战争的兴趣，特别是他早期的文章《荷马的竞赛》（"Homer's Contest"）。这种古希腊竞技活动被认为是一场斗争，在斗争中，每个参与者都与他或她的对手竞争，但又尊重他或她正直的对手。[2] 尼采的研究者们令人信服地指出，这种对抗模式在尼采后期的作品中持续存在，它的身份主题与反对者，或是

---

[1] 外在价值和关系价值不应被视为可替换的术语。外在价值是指一个人或物体由于其对其他事物的内在价值所做的贡献而具有的价值，无论它随后是否成为这一本质上有价值的事物的一部分，并参与其中。因此，它包含工具价值。另外，关系价值存在之处罚，不是一望便知的价值载体（或笔者所谓的术语合成），而是存在关系网络的间隙；因而单个载体或单个对象都不承载任何价值，价值生成于它与其他载体或对象的关系之中（因此不包括工具价值）。在本文中，我将使用恰当意义上的关系价值，但为了方便起见，我将使用外在价值作为概括性术语，以涵盖并非严格内在的所有价值实例。因此，关系价值将被视为一种"特别"的外在价值。

[2] 《论道德的谱系》一书的英译参考卡罗尔·迪思（Carol Diethe）译本，安塞尔·皮尔逊（K. Ansel-Pearson）编辑，剑桥：剑桥大学出版社，1994。

某种意义上的反对者之间有着千丝万缕的关系。① 西门子（Herman Siemens）特别关注将这种身份关系扩展到价值关系，并在尼采后期的笔记中找到了有说服力的例证。② 我在这里没用太多篇幅来详细讨论这种古希腊竞技活动，此时我要说的是，我相信，这种价值的对抗模式确实使尼采成熟的著作具有一种意义非凡的张力。在这种情况下，还有一个不应该忽视的被自然而然地认为是外在的价值因素，显然它也是尼采价值观的一部分。个人和社会的价值不仅在于他们拥有某种内在结构，而且在于他们实现了某些伟大的事业，所以外在价值来自成就。就这一点我们可以继续补充，使之具有所谓的"主动性"价值，即应对新的阻力、丰富它们并实现更大目标的主动性。这也应被视为至少部分是外在的，因为它关系到与外部目标的关系。③

我不认为我到现在为止罗列的关系价值清单是详尽无遗的；实际上，下面将出现一些其他类型的外部价值。我关注的是，所有这些不同的外在价值模式，都在权力意志的综合（在个人的范式案例中）与其他不同层次的综合之间的关系的总范围内。这不仅包括竞争关系（可能存在于统治精英之间，因此与贵族综合体有关），而且包括支配和控制的关系，正如理查德森所表明的那样，在探究尼采如何将权力视为对他人的掌控时，这仍然

---

① 例子详见克里斯塔·戴维斯·阿坎波（Christa Davis Acampo）《危险游戏和怯懦行为：尼采竞争的类型研究》（"Of Dangerous Games and Dastardly Deeds: A Typology of Nietzsche's Contests"），《哲学国际研究》（*International Studies in Philosophy*）第 34 期，2002 年秋，第 135～151 页。参见劳伦斯·哈塔卜（Lawrence Hatab）《尼采的民主辩护》（*A Nietzschean Defense of Democracy*）（La Salle，伊利诺伊州：开放出版社，1995）和欧文《尼采，政治和现代性》（*Nietzsche, Politics, and Modernity*）。

② 参见西门子（H. W. Siemens）《痛苦的趣味共同体：尼采重估哲学中的法律和共同体》（"Agonal Communities of Taste: Law and Community in Nietzsche's Philosophy of Transvaluation"），《尼采研究杂志》（*Journal of Nietzsche Studies*）第 24 期，2002 年，第 83～112 页。文章并不直接与价值有关，但我认为关系价值的概念隐含在这样的陈述中："通过相互作用而实现的最高级的人类成就是人性的非理性制度的作用；而这些制度反过来又是社会人之间的非理性相互关系的函数"；"每一个对立者只会变成它在'冲动作品'中的作用。行动是通过与对方的对立关系来实现的，通过这种关系，每一种行为都在不断地发生变化。因此，希腊诗人的创作只是为了赢得［……］；他的成就的意义和权威塑造了他人的行为（过去、现在和未来），并由他人的行为（过去、现在和未来）所塑造。"（第 100～101 页）在西门子后来的一篇文章中，价值肯定受到了动摇，我很快就会谈到这篇文章。

③ 这是近年来雷金斯特（Bernard Reginster）特别注意到的尼采价值观的一个方面。参见《生命的肯定：尼采关于克服虚无主义》（*The Affirmation of Life: Nietzsche on Overcoming Nihilism*），剑桥：哈佛大学出版社，2006；《权力的意志和创造力的伦理》（"The Will to Power and the Ethics of Creativity"），Leiter 和 Sinhababu 编《尼采和道德》（*Nietzsche and Morality*），第 32～56 页。

是一个不可忽视的值得探究的因素。① 这些关系被认为是有价值的，因为它们在一个更广泛的合成结构中建立了"哀伤的距离"，这有利于该结构产生强大的内在动力。所有这些外在价值的模式不仅适用于个人层面，也适用于更大的综合层面，包括文化层面、社会层面或国家层面。因此，如果一个国家掌控着其他国家或人民，如果它存在于与其他强大国家的竞争关系中，如果它继续推动自己取得更大的成就等，那么它也会被尼采视为强大之物。人们可以立即体察到其复杂性，确切地推算个人或其他综合体的价值如此困难。一方面，尼采基本上没有告诉我们确定内在和外在价值标准的相对重要性，以及如何计算它们可能对整体价值做出贡献的占比。所以我并不是想说尼采真的可以有一个可行的价值演算方法，相反，我更倾向于认为尼采的研究成果中不可能存在这样的演算。但是，一个人不能以这种方式计算价值，在我看来，并不一定是任何价值体系或道德体系的弱点，也并不否定尼采的模式能够提供规范的指导。当然，我们有很多理由不愿意接受这种指导，或者从尼采的权力导向模式中获得我们的价值尺度。② 尽管如此，我认为，承认内在价值和外在价值的综合价值体系的想法是引人注目的，可以在完全不同的基本道德信念的基础上加以试验。我也认为这是对尼采在他后来的文本中所展示的看似矛盾的价值估价最好的解释。

尼采的复合价值：新兴的张力

现在我将进一步探讨这种综合看法产生的后果。首先，这意味着尽管尼采逐渐强调存在关系中的价值，但根据我所描绘的图式，在任何一种综合情况下，价值从来不是完全相关的，因为合成体中的任何一个要素，即使是总价值中相对微小的构成部分，也是具有内部成分的，研究也涉及其内部成分的等级秩序。③

为了验证这个结论，让我们来看一个尼采最欣赏的人物——歌德。尼

---

① 理查德森：《尼采的系统》，第 28~35 页。
② 我首先承认尼采的价值观，在这里我介绍的是其对于当代情感处理的作用。我认为这是尼采价值思想的核心。因此这是我们需要面对的一个重要方面。此外，正如我在本节和最后一节的结论所谈的那样，针对其中不同的要素可能要采取适用于价值问题的完全不同的办法。
③ 我认为这一比例可能相对较小，以容纳更愿意强调个人关系价值的学者，但事实上，我并不认为这一内在要素是一个次要的组成部分；也许最需要强调的是，内在要素似乎是尼采高价值的必要条件，它们没有一个是尼采的关系组件。价值存在于所涉及的个人的心中。

采在《偶像的黄昏》(*Twilight of the Idols*) 中讨论歌德的极其复杂的著名章节提醒我们，那些驱动力是权力意志的基本单位，并不是纯粹的生物学上的"冲动"，而是可以载入史册的特例，因为尼采把歌德描述为"通过回归自然，走向文艺复兴自然的伟大尝试，本世纪一种自我克制的典范——他的内心充盈着最强烈的本能……"不过，尼采崇拜歌德的主要原因还体现在下面的节选中（这一节后面的赞美诗似乎更关注拿破仑而不是歌德）："他所渴望的是整体，他反对理性、感官、情感、意志的分离（在康德令人厌倦的经院哲学宣讲中，歌德的对立面），他将自己训练成一个整体，他创造了他自己。"（第 49 章）尼采最欣赏的就是歌德身上这种自我的统一。因此，这篇文章为我的总结论提供了有力的支持，那就是尼采价值评估的核心是某种类型的综合排序。但我想说的是，尼采并不认同歌德在任何平等或接近平等的竞争关系中创造了他的身份（歌德反对康德的努力本身并不被认为具有统一性，而只是为歌德提供了额外的动力，使他能够以某种东西为幌子来反对一些东西，从而培养统一性）；我所描述的任何其他类型的关系价值，也不是随便说说的。相反，尼采十分赞赏这种驱动力的完全内在结构——即使这些驱动力本身也是社会和文化的根源。尼采欣赏并肯定赞赏这种驱动力对他所生活的社会甚至未来社会的影响，即使没有其他人知道有歌德这样一个灵魂存在。

此外，虽然看起来很奇怪，但尼采在这一段中对歌德的崇拜似乎与歌德作为艺术家的成就没有任何关系。心灵培养的价值在于它使歌德能够创造出伟大的艺术，而歌德是一位艺术家，只有在歌德的艺术作品使我们敏锐地触碰到他的心灵时，这一事实才具有意义。歌德作为一个艺术家对我们来说是更好的存在，但这并不是尼采对歌德钦佩的缘由。这并不是要否认歌德对尼采来说是艺术家、艺术的影响等等所有这些不同价值的传承者，但尼采在歌德的价值中所看重的，以及他在这里所关注的，至少有一个组成部分是内在的、与他的艺术家身份无关的。

因此，这代表着尼采在合成的"个人"的内部、非关系元素中的最高层次价值（并以平行的方式表示任何其他合成物，如文化）。在驱动器的层次结构中，最高层次的驱动器统治较低层次的驱动器，同时它们继续以它们所处层次的驱动器形式表达自己。那么，在什么情况下，作为参与者的人的关系价值是最大化的呢？再一次强调，我不是试图给出一个精确的方法来计算这个价值，我认为这将是一项徒劳无功的工作。相反，我遵循尼采价值评估的主旨，以便找到一些不同因素的相对重要性的线索。我在上面已经提出，一个人对尼采来说存在的关系价值仅仅是参与一个更大的综合体，例如一个丰富而壮丽的文化，并作为贡献的一部分。因此，在古希腊公元前5世纪和公元前6世纪苏格拉底雅典文化中，权力关系发挥的任何作用，都被尼采视为一种幸运即"价值"。① 然而，很难认为这种关系价值因素在评估一个人的价值时会是一个特别重要的因素，因为尼采崇拜的人显然不是那些仅仅作为一种有价值文化的组成部分而没有进一步加以区分的人。② 同样，这种情况在某种程度上也适合于参与竞技：即便这种竞技共同体也是一类统治精英，但仅仅是参与这种彼此竞争但互相尊重的贵胄共同体都无法获取特别高层级的权力（与价值），尽管这种参与同低等罗马公民的存在相比可能更有价值，因为尼采一再表明他并不是根据这些理由尊重个人；但尼采确实尊重竞技，因为它本来就是权力综合显示。更确切地说，尼采崇拜的人是那些从这样的群体中非常显著地"脱颖而出"的人，正如他们在尼采文学中多次被称为"杰出的"个人。尼采仰慕歌德和拿破仑（甚至"尼采"）等人物的一个主要原因是他们是时代杰出人物，他们"高高在上"。换句话说，他们是有权势的人物，他们"主宰"他们的时代，无论是在智力上、艺术上，还是在政治上。看似自相矛盾的是，对于尼采来说，最伟大的个体只有在最颓废的时代才能实现；他们的出现是一种例外，是惨淡时代的一朵耀眼奇葩。因此，就关系价值而言，当具体评估一个人的价值时，在关系价值层次上最重要的因素不是我上面列出的那些因素，而是一个完全不同的因素：这是"例外"（in spite of）方面，也就是我们所说的"例外性"（exceptionality）。

相反，当尼采考虑到他真正尊重的文化时，在这种文化中，对个人的极端价值化的证据就少得多了。尼采真正崇拜的是哪些古希腊人？当然，他欣赏苏格拉底之前的作品，如埃斯库罗斯和索福克勒斯的作品，但他真正欣赏的是他们的思想（在前一种情况下），这些思想对我们重新熟悉并认知自身尤为重要，或者在后一种情况下，对于艺术成就来说，这些成就可

---

① 我说的基本上是雅典公民。雅典奴隶在最基本的意义上也对这一文化做出了贡献，因为没有他们就不可能存在雅典文化，但是由于很难看到他们参与这一文化的重大贡献，他们对这一文化的价值仍然是作为纯粹的工具。古希腊妇女在这方面的地位，即使在某些方面趋向于奴隶的地位，也较之稍高一些。

② 以这种方式来评价是完全可能的，也是相当普遍的。例如，说真正值得钦佩的人是那些只是在一种文化中生存的人，而不是以任何方式单独显眼或突出"德行"的人。

以被看作个人的超文化产物。如果说尼采在古希腊时代真的有很尊敬的人的话，他们就是那些逆势而行的人。想想尼采对苏格拉底的矛盾崇拜——苏格拉底引领了更古老的希腊文化的最终崩溃。尽管尼采在苏格拉底的文化遗产中发现了很多不妥的地方，但苏格拉底对当时希腊文化的反对让他在尼采的作品中"脱颖而出"，不似古希腊的其他人物。

所有这一切都并不意外，因为它只是遵循了我在上文中提出的评估模式：最有权力因而也是最受重视的个人是那些与他人相比拥有最大"哀伤的距离"的人，因此，他们成为比平凡之人更耀眼的存在，只有在颓然的时代，他们才能真正超越时代，因为其他个体都如蝼蚁一般，存在感微乎其微。然而，在尼采惯常塑造的形象中，可以观察到，这样的人也许并不像预料中的那样被极端孤立，我想尼采串联起了伟人链（尼采所提到的人物都是男性），他们彼此之间的交流跨越时代。因此，这些杰出的个体至少可以找到一些同等人，即使他们在同时代没有伙伴——如果他们穿梭于历史长河，他们至少会找到一些同等人。但尼采在对杰出的个体查拉图斯特拉（Zarathustra），乃至对超人（übermensch）进行追溯与回忆时，甚至在以往的时代里，似乎也没有任何同等人。在这里，"极大值"（Maximax）分布被应用到了极端的逻辑中。这样，个人的关系价值就会最大化，因为"例外性"这一标准是尼采在关注个人价值时最重要的关系价值标准：前面讨论的最大值分布与高层次内在价值（驱动器的结构）结合在一起，产生一个关于个人价值的异常高的读数。据此得到的出乎意料的结果是，尼采最崇拜的文化类型根本无助于甚至没有能力产生尼采最崇拜的那种人。

考虑到我在上面提到的相似之处，还有一些可以与柏拉图做进一步相似比较的地方。正如我在上文所谈，对于柏拉图和尼采来说，这是结构良好的灵魂和形成良好的城邦之间的同构，由较小的、更高的部分统治着最基本的部分。对柏拉图来说，这样做的结果之一是使城邦人民各得其所。只有少数人才能达到灵魂的最高秩序，从而获得最高的美德；绝大多数民众都是那些有良善心灵或精神的平凡人，因此在某种意义上，他们拥有的是残破灵魂。① 这似乎在柏拉图的城邦中建立了贵族精英主义，这将全面地否定更多人的利益。众所周知，尼采对各种精英主义都很支持，但有趣的是，按照我构建的模型，这种精英主义在尼采关于最高层次社会的构建概

---

① 参见柏拉图的《理想国》428d-e《统领或治理》中的统治阶层"本质上是少数的"（428e）。

念中，是以一种特殊的方式建立起来的，这与柏拉图是完全相同的。大多数人必须拥有类似的残破灵魂，这样尼采所珍视的贵族社会结构才能实现。结构上层有一小部分有权势的精英，他们和群众之间有一种"哀伤的距离"。从构建这一结构的角度来看，如果一个社会的所有成员都是或多或少拥有平等的内在等级的人，那将是一场灾难。但尼采的模式还具有一种更进一步的张力，正如我前面所指出的：拥有最高关系价值的个体是最"特殊的"，从定义上来说，被排除在尼采的最高社会之外。我确信这是因为思想成熟时的尼采倾向于贵族模式，而不是专制模式，在这种模式中，单一君主专政显然是一个例外。①

结论：尼采后期笔记中的价值冲突与解决的可能性

我刚才所描述的特殊张力是我所看到的尼采价值观中普遍的"冲突"的症候所在：这篇文章的标题是从我在上文第一节中通过对事实的探究得出的，尼采无法评估个人意志与权力在不同层次上的综合关系，即个人与社会之间的范式关系。我想不出更恰当的方法来描述尼采对这些问题的态度，而只是简单地说，他有时关注个人的价值，有时关注更大的文化整体的价值。这就是为什么通过仔细分析某些段落和主题，主要通过关注尼采欣赏的内在品质，尼采的诠释者们可以强调他对个人价值的关注，或者相反，在关系价值岌岌可危的情况下，他对更大的合成体的兴趣。在尼采出版的作品中，人们可能会认为存在不同观点之间的冲突，这些模棱两可的说法通常被一种或另一种综合体、个人、社会或者文化的特别关注所掩盖，但在尼采思想的后期，尤其是在一些笔记中，尼采常专注于未来社会应该采取何种形式的问题。有时，尼采专注于一种特定的社会形式，在这种社会中，高尚和卑微的人都通过参与一个强大的社会结构并保持必要的"哀伤的距离"而获得一种关系价值；有时他则专注于个人的价值，而根据这

---

① 尼采为何偏爱贵族模式？也许是因为他对政治领导的现实感和柏拉图的相似。如果独裁者也可以是一个"哲学家"，一个恰到好处的、有领导才能的灵魂支配着其他人，那么对于这一政府形式，无论是哪一个思想家看来都会满意。如此独裁者将是柏拉图的唯一的"统治阶层"。在城邦中，他作为一个人独占支配精神和欲望的部分。但柏拉图不考虑这种可能性，大概是因为他觉得任何一个成为独裁者的人都可能成为哲学家。我认为，这是柏拉图和尼采共存的默契。讨论各种类型的统治者和他们的教养的文本在《理想国》的第七章和第九章。

个观点,绝大多数人的实际价值与少数人的高价值形成鲜明对比。① 要证明这种冲突也内蕴于尼采出版的哲学读物中,我们只需要根据尼采哲学代表读物中的任何文本提出问题,例如,刚刚出版的关于查拉图斯特拉的文本:对尼采来说,一个健康的社会,一个可以最大限度行使自己权力的健康社会,还有什么更有价值的?是否也会让健康的人类有一定的发展空间?或者说有多少人是真正的杰出人士?多少人能克服他们所生活的腐朽社会带来的负面影响,依然完全自主地、不顾一切困难把自己训练成结构完善的整体?这个问题,我相信尼采不能给我们明确的答案,但为了看看这些充满张力的问题是如何发展的,并给我们一些可能的解决思路,让我们将关注点转向一些后期的笔记。

赫尔曼·西门子在我已经提到的一系列文章中,探讨了我先前提出的一些问题,这些研究细致地描绘了尼采处理政治问题的方法的演变过程,以及在他成熟的思想中,民主、高级种姓和未来的"伟大政治"之间的关系。② 西门子注意到不同段落之间充满张力的关系,这通常是近代性的。例如,它们暗示了尼采对民主的纯粹工具性态度(以及对"大众"的态度)和更多的共生关系。西门子在下面用术语对此进行了描述:"将两者推向极端后,尼采主张民主和立法者群体之间的相互必要性和对立性。"③ 后一种立场表明,拥有更高种姓的立法者(用我的话说,是由"哀伤的距离"构成的社会中强大的统治阶层)需要民主和大众作为其自身身份和活动的一个组成部分而存在,而西门子也很快给出自己的评价,推断出这种立场的后果。这种"深度兼容"的立场代表着"对价值和价值判断问题的根本反思,是对民主条件和社会进步条件的双重肯定"④。沿着这样的思路,人们会发现尼采后期笔记中充斥着一种奇怪的对于民主的肯定。在价值层面,因为人这一元素参与了尼采综合的价值观判断并且具有多种关系价值,"低级"的人地位将获得提升,而不是仅仅具有工具价值。

在进一步探讨这一点之前,让我们看一看西门子范例中执政的立法者与民主的"大众"之间的"深度兼容"的相关章节:

---

① 关于后者,详见《尼采著作全集考订研究版》第 12 章第 5 节,我在上文已经提到过。关于前者,详见《尼采著作全集考订研究版》第 12 章第 10 节。
② 西门子将他的项目描述为"努力评估尼采对当代民主和民主理论的批判和建设性的潜力"(《尼采谈民主及其大政治》)。
③ 《尼采谈民主及其大政治》,第 238 页。
④ 《尼采谈民主及其大政治》,第 243 页。

> 关于等级制度的第一个问题：一个人有多孤独或有多像一位牧民（在后一种情况下，他的价值在于确保他的牧群；在前一种情况下，在于捍卫他的类型。是什么品质分离、隔离、捍卫和使其有可能成为孤独者）。
>
> 结论：不应按牧群型人来评价孤独型人，也不应根据从更高视角观察到的来评价孤独型，两者都是必要的，同样，他们的对抗性也是必要的。（《尼采著作全集考订研究版》第12章，第59页）①

我们可以看到西门子是如何在这样一个段落的基础上得出结论的。牧群型和孤独型的价值不被称为外部的、独立的，它们如何成功地实现这种类型得到强调；正如西门子所说："你的评价标准应该与每种类型所需要的条件相对应。"② 所以我们由此得出了一个观点，即价值是纯粹的关系。我们不能说孤独型比牧群型更有价值，因为每一种类型都有它自己的独立标准和价值。因此，西门子确定了这个段落体现了纯粹的关系价值观，他认为尼采在这方面最有价值的遗产是"一个关系对立的价值观"③。我现在想根据我上面概述的各种有价值的结构重新思考这一段文本。我不是在驳斥西门子的解读，因为西门子没有声称其文章所表达的观点代表了尼采在这些问题上的最终的明确立场，他仅仅认为这段话代表了尼采后期笔记中存在的一种张力。对于西门子来说，这是最符合当代政治哲学要求的一种张力。西门子说得很清楚，在后期的笔记中有很多段落代表着不那么招人喜欢的立场，例如废除低级阶级纯粹的工具化（即剥削）。④ 我想指出的是，所有这些看似（而不仅仅是表面上）矛盾的立场、对于社会不同阶层之间关系的质疑等等，在复杂的结构中都有其最为根本的理由，其中蕴藏着尼采价值思想的核心。

因此，尼采在这段话中说，"从更高视角看，这两种类型都是必要的"，其余部分的含义是，它们在某种意义上是同等必要的，或者说，这种必要

---

① 《尼采谈民主及其大政治》，引自西门子翻译，第259~260页。西门子在《尼采著作全集考订研究版》中用斜体表示双间距，而不是像尼采的翻译者那样一般采用斜体字。
② 《尼采谈民主及其大政治》，第259页。
③ 《尼采谈民主及其大政治》，第261页。
④ 关于这方面的一个例子，见《尼采著作全集考订研究版》第12章第153页；或查看《尼采谈民主及其大政治》，第254页。

性是不可约减的，因为两者都不能用适用于另一方的标准正确地加以评估。但是，从这个"高度"看，它们之间的相互必要性是什么呢？那就是它们都属于"更高"的综合体，它们都参与到更广泛的文化整体中，更重要的是，它们从这个整体中分别获得了关系价值。（这并不是说每个人认为有价值的东西不同，对应的价值标准也不同。这是一种完全不同的相对化。）如果没有这种更高的综合体，它们显然不可能拥有尼采在这里提出的那种关系价值，因为只有更高的综合才能将它们带入能赋予它们价值的关系。因此，尼采在这部分笔记中所采用的独特的价值视角是一种关注更高层次的社会或文化综合价值的视角。就孤独型和牧群型由于参与这一综合体而拥有关系价值而言，正如西门子所指出的那样，没有任何合理的方法来评估它们或划分它们之间的等级，它们对于这种综合体同等必要，因为这两者以不同的可评价的方式参与其中是其运作所必需的。但是，正如我一直在争论的，关系价值只是综合体总价值的一个组成部分，包括个体的价值。因此，如果有人提出对尼采后期笔记的质疑："这是否意味着这两种类型同样有价值？"尼采会回答："不，作为一种强大的、内部封闭的类型，它具有更多的内在价值，而牧群型则不具备这种价值。"因此，这篇文章的含义并不是没有这种对立关系，两种类型都是有价值的。正如我们所知，尼采在最后的分析中并不像我们通过阅读后期笔记所猜想的那样公平。（我们也不应该忘记，牧群型和孤独型对于综合体来说是共同必要的，尼采也允许国家以一种完全不民主的方式对待其他国家，从而支配它们等等。）通过将价值视角转换为衡量个体内在价值的视角，我们得到了一个不同的价值构成，这一构成与考虑整体价值时的构成做出了明显的区分。因此，即使是存在于尼采构建的极端关系中的价值，认为尼采可以通过一个系统的价值做出区分，根据的也是其基本结构，而不是完全的关系。

作为结论，我想简单地思考一下，尼采后期思想中的这种矛盾是否难以解决，或者是否可以大概给出一个可能的解决方案。也许在回答这个问题时最恰当的考虑是，尽管他谈论的都是凤毛麟角的个人，但是尼采在他后期的著作中最感兴趣的是一种有价值的文化本身实现的可能性，而不是如何铸就一个最不寻常的个体。这也并不意味着尼采对新出现的伟大的个人不感兴趣，但在某种意义上，他们是由一种文化产生的伟大个体。这些人可以是健康和强大的，有着良好的内部综合动力，他们可以通过参与比赛或通过竞争来相互区别开来，并获得对彼此的一种尊重。他们也从"哀伤的距离"中受益，在尼采一直设想的阶级的社会中，这种距离将他们与下层阶级的群体隔开。但他们不能同时获得最高的关系价值，这也导致他们不能成为例外的个人。因此，尼采最终可能会倾向于放弃这一特定的关系价值标准，以确保该文化中存在有价值的文化和有价值的个人。他总是认同他所认为的古希腊时代的高尚特质。我认为尼采并没有为整体价值提供一个可行的计算公式，总之，他并不是那种通过计算公式进行思考的人，但尼采的本能似乎告诉他，最高价值存在于我们追求最高尚文化之处，而不是简单地存在于最高尚的个人处。至少在这一点上，我们可能倾向于认为尼采的后期价值观中存在一些值得追求探究的东西。

（作者单位：都柏林大学学院哲学系；译者单位：北京第二外国语学院跨文化研究院）

尼采的"生成意志"作为区分性因素

院成纯

摘　要：尼采不仅从世界整体这一层面阐述"生成意志"的本源性，而且分别论证了生成意志在世界各组成部分中的本源性地位。尼采的生成意志学说没有试图构建一个超越于有限生存经验之外的超验存在者。生成意志没有被设定在个体生存的边界之外，它仍然是一种经验性因素，存在于人们的个体体验之中。尼采找寻"自我"、研究个体生存的本性，其最终所要获取的是一个区分有意义与无意义的标尺，这个标尺中隐含着高低贵贱的判断根据，以此可以让人们明确自己的生命应该朝向何方以及动力何在。尼采认为意义是由生成意志决定的，生成意志所组成的关系网成了意义得以生成的根据。

关键词：生成意志；区分性因素；尼采

关于尼采的"生成意志"学说，这里要阐发两个问题，第一个问题是如何理解尼采将生成意志看成构成世界的基本要素这一观点，第二个问题是生成意志如何可以区分不同的生存方式。下面就分别来看这两个问题。

在尼采的后期文稿中，不论是他生前发表的著作，还是未经发表的手稿，都能看到尼采将生成意志当作世界基本要素的说法。他不仅从世界整体这一层面阐述生成意志的本源性，而且分别论证了生成意志在世界各组成部分中的本源性地位。

在分析内在世界的结构时，尼采首先从人们的习惯划分出发，将内在世界说成是由思想、情感、意志组成的，然而，这些要素并不是内在世界最基本的层面，"而毋宁说都是一个总体状态，是全部意识的整个表层"[1]，

---

[1] Nietzsche, Kritische Studienausgabe (KSA), Herausgegeben von Giorgio Colli und Mazzino Motinari, München: Walter de Gruyter, 1988. KSA12, *Nachgelassene Fragmente 1885–1887*, S. 26.

就连"个别的所谓'激情'(例如人是残暴的)也只不过是虚构的单元"①。长期以来,人们把这些内在世界的基本能力看作行动的根源,它们发布命令,而由身体来执行。似乎把人类行为归结到这些能力上就算是找到了发源地。尼采认为,这样的解释是错误的,"运动乃是征兆,思想同样也是征兆"②,甚至"我们称之为'意识'和'精神'的东西,只不过是一个手段和工具"③。

与此类似的观点尼采在批判主体时也多次提到。他试图指出,人们关于内在世界的地图是由一系列虚构的要素组成的,这些要素并不像人们所设想的那样,是内在世界最基本的要素。尼采指出这些要素的虚构特征,是为了进一步引出生成意志。循着尼采的思路,既然内在世界的地图建立在虚构的基础上,那么,自然就应该抛弃这些虚假的要素,重新勾画一幅内在世界的图景。他认为,当把这些虚构的要素清理出去之后,内在世界的真面目便向人们显现出来,这是一个生成意志的世界。

"每一个思想、每一种情感、每一种意志都……是从所有对我们具有构建作用的欲望的瞬间之力的固定中产生出来的——也就是说,都是从正好占着上风的欲望以及服从于它或者与它相抵触的欲望的瞬间之力的固定中产生出来的。下一个思想则是一个标志,标明总体的力的形势在此间如何发生了变化。"④

这一段将内在世界中的要素都归结为一种"对我们具有构建作用的欲望的瞬间之力的固定"。尼采对此注解说,这种权力固定是对"正好占着上风的欲望以及服从于它或者与它相抵触的欲望的瞬间之力的固定"。为了理解的方便,可以将这种表达换一种说法:这是对欲望之间的力量对比关系的固定。尼采有时把欲望说成欲求、情绪、本能或生命力,在此,这几个词的意思是相同的,它们所指的都是内在世界的基本要素,而这种要素"就是生成意志"⑤。诸多生成意志以及其间的关系构成了内在世界的基本结构,而思想、情感、意志和激情之类的能力或活动只不过是表达这种结构的"征兆"或"符号语言"。

---

① KSA12, *Nachgelassene Fragmente 1885–1887*, S. 25.
② KSA12, *Nachgelassene Fragmente 1885–1887*, S. 25.
③ KSA12, *Nachgelassene Fragmente 1885–1887*, S. 40.
④ KSA12, *Nachgelassene Fragmente 1885–1887*, S. 26.
⑤ KSA12, *Nachgelassene Fragmente 1885–1887*, S. 25.

尼采并没有把生成意志局限在内在世界里,他认为,人本身也是"作为大量之'生成意志'"① 而存在的。这一观点与前面所说的尼采将人还原为身体的思想是一致的,既然人不再能简单地划分为身体和精神这两个方面,而是统一化为一个被称作"身体"的整体,那么,这里,尼采将人的本性又推进了一步,他又把这个"大身体"说成生成意志。人就是由一些不断斗争着的生成意志所组成的有机整体。

不仅在人那里,而且在更大的范围之中,在一切有机界,生成意志都是其基本要素。尼采清楚地表达了他的这层意思,他说"把一切有机体的基本功能还原为生成意志"②,他曾得出结论:"无条件的生成意志的特征在整个生命领域里现成存在着。"③ 尼采把"生成意志"看作有机体的一切活动和功能的根源,看作隐藏在表征之下的隐秘动力。尼采的这种解释,试图在他积极地拆解了一些所谓的"动力"或"原因"之后,重新给有机界或生命体以一个"动力"或"原因"。但是,与以往"动力"或"原因"的不同之处在于,从尼采的"生成意志"到有机体的活动和功能,并不存在一种必然性的规律在起着支配作用,这二者之间实际上是一种深层因素与外在征兆之间的关系,有机体世界只是生成意志世界的一种征兆,它们并不是两个不同的世界,而是同一个世界不同的层面。

即便把生成意志的边界扩大到有机界,这也没有最终完成尼采扩张"生成意志"的宏愿。在做完以上工作以后,他又发出了这样的问题:"它是否同样也是无机世界的动力?因为在机械论的世界解释中,始终还是需要有一个动力。"④ "生成意志"是否也是"无机世界的动力",这一问题将尼采接下来的思想倾向展现出来了,他是要向无机界继续进发。人的精神世界,人本身,有机界,再加上最后的无机界,这几重世界加起来,就基本上等于整个世界了。将生成意志说成整个世界的最后动力和决定性因素,这才是尼采思想的最终归宿。在将生成意志推向整个世界这一点上,尼采并不只是提出问题、表达倾向,而是给出了明确的结论,他说:"世界从内部来看,对世界基于它的'靠理性去认识的性质'加以规定和标示——它

---

① KSA12, *Nachgelassene Fragmente 1885 – 1887*, S. 25.
② KSA12, *Nachgelassene Fragmente 1885 – 1887*, S. 17.
③ KSA12, *Nachgelassene Fragmente 1885 – 1887*, SS. 23 – 24.
④ KSA12, *Nachgelassene Fragmente 1885 – 1887*, S. 17.

就是'生成意志',如此而已。"①

如果像尼采所做的那样,不断将生成意志的适用范围扩大开来,将其延伸到整个世界的每个存在类型,那么,这是否意味着尼采要将生成意志当成藏在一切存在者背后的实体或者决定整个世界的抽象原则,将它彻底地形而上学化?所谓"生成意志""力"这样的字眼,以及"差异化"和"原发性的命令"这样的解释是否在向传统形而上学的老路复归?它所陈述的本源性因素与普遍存在的共相、与传统形而上学的存在概念谱系有何不同?

初看起来,尼采哲学所使用的这几个关键词确与形而上学的概念有相似之处,它们都具有普遍的效用,所揭示的内容不止在特定的个体中,而是在所有的个体中都存在;它们也都传达了某些必然性因素,不止在单个的情况下,而是在每一种情况下都毫无例外地发生作用。既然都是普遍的、必然的,岂不是可以将尼采的本源性因素归于传统形而上学的存在谱系,从而将尼采列于柏拉图主义者的队伍中?

弄清这个问题的关键在于,需要明确尼采的本源性因素是不是超越于经验世界之外的存在类型。尼采后期进入其思想的成熟期,其成熟的一个标志则是他开始将探寻生命本性的工作锁定在个体经验之中,拒斥任何试图超出经验的思路。所以,他的后期思想应在个体经验的框架之内得到理解;他的本源性因素是个体经验的一个构成要素,不具有任何超验特征,应将其还原到个体的具体体验当中予以把握。这是理解生成意志学说的一个基本视角。从这个意义上来说,尼采哲学始终固守在个体的边界之内,他所说的世界整体以及其中的每一个要素,诸如内在世界、有机界以及无机界,都是个体体验的组成部分,是"自我"所体验到的世界,而绝不是一个独立于自我之外的、客观存在的世界。"自我"作为一个基本视角,是世界的每一个要素得以可能的根据。尼采曾指出,关于对世界本性的探索,真正的问题不是"存在"到底是什么,而是"存在"对"我"而言是什么。在尼采看来,世界不是客观自在的,而是在"自我"当中实现出来的,是被"我"活出来的。"我"的体验才是这个世界的真实面目。

既然"自我"作为个体体验组成的整体在尼采的世界结构中起到了决定性的作用,那么,究竟什么是这个"自我"?尼采认为,"自我"归根结

---

① KSA5, *Jenseits von Gut und Böse*, S. 55.

底是生成意志,生成意志是个体的本源性和区分性因素。作为本源性因素,它是一切个体生存得以可能的根本动力,是生命力的基本构成要素,在个体体验的深层发生着的是诸多生成意志之间相互抗争、彼此争夺不休的事情;作为区分性因素,生成意志给出了一种区分高贵与低贱、积极与消极的标准,依据这一标准,人们可以对多种不同的生存方式加以比较、鉴别,从中发现克服生命的有限性所带来的痛苦、为生命确立意义的路径,找到那种彰显着丰盈的生命力和持续的创造力的生存方式,以此为鉴,活出真正的"自我"。

从这个意义来说,尼采的生成意志学说没有试图构建一个超越于有限生存经验之外的超验存在者,生成意志没有被设定在个体生存的边界之外,它仍然是一种经验性因素,存在于人们的个体体验之中。因此,生成意志的普遍性和必然性并非传统形而上学所谓"存在"或"共相"一类的普遍性和必然性,前者没有在具体的生存经验之外创造一个抽象的"同一者",只是在描述每一种个体经验之中都具有的结构和机制的相似性。"相似"而不是"相同"才是用来描述诸多生成意志之间关系的恰当词语。

接下来看第二个问题,分析生成意志这一本源性因素如何可以区分不同的生存方式。这个问题同样是一个关键问题。尼采找寻"自我"、研究个体生存的本性,其最终所要获取的是一个区分有意义与无意义的标尺,这个标尺中隐含着高低贵贱的判断根据,以此可以让人们明确自己的生命应该朝向何方以及动力何在。那么,生成意志是否可以成功地与意义挂起钩来,其中能否衍生出一套区分性因素?

尼采曾断言:"所有'目的''目标''意义'都只是某种寓于一切事件之中的意志即生成意志的表达方式和变形;对目的、目标、意义的拥有和意愿,根本上无异于要求变得强壮的意愿,要求增长的意愿,以及要求与此相关的手段的意愿……"[①]"目的"、"目标"和"意义"这类字眼,指涉的是生命之中起着规定作用的要素,它们是整个价值体系所要指向的所在,用来明确生命的最终归向,以便让整个生命活动不再处于无所适从的状态。这些要素一度给予生命意义。尼采在这些要素中发现了"生成意志":意愿"目的"、"目标"和"意义"与意愿"变得强壮"、意愿生命力的"增长"以及意愿"与此相关的手段",在尼采看来,这些从根本上来说

---

① KSA13,*Nachgelassene Fragmente 1887–1889*,S.44.

都是同一的。它们之中都有一种"意愿",正是此"意愿"成为生命得以持续进行下去的动力。这些都是生成意志的具体形态。

生成意志在生命中发生作用,一个基本的方式就是不断地生成新的意义。而新的意义则需要进行阐释。尼采如是发问:"竟有一种自在的意义吗?难道意义就必然不是关系意义和透视角度吗?一切意义都是生成意志(一切关系意义都可以化为生成意志)。"① 这一段话相关于对"意义"的理解。一般人们说起意义,至少要相关于两个不同的因素,因为只有在两个或两个以上的因素之间才有可能建立起关系。正是依据这种关系,才有可能对关系的各方进行判断,说其中的一方对其他的一方或几方来说具有意义。单纯就某一个因素来谈论意义是不可能的。即便有人会说对于某某自身来说,它是有意义的,这样的表达中已经将此某某自身设定成一个关系之中的两个不同的要素,而不再是完全自身同一的了。这就是"意义"的特征,当谈及"意义"时,它所关涉的"关系"是一个至关重要的内容,它提供了"意义"获得其有效性的根据。尼采的贡献在于,他把这种意义所依赖的关系从意义当中分离出来,给予其充分的重视。尼采否定了"自在意义"的可能性,而将其看作由特定"关系"和"透视角度"所决定的,这就给意义理论提供了一个全新的切入点。

尼采认为意义是由生成意志决定的,生成意志所组成的关系网成了意义得以生成的根据,生成意志之间的关系状态生成了对意义的不同阐释。他说:"生成意志进行阐释:一个器官的形成过程中,关键就在于一种阐释;生成意志界定、规定了各种等级、权力差异。"② 依尼采的理论,个体生存的每一个具体环节都由生成意志的关系网构成,这个网络不是静态的,而是始终处于动荡之中,每一个生成意志都力求在抗争关系中取得支配地位,让整体的合力顺着自己的朝向活动。每个力群所组成的合力,其最终朝向都不完全相同,即使是同一个合力,也会因为组成它的诸力之间力量对比的变化而改变自己的朝向。正是这种持续生成着的合力状态决定着个体生存的实现方式,一切个体行为,诸如人的生理感觉、心理感受、精神状态、理性思考等等,都由合力的状态决定着。因为组成每个个体的力群不同,所以个体都自成一格、表现出与众不同的特征来。

此外,生成意志的力群对意义的决定作用更为关键的一环在于它对生

---

① KSA12, *Nachgelassene Fragmente 1885–1887*, S. 97.

② KSA12, *Nachgelassene Fragmente 1885–1887*, S. 148.

命的区分作用。具体来说，尼采的生成意志学说中，力的"质"最具区分效力。它首先被用来区分力的本性。在相互关联的力群中间，力与力的质是不同的。有的力是服从于来自自己本性的增强自身的命令而去扩张，用尼采自己的表述便是"向 Macht 伸展",① 由于遇到了阻力于是抗争起来，这样的一种力就是能动的力。能动的力在向外扩展的过程中，并不总能彻底地控制住占有的新领地，这个领地原本并不是处于真空状态，这里曾经是一个力群的发生之地，"在一种意志不足以把整个被占有之物组织起来的地方，就有一种反意志开始生效，在一种与原始意志的斗争之后，后者开始着手一种释放，一个新的组织中心……"② 于是，这里便生成了一种新的力群，它以入侵的力为抗争对手，形成新的对比格局。

能动的力是原发性的，而反动的力则是被动的。这种能动和反动的性质在诸力之间的关系一建立时便形成了。力的能动和反动与其量的大小无关，区分二者的关键在于看这个力是出于自身的命令去抗争，还是因为外来的影响而被动地抗争。只要不是源于力本身的内在命令而发出的，都是反动的力。例如，如果某种力是受到了施力者对能动力的怨恨情绪和复仇精神的影响而形成的，那么虽然这种情绪和精神是内在于施力者的，但它仍然是一种反动的力。

尼采指出，在力与力的斗争效果上，并不总是能动力占上风，更多的情况下却是反动力获取了最终的支配权。如果确如尼采所说，能动力并不能保证在结果上胜出反动力，而更有可能输给后者，那么为什么尼采要提倡能动、批判反动呢？能动力的积极意义何在？尼采的这种能动与反动的力的区分是对人类文明特别是西方文明的一种新的解释。在他看来，西方文明史上充斥着反动力和以这种力为根据而建构起来的观念，这些力量和观念对人的生命构成了压抑和残害，阻碍着人们活出积极、健康的生存方式。尼采认为人类不应该如此生存，因为人的本性并不是导向于此，人们应该换一个视角。于是，他提倡彰显能动的力，以唤起人们对这种形态的生成意志的关注，主张从能动力的视角来对反动力进行批判。这是一种更为彻底的批判，其深层包含着对人类生命本性的深刻的理解和领悟。尼采的生成意志学说触及一个基本事实，那就是人们在力的意志与力的实现这两个环节之间置入了太多原本不属于力本身的东西，并因此扭曲了它的本

---

① KSA12, *Nachgelassene Fragmente 1885 – 1887*, S. 209.

② KSA12, *Nachgelassene Fragmente 1885 – 1887*, S. 209.

性，改变了它的实现方式；在这种反动力支配下的人不再是本真的人，而成为反动的人。其反动首先指向自己，表现为"内疚"；同时也指向他人，表现为"怨恨"；还指向生命的基本冲动，表现为"禁欲主义"。反动力占主导地位、压抑生命的创造性，其结果，导致一场文明的深层疾病，虚无主义终将在现代文明中弥漫开来。要根治这一疾病，就要区分能动力和反动力，进而区分不同的生存方式，遗弃"奴隶精神"主导的低下方式，把高贵和健康的"主人精神"当作个体生存和文化群体的支配力量。

通过以上梳理，可以获得这样一个印象：与其说尼采的生成意志学说是一套探求新知的理论，不如说是一个找寻"自我"的行动指南，其研究得以展开的领地实则为尼采本人的生命体验。它并不是要完全依赖讲授的方式告诉人们生命的本性到底是什么、生命的意义有哪些内容，而是时刻提醒读者要积极地找寻那个最本真的自己，在自己最具独特性的体验中去体验生命的本性、感受生命的意义。

（作者单位：北京第二外国语学院跨文化研究院）

参考文献

Nietzsche, Kritische Studienausgabe (KSA), Herausgegeben von Giorgio Colli und Mazzino Motinari, München: Walter de Gruyter, 1988.
《1885~1887年遗稿》，孙周兴译，商务印书馆，2010。
《1887~1889年遗稿》，孙周兴译，商务印书馆，2012。

·经典视界·释读荷马·

"被拯救的神话"
——反思荷马史诗与柏拉图《理想国》中的神话学

查尔斯·塞加尔（Charles Segal）/文　杨　旭　张泽恒/译

摘　要：在史诗叙事中，诗人荷马用诗歌形式向我们呈现丰富多彩的神话世界，在《理想国》中，哲人柏拉图则利用哲学和理性思维探讨和反思正义的难题。荷马与柏拉图看似是诗与哲学的两极，而二者实际上都在追寻超越现实的永恒价值。荷马利用其独特的程式化语言探寻隐藏于多样世界背后的本质，柏拉图借用荷马的神话思维，并且注入了哲学的思考，探求社会与人性的永恒价值，从而创造了一种新的神话形式。这种形式传承和发展了荷马的诗学形式，融合探讨古代世界悲喜剧的范畴，集"内向型"与"外向型"神话于一体。最终，柏拉图借助神话的原型，以"新神话"的形式融构诗与哲学，为我们传递出他对人性、哲学、生命的思考。

关键词：神话；荷马；柏拉图；《理想国》

> 敬献小约翰·H. 芬利先生：
> 学问之道，关切灵魂；
> 关切灵魂之方，实乃心智净化之略，
> 且为感发心志之源。

一

荷马被誉为"希腊文化之祖"，原因有二：他的诗作将神话变成经典，且赋予其栩栩如生的视觉形式；他的诗作及其所达巅峰的传统，体现了一种别具风格的希腊结构形式，即利用语言来组织丰富多样且永远以其印象的紊乱威胁着人类意识的经验世界。在发表的文章和精彩的演讲中，芬利（John Finley）多次以其独特的视角阐释希腊诗歌，捕捉人类生活中明晰和瞬间之美的本质。芬利教授在神话与概念之间思维方式的冲突和相互作用方面有独到的研究，冀希望这篇文章是一份谦虚得体的献礼。

古希腊思想是在有形艺术和诗歌中发现本质，试图重建创造的永恒瞬间，那一刻纷然杂乱和细枝末节的经验被永恒之光照亮。变化、时间、死亡的力量也对古希腊心灵持久施加压力。于是，他们痴迷于无限变化的现象和可能发生的无尽事物和无限体验，他们的思想触及个体和永恒之间的对立和矛盾。柏拉图发现，他自己必须调和赫拉克利特和巴门尼德二元对峙的哲学传统：一个说万物生生不息、无一常驻，一个断言万物动变皆为虚假、绝非真实。

乍看起来，荷马和柏拉图分别代表对立的两极。不错，柏拉图在"诗和哲学古老的论争"中（*Rep*. 10.607b）将他哲学的逻各斯描述为荷马神话和诗性叙述的竞争对手。但是，在显而易见基本的差异背后，柏拉图却必须承认荷马对他的影响深巨。事实上，他在某种程度上仍然忠于史诗中首次呈现的诗意视角，以此来观照人与现实。笔者写作此文，绝非试图以一种反历史主义去抹杀《伊利亚特》和《理想国》之间四个世纪至关重要的历史，而是去关注两者之间某些被忽视的联系，从而向诗和哲学投下一道阐释的光亮：无论多么不一样，诗与哲学所共者，乃是尝试理解人类现状，同时又受惠于古代神话传统模式的菁华。

柏拉图摒弃了变幻无常和转瞬即逝的日常生活经验，而去寻求一种统一的实在。这种实在可以阐释并且保留每个领域不变的经验，它可能是政治、艺术、情感或者宗教。《理想国》所努力追寻的统一实在，就是"简单性"排除"多样性"。"多样性"这一术语很难翻译，它意味着"绚烂多彩的"，"表面闪光的"，世俗的，尤其可以栩栩如生地再现客体或经验。《理想国》中多数概念和结构通过这两个术语的转换和变化展开。"多样统一"，"和谐有序"（4.443e），或者说"如乐似歌"（9.591d），乃是人类生命真正的最终目标。柏拉图在一个论证中指出，灵魂中的朴质与身体和饮食中展现的朴质具有相似性：单纯质朴培养健康和适度，复杂多样则导致疾病和放荡（3.404e, cf. 4.425a）。良好的公民和优秀的统治者为了思想上的一致必须专注于"一件事，而非很多事"（4.433d）。众所周知，"做许多事情"将会让雅典民主国到万劫不复的深渊。与政治方面相同，思想的"多样性"会带来"不和谐"与分裂。（cf. 8.551e-522a）当追寻"多样化"时，城邦的形式和公民的性格就会显得格外吸引人，就像一件斑斓的大氅，是用万朵花饰点缀而成的（8.557c）。不仅仅是让人痴迷的城邦形式，当知识形式呈现出"多样性"的外表时，会更具有欺骗性。当一个人用经验主义来思考天文学与和声学时，所得出的结果是错觉而不是真实，也不是所追求的统一性（7.529a-531c）。"多样性"所充塞的城邦之骇人危险，在于灵魂的非理性部分"形式的杂多性"（9.580d），一如"光怪陆离的怪兽"（9.588c；cf. 588e）。诗歌展现了"斑驳纷繁的形式"（10.604e），因此，诗歌不是"模仿"平静和谐的哲学性的灵魂，而是充满激情的人的"复杂的朴质"（10.605a）。

显然，希腊诗歌之父和西方哲学的创始人有着深刻的分歧。柏拉图一生中多数作品都有明晰的逻辑概念和定义，同时也涉及灵魂的理论。荷马的诗歌中很少使用抽象的概念，并且也没有任何像柏拉图思想中关于"灵魂"之类的术语。然而荷马史诗中具有追寻统一的世界秩序的根源：柏拉图在厄尔（10.617e）的神话中强调"责任感"回应了《奥德赛》的开篇。《伊利亚特》第18卷中对阿基琉斯之盾的描写，展现了自觉创造的技术和智慧，构成了西方第一个统一和谐世界秩序的微小模型。

荷马和柏拉图都将语言和现实的秩序亲密地联系在一起。但是，柏拉图有意将这种联系组织起来，作为他思想意识结构的一部分，而荷马将语言和现实的联系置入史诗形式的诗歌程式化语言中。他继承了一个古老的传统，认为现实的图景早已凝结在形式化的模式中，同时他有可能重新塑造这一传统，并且将其拓展到一个更富有表现力的维度。荷马和谐世界的观点不仅通过语言表达，而这一世界本身也只不过是一种语言构造。

大约四十年前，德国哲学家里耶兹勒（Kurt Riezler）撰写了一篇颇具新意的文章，作者已经注意到，现实的精神结构隐藏在荷马式的明喻中。尽管荷马没有创造出将"车辆"和"男高音"相联系的抽象的参照系，明喻仍然蕴含着普遍化的过程，即将一种逻辑和结构赋予无法比较的、永恒运动的事物。荷马的明喻富有想象力地将特殊行动的瞬间与自然世界经常呈现的特点相并列。喻体和本体之间经常有令人着迷的差异，比如将忠诚的埃阿斯（Ajax）与一头吃着满地谷物的驴相并列，或者把罂粟花在雨中低垂比作一个在战争中死去的年轻士兵。他将瞬间的事物与典型的事物做比较，其中典型事物是独特的、卓越的，特别是具有普遍性、永久性。熟悉的谎言不仅是希腊艺术的基本特点，这一观点在汉普尔（Roland Hamper）一册小书中提到。但是，正如里耶兹勒和斯纳尔（Bruno Snell）所提到的，它是前苏格拉底和之后哲学的源头。许多意想不到的并列，不仅产生了深刻的痛苦和不幸的对照，也加强了从表面不同中把握相同的习性。读者通过不相关细节之间独特的联结，感受着美和智慧带来的愉悦。扩展的明喻就这样揭示了人类行为的不可重复性，这种重复性是大量且普遍存在的。

亚里士多德将修辞手法进行分类，他指出隐喻和明喻通过将多样的事物放在共同的属中来产生"教导与灵知"。当然，在神话和概念思想方式的界分上，亚里士多德处在遥远的一侧；但他把握住了荷马风格这一基本特征的前逻辑中隐含的心灵构作。要从荷马式的明喻"逻辑"发展到亚里士多德对明喻类比观念的传统抽象反思，则必须经过一段漫长的旅程；从抒情诗人、梭伦、米利都学派到赫拉克利特、恩培多克勒和柏拉图，亦复如此。但这种本质的心境状态业已隐含在荷马史诗的风格中。

当着眼于荷马叙述的更小单元，我们会发现明喻是基于固定的、永恒的、典型的现实这一规则。它把变化更迭的现实印象固定在连续的重要的常规中。这种影响对于口头诗，对于"长了翅膀的语言"的媒介，对于流动的容易变质的形式尤其重要。这种影响不允许听众或者诗人在一个事情快速展开之前从容地对其做出判断或者反应。因此，语言本身把自然发生的行为模式化，并且在叙述过程中展示出其可理解和明晰的特点。我们不妨说，故事中最基础的语言学单元之功用，就在于建构一种固定、典型现实，形成一个习以为常但并非陈腐不堪的经验规范。

换句话说，这种规则包含着"前逻辑"的相似性，即明喻让变动的客体凝固在连贯的、有组织的模式中。荷马式的战争中有连续不断的人名和地名，这些重复出现的短语可以防止个人整体的行动分裂为破碎的、无价值的细节。长矛是"投影森长"的，盾牌是"整体平滑"的，战士们牢记或者遗忘了他们战斗的初衷，赫克托尔顶着"闪亮头盔"，墨涅拉奥斯（Menelaus）是"嗜战的"等等。当其他不知名的战士被"黑暗的夜色所笼罩"或者他们的盔甲"在身上叮当作响"，或者用"黑色的血液""浸湿大地"，他们的牺牲是整体诗歌悲剧的一部分。个人的悲伤和失落表现为更大模式的一部分；而死者的命运则由同样的严厉法则来衡量，该法律对《伊利亚特》的每个战士都有好处，无论他是希腊人还是特洛伊人，老兵还是新兵。

在语言层面上，使用套话就相当于荷马在他宏大的诗篇中把所隐含的神与英雄的经验模式化。在神和英雄的世界，在辽阔的草原上，他们行动，他们表演，他们清晰的动姿塑造出再现英雄德性的形象，展现了英雄的美与光，从而与凡夫俗子的死亡所带来的悲剧景观及其造物的羸弱形成了强烈的反差。朴素的并置、凸显的细节以及简洁的描摹，这一切都让人过目不忘。有人认为，埃阿斯呼唤光明冲出围绕帕特罗克洛斯（Patroclus）的身体的有害迷雾，尽管对他有害，但他依然战斗；赫克托尔站在特洛伊城墙之外面对着他必死的战斗；或者另一个极端，在奥林匹亚山上发生着不合理的无忧无虑的争吵和通奸。规则帮助我们在一个绝对的高度把握这个世界，当这世界中最生动、最具特点的品质呈现在我们眼前，一连串的紧迫的事件就被定格在永恒的当下。神话时间的"永恒回归"是以永恒不变的循环的规则本身标示的。

此刻，在荷马眼里，大海的本质就展现为"葡萄酒般的幽暗"，高山之上"林表明霁色"或"深山增暮寒"，天空则显得"雾气朦胧"。这些程式化的表达聚集起来可以呈现出他们自己的世界，这样的世界更崇高、更生动，它存在于"更广阔的天空"。尽管荷马与柏拉图之间的差异是巨大的，但我们依然可以通过观照荷马的影响从而扩展到柏拉图，在《理想国》第7卷中，哲学家从洞穴走向太阳拥有了更光亮的视野，或者在《斐德若》（Phaedrus）中灵魂的战车呼啸着从地球上飞过。

通过明喻的扩展，荷马的规则确实描绘了本质的、永恒的品质，而不是着眼于重复出现甚至是表面的不适当的短暂的印象。广阔的天空在阳光下"熠熠发光"，暗淡的服饰变得"光芒四射"：包裹着海伦死去的兄弟的大地是"生命的给予者"。但是，当没有一个人意识到这样的比喻文不对题之时，我们就只能为这些程式化表达拍案称奇。这样的情形只有我们阅读手中的文本、词典、词语索引，也就是说，我们从荷马广阔的世界回到狭窄的世界才会出现。在阐明的现实中，荷马诗歌的"书写"将我们送到一个世界，在那里正午是繁星满天，皇后佩涅罗佩（Penelope）有着一双战士般"厚重的手"，污染的洗衣房"散发着光芒"（最后一种情况是洗衣的女工恰巧是美丽的瑙西卡娅，她正在幻想她的婚礼），这些都是合理的。

就像柏拉图表达理念的语言一样，荷马史诗的程式语言，也创造了一个世界。首先他们并不忠于特殊的细节，而是忠于一种宏大现实景观，忠于和谐有序的英雄世界。帕里（Milman Parry）对荷马诗歌这一特征推崇备至:"对荷马如此,对他的听众亦然,固定的属性形容词修饰范围更为宽广,与其说是某一行诗或某一首诗,不如说是整个的英雄诗歌。"罗森迈耶(Rosenmeyer)近来进一步指出:"史诗凸显典型之事,恒定之事。而不强词夺理为众人之领袖菲落提奥斯(Philoetius)所偶然遭遇的尴尬处境进行辩护。所以,我们应该细心品味一种诗学境界的稳固统一,这种境界绝不迁就现在这种流变不息患得患失的情绪,而是依据一种赋体成型的传统之坚固图式来描摹英雄的过去。"故而,诗人和哲学家在此有了交集:双方都在奋力超越特殊而臻于永恒本质之境,以和谐有序、高贵荣耀且涵纳了现实整体的视角来洞察人类生活。

二

尽管柏拉图与荷马运用了不同的方式展示神话,但是对于柏拉图而言他也十分重视神话的作用。柏拉图的概念和哲学上对美好生活、优秀品质的追求以柏拉图英雄主义的美德为基础。柏拉图通过苏格拉底的梦来阐释《克力同》(Crito)的核心问题(44b):一个高挑美丽的女子,穿着洁白的外衣,向我走来并且告诉我"苏格拉底你将要在第三天来到富饶的弗底亚(Phthia)"。梦中来访的神秘美丽女子的幻象可以溯源到《奥德赛》中佩涅罗佩的梦。这个梦让她更加坚信奥德修斯的回归,坚信奥德修斯可以为这残破的国家和家庭带来正义和秩序。弗底亚的引用来自《伊利亚特》第9卷。这段柏拉图式的引文暗示着回家之旅,回归人类永恒的居所。对后世来说,理解苏格拉底灵魂的观念很容易。但是《伊利亚特》提到阿基琉斯害怕放弃远征特洛伊。随后,在《克力同》中,法律自我辩护时提到反对在战争中"擅离职守"的禁令,同时也回应了阿基琉斯在《伊利亚特》第1卷中的困境,从而开始关注苏格拉底本身的状况。从某种程度上来说,《伊利亚特》的引用不是作为装饰而存在的,而是一种把哲学的选择置入英雄的视野的方法。哲学家生命的价值可以通过史诗对危机、矛盾以及悲剧情景的书写展示出来。由《申辩篇》(28b-d)中苏格拉底在面对死亡时的坚定不移,很自然可以联想到阿基琉斯在帕特罗克洛斯死后对抗无意义的存在(《伊利亚特》第18卷)。在引用荷马的诗句时,柏拉图有意识地将苏格拉底纳入英雄的范畴——正如他希望死后可以与伟大的英雄交谈(《申辩篇》41b)。

苏格拉底的英雄主义归属于一种新型范式。它是通过灵魂内部斗争展现的，而非战场上的拳脚相交。然而，阿基琉斯和苏格拉底的英雄主义，都是通过直面死亡时人生有何意义这个永恒的问题来展现的。两个人在回答问题时都通过相同的"必要变更"：二人都诚挚地宣称"美德"至高无上，可以为之献出生命。苏格拉底的英雄主义是牺牲赞西佩（Xanthippe）和他们的孩子。阿基琉斯牺牲的是老珀琉斯（Peleus）和涅奥普托列摩斯（Neoptolemus）以及他在特洛伊的同伴们，这一点两者是相似的。阿基琉斯通过战场上的愤怒和杀戮诠释了他的美德。在《伊利亚特》第24卷中在他和普里阿摩斯（Priams）了解到更广阔的视野之前，他选择光荣赴死，而不是长寿卑微地生活，从而否定了所有残酷的生活，所有文明的标准。荷马的英雄主义允许展现荣耀中的热情，狂热的个人主义，自我的毁灭，忽视命令、约束甚至生命本身。在更微观的视野下，格劳孔和狄俄墨得斯在战争的强迫下交换青铜的盔甲，是明显的但不切实际的例证。

柏拉图式的英雄主义剔除了古老英雄模式的激情，去除了后者过度重视一个人在他人眼中的表现，同时也摒弃了无理性的悲剧。对战士们的社会习俗尊重，让位于对神性永恒律法的敬畏，以及对引领人类走向这一永恒法则的理智灵魂的尊重。故而，长于柏拉图一两代的德谟克利特，尝试用一种新型内在的"自我尊重"取代古老外在的"他者尊重"。这些古老而独立的永恒法则，根植于本土的礼仪和宗教。不像"未成文的法律"，索福克勒斯的安提戈涅可以反对克瑞翁的权力，他们只通过哲学思考实现善。

哲学家追求的是多样性后的统一性，用简约的"和谐"对抗复杂矛盾的灵魂，或者用朴实的健康对抗过剩奢侈的城邦，或者用智慧者坚定的勇敢来对抗整个城邦的无知。然而寻找多样中的唯一始于荷马。这种思维方式深深地嵌入柏拉图所罢黜的神话中。

我们马上就能感觉到柏拉图对神话的模糊敌意。古希腊关于英雄的文化表面上看起来比荷马的《奥德赛》少一些哲学性。难得的是，在《奥德赛》中，荷马以超越现实的紧急时刻来构造普遍的模式。诚然，索福克勒斯的《埃阿斯》中的奥德修斯，看透了生命的短暂易逝，人类境况的漂泊无定，这个形象体现一种教化后的悲天悯人。但是，四十到五十年之后，《菲洛克忒忒斯》（*Philoctetes*）中的奥德修斯是一个无情的投机者，也是追求成功的功利主义者，年轻的柏拉图也许在狄奥尼索斯（Dionysus）剧场可以看到这幕剧。然而荷马的奥德修斯与柏拉图的"英雄主义"，并不是像初次出现的那样难以调和。尽管奥德修斯是"多样形态"的,但他的旅行是要将自我从广阔大海上多种诱人的经验中解放出来。他找到了回归伊塔卡岛现实世界的路,寻回了对妻子、儿子、家园以及王国的忠贞。

对"太一"的寻求更为阿基琉斯所独有。他的旅程是柏拉图阴暗面的隐喻表达:他抛弃了短暂易逝、为时间所束缚且为人所给定的命运,来寻找隐藏在人类存在之后的永恒性。这种人类生命的永恒不是源于柏拉图所谓的象征真理和善的理念的太阳,而是来自寂静的死亡、永恒的无意义以及无垠的虚空对人生命进行的检验。

荷马的两部史诗在表现英雄的行动和经历时,都将死亡置于至高的中心地位。奥德修斯的死亡出现在他旅程的中间点,而阿基琉斯的死亡出现在史诗的结尾。在阿基琉斯面对帕特罗克洛斯之死时,他不安的激情达到了顶峰,同时他在与老战友拥抱时,了解到无意义的死亡的真正含义:

> 言罢,他伸出双臂,却不能把他拥抱;灵魂钻入泥地,像一缕青烟,伴随着一声尖细的喊叫。阿基琉斯跳将起来,大惊失色,打击着双手,悲声叹道:"哦,我的天!即使在死神的府居,也还有某种形式的存在,人的灵魂和虚像,虽然他们没有活人的命脉。整整一个晚上,不幸的帕特罗克洛斯的鬼魂悬站在我的头顶,悲哭啼诉,告诉我一件件要做的事情,形状和真人没有区别!"(《伊利亚特》第23卷,第99~107行)

鬼魂要告诉阿基琉斯,他需要了解和接受自己已经死亡。如果他没死,他就必须让肉体经历死亡的虚无。在这次相遇之后阿基琉斯开始埋葬他朋友的身体,同时返回敌人的尸体旁,这两种行为都如哈德斯所期望的那样。

荷马史诗的两个旅程(如果我们如此形式化看待阿基琉斯的危机和其化解)是相互补充的:一方面,寻找生命里纷繁复杂经验中隐藏着的一致性;另一方面,通过不向虚无的存在妥协来否认生命。柏拉图在追求一致性时也包含这两方面,他渴望看到永恒的统一,渴望善的理念,并且把其作为追求一致性的驱动力,进而对我们生存中躯体的死亡或部分的丧失有所了解。当柏拉图谈论对永恒的追寻时,他必须谈论死亡。《斐多篇》关于灵魂不灭的对话,开始于被责难的哲学家在监狱中面临死亡。《会饮篇》将统一性定义为通过后代来克服死亡的推动力,希望"存在于美好中",并且留下美丽的后代,无论是身体或者灵魂。《理想国》和《斐多篇》相似,以一个濒临死亡的老人为开头,以一个通向死亡王国的旅程为结束。

同奥德修斯一样,柏拉图的英雄跨过了生命的界限。奥德修斯观察着一系列神话的女英雄,一个虚构的女性的图景,并且接受了关于他回归伊塔卡岛的指令。柏拉图的厄尔观察着一系列的灵魂,一些如荷马神话的英雄,但是他的视角是关于正义与和谐的。奥德修斯所接受到的消息是关于灵魂回归他们最终的和永恒的归处,而不是回到布满石头的伊塔卡岛上的宫殿。奥德修斯因为害怕珀耳塞福涅(Persephone)可能变出戈耳工(Gorgon)的头而结束了他在冥府的逗留。但是,柏拉图的厄尔仍然经历了超自然体验的高潮,这是诸灵魂的最后灵见;这些灵魂像《俄狄浦斯在克罗诺斯》(*Oedipus at Colonus*)或但丁的《炼狱》中那样,伴随着神奇的地动山摇,隆隆雷声,"全体被突然抛起,生生不息,如流星四射,向各方散开去,重新投生"(10.621b)。在这最后一段中,柏拉图迷恋于这种急促的节奏,突然转为了头韵体二音步抑扬格。

柏拉图通过排除英雄史诗的悲剧意义来接受神话的结构。悲痛交加的阿基琉斯,睁着泪水汪汪的眼睛,远离着伙伴,独自坐在滩沿望着无垠的大海(《伊利亚特》第1卷,第349~350行),或者,反对绝对的孤独或普遍的死亡(《伊利亚特》第16卷,第97~100行)。奥德修斯拒绝了海上的领土,为了人类生存的可能性,成功地克服了神提供给他的偏远的卡吕普索岛(Calypso)的诱惑(《奥德赛》第14卷,第203~224行)。在那里他像阿基琉斯一样,第一次面向宽广的大海(《奥德赛》第14卷,第84行)。然而柏拉图的神性和无限性不是具有诱惑性的,而是在寻求自我超越中必要的渴望。我们生命中的任务就是"接近神以此有可能长生不老"。(*Repub.* 10.613a-b;cf. 2.383c;*Theaet.* 176b)

三

《理想国》有两种构成的方式,一种是哲学的和类比的方式(关于小范畴与大范畴,灵魂与城邦之间的关系),另一种是神话的方式(下降,旅行,幻象)。毫无疑问的是"我下降"是对话的第一个词语。稍后母题在两个关键的节点上出现,"下降"到洞穴(cf. 7.517a)和"下降"到厄尔地下世界(10.612c)。伴随着"下降"到雅典的商业中心比雷埃夫斯港

(Piraeus),而成功地将"幻想""壮观"的母题(327a)和色雷斯人本狄斯女神节的火炬游行(I.327a,328a)体现黑暗中的光亮联系在一起。但是,利用表面上看起来琐碎甚至通俗的"下降"来"关注"光明的奇迹,却可以展现更为深刻的含义,体现在古革斯(Gyges)神话、洞穴、厄尔(e.g.2.359d;7.517a ff. especially 520c;10.615d;also 4.435a,6.508c)的"下降"和"幻象"中。这些"下降"可以带我们远离琐碎的通俗的比雷埃夫斯港的"下降",正如卷七中的太阳远离深渊的洞穴,永恒的现实远离肉欲的幻想的世界。"奇迹"和光明可以为厄尔提供比原始神祭祀仪式所提供的更为闪亮的东西,那些景象将是真正"值得关注"的。"观察"的行动不是无所事事而消遣的游览,而是最深刻严肃的活动。观察这个"幻象"的器官不是有形的眼睛,而是"灵魂的眼睛"(7.540a)。在整部《理想国》寻找类似的相互对照让我们发现更多。这里引用的为数不多的例子至少证明了,深刻的神话结构遍布在《理想国》的哲学讨论之中。

不同种类的神话模式决定了柏拉图哲学的其他部分。城邦起源的结构是利用一个无罪和纯洁的消失与复归的神话模式建立的。柏拉图引导我们从一个简朴的、健康的城邦转变到臃肿、奢侈的"猪的城邦"(2.327d-373a),对于统一的终极追求只有在一个更广阔的层次上才能重获"健康"和"淳朴"。

从另一个角度看,《理想国》利用并且篡夺古老神话的功能,以此为库藏给人们提供现存的社会形式和角色,在此柏拉图与荷马再次相遇。或许,在《理想国》中,柏拉图以前所有的努力,在空前的程度上再度呈现在史诗包罗万象、经天纬地的幅度与忧思中。在古代社会中,史诗包含和传播可以被认为是关于人类社会和人类关系的坚固而稳定的知识。在具体的场景和事实的描述中,它提取出一个大致的印象:什么是人类社会最高尚的形式,什么规范可以认证英雄的合理存在,什么组成了对神的不敬和人的下贱。

荷马的两部史诗描述的是关于英雄生存的社会及其各自的冒险。《伊利亚特》囊括了史诗的规范和人类基本活动的广阔全景。这里有战士和谋士,有英雄和懦夫,有商人和医生,有养马的人和海里的人,有金色迈锡尼(Mycenae)和遥远的阿比奥斯人(Abioi),他们喝着牛奶,是"最正义的人"。在《伊安篇》中柏拉图生动地展现了从荷马诗歌的标准来理解社会所有必备的基本技能。《伊利亚特》和《奥德赛》都揭示出"许多人类的思想",还有多种社会的形式。用非法而残忍的库克洛普斯（Cyclopes）和精致、美丽并且赞美爱的费阿基亚人（Phaeacians）定义了两个极端。在这种限制中，喜欢吃人的莱斯特律戈涅斯（Laestrygonians）或者埃阿科斯（Aeacus）之子的不伦之亲，或者人类的国王涅斯托尔（Nestor）、墨涅拉奥斯、阿伽门农，每一个都在秩序、正义、文明中占有自己的位置。

柏拉图意识到，要将史诗重铸为对话形式的哲学，势必要改变其媒介和内涵。新"神话"可能不是用诗歌的形式；诗歌具有的"令人着迷"和"吸引力"将让位于对话模式的自我审查。说话者和听众之间的关系不再依赖于文学作品外在的生动的口头展示，而会内化在作品本身。它自己将成为反思、检验、反讽、幽默的主体。把十卷本的《理想国》带向一个全新的境界，它利用对话模式模仿全部范畴和史诗的权威，但是打破了诗歌的流畅性，因而也破坏了对已建立的标准不加批评接收的可能性。新哲学的"史诗"探索强调史诗的严肃性，甚至强调其素材的崇高地位，而不是一种封闭完善的传统所具有的史诗目的性。它将是指定性的而不是描述性的。这将超越熟悉的价值观和传统的经验来获得新的观念和准则。因此颂诗者与听众之间在朗诵过程中达到节奏上完全融洽的讲述方式，将让位于提问者与回答者之间不那么舒适、不可预测并且有强烈个人意识的关系。不可预测性和审美的"不舒适"模式对应着不可预测的精神探索。愤怒的忒拉绪马霍斯或者唠叨的普罗泰戈拉拒绝接受这种新的、自我意识强烈、带有自我反馈的问答形式，他们尝试重返"长篇大论"的独白叙述，伴随着危险的、类似催眠的、"迷人"的口语传统的影响（in *Repub*. 2.358b；cf. *Od*. λ334）。此时此刻，辩证过程充满了风险，甚至还可能突然停滞，而仅仅是为了重新确认和描述方法而找到新的起点，但苏格拉底反讽和阿提卡文雅已经磨平了冲突。

四

当我们讨论《理想国》所蕴含的神话样式时，我们或许可以从布鲁纳（J. S. Bruner）的"外向型"与"内向型"神话的区分理论中获益。即前者所反映的形象是社会中的人类行为以及人类关系；后者反映的形象是关于人性、自我探索以及自我发现。

在这种分析方法下，我们很难将其运用于荷马的身上。神话内在的和外在的方面都是在一起的,是不可以分离的。不论是外在还是内在都是和谐的,并且由此扩大到其他的东西上。《伊利亚特》与《奥德赛》中描述的英雄和非英雄团体以及社会准则就像阿基琉斯或奥德修斯所探索的统一性一样。

然而,在一种新的外向型神话构建的过程中,柏拉图迎面处理时代巨大的道德与社会危机。在公元前5世纪末期,神话用形象投射有效道德社会秩序的力量,已经开始衰败没落。神话开始逐步转向"外向型"。以埃斯库罗斯的《俄瑞斯忒亚》(*Oresteia*)为例,神话的框架,即自然生命力与人生规则的割裂,以及下降到黑暗和上升到光明的神话样式,始终在强迫"外向型"神话宣布,是人和社会的才能创立了正当的规定,并且在一个已经建立了这样规定的地方重建人和宇宙之间的生命赋予的中介。但是四十几年后在欧里庇得斯与索福克勒斯的《厄勒克特拉》(*Electras*)中所展现的神话观中,相同的样式和许多相同的形象聚焦呈现了个体人格和精神幻灭。在城市与它的社会、宗教机构中,协调的权力已经变得十分孱弱了。索福克勒斯的《厄勒克特拉》成功使用了死亡与重生的布局格式,但是其更加关心的是情感生活和个人之间的关系。在欧里庇得斯的《海伦》(*Helen*)里,同样的,宇宙的神话重归于珀尔塞福涅。俄尔菲斯(Orphic)神话的死亡与重生,以及奥德修斯神话的过渡与回归推进个人幸福的主题——个人对幻觉与真实的灵视、同一性的失落和失而复得的内在同一性。阿里斯托芬的《鸟》(*Birds*)运用了大量"外向型"神话于社会群体创作中,并且在一定程度上是与《理想国》相似的。但是社会复苏的模式很快就失去了旧有的特征,并且大概在两个主角寻找庇护所时成为雅典人($πολυπραγμοσύνη$)最为糟糕滑稽并让人消遣的特点。《公民议会妇女》(*Ecclesiazusae*)可能是托名柏拉图的伪作,就限制了性与婚姻私人领域的外向型神话。柏拉图宣称他的理念领域将会成为一个天堂(9.592b)的范本,他看上去认识到在他的社会蓝图下,蕴藏着些许不真实的像《鸟》中的乌托邦精神似的神话。使柏拉图的神话从阿里斯托芬分离出来的,正是柏拉图自己的那个范本所占据的天堂,同时也是使领域实体化的永恒概念,即在这里它们不仅属于神话还属于神话和理念。只有在这些范本和他们理智建构而非虚构的天堂的范围内,也就是纯思想范围内,他们才能一方面从毁灭性的历史变迁幸存下来,另一方面还被称作超越神话的非真实。它们同样也作为"内向型"神话的一部分而起作用,并在"任何想看到理想城邦"和"看到城邦并且想定居在那里"的灵魂中起作用。

说神话到了公元前5世纪已完全表现了其外向功能，这当然是大而化之，过于简单了。即便是在两部《厄勒克特拉》中，或者是在欧里庇得斯的《腓尼基妇女》中，神话外向作用依然如故，只不过在作品的全景故事中只占附属地位而已。在阿里斯托芬的《蛙》之中，一个败落城邦的复活问题注定了那种复活死亡诗人的愿望。但这则古代神话——荷马史诗风格的，随后是俄尔菲斯风格的冥府之行、宇宙再生的情节——主要是聚焦于一个有关文学的审美判断。不无反讽意味的是，寻幽探微的功力却是对正义诗人的"渴望"而非其他。可是，诗人之作却不仅剥夺了古老神话而且剥夺了古老神祇的道德传统之有效性。

在欧里庇得斯的《美狄亚》（Medea）中有一段优美并且恰当的颂歌，在伯罗奔尼撒战争的前夜上演，它抒情地称颂了雅典的文化成就。然而，表演的主题是建立在伤痛与矛盾、野性和不合理的对比之上的。在这里，燃烧着复仇火焰的野蛮人女巫在她们身后留下了令人恐怖的大屠杀和孤寂。恰好在这个世纪末，索福克勒斯的《俄狄浦斯在克罗诺斯》中同样包含了在雅典十分出名的诗赋。实际上，这个戏剧赞美了一个市民与宗教联合的伟大的城邦。这是一方神圣的树林，复仇女神出没其间，华美神话放肆地散播神奇幻象，令人浮想联翩。然而，它崇高的结局使旧时代英雄的暴力与人道、诅咒与祝福之间变得协调，远远高于人的理解与宽容。忒修斯，一个过时的人物，在理念的对比中显得高尚，并在一个令人讨厌的家庭之中结束了骨肉相残的悲剧，由此模糊地隐现在幸运的雅典人公民团体之后。另一个城邦底比斯则有着不同的未来。甚至索福克勒斯早期的戏剧情节也是由英雄们或统治者们主导，他们关系到一个极端模糊的坚固的社会准则，也就是说，他们就像国王克瑞翁（Creon），在城邦之中成为"孤家寡人"而无所傍依（《安提戈涅》370）。

这时，柏拉图不得不用一个更大的外向型神话来取代之前五个世纪的内向型神话。但是在旧有的理念中，外向型神话并不能被称为神话。呼唤古老神话是败坏之举，因为他们释放出了当今社会道德与心灵秩序控制不了的情绪。对于荷马，同时对于埃斯库罗斯和品达来讲，来自阿基琉斯、阿伽门农、坦塔罗斯或伊克西翁中任一人的暴力，都被来自社会剩余部分的凝聚力和在其价值观念中的安全部分中和了。旧神话中的暴力部分因此能执行社会中的宣泄功能，这是亚里士多德喜爱的神话观。因此荷马的奥德修斯，以像统治者或父亲一样的温和亲切而著名的人，能够下令残忍地杀掉起诉者——女佣墨兰提俄斯（Melanthius）。但是在伯罗奔尼撒战争之后，古希腊的智者阶层不再相信，希腊社会具有监察这种非理性激情的策略（参见修昔底德所著《伯罗奔尼撒战争》第3卷，81~82，及《理想国》第9卷全篇）。索福克勒斯的埃阿斯从众神杀掉他真实人性的受害行为中闪开了。当他重新清醒时，他为了顺从旧有的英雄法典而自杀了。但是透过表面来看，社会一直团结在他背后，并确保葬礼仪式有着应该的表现。这里甚至展现了埃阿斯在市民祭祀中的地位。事实上在欧里庇得斯的《赫拉克勒斯》中英雄疯狂的行为体现在一次令人恐惧的暴力大屠杀中。他杀掉了妻子和孩子，并且差一点杀掉了自己的父亲。最后，没有任何关于公共仪式的建议，只有友谊的孤独的纽带。

面对多兹（E. R. Dodds）所说的继承集团的崩溃，为了理解灵魂展露于外的黑暗与恐怖的部分——而这些部分是内在于灵魂的，悲剧作家必须回忆起神话中最为深层的那个层面。欧里庇得斯一次又一次地回到古老的，通常是邪恶的人类献祭的神话，来到神秘的国度，在那里，身份被否定或遗忘，在遥远的海面上，穿越到野蛮的国王那里，在那里，女祭司掌握着生死的钥匙。许多这样的神话版本在《奥德赛》中已经出现了主题。但奥德修斯的担忧并不是现实的瓦解，不是个人对不设防的梦想世界的暴露，也不是他内心深处压抑的暴力。主角漫游仙境，隐含着个体的内在更新，这种情节不到全诗的三分之一，仅仅是主角的命运历程的前奏，表现主角持久忍耐和其超人智慧，重建家园，反抗绝望偶然。

由于这些和其他原因，柏拉图不能相信古老的神话。神话和哲学之间的裂痕，逻辑、秩序和文明之间的鸿沟，以及在前5世纪晚期发生的黑暗的惩罚，在其他方面都太大了以至于无法跨越。欧里庇得斯的《海伦》在这方面有深刻的启示，它在一方面的世俗神秘主义和另一方面原始的净化和血液的仪式之间有一种奇怪的不和谐。

柏拉图的解决方略，是废黜那些外向的具有人文化成力量的古老神话，以大胆创新外向神话取代公元前5世纪晚期的内向神话。在此，他再度努力重建个体神话与规范神话、荷马史诗风格的神话表层和深层的平衡，但其根基已完全不同于史诗风格了。他知道，神话的社会和内在力量必须再一次聚集在一起，和谐地工作。因此，苏格拉底认为他最为犹豫和冒险的时刻，将是把神话的内向以及外向的功能联系起来，即哲学王的思想

(5.473cff.)。此外，他还介绍了这一步骤，并通过意象暗示了神秘之旅在危险海域的古老神话：三重浪潮前后相继，即便延迟也难免灭顶之灾（cf. 5.457b；472a；473c）。一段危险的史诗旅程的感觉一直延续到作品的最后阶段，因为在《理想国》的结尾部分，柏拉图又回到了神秘危险的海洋，并有将哲学从海洋（10.611d）中带出的任务（611e）。

这些形象充满戏谑之意，但也在柏拉图的基本架构上平添了英雄的庄重气氛与史诗的恢宏景观。《理想国》中的歧异重大，最终质疑了神话的地位；最佳城邦能否改变为现实，抑或只是一个隐喻，指称灵魂在真理与正义中的自我发现？爱智之城的宏大图景究竟是一则外向型神话，还是一则内向型神话，是社会形象，还是灵魂形象？柏拉图没有消除这些歧异，但他关于这个主题的结论却表明，他已经意识到了：他的"理想国"也是持驻我们心中的一则内向型神话。

五

"神话已经得救，格劳孔，没有毁灭；是的，如果我们服从，它也会拯救我们。"苏格拉底在《理想国》的最后一段宣告。对于一个激烈抨击神话的作品来说，这个结论似乎相当惊人。进一步思考，事实并非如此。柏拉图之所以需要神话，不仅因为它赋予了他智慧事业上的英雄气概，也因为神话是灵魂冒险的语言。到目前为止，《理想国》所关心的不仅是社会的形成，而且是个体灵魂的塑造，柏拉图无法摆脱神话。用布鲁纳的话语，神话涵盖了"一系列隐喻身份"，甚至对我们而言，这也仍是"身份塑造者"。

在荷马笔下的奥德修斯之旅中，我们使用了古代神话原型来探索身份和变化已经稳定的自我：穿越陌生的海洋，与爱与死亡的女神相遇，神秘的漩涡，失去船只，权威，对服饰的保护定义，下降去冥界。在《理想国》中，寻求正义要求剥夺好人的所有外在属性。他"要赤身裸体""地拯救一切正义"（2.361c；cf. *Gorgias* 523c – 525a）。看到真理之光（神圣的理念）的哲学家，必须再次进入幽暗的洞穴，使自己再次习惯于黑暗（τὰ σχοτεινὰ θεάσασθαι, 7.520c）的景象。从那里他将带领囚犯们进入光明，正如某些人所说的，从冥界提升到众神（7.521c）。柏拉图在这里不仅瞥见了奥德修斯的神话，还瞥见了一个古代神话完整的原型，其中包括狄奥尼索斯、赫拉克勒斯、忒修斯、萨摩克斯。

"被拯救的神话"

柏拉图不仅提供了他自己的形而上学和心理解读，解读了诗人关于地狱的传说，正如我们所看到的，他也提出了另一种选择，或者更确切地说，是对他自己关于理想状态的哲学神话的解释。在某种程度上，它是灵魂向完美的内在旅程的隐喻，它发生在它自己的空间和它自己的内在宇宙中，独立于它的实用性或物质现实的政治框架。柏拉图实际上承认，虽然理想中的城邦是一种普遍和睦的观念（"理想国在我们心中"，9.592a），但它不能在这个地球上实现，除非有奇迹（9.592a）发生。但是，他在我们已经引用过的一段话中继续说，"或许天上建有它的一个原型，让凡是希望看见它的人能看到自己在那里定居下来。至于它是现在存在还是将来才能存在，都没关系。反正他只有在这种城邦里才能参加政治，而不能在别的任何国家里参加"（9.592b）。

在这里，神话给灵魂的体验带来了永恒的地位，使其成为柏拉图哲学概念的永恒存在。神话丞救了神话原型中的梦想世界，它只是时间之外的，被一个已经征服了时间的概念和思想的领域所取代。然而，也许正是通过神话，柏拉图才能够在个人层面上解决波普尔所谓"历史主义的悲观情调"和"存在主义的乐观情怀"之间的张力，也就是注定要灭亡的人之间的张力。一方面是我们这个世界的每一个特定的特质，另一方面是思维的、超个体（supra-individual）的形式世界的灿烂永恒。即使在柏拉图的形而上学中，这个解决方法也变化不定，因为柏拉图显然从来没有完全满足于揭示特殊事物如何分有永恒的形式。但是，就心灵神话的生活而言，正确的理解，指明了人类可以居住的永恒王国的道路。普罗克罗斯似乎已经理解了神话的作用，当他评论这个说法时，"神话应被拯救而不是被摧毁"（10.619b-c），因为柏拉图的神话并没有说什么"不是真实的"，而是相反，"因为神话是现实的解释者，因此这是有帮助的"。众所周知，波普尔自己忽略了柏拉图通过心灵神话寻找永恒的内在和个性化的维度；他特别强调了柏拉图的集体主义元素是专制主义，另外他严重扭曲了柏拉图对西方思想最持久的贡献。

柏拉图运用神话还以另一种方式受惠于古希腊诗歌传统及其史诗源头，神话是灵魂的爱的教育者。它提供了得体的和不得体的爱欲的模型。从某种意义上说，柏拉图不仅是一个爱欲诗人，而且是一个爱欲哲人。像品达一样，他的主题也是在经验的流动中永恒不变的，用《涅米亚人颂》第8首中心诗句说，柏拉图所关心的就是能够控制高贵的爱欲。对爱欲而言然的语言是神话，也许只有神话才能有效地表达它的本性。因此，与柏拉图的其他对话相比，《会饮篇》更依赖于神话话语。它复杂的叙事框架，允许阿里斯托芬的神话和亚西比德在酒神节的荒唐行为。西勒诺斯（Silenus）和狄奥尼索斯的田园神话讲述了狄奥提玛（Diotima）的神秘之处，就像阁楼乡村的诗歌，在《斐德若》桐树的叶子上发出沙沙的声音，在那里，另一种爱的话语和另一个伟大的厄洛斯（Eros）的神话展开了。

柏拉图的神话，就像他的诗一样，在我们本性的黑暗部分和更理性的部分之间架起了一座桥梁。它们帮助灵魂接受其激情的冲动，引导他们进入哲学的学习。在对斐德若的语言中，他们帮助灵魂成长。在此，我们不难理解，在《理想国》第3卷开始，柏拉图为何如此激烈地批评荷马和悲剧诗人。他以抨击"地狱的恐怖"（3.386b）这样的神话为开始。因为宣扬对死亡的恐惧，这些神话是最有害的，他们抑制了灵魂向上的渴望。他们扭曲了神话必须帮助灵魂在永恒的维度中认识自身的力量。他们掠夺了苏格拉底在《申辩篇》（*Apology*）（28b-c）中所宣称的那种英勇的英雄主义的灵魂，而在《克力同》（*Cirto*）（44d）中他们采取含蓄的措施夺走了灵魂的翅膀。

在《理想国》开始，克法洛斯讲述了一个关于年老的索福克勒斯的逸事。当被问及他目前的性生活时，索福克勒斯说，他摆脱了爱欲的愤怒和狂野的专制统治，这是一种快乐的解脱（I.329c）。但是这个虚构的爱神，在悲剧诗人的语言中半戏谑地被唤起，也是理想国的哲学家的事实。柏拉图稍后会向我们展示暴君厄洛斯是多么危险（9.573b，574e，575a，577d）。政府和政治也是厄洛斯的问题（7.521b；8.555d-e），正如伯利克里在上世纪（前5世纪）意识到的那样（Thucydides 2.43.I；cf. 3.45.5）。在灵魂中错误的厄洛斯做了一个邪恶的治理（*Repub*. 9.573dff.）。一个拥有暴虐灵魂的人，就是专制暴君。他作茧自缚，画地为牢，"在一个人的心灵被一个主宰激情完全控制了之后，他的生活便是铺张浪费，纵情酒色，放荡不羁等等"（9.573d）。

柏拉图所知道的厄洛斯与诗人有很大的不同。在《理想国》的第3卷中，他仔细地定义了"正确的爱欲"："对于美的有秩序的事物的一种有节制的和谐的爱"（3.403a）。音乐，缪斯是一个功能强大的暗示语，比我们的英语翻译更加有力；它将这个爱神与神话和诗歌的王国联系在一起。真正的"音乐"（cf. 9.591a）意味着在灵魂中实现了适当的和谐，这样它就不会在内部引起派系的内乱，而真正成了"多样归一"（cf. 4. 443d-e）。

热爱音乐，就像音乐本身以及一切被缪斯所感动的，都是人类处理身体本能的独特方式的标志。因此，灵魂中包含着爱的"音乐状态"的"和谐"，伴随着"人性"对"兽性"的胜利，"驯服"人性中的"血气"。《理想国》一次又一次地回到这些反对的地方（e. g. 3. 410c - 412a；6. 493b，496d；8. 549a；9. 571c，588c，589b，591b）。

在柏拉图对于隐喻的哲学运用和灵魂学阐释之下，存在对立命题多种变体的神话原型。就像奥德修斯一样，这位"爱智的英雄"必须经受住他的激情和欲望的考验，否则就会沉入他的人类地位之下，就像奥德修斯的伙伴们在触碰基尔克的魔杖时那样。对野兽的向下变化与"变成上帝"的可能性相对应。神自己不能经历元形态的变化：他没有改变，也不会像诗人所说的那样进行形式转变（cf. 2. 380d）。在生生不息的变易之危境中，唯一烦劳的是人自己。变易使人对自己的存在论地位和心理认同产生了疑问。也像奥德修斯一样，他可以选择兽性，也可以选择神性。在他多变的状态下，很难定义他的灵魂。柏拉图利用了一个变形的神话传说，即格劳卡斯的脱胎换骨神话（但丁在《天堂篇》第 1 卷第 67～72 行中也运用一个神话来表现基督教对于世俗王国的超越性，但丁用"Transumanar"来描述贝阿特丽采内心深处的变易），目的是说明我们难以看到，当灵魂变得纯净（καθαρόν）之时如何臻于不朽；并且，我们所见到的，恰似格劳卡斯的海神塑像，并不是灵魂的生命在整体上递增，而是灵魂的本相也如海神的本相，并不是那么一望便知，清楚明白（10. 611c-d）。

在卷八和卷九中，柏拉图将神话的蜕变重新解释为内在心理和政治过程。他引领我们经历了人的各种形态与状态的"转型"（μεταβολχί），从国王到暴君，最终在可怕的变化中达到顶峰，比在荷马的时候更可怕，人变成了狼（8. 565d）。在最后一段文字中，柏拉图把注意力放在了他的动物形象背后的原始黑暗的层次上。他讲述了一个可怕的仪式，在遥远的阿卡狄亚发生了人类祭祀和食人的仪式，在那里，庆祝的人吃了人肉，变成了狼（8. 565d - 566a）。在暴君的灵魂里，可怕的多头野兽的形象生动地描绘了神话思想的同一领域，同样也与人类和文明的完全否定相类似（cf. 9. 588e - 589b）。在柏拉图的背后，不仅有荷马笔下的基尔克变形记，而且包括他的莱斯特律戈涅斯和库克洛普斯的同类相食。代表野蛮人（ἀγριότης）到极端顶点的人物，完全不存在或否定文明价值观。

在厄尔的神话中,兽性蜕变也起着重要的作用。厄尔观察到,第一批灵魂选择他们的转生肉体,"变成"动物或鸟类。俄耳普斯选择一只天鹅,塔米里斯选择一只夜莺,埃阿斯选择一头狮子,阿伽门农则是一只雄鹰(10.620a-b)。然后遵循两种性别的变化,阿塔兰忒成为一名男性运动员,厄帕俄斯成为一个熟练的女性;然后另一个动物变了,瑟赛蒂兹变成了猿猴(620c; cf. 9.590b)。最后,我们来到一个单独描述的变化:奥德修斯。他是唯一一个深思熟虑的人,也是唯一选择了他自己的性别而不受外部影响的人(10.620c-d)。我们可以认出荷马史诗中的奥德修斯,孤独是他唯一的同伴,抵抗着赛丝的野蛮蜕变。随后,野兽就跟着"变化"(μεταβάλλειν)了,"同样,还有动物变成人的,一种动物变成另一种动物的。不正义的变成野性的(ἄγρια)动物,正义的变成温驯(ἥμερα)的动物,以及一切混合的和联合的变化"(620d)。这一段是在神话的术语中,在《理想国》中人类与野蛮人、文明和野蛮之间斗争的总和。

六

"因为,若非国家根本大法有所变动,音乐风貌是无论如何也不会改变的。这是戴蒙说的,我相信他这话。"在引用了弗米努斯在奥德修斯的书中第1卷所提到的言论后,苏格拉底立即说出了这些话(424c),这是人们的愿望,总是听到最新的音乐。《理想国》既是对荷马的赞颂,也是对荷马的斗争,因为它被信念深深渗透,以至于诗歌对人类灵魂具有引人注目的形成力量。因此《理想国》本身就是一种新的诗歌和一种新的神话。它用一种新的灵魂神话取代荷马神话,这种灵魂神话是在卷八和卷九中发展起来的,在卷十的结尾神话中更为明确地出现了。在这个过程中,我们降落到黑暗的洞穴中,并上升到光明。我们从一个野蛮的女神的视觉或景象开始,以神话般的死亡和重生结束,这是一个令人惊叹的美丽的奇观(10.615a)。就像奥德修斯从特洛伊城到伊塔卡岛一样,这位英雄——他是理想国的理想公民——被剥去了任何外在的、隐藏的装束。只有在内在真理被揭示之后,他方可完成出死入生的重大过渡,转向万物之源,亲近至善。正如我们所看到的,在卷四中首次出现和卷十再次假设的,"三大浪潮"的精妙隐喻,让我们有能力将这部对话也解读为"话语"和"灵魂"的长途漫游;话语和灵魂掌舵远航,穿过凶险大海,驰过风波无定的航程(7.533d)。灵魂奋力上升，却不能被拖下而陷入"污泥浊水"。灵魂在这个污秽的物质世界被玷污或被败坏了，所以它需要被净化，呈现在它的世界（cf. 7.527d；9.585b，586c；10.611e）。在虚幻的梦想中睡着或迷失，灵魂必须被唤醒，以实现它的光明与现实（7.534c）。这些比喻耳熟能详，几乎是老生常谈。他们是以柏拉图的形而上学和灵魂学说为中介留给我们的神话语言遗产。在这些神话后面，是两个世界过激的原型神话体系，此乃古风时代人类身份的基本神话，这个时代灵魂的基本神话。这一神话体系所具有的、让人类生活的精神旅程得以领悟的力量，直接以荷马史诗为源头：在与大海殊死搏斗之后，经过死一般沉睡和神志清醒的运动之后，奥德修斯在斯刻里埃海岸用盐水洁净自己，最后回归他的故乡伊塔卡岛（《奥德赛》卷五）。

在使用荷马神话时，柏拉图意识到要超越它。在史诗诗人留待不说之处，他开始叙述战场上留下的将士尸体（10.614b）。他选取斯特锡霍洛斯版本而非荷马版本的海伦传说，让英雄们为了幻影在特洛伊决一死战，因为他们"昧于真实"（9.586c），心中的欲望痴狂，灵魂为血气征服（9.586c；cf. 1.329c）。像欧里庇得斯所感，美丽的海伦就成为不知真实的灵魂意象。柏拉图的"阿尔刻诺斯传奇"也不用荷马史诗叙述的故事（10.614b），而发生在战争与战场的彼岸；英雄已死，复活后讲述另一个世界所经历的情景。唯当哲学辩证法为灵魂历程建立了一种非神话的逻辑论证之后，这则神话才可能被讲述（10 603a ff.）。

在《理想国》开篇，克法洛斯本已"垂垂老矣"，"饱经沧桑"（I.328e），他对苏格拉底表示欢迎，其言辞也激荡着荷马的回声，令人想起神祇初上奥林波斯山，或者当奥德修斯远离人类世界时神祇出场（I.328c；cf. Σ386，425；Od. e88）。在柏拉图的对话中，紧接着就是"下行至比雷埃夫斯港"，回荡着对话开篇之辞，这暗示我们意识到自己也仍然处在奥德修斯之旅的开端，等待着我们的是幻觉与现实之间漫长的凶险的过渡；我们并非处在奥林波斯山的高处。我们将会"度过"或"复述"（《理想国》终篇用"dieleluthamen"做的一个词语游戏）这段旅程。它将要度过的是灵魂的千年旅程，而非阵亡英雄的有殁人生（10.621d）。

即便如此，柏拉图的勃勃雄心依然不可斗量。他要重塑人类灵魂，在内心也在宇宙开显由哲学智慧所敞开的无限空间。这一巨大志业仍然离不开荒古无稽的神话原型。因为，可能只有通过神话和神话意象，我们才能最终认识灵魂。因而，不论他如何抗拒回归起点，柏拉图的旅程在形态、意象以及在其根本目的上依然扎根于阿基琉斯和奥德修斯的经历之中。史诗英雄和哲人都扬帆启航，要驰出黑暗世界，走出困扰人类生命的短暂偶然目标的迷惑怅惘，走向生命的本质和永恒的真实。也就是说，走出复多，迈向太一。荷马应之以诗意形象，柏拉图应之以逻辑概念。然而，一致的忧患跨越了荷马与柏拉图之间的几百年，柏拉图、荷马与我们之间的几千年。柏拉图身后两千三百年，海德格尔仍在继续同一旅程："存在永恒，存在永恒等待人类；反复叙说存在的历险，是思想的唯一使命。"柏拉图会颔首同意。但在取得他的赞同之后，我们依然迷恋荷马、品达和索福克勒斯，然后平静地补充说："……为了诗，为了神话。"

特别致谢：本文原为一本文集而撰，旨在纪念芬利教授荣休，他在哈佛大学度过了光辉漫长的教学生涯。遗憾该项目无果而终，撰稿者分别发表了他们的大作，但向约翰·芬利致敬的意图是集体的，而不只是一己愿望。

（作者单位：布朗大学古典学系；译者单位：北京第二外国语学院跨文化研究院）

阿弗洛狄特的遗产

——论《荷马阿弗洛狄特颂歌》中安喀塞斯的后裔

安德鲁·福克纳（Andrew Faulkner）/文

李 莎 赵 燕/译

摘 要：《荷马阿弗洛狄特颂歌》历来被认为是写给统治特洛伊的埃涅阿斯家族后裔的赞歌。然而，近来一些学者对此持有异议。首先，本文宣申了这一论题，指出颂歌的聚焦点在于埃涅阿斯的诞生及其血脉传承，而这就支持人们认为这首颂歌乃是为一群自我认同于埃涅阿斯后裔的人们创作的。其次，该文进而思考这么一种看法：《荷马阿弗洛狄特颂歌》叙述了人神姻缘的结局，而阿弗洛狄特乃是人神相恋的结晶。总之，本文认为，这么一种解读并不符合一首颂歌的文本要求。

关键词：《荷马阿弗洛狄特颂歌》；埃涅阿斯家族；神人姻缘；爱的羞耻

> 伟大的埃涅阿斯从此将统治特洛伊人，由他未来出生的子子孙孙继承。
>
> （《伊利亚特》第20卷，第307～308行）
>
> 你有一个儿子，他将要统治整个特洛伊，而且他的子孙后裔注定永远也是这样。
>
> （《荷马阿弗洛狄特颂歌》，第196～197行）

人们历来认为，海神波塞冬和爱神阿弗洛狄特的两个预言意在表明，《伊利亚特》专属埃涅阿斯的冗长插叙（第20卷，第75～352行）和《荷马阿弗洛狄特颂歌》（以下简称《阿弗洛狄特》）都是献给曾经统治特洛伊的埃涅阿斯后裔家族的颂歌。① 而最近几年，这一观点已经受到了质疑。范·德本（Van der Ben）首先提出，在《伊利亚特》第 20 卷中的埃涅阿斯故事在史诗中是有诗意的，故没有理由以外在因素来解释这一部分。② 在随后的一篇文章中，③ 他对《阿弗洛狄特》应用了同样的原则，断定《阿弗洛狄特》并不完全是赞颂埃涅阿斯和他的后代，而是说明人神情缘为何烟消云散，半人半神后裔为何绵延不绝。④ 显而易见，史密斯成功地证明了我们为什么不能盲信这一说法，即后来的希腊史学家的见解——埃涅阿斯后裔家族存在于特洛伊。⑤ 对埃涅阿斯后裔假设的支持常常来自这些历史叙述的真实性，而史密斯的文章将埃涅阿斯后裔稳固地镶嵌于这一背景中。他还指出，人神媾婚而非心系埃涅阿斯血统，构成了《阿弗洛狄特》的核心主题，⑥ 而他的这项研究也为其他理论开辟了道路。弗朗西斯科（Frangeskou）认为，这部史诗基本上涉及的是宙斯和阿弗洛狄特之间的关系，而不是人神媾婚。而这么一个故事则可证明，"诸神终将从互相反对走向和谐一致"。⑦ 重新定向聚焦一方面产生有益的结果，即（像史密斯的著作所特别指出的那样）文学研究新方法已经提供了许多有价值的见解；另一方

---

① 有关此话题的一个颇有见地的文学评论直到 1980 年才被发现，参见 Van der Ben 1980, 41~55，也见 Lenz 1975, 159ff 以前的文学总结；van Eck 1978, 69~72 和 Clay 1989, 153, n.3。对这种解释做出最有影响力的文章评论是由 Reinhardt 于 1956 年所写，他认为《伊利亚特》第 20 卷和《阿弗洛狄特》是由同一个诗人所写。参见 Hoekstra 1969, 39~40，自那以后，Hoekstra 采取了更加合理的立场；Càssola 1975, 243~247；和 van Eck（同上），他认识到颂歌几乎可以肯定是后荷马时代的，但仍然认为它和《伊利亚特》第 20 卷都是心系埃涅阿斯后裔进行创作的。整个翻译均为笔者自译，除非另有说明。

② 对于 Van der Ben, 1980，埃涅阿斯是一个与赫克托尔形成鲜明对比的文学人物（71~72）；见 Smith 1981b, 49~52。Van der Ben 也表明埃涅阿斯实际上在《伊利亚特》的呈现中不是过于正面，然而要承认的是，对埃涅阿斯性格积极和消极方面的权衡是主观的。事实上，面对波塞冬的公开预言以及他对阿基琉斯家族的叙述，《伊利亚特》中的埃涅阿斯"不杀害他的许多对手或名人"这一论断对我而言似乎并不重要。

③ 见 Van der Ben 1981。

④ 见 Clay 1989, 166~170、192~193，提出并详述这一解释；参见 Turkeltau 2003, 75~78，最近又采纳了这一解释。

⑤ 见 Smith 1981b。特别具有影响力的是 Scepsis 关于 Demetrius 的说法（据 Strabo 13.1.52ff）：埃涅阿斯后裔家族居住在以他的名字命名的城市。Smith 认为，历史学家对埃涅阿斯后裔的这种叙述和其他叙述并不完全可以作为埃涅阿斯后裔存在的证据。另外，即使他们确实进行了修饰，也没有证据证明他们是完全不可信的。

⑥ 见 Smith 1981a。当用结构主义的方法审视《阿弗洛狄特》时，Segal 1974 已经注意到人和神的媾婚；另参阅 Segal 1986 和 King 1989。

⑦ 见 Frangeskou 1995, 13，也否认了这首诗可能是为埃涅阿斯后裔创作的理论。试对照，也是由 Bergren 1989, 41 提供的心理学释释。

面，这些新理论太轻易地忽略了这首诗对埃涅阿斯和安喀塞斯后裔的明显关注。

一些学者继续支持或承认埃涅阿斯后裔假说的可能性。詹柯（Janko）、韦斯特（West）和爱德华（Edwards）都认为，尽管后来的历史学家缺乏确凿证据，但埃涅阿斯后裔的存在是从两首诗预言中可能得出的结论。① 必须从一开始就承认，绝对无法证明这一立场。然而，有充分的理由承认这也是很可能发生的。在《伊利亚特》第 20 卷中，波塞冬预言：为了使达尔达诺斯的种族不会被摧毁，并且他的后代能世世代代在特洛伊统治特洛伊人，埃涅阿斯将会被拯救（第 293~308 行）。这一预言似乎太明确，不能仅仅用来解释发展中的叙述。这一表达可能是主观的，一些超文本的动机至少是由于预言的独特性质成为可能，因为在《荷马史诗》中没有相似的预言。埃涅阿斯在本节早些时候对阿基琉斯重述了他的家谱（第 200~258 行），回忆起狄俄墨得斯和格劳库斯之间的交流（《伊利亚特》第 6 卷，119~236 行），② 但这两个情节在一些重要的方面是有所不同的。狄俄墨得斯/格劳库斯情节中不仅没有任何关于未来荣耀的预言，而且比埃涅阿斯的情节更少去关注单一的个人。在关于其家谱的叙述以及赫拉和波塞冬对他的命运的考虑中，埃涅阿斯是近三百行史诗关注的焦点，这应该是阿基琉斯作品的出发点。③ 这并不是说，范·德本关于《伊利亚特》第 20 卷这段叙述具有内在一致性的观点不值得理会。毫无疑问，埃涅阿斯这一情节具有内

---

① 见 Janko 1982，158，"aition 证明的是埃涅阿斯及其后裔的知识，并非早于他们的其他现象"；Janko 1991，13．"克莱和其他人认为，埃涅阿斯不仅在已指出的预言中得以流芳百世，而且荷马甚至把赫克托尔和斯卡托里乌斯联系在一起，斯卡托里乌斯通过给阿斯蒂阿纳斯命名（见于《伊利亚特》第 6 卷 402 行及之后若干行），成为阿斯卡尼乌斯在特洛伊许多城市的联合创始人"。West 2001，7；试对照 2003，15，"《伊利亚特》中的一个著名情节与《阿弗洛狄忒颂歌》中与之相类似的情节中，很明显的是在这个地区的某一个地方有一个贵族家庭，声称从埃涅阿斯和宗主国那里继承了'特洛伊人'的血统，而我们的诗人［荷马］是与这个家族有联系的其中一人"。更保守的是 Edwards 1991，301，评论《伊利亚特》第 20 卷："似乎最有可能的是，这位不朽的诗人知道这个故事，埃涅阿斯继续在特洛伊的某个地方统治；这并不能证明，在公元前 8 世纪中期，一个可能源自色雷斯的埃涅阿斯后裔的皇室家族幸存下来（或称其为），但这是一个合理的假设。" 也参阅 Griffin 1992，200，n. 4。
② 关于这两个情节的相似之处，见 Kirk 1990，第 171 页及之后若干页。
③ 关于阿基琉斯作品 aristeia 里适宜的中断，见 Edwards 1991，286~287，在第 299 页他评论道："叙述的豪放风格，阿克希尔演讲时的轻松语气，以及他愿意聆听对手冗长演说的意愿，都是意料之外的。"

在一致性，同时埃涅阿斯确实像他所呈现的那样对赫克托尔起到了陪衬作用。① 但这是一种错误的逻辑推断，因为在内部叙述的展开过程中，某些因素确实有效，但也没有更多的外在意义。

就本身而言，《阿弗洛狄特》中类似的预言仅仅可解释为模仿《伊利亚特》的结果。② 然而，这两个预言并不是唯一的证据，可堪支持这么一种立场：诗人写作《阿弗洛狄特》，心怀埃涅阿斯后裔。同样重要的是，在整个史诗中，对埃涅阿斯的诞生和他的血统都有浓厚的兴趣。范·德本不同意这一说法。他评论说："总的来说，埃涅阿斯在整个史诗中没有占据重要的地位：中心事件，安喀塞斯和阿弗洛狄特之间的交往，从来没有因为他的出生而被激发；无论是在序言里，还是在宙斯的计划中和在女神自己的描述下，都丝毫没有提及。对于阿弗洛狄特来说，埃涅阿斯的诞生仅是一个结果，同时也时刻提醒她这是镜花水月，虚无之爱。"③

笔者将继续在下文之中论说：事实并非如此，在《阿弗洛狄特》中事实上表现出对埃涅阿斯及其家族的极度关注。然后，笔者将继续讨论，是否像某些学者所说，《阿弗洛狄特》述说了人神情爱关系的终结。

未来后裔主题

首先，在史诗的序言中，在故事开始叙述之前，是半人半神的埃涅阿斯的诞生。诗人通过讲述宙斯如何扭转阿弗洛狄特，使她爱上了一个凡人，以免她在众神中夸口吹嘘：

> 她让众神和凡俗男女媾婚
> 把凡夫俗子交托给神，
> 她让女神和博地凡夫媾婚。
> （《荷马阿弗洛狄特颂歌》，第 50~52 行）

这些诗句沉思着神人姻缘及其世代繁衍，最后一行诗句颇具讽刺意味，

---

① 关于他的论点，见上文第 2 条；Edwards 1991, 298~299, 在书中第 20 卷认识到埃涅阿斯情节所起到的文学功能，同时又对埃涅阿斯后裔的假说进行了思考。
② 参阅 Allen-Halliday-Sikes 1936, 351。
③ 参阅 Van der Ben 1986, 22。

特指女神和博地凡夫媾婚。对半人半神血缘问题的关注是故事的主题之一，埃涅阿斯诞生就是如此。更具体地说，第 50 行后面有一行诗句具体描述神和凡女媾婚生子。第 52 行在结构上与第 50 行交相辉映，但紧随其后的故事，与第 51 行没有直接的对应关系，因为它描述阿弗洛狄特中断了轻浮的炫耀，而与前此诗意相去甚远。但是，这行诗就像第 51 行一样，但更具体而实在地描述了女神与凡夫俗子媾婚生子。如果第 51 行所叙故事在后一个方面可以看作对等，那么夸口和停止吹嘘之间的区别就变得很重要了。在故事的前几行，介绍了两个相关的主题：埃涅阿斯的诞生和阿弗洛狄特吹嘘的停止。在这篇文章的下一节，笔者将回到后者。但目前就这首诗所表达的关切而言，是追问阿弗洛狄特的后代。

阿弗洛狄特先是上山，勾引安喀塞斯。安喀塞斯自己在向阿弗洛狄特祈祷时，他本人相当公开地对他未来的后裔做出了暗示。阿弗洛狄特乔装打扮成年轻美貌的弗里吉亚妇女，但安喀塞斯不确定如何去了解这位不期而遇的访客。与来访者保持安全的距离，他向她祈祷，祈求她赐予强壮的后裔和悠久的荣耀生活（第 103~105 行）。① 唯愿子孙强壮——安喀塞斯这一要求在某种程度上乃是典型的祷告祈求，② 但是对他后裔的故事心知肚明的听众而言，这项要求一定会令人想起埃涅阿斯。

阿弗洛狄特对安喀塞斯滔滔不绝，满口谎言，声称她乃凡女，具有弗里吉亚血脉，以及如何来到山上。勾引得手，云行雨施之前，后裔问题再次提出（第 108~142 行）。这位伪装的女神声称，她和年轻同伴们一起跳舞，她被赫尔墨斯拐到山上，后者预言她将成为安喀塞斯的结发之妻，并为他生儿育女。脱离语境来看，"生儿育女"是对妻子行为的标准描述，③ 但在伪装的阿弗洛狄特的口中，却含有相当的讽刺意味：她视这个预言为她的欺骗之构成部分，但令她感到奇耻大辱，假戏却将真做，预言将要成

---

① Allen 1898, 25 和 Bickerman 1976, 231, 认为安喀塞斯的演说只不过是对一个凡人女子的奉承，就像在《奥德赛》第 6 卷第 149 行及之后的若干行奥德修斯的演讲中提到的瑙西卡娅。参阅 Smith 1981a, 46~49, 认为安喀塞斯不确定他的访客是不是女神，这里有充分的理由去听从他的观点。当奥德修斯谨慎地询问瑙西卡娅是神还是凡人时，安喀塞斯没有提到死亡，只是给出了一长串很有可能的女神名单；奥德修斯唯独把瑙西卡娅比作阿尔忒弥斯。此外，安喀塞斯后来许诺建造一座祭坛，他提出的长寿和好运的要求只对一位女神适合；奥德修斯对瑙西卡娅提出的要求，与她的死亡命运是适合的（参阅 de Jong 1989, 第 16 页）。
② 参阅《奥德赛》第 3 卷第 380~381 行涅斯托尔对雅典娜的祈祷。
③ 参阅 *Od.* 22.324, *h. Dem.* 136 和 [Hes.] fr. 31.4。

真。由于在没有明确的情况下（鉴于阿弗洛狄特的欺骗情况，诗人再次使用了春秋笔法），这种对后裔的提及再次预示了遭遇的最终结果。①

神人媾婚之后，埃涅阿斯命运备受关注。除了在第 196～197 行中明确预示他的出生之外，在第 252～255 行阿弗洛狄特提到他是她自己与凡人的结合所生。② 阿弗洛狄特与安喀塞斯之间的爱，及其结晶埃涅阿斯，都会让女神倍感羞辱，正如史密斯所言，由此也就没有理由怀疑诗人正在为埃涅阿斯后裔家族大唱赞歌。③ 忒提斯对她与凡人珀琉斯的婚姻并不满意，但这并不影响阿基琉斯的荣誉。同样，宙斯对他与凡人之间的风流韵事亦感到耻辱（这是史诗详细叙述的事实），但他的后代（例如，赫拉克勒斯、萨尔珀冬）仍然是伟大的凡人，并拥有巨大的荣耀。关键在于埃涅阿斯的血统源自神性，无论阿弗洛狄特在诸神之间是否有羞辱之事。在第 256～290 行的诗中，阿弗洛狄特进一步展开了她的故事，解释了她的儿子是如何被山上的仙女抚养长大，当安喀塞斯第一次看到埃涅阿斯的时候，他将立即带他去特洛伊。在第 196～197 行诗中，这层叙述是她对埃涅阿斯的简短预言的延续，并占据了这首诗的最后一大部分。

整首诗中安喀塞斯似神的美和身材，还有他的血统，也得到了令人难忘的强调。安喀塞斯和埃涅阿斯不仅多次同神相提并论，受到了程式化的敬称（第 55 行说安喀塞斯"形体像神"和第 77 行说他"兼备众神之美"；第 279 行说"因为"埃涅阿斯"将来一定像神"）；而且，在阿弗洛狄特最后述说安喀塞斯的两位同样与神明有风流韵事的祖先——伽倪墨得斯和提托诺斯（第 200～238 行）的故事中，也有一段冗长的离题话。这一部分开篇就是全称判断（第 200～201 行："这些在形体和美貌上近乎神明的凡夫俗子总是首先源自你的家族"）。第 218～219 行诗句中，整个家族再次受到赞美，用如下句子具体描摹了提托诺斯："源自你家族的……提托诺斯，就像不死的神明。"此外，这一段故事把重点放在了家族上，家族似乎特别引人注目，因为按照类似的插叙惯例，偏离叙述主题似乎令人费解；在刹那顿悟和寥寥数语之后，女神自

---

① 她断言自己将被称为安喀塞斯的妻子，并为他生儿育女（第 126～127 行），这是自赫尔墨斯之口作为一个预言而来的，也是为了从其余的谎言中凸显出来。具有讽刺意味的是，她实际上会为他生儿育女。
② Vv. 252–55.
③ 参阅 Smith 1981a, 70。

然而然地转身而去。① 人神之间的风流韵事——这一普遍题材确实不切诗意，但是咏唱《阿弗洛狄特》的诗人至少可能将伽倪墨得斯-提托诺斯的插曲添加到更早版本的情爱叙事之中，述说阿弗洛狄特对安喀塞斯现身，寥寥数语示以预言和报以警告，然后转身而去。② 对埃涅阿斯之血统赞美有加，可能就是添加插叙的动机之一。

《阿弗洛狄特》述说埃涅阿斯的诞生及其家族的荣耀。上举所有例子都表明，他的血统构成了这个叙事的核心。基于这种证据，我们既不能决然断言，诗人创作《阿弗洛狄特》时心怀埃涅阿斯后裔一族，也不能精确地知道这种关系究竟采取了何种形式（譬如说，是为了某一特殊情境如节日庆典而创作这首颂歌，或者这首颂歌本身就是一首宫廷诗）；③ 然而，与这里和《伊利亚特》第20卷的清晰预言相关，《阿弗洛狄特》对埃涅阿斯血统的突出强调，在相当程度上支持了这么一个假说：埃涅阿斯家族后裔确然存在，《阿弗洛狄特》的作者立意为之大唱颂歌。

可耻的爱：神人媾婚

抛开埃涅阿斯后裔的假说，范·德本以及紧随其后的克莱（Clay）转而将《阿弗洛狄特》解释为一种病因勘查术（aetiolgy），而回答如下问题：神人之间为何不再有风流韵事？人神参半的英雄时代何以烟消云散？④ 承认此篇颂歌之创作心怀埃涅阿斯家族，确实并不排除对文学母题的关切。事实上，你只需看一眼品达的诗歌，或者后来的忒奥克里托斯和卡利马科斯，

---

① 伴随神的到达或离开频繁出现的刹那顿悟，见 Richardson 1974，208。在《奥德赛》第11卷第248～252行中，虽然它的规模有很大的不同，但在他和泰罗的比赛之后，波塞冬很快就离开了。阿弗洛狄特的最后一次发言（第191～290行）包括了波塞冬简短的告别演说中的所有要素：一是要振作精神，二是宣布未来的孩子，三是教导孩子如何成长，四是警告不要谈及此事。人们可以很容易地想象到早期版本的故事，在这个故事中，女神做了一个更简单的离题演说，《阿弗洛狄特》的诗人已详细阐述。

② 一位研究"罗德岛阿波罗尼奥斯"的古典学家报告说，埃比库斯包含着一则记录：他在自己的情诗中告诉高尔吉亚关于伽倪墨得斯被诱骗的故事，这时他是以什么办法绑架了提托诺斯（PMG289；参见 Bowra 1961，259）。这可能意味着这两个故事是一对一样的文学作品。然而，如果是这样的话，并不能消除诗人把它们纳入其中的意义，也没有消除这个版本对整个种族的神性本质的明确强调。

③ 参阅 Ballabriga 1996，他认为《阿弗洛狄特》不是在向特洛伊的一个统治家族致敬，而是在向色雷斯的埃涅阿城的人们致敬，后者声称自己是埃涅阿斯的血统。

④ 见上文，第4页。

就可以看到这两种关注是如何和谐共存、相得益彰的。举个例子,谈到《阿弗洛狄特》,史密斯已经成功地证明,凡俗与神性之并置反复呈现在颂诗之中。这是早期史诗中的一个共同的主题,① 自然在这首诗中也是如此,神和人之间的界限是完全可以跨越的;阿弗洛狄特将自己乔装打扮成一个美貌少女,当她接近安喀塞斯时(见第 82 行和第 109~110 行),凡人与神明之间的区别就模糊了,而这场韵事结束于一个明白的陈述:凡人与神女有床笫之欢(第 168 行:"凡人[安喀塞斯]与不朽的神女相拥而眠")。相爱的凡夫俗子与不朽神明之间难以共融(在《伊利亚特》和《奥德赛》中这种情形也是人所共知的),② 这一点往后在伽倪墨得斯和提托诺斯的故事中得到了详细的展开(第 202~240 行);然而,在第 257~272 行诗中,对半神半人的宁芙女仙的描写探索了生死问题。

所以,我们原则上不妨采纳这么一种学说:《阿弗洛狄特》叙述了神女率性让神人媾婚所产生的结局,同时大体承认这首颂诗的主题是有意赞美埃涅阿斯后裔一族。③ 可是,将这首颂歌解读为一份病因分析,认为它揭示了神不再与凡人有风流韵事的原因,这就显然言过其实了。在下文中,笔者将重新讨论支持《阿弗洛狄特》这一解读而提出的论点,并暗示尽管它可能是叙述的含蓄意指,但神人联姻的结局在诗中既未道明,也没有隐含的必要。笔者还会指出,即使人们认为这是诗中的一个文学主题,但它并不像声称的那样是一个突出的主题。

首先,克莱认为,这样解读《阿弗洛狄特》得到了赫西俄德诗歌第 204 段残篇的第 102~103 行之中类似证据的支持:"但福佑之人……一如从前,应该有一种不同于凡俗之人的生命和家园。"④ 她引用了纳吉(Nagy)对这个残篇的解释,认为它讲述了神与人在宙斯的力量下永久的分离(μάκαρες 译为"神")。⑤ 然而,这与《工作与时日》(*Works and Days*)第 167 行具

---

① 关于荷马的主题,参阅 Griffin 1980,162,和 *passim*;也参阅 Walcot 1991,140~41,还有其他颂歌的例子。
② 见《伊利亚特》第 18 卷,第 86~87 行,阿基琉斯对他母亲的哀歌,她的母亲曾经嫁给珀琉斯。同时,在《奥德赛》第 5 卷,第 118 行及之后若干行,卡吕普索向赫尔墨斯抱怨神人关系的艰辛。
③ 例如,West 2003,15:"以前(阿弗洛狄特)喜欢让其他的神通过爱上一个凡人来损害他们的尊严;但是,宙斯让她爱上安喀塞斯阻止了她的未来。然而,对女神来说,这种结合是一件令人尴尬的事情,这是给英雄家庭带来荣耀的事情,而这正是这首诗的真正意义所在。"
④ 见 Clay 1989,第 167~168 页。
⑤ 参阅 Nagy 1979,220。

有相似性,"诸神之父、克洛诺斯之子宙斯让另一部分人活下来,为他们安置了远离人类的住所,在大地之边"。由此看来,韦斯特(West)的见解可能显然更为正确:这个残篇叙述了宙斯将神的儿子(半人半神的英雄)从剩余的人类当中区分出来,并让他们生活在幸福岛上。① 在《伊利亚特》中,对人类黄金时代的永久的渴望,确实暗示着特洛伊战争时期英雄时代的衰微;对凡人和诸神密切互动时代的追思怀想,也表现在赫西俄德的《妇人志》中。导致人神分离的特殊事件,在早期的文学中并没有明确的叙述。克莱也比较了《塞浦路斯》(Cyppria)第一节片段,声称《阿弗洛狄特》讲述了凡人和神明永久的分离。② 但是,宙斯的计谋仅仅是为了拯救大地上太多人,文本没有说明他们永远与神明分离。事实上,阿弗洛狄特和安喀塞斯的故事过去后,其他地方仍然延续着人神姻缘的诗意传统。像与阿基琉斯、埃涅阿斯和萨耳珀冬(Sarpedon)这些英雄人物相近的时代,荷马没有明确叙述。如果考虑两位人物出现的先后顺序,在赫西俄德《神谱》第 1006~1010 行有提示,阿基琉斯事实上更年长;但是在这种情况下,基尔克(Circe)、卡吕普索(Calypso)同奥德修斯的儿子们,在埃涅阿斯之后,晚于埃涅阿斯一代出生。③ 现存的古老诗歌中,没有一种类似神明与凡人永久分离的叙述,当然不排除《阿弗洛狄特》有相应叙述,但也并没有其他证据予以证实。

现在,笔者要转到《阿弗洛狄特》文本解读,范·德本和克莱首先从诗歌的第 36~39 行寻找支持材料。在颂歌的序曲之后,除了阿弗洛狄特的至上权力,三位其他的女神,分别是雅典娜(Athena)、阿尔忒弥斯(Artemis)和赫斯提亚(Hestia),诗人做了少部分歌颂,回到主题,阿弗洛狄特拥有如此至高无上的权力,以致征服宙斯掉入爱情的魔掌:

> 她甚至误导了喜欢打雷的宙斯。
> 谁是最伟大的,谁才有至高无上的荣誉?

---

① West 1985, 119ff, 赫西俄德描述过幸福岛,意思是神,见 West 1978, 193~194。
② 见 Clay 1989, 第 156~157 页和第 167~168 页。
③ 参阅 West 1966, 433。在《奥德赛》里,叙述基尔克和卡吕普索的孩子出生可能更晚,他们孩子的具体情况根本没有提及,但是这也并不排除在《阿弗洛狄特》中有叙述(具体见于荷马后期著作;参阅 Hoekstra 1969, 第 39 页及以后)。

只要她愿意，任何时候都能骗过他的精明头脑，①
轻松地让他和凡间女子媾婚。
(《荷马阿弗洛狄特颂歌》，第 36~39 行)

他们（范·德本和克莱）将 ἤγαγε 和 συνέμειξε 这两个不定过去式词指称过去的情况；② 根据这点，阿弗洛狄特以前诱导宙斯和凡间女子交合，但以后就不可能有同样的事情了。但我们并没有充分的理由把 ἤγαγε 和 συνέμειξε 作为"精确的"不定过去式词，当作一般时态来理解文本。诗歌第 36~38 行开头部分，通过词根 καί 和 τε 重复结合，已经有过暗示。Τε 和其他词根的结合，经常表示一般命题或习惯性动作，③ 这种阐释已被很好地建立和强化。范·德本否定 καί τε 这个词具有重要含义，声称它只不过表示一个动作的高潮部分，但是如果用来描述诸神长期的习惯性行为，理解文本会变得很不自然，④ 尽管属性陈述也许在结构合理性方面更可取。诗歌的第 7~33 行脱离主题后（这里诗人扩大了除阿弗洛狄特之外的其他三位神"雅典娜、阿尔忒弥斯和赫斯提亚"的力量），诗人回到了环形创作上（第 7~33 行："阿弗洛狄特无法说服或者欺骗其他三位神"），回到他在第 6 行遗留的主题：阿弗洛狄特的至上权力（第 34~35 行："无论是平凡的人类还是不朽的神明，没有人能逃过阿弗洛狄特的魔掌"）。从习惯性行为向

---

① 虚拟语态词 (ἐ) θέλῃ 仅仅出现在一本来自莱顿大学的手稿中，然而在其他的二十一本手稿中都是采用的祈愿语态 (ἐ) θέλοι，包括《阿弗洛狄特》。对于文本是否描述的是一种习惯性的动作，阅读并不是关键的。虚拟语态更多的是一种一般时态，比如"这个"（参阅《奥德赛》第 7 卷，第 201~202 行和第 20 卷第 85~86 行），但是祈愿语态也可以这样使用（参阅 Il. 4.263 和尚特兰的 GHII, 223 和 259~260）。为了支持虚拟语态，手稿里提供了正确的阅读法，以此反对其他手稿，比如第 114 行的 τρῳάς，手稿写的是 τρῳός，以及第 132 行 οὐμένγάρκε 对应 Μ：οὐγάρτε（杂注 V οὐγάρτοι）；如果在其他情况下，手稿显然是错误的（如第 30 行：πεῖαρ 和 Μ：πῖαρ），这里至少没有理由忽略虚拟语态在手稿中的权威。
② 参阅 Van der Ben 1981, 92~93 和 1986, 4~5；Clay 1989, 163, 35。
③ 参阅 Denniston 1954, 528："在大部分情况下，τε 和其他的词结合构成一般命题，或者描述习惯性动作。"相比 Od. 20.85~86，这部史诗里的 τε 和精辟的不定过去式结合，描述通常的"睡眠"一类活动。
④ Ruijgh 1971, 913, 在对史诗的广泛研究里所赞同。他指出 ἤγαγε 是模糊不清的，表达了某个特定的细微差别（如"她甚至征服了宙斯"），但是把 συνέμειξε 作为"深奥的"。Van der Ben 1986, 5 认为"关于递进的概念出现在 36~38 行"。

坚实的历史性叙述的转变是如此突然，但这种突转却使得第 40～44 行及之后的几行诗句更加顺畅。这些句子从描述赫拉作为一个受人尊敬的妻子，到历史性地描述她的出生，为第 45 行中的叙事埋下伏笔，类似于《颂歌》其他地方描述人物的出生，充当了修饰性语句和叙事语句之间的过渡成分。① 再次说明，我们不能排除这几行句子谈到阿弗洛狄特过去媾婚宙斯和凡间女子的可能性，但目前词组 καὶ τε 的组合和序曲的结构，否定了这种可能。

明显地，叙事至少集中于文本的其他地方，在第 45 行及之后的句段中有过介绍。据相关陈述，宙斯使阿弗洛狄特同凡人媾婚，为了让她不再于众神中夸下海口（第 48 行："她再也没有在众神中夸夸其谈"），却并没有说要停止她的恶作剧。此外，正如笔者上文所述，阿弗洛狄特的吹嘘和半神出生的主题立即出现在第 50～52 行的开头，表明它们与接下来的叙述有着很重要的关联。② 被宙斯引诱，同凡人发生床第之爱，生下一个半神的孩子，对阿弗洛狄特来说是奇耻大辱，也使她不得不放下曾经爱在众神面前摆出的一副高高在上的姿态，停止自鸣得意的炫耀。阿弗洛狄特不久将因她自己的丑闻被其他诸神谴责。宙斯的计划成功地阻止了她，后来阿弗洛狄特对安喀塞斯的自白证实了这一点：③

> 对我来说，因为你，我一直遭受来自诸神的巨大谴责，[神] 以前害怕我的耳边轻语和聪明计划，在某种程度上，我让众神和凡间女子媾婚；为了达到我凌驾于他们之上的目的。但是现在我再也不敢在众神中提这个了，因为我被严重地迷惑了，可怕地，不能说地，快要疯了，同凡人有过欢恋，还生下一个孩子。
>
> （《阿弗洛狄特的颂歌》，第 247～255 行）

范·德本断言，阿弗洛狄特根本就没有能力让神人之间产生风流韵事，

---

① 例如，见《阿弗洛狄特》中第 21～32 行关于赫提斯女神的小型赞美诗；克隆那斯（Kronos）描述了她的生日，使得从定语性情节过渡到关于神的简短的故事。用生日的描述引出一个故事，也可以见《赫尔墨斯》中开始的句子，见于 Hy. 15 和 Hy. 28。相反，在 Hy. 7. 56～57 中对狄奥尼索斯生日的描述，充当了从叙述到结尾告别的一个过渡。

② See p. 5.

③ 许多学者把宙斯的胜利理解为只不过是结束了阿弗洛狄特的夸耀；这个观点可以见有用的学术总结，比如 Clay 1989，166，第 43 页和第 193 页，第 137 页。

因为害怕她的行为招来谴责，她再也不想提及这些有关诸神媾婚的事情。①诗歌第 249~251 行中可能有过暗示，诸神从前害怕阿弗洛狄特的计谋，她会让他们掉入爱情的陷阱，达到控制他们的意愿。但范·德本断言，"《阿弗洛狄特》所使用的时态和时间副词毫无疑义地表明这些神人关系确然属于过去"②。事实上，在女神看来，唯有诸神对于其呢喃耳语和慧黠计谋的惧怕。在第 249~250 行里插入 ποτε 这样一个不确定的过去时态副词并不是专指过去的活动（"媾婚在某种程度上，我就是运用慧黠的计谋让全体众神与世间凡女云雨交欢"）。阿弗洛狄特确实"在某种程度上"让全体众神与凡人媾婚，而且她可能故伎重演。③ 另外，在第 249 行的时间副词 πρίν 仅仅指神的恐惧，第 251 行连续几行的插入语里，明显强调了 τάρβεσκον 这个词。暗示结束她的行动，实际上源自第 251 行后半部分的修饰句（"为了达到我控制所有神的目的"）；④ 对这些修饰句的一个可能解释是，正如范·德本所认同的，如果神以前害怕阿弗洛狄特的计谋，"因为"她手中攥着他们的把柄，他们不再感到害怕，因为她不会再媾婚神明和凡人。然而，即便如此，也并没有隐含阿弗洛狄特完全停止她媾婚神人计谋的意思。这句话的第一个词语，强调了她意在驯服"所有的"神，其重点在第 249 行中使用 πάντας 即"所有"这一词上。阿弗洛狄特说众神从前害怕她，不仅仅因为她会让他们同凡人媾婚，更重要的是她会从此凌驾于众神之上。他们之所以会有恐惧心理的变化，不是为了阻止她的媾婚行为，而是在这样的活动下，因她自己和安喀塞斯性爱之欢带来的耻辱，减少她的自由和对其他神明的控制；众神从前害怕，因为她控制"所有"的神明，现在她因害怕谴责而受到了限制。再次证明，这些句子并没有暗示终止神人媾婚的行为。

但是人们如何理解这些句子的含义？阿弗洛狄特的自白更多地集中于她的羞耻和停止炫耀的描述，第 252~253 行她说的话（"我再也不敢在半

---

① 见 Van der Ben 1981，90~91，和 1986，30~33；参阅 Clay 1989，192~193；众神"以前"（πρίν，249）害怕她的计划但后来就不怕了。
② 参阅 Van der ben 1981，90~91 和 1986，30~33。
③ 比如，见《伊利亚特》第 1 卷第 39~41 行中克律塞斯的祈祷：克律塞斯"在某种程度上"为阿波罗做出了牺牲，但是没有明显提示他在将来不会再次做出牺牲。见 West 2003，179 的翻译："再一次或另一次。"
④ 这一分句还强调了"所有的"神都服从于她的意愿，紧跟着第 249~250 行的句子 πάντας / ἀθανάτους συνέμειξα。

神中提及这个了。")① 再次没有明确表明是否终止了她的计谋。她说她将不再在众神中提及"这个"（τοῦτο）。即使这里 τοῦτο 意指前三行中描述她的"意图"，意即她再也不在诸神之间率性妄为，但这个词几乎自然地指代前三行她混合人神之举的整体描述，意即她再也不会嘲笑和夸耀这等风流韵事。文本的语言提供了证据：第48行阿弗洛狄特的这些话，包含了宙斯打算阻止她炫耀的相应叙述（"在众神中吹嘘"——"在神明中提及"）。此外，惧于愚蠢行为的责备，从文章开始就是《阿弗洛狄特》的主旨。她开始讨论与安喀塞斯的媾婚所带来的后果，因为安喀塞斯，她一直遭受来自诸神所谓的"巨大谴责"。文章末尾第252~255行也集中表现了她的羞耻心；通过两行的重复叙述，强调了阿弗洛狄特的愚蠢这个主题（第253~254行："因为我已经误入歧途，可怕地，不能言说地，我快疯了"），此处使用的词语为"不能言说的"②。

宙斯终于成功了。文本在描述阿弗洛狄特式的嘲笑和夸耀后，紧跟而来的是对她羞愧和谦卑的叙述。这里，不能忽视的是，宙斯的胜利充满了讽刺意味，因为结局揭露了性爱的真实面目：阿弗洛狄特，爱情的化身，有时也会遭受痛苦的羞辱和悔恨，像无数的恋人已经经历，并且将继续经历的那样。

重要的是，性爱这个主题在早期的史诗中已众所周知，《奥德赛》第8卷中详细叙述了阿弗洛狄特因为与战神阿瑞斯的风流韵事而受诸神羞辱。当赫淮斯托斯（Hephaestus）诱惑阿弗洛狄特与阿瑞斯发生床笫之爱，所有的神都站在旁边嘲笑她（《奥德赛》第8卷，第321行及以后）。歌颂《阿弗洛狄特》的诗人可能知道这一个片段；《阿弗洛狄特》第58~63行的叙述与《奥德赛》第8卷第362~365行几乎如出一辙，同时，《阿弗洛狄特》第234行描述提托诺斯不能移动他的肢体，类似于《奥德赛》第8卷第298行的描述：阿瑞斯和阿弗洛狄特在赫淮斯托斯的链子下无法动弹。而且这

---

① 上面所述的 στόματλήσεται 是指 Martin 1755 的猜想；参阅 στόματ' ἔσσεται（Clarke 1740）和 στόμαχείσεται（Matthiae 1800）。Van der Ben 1981，90 和 1986，33 提出类似 Od. 6.66 阅读到的 γάμον ἔσσεται: θαλερὸν γάμον ἔξουαι。但是又涉及与手稿里 στοναχήσεται 的更为激烈的背离，而且接下来也需要把 τοῦτο μετ' 修改为 τοῦτο ἐν（这里对 τοῦτο μετ' 的翻译没有变化）。

② 这里的 ὀνοταστόν 没有任何意义；Martin 1755 猜想 οὐκ ὀνοταστόν 指"不能言说的"，然而 Clarke 1740 认为是"不能被轻视的"。前者似乎更可取，因为后者有"责备"的意思，词义有了延伸（见 Kamerbeek 1967，393 和 van Eck 1978，87）。然而，对于目前的争论，不如支持阿弗洛狄特担心自己的事情被谈论的观点。

儿的赫淮斯托斯，像宙斯一样，对阿弗洛狄特复仇，使得这位爱神在众神面前蒙受羞辱。

结　论

　　范·德本和克莱为《荷马阿弗洛狄特颂歌》提供了新颖的阐释：为什么神与人的姻缘烟消云散的情况是有可能的，但并不能确定。毫无疑问，因诗歌隐含之意而引发的观点将会继续有所分化，但出现类似诗歌里叙述结束神人姻缘的观点，至少有夸大之词。叙事开头之前的任何一处都没有明确的说明，在第36~39行诗里同样如此，只有一些作为语言学和结构性的因素，可以说明支持阿弗洛狄特的权力超越了宙斯，是作为一种永恒的特性而非一件发生在过去的事。即使是在第247~255行里，既没有明确声明，也没有阿弗洛狄特不再愿意让神和凡人媾婚的暗示。阿弗洛狄特的自白强调了她之前在"众神"中的至上权力（第249~251行），同样意味着她的力量因自己的羞耻已经被削弱，但并没有完全消失。无论如何，整体而言，文本的核心主旨似乎是阿弗洛狄特蒙受羞愧和停止吹嘘，宙斯的意图取得成功，在第45行及之后有所提及。阿弗洛狄特在众神面前蒙羞的主题，在早期史诗中就已广为人知，它本身提供了有关作为自然本性的性爱的重要评论：对于个人或更多的人，性通常伴随着羞耻而告终。然而，最重要的是，不论我们如何估计这些文学母题的重要性，都应该将《阿弗洛狄特颂歌》解读为赞颂埃涅阿斯及其后裔的诗，一些自相矛盾的解释均无效用。①

（作者单位：得克萨斯大学奥斯汀分校；译者单位：北京第二外国语学院跨文化研究院）

参考文献

　　Allen, T. W. 1898. "The Text of *the Homeric Hymns*: Part V." *JHS*19: 23-32.

---

① 这篇文章的一个更早的版本，发表在2005年5月艾伯塔，班夫的CAC讨论会上。我尤其感激N. J. 理查森先生，他阅读和评论了最后的版本，作为一位匿名的证明人，他做了有帮助的评论和批评。

Allen, T. W., W. R. Halliday, and E. E. Sikes. 1936. *The Homeric Hymns*. Oxford: Oxford University Press.

Ballabriga, Alain. 1996. "Survie et Descendance d'énée." *Kernos* 9: 21–36.

Bergren, Ann. 1989. "*The Homeric Hymn to Aphrodite*: Tradition and Rhetoric, Praise and Blame." *Cl. Ant.* 8: 1–44.

Bickerman, E. J. 1976. "Love Story in the *Homeric Hymn to Aphrodite*." *Athenaeum* 54: 229–54.

Bowra, C. M. 1961. *Greek Lyric Poetry*. Oxford: Oxford University Press.

Cassola, Filippo. 1975. *Inni Omerici*. Milan: Fondazione Lorenzo Valla.

Chantraine, Pierre. 1973. *Grammaire Homérique I-II*. Paris: Klincksieck.

Clay, Jenny Strauss. 1989. *The Politics of Olympus: Form and Meaning in the Major Homeric Hymns*. Princeton, N. J.: Princeton University Press.

Denniston, J. D. 1954. *The Greek Particles*. Oxford: Oxford University Press.

Edwards, M. W. 1991. *The Iliad: A Commentary: Books 17–20*. Cambridge: Cambridge University Press.

Frangeskou, Vassilike. 1995. "*The Homeric Hymn to Aphrodite*: A New Interpretation." *Scripta Classica Israelica* 14: 1–16.

Griffin, Jasper. 1980. *Homer on Life and Death*. Oxford: Oxford University Press.

——. 1992. "Theocritus, the Iliad, and the East.' *AJPh* 113: 189–211.

Hoekstra, Arie. 1969. *The Sub-Epic Stage of the Formulaic Tradition*. Amsterdam: Noord-Hollandsche Uitgevers Maatschappij.

Janko, Richard. 1982. *Homer, Hesiod and the Hymns. Diachronic Development in Epic Diction*. Cambridge: Cambridge University Press.

——. 1991. "Review of Clay, *The Politics of Olympus*." *CR* 41: 12–13.

Jong, I. J. F. de. 1989. "The Biter Bit: A Narratological Analysis of *H. Aphr.* 45–291." *WS* 102: 13–26.

Kamerbeek, J. C. 1967. "Remarques sur *l'Hymne à Aphrodite*." *Mnemosyne* 20: 385–95.

King, Helen. 1989. "Tithonos and the Tettix." In *Old Age in Greek and Latin Literature*, eds. T. M. Faulkner and Judith de Luce, 68–89. New York: SUNY Press.

Kirk, G. S. 1990. *The Iliad: A Commentary: Books 5–8*. Cambridge: Cambridge University Press.

Lenz, L. H. 1975. *Der homerische Aphroditehymnus und die Aristiedes Aineias in der Ilias*. Bonn: Rudolf Habelt.

Nagy, Gregory. 1979. *The Best of the Achaeans*. Baltimore: Johns Hopkins University Press.

Reinhardt, Karl. 1956. "Zum homerischen Aphroditehymnus." In *Festschrift Bruno Snell zum 60. Geburstag*, 1–14. Munich: C. H. Beck'sche.

Richardson, N. J. 1974. *The Homeric Hymn to Demeter*. Oxford: Oxford University Press.

Ruijgh, C. J. 1971. Autour de "*Teépique*". Amsterdam: Hakkert.

Segal, Charles. 1974. "*The Homeric Hymn to Aphrodite*: A Structuralist Approach." *CW* 67: 205–12.

—. 1986. "Tithonus and the *Homeric Hymn to Aphrodite*: A Comment." *Arethusa* 19: 37–46.

Smith, Peter. 1981a. *Nursling of Mortality: A Study of the Homeric Hymn to Aphrodite.* Frankfurt: Peter D. Lang.

—. 1981b. "Aineiadai as Patrons of *Iliad* XX and the *Homeric Hymn to Aphrodite*." *HSCPh* 85: 17–58.

Turkeltaub, D. W. 2003. *The God's Radiance Manifest: An Examination of the Narrative Pattern Underlying the Homeric Divine Epiphany Scenes.* Ph. D. diss., Cornell University.

van der Ben, Nicolaas. 1980. "De Homerische Aphrodite-hymne I-De Aeneaspassages in de Ilias." *Lampas* 13: 40–77.

—. 1981. "De Homerische Aphrodite-hymne 2: Ein Interpretatie van het Gedicht." *Lampas* 14: 67–107.

—. 1986. "Hymn to Aphrodite 36–291: Notes on the *Pars Epica* of the *Homeric Hymn to Aphrodite*." *Mnemosyne* 39: 1–41.

van Eck, Johannes. 1978. *The Homeric Hymn to Aphrodite.* Ph. D. diss., Utrecht University.

Walcot, Peter. 1991. "The *Homeric Hymn to Aphrodite*: A Literary Appraisal." *G&R* 38: 137–55.

West, M. L. 1966. *Hesiod: Theogony.* Oxford: Oxford University Press.

—. 1978. *Hesiod: Works and Days.* Oxford: Oxford University Press.

—. 1985. *The Hesiodic Catalogue of Women.* Oxford: Oxford University Press.

—. 1997. *The East Face of Helicon.* Oxford: Oxford University Press.

—. 2001. *Studies in the Text and Transmission of the Iliad.* Munich: K. G. Saur.

—. 2003. *Homeric Hymns, Homeric Apocrypha, Lives of Homer.* Cambridge, Mass.: Harvard University Press.

荷马与历史*

——《伊利亚特》9.381-384 注

艾德里安·凯利（Adrian Kelly）/文　徐艺宁　罗诗惠/译

摘　要：艾德里安·凯利以《伊利亚特》第 9 卷第 381～384 行的阿基琉斯的著名比较为立足点，以"连奥尔科墨诺斯或埃及忒拜的财富一起"（第 381 行）这句话为核心，结合近期的青铜时代的发现，揭示了比俄提亚忒拜与埃及忒拜之间的关系，以比较的方式证明了诗作中用埃及忒拜替换了比俄提亚忒拜，这实际上反映了迈锡尼的历史与语境，由此得出青铜时期的材料和社会记载对荷马研究者更具意义的结论。作者试图表明，《伊利亚特》第 9 卷第 381～384 行背后的故事实际上隐含着青铜时代政治和经济的情形，尤其是公元前 14 世纪早期到公元前 13 世纪的历史状况，这种历史状况对荷马的研究构成了有趣的补充，提供了新的视野。

关键词：荷马史诗；《伊利亚特》；阿基琉斯；古代埃及

《伊利亚特》第 9 卷第 381～384 行的阿基琉斯（Akhilleus）的著名比较中，① 对奥尔科墨诺斯（Orkhomenos）和埃及忒拜（Thebes）的描述似乎反

---

* 我由衷地感谢以下同事在这篇文章的准备过程中所提供的帮助和指正：艾伦（Bill Allan）、戴维斯（Anna Morpurgo Davies）、吉布森（Sophie Gibson）、泰普林（Oliver Taplin）、韦斯特（Stephanie West）和这部期刊的匿名评审。感谢他们对此做出的贡献。除另有说明，本文所有对《伊利亚特》的引用均指公元前。[译按] 作者系牛津大学圣安娜学院教授，著有《〈伊利亚特〉卷八文献注疏与词汇索引》（*A Referential Commentary and Lexicon to Homer, Iliad VIII*, Oxford University Press, 1937）和《索福克勒斯：俄狄浦斯在克洛诺斯》（*Sophocles: Oedipus at Colonus*, Bristol Classical Press, 2009）。

① [译按]《伊利亚特》第 9 卷记述希腊联军在战争中遭到重创。涅斯托尔指出阿伽门农当向阿基琉斯道歉，使他重回战场。阿伽门农便派奥德修斯等人去劝阿基琉斯，并答应他归还一切财物且有其他奖赏。阿基琉斯在拒绝的回应中将阿伽门农赠送的礼物与奥尔科墨诺斯和埃及忒拜的财富相比较，声称在阿伽门农补偿令他痛心的侮辱之前，即使赠送的财富像沙粒尘埃那么多，也不能劝诱他的心灵。这即为阿基琉斯的著名比较。参见程志敏《〈荷马史诗〉导读》，华东师范大学出版社，2007，第 167 页。

映了青铜器时代晚期的政治、经济气象,而不是伯克特(Walter Burkert)在一篇有影响力的文章(1976 年)中提到的公元前 7 世纪的相关景象。① 有两个因素表明其为迈锡尼文本:第一,财富"进入"(ποτινίσεται)城市的观点与迈锡尼的经济状况相符合,但在荷马的诗中仅为个例;第二,公元前 13 世纪的历史既解释了埃及的忒拜与比俄提亚(Boiotian)的忒拜之间名字的类同,又在比较中说明了前者对后者的替换。

> 即使他把现有财产的十倍、二十倍给我,
> 再加上从别的地方得来的其他的财产,
> 连奥尔科墨诺斯或埃及的忒拜的财富一起——
> 在那个城市家家存有最多的财产,
> 忒拜共有一百个城门,每个城门口
> 有二百名战士乘车策马开出来——
> 即使赠送的礼物像沙粒尘埃那样多,
> 阿伽门农也不能劝诱我的心灵,
> 在他赔偿那令我痛心的侮辱之前。②

在 1976 年,伯克特提出,阿基琉斯提及埃及的忒拜,不是源自对青铜时代地中海政治的一些模糊印象,而是直接反映了公元前 7 世纪亚述人毁灭埃及忒拜城这一历史事件。③ 他论证黑暗时代或古风时期是荷马世界的真正来源,已赢得越来越多的认同,备受称赞。④ 该论证形成共识,在近 20 年

---

① W. Burkert,《一百年前的忒拜和伊利亚特的时间考》(Das hunderttorige Theben und die Datierubg der Ilias),1976,*WS* 89,第 5~21 页。
② [译按]参见罗念生、王焕生译《荷马史诗·伊利亚特》,人民文学出版社,2006,第 202 页。地名据上下文有所修改。
③ [译按]公元前 668 至前 631 年,亚述王阿述尔巴尼拔一度征服埃及,并灭亡埃及王国,使亚述帝国的领土达到最大。
④ 参见 S. West,《荷马〈奥德赛〉注疏 I:引言与第 1 至 8 章》(*Commentary on Homer's Odyssey I: Introduction and Books I - VIII*),Oxford,1988,第 202 页,《奥德赛》4.125 的注疏;M. West,《伊利亚特的日期》(The Date of the Iliad),*MH* 52,1995,第 210~212 页;J. Crielaard,《荷马历史与考古学:对荷马世界日期的一些评论》(*Homer, History and Archaeology: Some Remarks on the Date of the Homeric World*),1995,第 229 页;与此相反,持反对观点的如:A. Lloyd,《希罗多德书 II:注释 1~98》(*Herodotus Book II: Commentary 1 - 98*),Leiden,1976,第 120~121 页;伯吉斯:《战争与史诗:荷马及英雄诗系中的特洛亚战争传统》(*The Tradition of the Trojan War in Homer and the Epic Cycle*),鲁宋玉译,华东师范大学出版社,2017,原文第 210 页注 16。

内占据主导，诸多研究均表明荷马的战术、土地使用权制度和社会态度等方面的内容，均与黑暗时代同时。[1]但证明这一点仅靠一种程序是不够的。越来越多的研究发现青铜时期的材料和社会记载对荷马研究者更具意义。[2]我希望用这篇简短的文章来补充少数者的声音，部分内容来自近期的青铜时代的一些发现。但我首先要考虑的是一项被忽视的证据。

这包括阿基琉斯比较的第一部分，"连奥尔科墨诺斯或埃及的试拜的财富一起"（第381行）。当学者们对此表述进行评论时，通常会指出这一财富的众所周知性。某些讲法至少也是由前青铜时代遗迹所留下

---

[1] 参见 J. Bennet,《荷马和青铜时代》（Homer and the Bronze Age, 1997），第511~534页；J. Crielaard,《荷马，历史与考古学：对荷马世界日期的一些评论》（Homer, History and Archaeology: Some Remarks on the Date of the Homeric World, 1995），第201~288页；I. Morris,《荷马的使用和滥用》（The Use and Abuse of Homer, 1986），第81~138页，《荷马与铁器时代》（Homer and the Iron Age, 1997），第535~559页，《考古学和古风希腊史》（Archaeology and Archaic Greek History, 1998），第1~92页，《荷马的使用与滥用》（The Use and Abuse of Homer, 2001），第57~91页；K. Raaflaub,《荷马社会：莫里斯和鲍威尔》（Homeric Society, in: Morris & Powell, 1997），第624~648页，《历史学家的头痛：如何阅读"荷马社会"?》（A Historian's Headache: How to Read "Homeric Society", 1998），第169~194页；H. van Wees,《勇士的地位：荷马与历史中的战争、暴力与社会》（Status Warriors: War, Violence and Society in Homer and History, Amsterdam, 1992），《荷马的战争方式，希腊与罗马》（The Homeric Way of War, Greece & Rome, 1994），第131~155页，《荷马战争：莫里斯与鲍威尔》（Homeric Warfare, in: Morris & Powell, 1997），第668~693页。

[2] 参见 S. Deger-Jalkotzy,《探究所谓神秘文化与所谓黑暗时代的崩溃》（Die Erforschung des Zusammenbruchs der sogenannten mykenischen Kultur und der sogenannten dunklen Jahrhunderte, 1991），第127~154页；J. Latacz,《特洛伊与荷马》（Troy and Homer），Oxford, 2004。个别表述参见 L. Godart,《神话文化与荷马史诗》（Littérature mycénienne et épopée homérique, 2001），第561~579页；Hiller,《爱琴海青铜器时代艺术中的战争和战斗场面》（Scenes of Warfare and Combat in the Arts of Aegean Late Bronze Age, 1999a），第319~330页，《荷马与神话语词》（Homerische und mykenische Phrasen, 1999b），第289~298页；S. Hood,《荷马的青铜时代语境》（Bronze Age Context of Homer, 1995）；S. Morris,《"双城记"：锡拉岛的微缩壁画和希腊诗歌的起源》（A Tale of Two Cities: The Miniature Frescoes from Thera and the Origins of Greek Poetry, 1989），第511~535页，《阿斯蒂阿纳克斯的牺牲》（The Sacrifice of Astyanax, 1995），《荷马与近东》（Homer and the Near East, 1997），第599~623页；Mylonas-Shear,《英雄的故事：荷马文本的起源》（Tales of Heroes: The Origin of the Homeric Texts, New York/Athens, 2000）；O. Panagl,《荷马神话作品的语言分析》（Sprachliche Reflexe des mykenischen Handwerks bei Homer, 1991），《荷马的神话与语言：古代问题抑或新的解决?》（Mykenisch und die Sprache Homers: Alte Probleme? Neue Resultate, 1992）；S. Reece,《荷马的澡盆：搅动迈锡尼浴池之水》（The Homeric ἀσάμινθος: Stirring the Waters of the Mycenaean Bath, Mnemosyne, 2002），第703~708页；C. Shelmerdine,《荷马史诗中闪亮芬芳的布匹》（Shining and Fragrant Cloth in Homeric Epic, 1995）。

的辉煌而联想到的。① 但他们没注意到的是这一表述是如此独特非凡。因为在《伊利亚特》中没有其他城市的财富是用这种方式来描述的。在诗歌中，也没有其他任何例子，哪怕是从表面上，像这样来描述一个城市的常规税收制度。

当然，在荷马的诗中城市是财富中心。很容易想到的是迈锡尼国（πολθχρυσοιο Μυκήνης；第 7 卷第 180 行，第 11 卷第 46 行）和特洛伊（Troy）有很多值得抢掠的东西。就像赫克托尔（Hektor）可以立刻想到"什么都不隐藏，把我们可爱的城市拥有的一切全都交出来均分两半"（ἄνδιχα πάντα δάσασθαι/ κτῆσιν ὅσην πτολίεθρον ἐπήρατον ἐντὸς ἐέργει；第 22 卷第 120~121 行）。② 然而，值得注意的是，这些关于财富的论述通常都是主要人物的个人论述，而国王的权力似乎延伸到了群落经济生活的各个方面。③ 事实上，群落的繁荣与国王所掌握的人力和资源有着千丝万缕的联系。所以，从此方面讲，《伊利亚特》中很少有像奥尔科墨诺斯和忒拜

---

① 参见如 Hainsworth，《伊利亚特评注 III：第 9~12 章》（*The Iliad. A Commentary III: Books 9 – 12*，Cambridge，1993），第 112~113 页（《伊利亚特》9.381）；Griffin，《荷马：伊利亚特第 9 章》（*Homer: Iliad*，Oxford，1995），第 120~121 页（《伊利亚特》9.381）；Janko，《伊利亚特评注四：第 13~16 卷》（*The Iliad. A Commentary IV: Books 13 – 16*，Cambridge，1992）；Latacz，《荷马伊利亚特集注》（*Homers Ilias. Gesamtkommentar II*，Zweiter Gesang，2003）。在这段文字中，该事实本身并未确立一个决定性的推断来支持迈锡尼文明的起源。但这两个中心在古典时期对争取比俄提亚的至高地位仍十分重要。参见 R. Buck，《比俄提亚的历史》（*A History of Boeotia*，1979）。

② ἐντὸς ἐέργει 这个表达在别处被用来表示由团体或个人所控制的领土范围（2.616 – 7，2.844 – 5，24.54），或者是一个城市的财富（18.521），如特洛伊（22.121）；或指发同的庇护所（9.404 – 5；参见如下，8 和 9 引自两位作者），以及金诺的宫殿（《奥德赛》7.88）。

③ 当然，虽然奥德修斯在英雄之家居于中心地位，并且在群落中居于首要地位，在《伊利亚特》中，它被认为是给予阿特柔斯之子的礼物（7.470 – 1，11.20 – 3，23.29），以及娱乐和供应远征的资源（2.612 – 4，9.71 – 3），而且普里阿摩斯和其父亲的巨大个人财产也被用作赎金（6.47 – 8，10.378 – 81，11.132 – 5，22.49 – 51，24.234 – 5，24.686 – 8）或支付给盟友（18.288 – 92），或仅写一笔以起到唤起同情的效果（5.543 – 4，6.12 – 4，612 – 3，708，13.6）。关于个人财富的其他各种各样的例子，参见 1.366 – 7，5.193 – 203，7.363 – 4，9.188，9.364 – 7，9.400，11.686，14.119 – 24，14.230，16.153，18.331 – 3，23.630 – 1，24。至于荷马诗歌中国王与人民之间的关系，参见 H. van Wees，《勇士的地位：荷马与历史中的战争、暴力与社会》（*Status Warriors: War, Violence and Society in Homer and History*，Amsterdam，1992）；W. Donlan，《荷马经济：莫里斯和鲍威尔》（*The Homeric Economy in: Morris & Powell*，1997），第 649~667 页；J. Haubold，《荷马的人民：史诗和社会形态》（*Homer's People: Epic Poetry and Social Formation*，Cambridge，2002）。

这样极具个性化的城市也不足为奇。其中，最贴合此描述的当属特洛伊城。①

此外，荷马的资源收集似乎是一个相当特别的现象，无论是一项特殊行动的报酬或是一笔特殊费用的准备。② 另外，动词 ποτινίσεται 表明一个正在进行的且极为规则的过程。③ 真实的情况是，人们可以认为，英雄或王者的延存正是这样一个过程：即便从文本中抽取一幅具有连续性的画卷，它仍然是个人化的领袖形象，而非对城邦整体的某种完整描述。④ 那么，从这几个方面来看，"连奥尔科墨诺斯或埃及的式拜的财富一起"这一表述在荷马的经济中是一个非常不寻常的部分。

关于这一制度，学者们普遍准确地注意到了迈锡尼宫殿经济的基本特征，即一个中央集权的官僚机构。资源和产品的吸引力与重新分配，这些都不在荷马式的图景描绘之中。⑤ 阿基琉斯的比较是对青铜时代世界的准确反映吗？这仍

---

① 其他的是柯林斯（Korinth）（2.570）、皮托（Pytho）（9.404-5）、赫利刻（Helike）和埃格（Aigai）（8.203），以及特洛伊（9.402-3，22.121）。而皮托、埃格（13.21，《奥德赛》5.381）和赫利刻的神殿将资源作为宗教中心（所以，参考的并不是真正的个人；参见1.390）。这是一个包括近东文明、荷马的城市（《奥德赛》5.101-2）和迈锡尼文明要塞的典型联盟。许多节日和献祭分配在线形 B 文本中被证明；参见 Ventris & J. Chadwick，《希腊迈锡尼文件》（*Documents in Mycenaean Greek*，Cambridge，1973），第 125~129 页，第 275~312 页，第 410~412 页；R. Laffineur&R. Hägg 编《波特尼：爱琴海青铜时代的神和宗教》（*Potnia：Deities and Religion in the Aegean Bronze Age*，Eupen，2001）。
② 参见如 17.221-6，18.290-2，《奥德赛》2.74-8，13.14-5，14.24-8，在别处定期被发现的资源点仅仅是关于神殿的。
③ (νίνσομαι) νίσομαι：νέομαι ας ἴσχω：ἔχω；参见 Schwyzer，《希腊语法：语音、构词及词形变化一般规则》（*Greichische Grammatik I：Allgemeiner Tal. Lautlehre. Wortbildung Flexion*，Munich，1953），第 690 页。
④ 参见如 191-5，12.310-21，24.248-62；H. van Wees，《勇士的地位：荷马与历史中的战争、暴力与社会》，前揭，第 295 页。
⑤ 芬利（Finley）的《奥德修斯的世界》仍然是这一结论中最有影响力的，但是对于迈锡尼经济的最新研究，参见如 J. Killen，《线形文字 B 铭文和迈锡尼经济》（"The Linear B Tablets and the Mycenaean Economy"，1985），载 A. Morpurgo-Davies，Y. Duhoux 编《线形文字 B：1984 年研究文集》[*Linear B：A 1984 survey*（Louvain-la-N）]，第 241~305 页；P. Halstead，《迈锡尼宫殿经济：充分利用证据中的空白》（"Mycenaean Palatial Economy：Making the Most of the Gaps in the Evidence"，1992，*PCPS* 38），第 57~86 页；S. Voutsaki，《经济控制、权力和威望：考古证据》（"Economic Control，Power and Prestige：The Archaeological Evidence"），载 S. Voutsaki，J. Killen 编《迈锡尼宫廷城邦中的政治与经济》（*Economy and Politics in the Mycenaean Palace States*，Cambridge），第 195~213 页。虽然我并不否认荷马诗歌在古代时期的意义［参见如 S. Scully，《荷马和神圣的城市》（*Homer and the Sacred City*，1990）］以及荷马诗歌在这方面对先决的论据没有什么用处，但须注意的是 Raaflaub［《荷马社会：莫里斯和鲍威尔》（*Homeric Society，in：Morris & Powell*，1997），第 624~648 页］对迈锡尼经济的描述："复杂、集权和高度等级的社会经济体系让人想起当代近东文明，而不是希腊后期的任何事情。"

旧不可知。除了这一过程本身，就是说还要思考 δσα 所暗含的问题。阿伽门农被拒绝的礼物包括以下几类：七个未点燃的青铜三角祭坛（264）、十塔兰特黄金（264）、二十口大锅（265）、十二匹马（265 – 266）、七位莱斯博斯岛的妇女（270）、黄金和青铜（279 – 280）、二十位特洛伊妇女（281 – 282）、一大笔嫁妆（288 – 290）和七座城市（291 – 295）。其中大部分，无论是宫廷控制地区的贡品，还是在其间制造的产品，普遍与线形文字 B 铭文中的类似。①

诚然，整座城市的礼物交换与同时期的希腊资源相比，情况也不甚了了，但是，一个由迈锡尼统治者所缔结的联姻和提出的领土要求，现已被一封由迈锡尼希腊②国王（一般被认为是迈锡尼的希腊人）写给赫梯（Hittite）国王哈图斯利斯三世（Hattusilis Ⅲ，1267 – 1237B. C.）的楔形文字书信所明确证实。在这封信中，前者提到了这样一个事实，即他的祖先卡戈穆纳斯（Kagamunas）和阿苏瓦（Assuwa）③ 国王之间确立了一种关系，这种关系表明阿苏瓦国对爱琴海北部一些有争议的岛屿拥有宗主权。④

我建议不要去争论阿伽门农的清单究竟是一个直接的回忆，还是迈锡尼吟游诗人和听众们对一份熟知的相似名单的遗留记忆，但这个问题始终萦绕在我心中。我只是注意到阿基琉斯对奥尔科墨诺斯和忒拜财富的提及与迈锡尼经济的发展进程十分吻合，尤其是与那些青铜时期的主要城市相似。而且这一提及显然涉及一些常规的宫殿中心的工作与财富重新分配的事宜。鉴于其对荷马经济的个性化论述，"连奥尔科墨诺斯或埃及的忒拜的财富一起"这句话可以被认为是关于迈锡尼宫殿系统的真实记忆。⑤

---

① 参见 D. Musti, *Sul rapporto tra società omerica e mondo miceneo. "Contare" a Micene*, in: de Miro, Godart & Sacconi 1996, 第 630 ~ 631 页。参见 Ventris & Chadwick,《希腊迈锡尼文件》(*Documents in Mycenaean Greek*, Cambridge, 1973), 第 324 ~ 325 页（大锅, 青铜三角祭坛）；第 358 ~ 359 页（黄金）；第 353 ~ 354 页（青铜）；第 132 页, 第 210 ~ 211 页, 第 260 页, 第 38 页（马）；第 155 ~ 168 页（女人, 包括俘房）。参见 S. Hiller,《迈锡尼文本中的从属人员》(*Dependent Personnel in Mycenaean Texts*, 1988)。同时参见 P. Halstead,《迈锡尼宫殿经济：充分利用证据中的空白》("The Mycenaean Palatial Economy: Making the Most of the Gaps in the Evidence", 1992), 尤其参见第 59 ~ 60 页。
② ［译按］赫梯文献中经常提到的国家。
③ ［译按］阿苏瓦（Assuwa）是由 22 个安纳托利亚国家所组成的联盟, 形成于公元前 1400 年前的一段时间, 在图达利亚一世时期被赫梯帝国击败。联盟的成立是为了反对赫梯人。
④ J. Latacz,《特洛伊与荷马》(*Troy and Homer*, Oxford, 2004), 第 243 ~ 244 页；日期（在这里如其他地方）根据的是 M. van der Mieroop,《古代近东的历史：约公元前 3000 ~ 前 323 年》(*A History of the Ancient Near East ca. 3000 – 323BC*, Oxford, 2004), 第 286 页。
⑤ 此外, 至少从财政复杂性的角度来说, 迈锡尼时期比早期古代更适合作为这种表达方式的来源。参见 Raaflaub 的评论, 前揭。

如果这些观察结果被认为具有一定意义,那么学者们可能会重新思考希腊人开始认识埃及忒拜的时间,而这是阿基琉斯比较的第二个要素。当然,在这里可以认为 9.381 这部分内容本身就是青铜器时期的遗迹,因为几乎可以肯定的是这个表达最初应指比俄提亚的忒拜。继而,可以按照伯克特的说法,将 αιγθπτιας 的跨行连续要求与 382~384 诗节中城市描述部分相分离,作为对这一"原初的"比较的后续补充或者公式化修改。① 但是,我认为不应当将这段文字以这样一种方式分开。从诗歌和历史的角度来看,它们是一致连贯的,均主要反映了迈锡尼语境。

首先,人们早就知道埃及和希腊在公元前 2000 年就有过普遍频繁的往来,所以埃及人可能已经拥有诗意观念这一观点至少是可信的。② 事实上,对于埃及人(Αιγύπτιος)来说,按照字母顺序出现的希腊语在克诺索斯(Knossos)铭文(KN Db 1105 + 1446③)中呈现为一种个人化名称 a3-ku-pi-

---

① 参见 W. Burkert,《一百年前的忒拜和伊利亚特的时间考》(*Das hunderttorige Theben und die Datierubg der Ilias*,1976),第 7~8 页(尤其是第 7 页注释 5~8,因为之前的编辑活动均沿此范式);M. West,《伊利亚特的日期》(*The Date of the Iliad*,1995),第 211 页注释 29。

② 参见 A. Lloyd,《希罗多德〈历史〉卷 II:引言》(*Herodotus Book II*:*Introduction*,Leiden,1975),第 1~61 页,尤其是第 1~9 页,第 120~126 页;P. Walcot,《奥德修斯与弓的比赛》("Odysseus and the Contest of the Bow",1984,*SMEA* 84),第 357~369 页;E. Cline,D. Harris-Cline 编《第二千年的爱琴海与东方》(*The Aegean and the Orient in the Second Millennium*,Eupen,1998),尤其是第 6 章;V. Hankey,D. Aston,《塞加拉的迈锡尼陶器》("Mycenaean Pottery at Saqqara",1995),载 J. Carter & S. Morris 编《荷马的年代:向艾米丽·汤森致敬》(*The Ages of Homer*:*A Tribute to Emily Townsend Vermeule*,Austin,1995),第 67~81 页;Hiller,《爱琴海青铜器时代艺术中的战争和战斗场景》(*Scenes of Warfare and Combat in the Arts of Aegean Late Bronze Age*,in:Laffineur 1999),第 319~330 页。关于希腊与迈锡尼之间的接触,参见 T. Bryce,《赫梯世界的生活与社会》(*Life and Society in the Hittite World*,Oxford,2002),第 257~268 页。

③ 参见 F. Crevatin,《伊格丽西亚娜笔记》("Note di linguistica egiziana"),1975,*Aegyptus* 55,第 10~13 页;E. Cline,《航行于酒暗海:国际贸易和青铜时代晚期的爱琴海》(*Sailing the Wine-dark Sea*:*International Trade and the Late Bronze Age Aegean*,Oxford,1994),第 35、128 页;T. Palaima,《线形铭文 B 中的海事问题》("Maritime Matters in the Linear B Tablets",1991),第 280 页,载 R. Laffineur,L. Basch 编《塔拉萨:埃及的史前史与海洋》[*Thalassa*:*l'Egée préhistorique et la mer*(Eupen)]第 273~310 页;K. McArthur,《克诺索斯铭文中的地名:标识和国家》(*Place-Names in the Knossos Tablets*:*Identification and Nation*,Salamanca,1993),第 35 页。这个名字可能来源于乌加里特语中的 Hikuptah "Memphite",对应于阿马尔纳信件中的 Hikuptah 和埃及的 Ht-k'-pth。参 E. Cline《航行于酒暗海:国际贸易和青铜时代晚期的爱琴海》(*Sailing the Wine-dark Sea*:*International Trade and the Late Bronze Age Aegean*,Oxford,1994),第 128 页。鉴于我意识到新王国建立之初忒拜城的重要地位,所以孟菲斯在克诺索斯铭文名称中的地位也许是不寻常的。然而,我们对埃及的熟悉远远早于克诺索斯铭文(LM III A2 或 LM III B)。关于日期的问题,参见 R. Firth《克诺索斯宫殿线(转下页注)

ti-jo，就像《奥德赛》第二卷第 15 行里叙述的那样。这毫无疑问地表明，在这段时间里，对于那些诗意的记忆，埃及人有足够的保护性力量使得一些回忆得以生动地留存下来，而这些记忆记录下了这片著名富饶的土地和曾在那里生活过的居民。①

此外，在青铜器时期，奥尔科墨诺斯与忒拜均力量强大，这一点毋庸置疑。然而后者突出的重要地位是在近期才开始被人们所理解的。在线形 B 铭文中，② 忒拜被称作公元前 14 世纪末"希腊最大的围墙城邦"③；在新出版的线形 B 铭文板上，可以找到其所管辖之地的名称，这表明其很可能是公元前 13 世纪迈锡尼世界的"首都"④。这一发现的历史意义在于帮助我们

（接上页注③）形铭文 B 发现地点回顾》（*A Review of the Find-places of the Linear B Tablets from the Palace of Knosso*，Minos35 – 36，2000 – 1，尤其是第 278～279 页），因为这个名字被用于那些没有良好地位的人，而埃及忒拜在阿蒙霍特普三世统治时期（1390～1352 年）处于鼎盛阶段。而在 LM III A2 的记载之前，阿蒙霍特普三世刚执政不久。此外，来自埃及闪米特族（Misr）的形容词 mi-sa-ra-jo 也显然被用作克诺索斯的个人名字（KN F 841 + 867）；参见 E. Cline《航行于酒暗海：国际贸易和青铜时代晚期的爱琴海》（*Sailing the Wine-dark Sea: International Trade and the Late Bronze Age Aegean*，Oxford，1994），第 128 页。希腊与埃及的接触早在铭文被后人挖掘研究之前就已经是复杂而古老的了。

① 参见 W. Burkert《一百年前的忒拜和伊利亚特的时间考》（*Das hunderttorige Theben und die Datierubg der Ilias*，1976），第 15～16 页；以及 S. West，1988，in A. Heubeck，S. West，J. B. Hainsworth，编《荷马〈奥德赛〉注疏 I：引言与第 1 至 8 章》（*Commentary on Homer's Odyssey I: Introduction and Books I-VIII*，Oxford），（《奥德赛》4.125 至 4.127）第 202 页。他们认为，希腊人在整个黑暗时期不可能留有任何关于埃及的可靠记忆，当时他们并不确定自己的国家就是迈锡尼遗址。然而，这将进一步要求得出一个不可能的结论，即希腊人在每个时期都独立借用同一个词。此外，这本期刊的评审还建议，古代时期一个全新的名称更可能源于闪米特词，指称全国（"Mis（a）ra vel sim."），而不是孟菲斯城人的特殊词语；参见最后的注释。

② 参见 Bartoněk，《迈锡尼时代文档中的忒拜之名》（*The Name of Thebes in the Documents of the Mycenaean Era*，Minos，1988）。

③ 参见 Symeonoglou，《忒拜的地形：从青铜时期到现代》（*The Topography of Thebes from the Bronze Age to Moerdern Times*，Princeton，1985），第 69～70 页。

④ 参见 Godart&Sacconi，《迈锡尼的地理》（"La géographie des états mycéniens"，*CRAI*，1999），第 538～545 页，尤参第 545 页；Niemeier，《迈锡尼人与赫梯人在小亚细亚西部的战争》（*Mycenaeans and Hittites in War in Western Asia Minor*，Laffineur，1999），第 144 页；Niemeier，《赫梯与哈佳瓦就米利都所发生的纷争》（"Hattusa und Ahhijawa im Konflikt um Millawanda/Milet"），载 *Die Hethiter undihr Reich*，2002，第 295 页；Aravantinos，《忒拜：卡德米亚的发掘》（*Thèbes: fouilles de la Cadmée I: les tablettes en Lineaire B de la Odos Pelopidou*，Roma，2001），第 355～358 页；Latacz，《特洛伊与荷马》（*Troy and Homer*，Oxford，2004），第 242～245 页。

解释了史诗中为何选择奥利斯作为特洛伊军队远征的聚集地，以及比俄提亚队伍在战船目录（Catalogue of Ships）中的突出地位，当然还有特洛伊战争中英雄神话与城邦紧密联系的充分证据。①

赫梯（Hittite）的文献似乎证实了这一景象，斯达克（Frank Starke）认为寄给哈图斯利斯三世的信中，将迈锡尼希腊国王祖先的名字"卡戈穆纳斯"（Kagamunas）误写作"卡塔穆纳斯"（Katamunas）或者是"卡德摩斯"（Kadmos）。这无疑说明了忒拜是迈锡尼时期的首要城市，至少在安纳托利亚人（Anatolian）那里是这么认为的。② 然而，斯达克的理解并未出版，而且他依靠的校勘本又存疑。不过，另外一些哈图斯利斯统治者的信件涉及塔瓦戈乐瓦斯（Tawagalawas；迈锡尼国王的兄弟）的不法活动。③ 在文板上的名字，都与忒拜有着强烈的神话联系，这种现象暗示了在公元前13世纪早期迈锡尼国王是一个忒拜人（Theban），并且能从表面上推出卡戈穆纳斯之信的寄信者同样是忒拜人，但斯达克是错误的。因此，由于卡戈穆纳斯是寄信者的祖先并且为原始的条约负责，忒拜人对安纳托利亚世界的影响，至少追溯到了公元前14世纪中期。④

最近人们开始意识到爱琴海的重要意义，这或许可以解释为什么在一开始希腊人用忒拜来命名埃及的一座城市，其中一个奇怪的事实为，这个问题仍然没有一个能够令人信服的解释。⑤ 埃及忒拜的财富在其新王国时期

---

① 参 Latacz,《特洛伊与荷马》，前揭，第 126~128、242~243 页。
② 参见 Latacz,《特洛伊与荷马》，前揭，第 324 页。
③ 参见 Niemeier,《迈锡尼人与赫梯人在小亚细亚西部的战争》，前揭，第 152 页。
④ 参见 Latacz,《特洛伊与荷马》，前揭，第 243~244 页。尽管它仅依靠斯达克的校勘。
⑤ 目前的解释（通常基于某种误解）是存在问题的，并且常被认为毫无说服力；具体参见下列引用。单词 θῆβαι [忒拜] 本身来自古希腊 [参 Mader,《忒拜》（"θῆβαι, θῆβη"），载 Lexikon des frühgriechidchen Epos，coll，1991，Band 2，第 1033~1034 页]，汉莫丁格认为它来自埃及的 "caisse, cercueil" [参见 Hemmerdinger,《卡迪米的巴比伦殖民地》（"La colonie babylonienne de la kadmée"，Helikon 7，1967），第 232~240 页]。在这一点上他多少沿用了伯纳尔的观点 [参见 Bernal,《黑雅典娜：古典文明的非洲象根 I：古代希腊的制造 1785~1985》（Black Athena：The Afroasiatic Roots of Classical Civilisation I：The Fabrication of Ancient Greece 1785-1985，London，1987），第 51 页]。无论它的价值何在（以及此期刊的主编指出对于忒拜的埃及血统仍然缺乏足够的解释），希腊人必须把此名字应用于埃及的城市，而不是反过来，因为后者从未被人所知。伯纳尔认为忒拜是表示"埃及首都"的术语，因为它很可能已经被希克索斯王朝（Hyksos）的阿瓦瑞斯（Avaris）使用过了，并且也已被应用于公元前18世纪的埃及忒拜。他给出了证据却没有宣布，尽管他确实承诺在别处提出主张；参 Jasanoff&Nussbaum,《文字游戏：黑雅典娜的语言证据》（"Word Games：The Linguistic Evidence in Black Athena"），载 Black Athena revisited，Chapel Hill，1996，第 177~205 页。

是最显著的，特别是在第十八王朝（1550 – 1295B. C. ）初期到阿马尔那（Amarna，1352 – 1336B. C. ）时期。① 当奥克亨那坦（Akhennaten）死后，尽管党派和政治中心迁到了孟菲斯，忒拜作为祭奠国家神祇阿蒙（Amon）的首要城市，仍然有着深远的意义。青铜时代发展的高峰通常被追溯到阿蒙霍特普三世（AmenhotepⅢ，1390 – 1352B. C. ）的统治时期，而此时又恰好为比俄提亚忒拜成为国际主要力量的时期。② 考虑到其通用的名字（比如"城邦""南方城邦""阿蒙城"等），③ 希腊人会将埃及最著名的城邦与希腊自己最著名的城邦等同起来，称其为"埃及的或忒拜的某城邦"④。

这种变化类型在历史的任何时期都会发生，青铜时期也不例外。⑤ 但是这种等同方式在忒拜（*Th. Ug.* 4）发现的迈锡尼姓氏 au-to-te-qa-jo（Αὐτοθηβαῖος）中实际已被证实。其中巴托尼克（Bartoněk）注释为"真正的忒拜人"（der wahrhaftige Thebaner）。⑥ 这是在线形 B 铭文中的唯一一

---

① 参见 Bryant，《阿马尔那时期前的十八王朝：前 1550 年 ~ 前 1352 年》［*The 18th Dynasty before the Amarna Period*（*c. 1550 – 1352 BC*），Shaw，2000］，第 218 ~ 271 页。

② 此外，忒拜显然是从阿蒙霍特普神殿的"爱琴海名录"上被命名的，在近卢克索的 kom-el-Hetan。这个名录被形容为外交使者通达主要迈锡尼城市的路径。因此，在这一时期，此城对于保持埃及的关注度尤为重要；参 Bartoněk，前揭，第 44 ~ 46 页；Cline，《航行于酒暗海：国际贸易和青铜时代晚期的爱琴海》（*Sailing the Wine-dark Sea: International Trade and the Late Bronze Age Aegean*，Oxford，1994），第 38 ~ 39 页；以及 Cline，《阿蒙霍特普三世和爱琴海》（"Amenhotep III and the Aegean"，*Orientalia* 56，1987），第 23 页。

③ 参见 Burkert，《乌塔斯的日期和多个忒拜》（"Das hunderttorige Theben und die Datierung der Utas"，*WS*89，1976），第 5 ~ 6 页；Lloyd，《希罗多德〈历史〉卷二注疏 1 ~ 98》（*Herodotus Book II: Commentary 1 – 98*，Leiden，1976），第 12 页。

④ 对照斯蒂芬妮的解释："大概是一些崇尚冒险的希腊旅行者们将闻名的神庙、地区的名字与城市的名字混淆；这种误解的可能性是巨大的——我们或许可以回想起一些故事，即一些外国游客认为英国最流行的饮品是'再来份儿同样的'（same again）。与此相同，人们也常认为爱丁堡是'北方的雅典'，罗兹是'波兰的曼彻斯特'，汉堡是'德国的威尼斯'，甚至，伟大的西印第安板球选手乔治·赫德利（George Headley）被称作'黑布雷德曼'。"

⑤ 参见 Cline，前揭，108A 7，文中提及埃及第十二王朝石碑（约前 1900 年）上曾写着"克弗悌乌荷鲁斯"（Keftiu Horus；［译按］古埃及的太阳神）。

⑥ 参见 Bartoněk，《迈锡尼希腊手册》（*Handbuch des mykenischen Griechisch*，Heidelberge，2003），第 416 页；及 Bartoněk，《迈锡尼时代文档下的忒拜之名》（*The Name of Thebes in the Documents of the Mycenaean Era*，Minos，1988），第 42 页："一个居住在忒拜的人"。一些看法为词语 te-pa-i［忒拜］与埃及的忒拜相关，因为比俄提亚在名录中通常以词根 te-qa-来表示［Stella，《迈锡尼的传统和伊利亚特的诗歌》（*Tradizione micenea e poesia dell' Iliade*，Rome，1978），第 173 页；Bartoněk，前揭，尤其第 40 ~ 41 页］，但是这通常被认为是不可能的；参见 Ventris & Chadwick，《迈锡尼希腊文件》（*Documents in Mycenaean Greek*，Cambridge，1973），第 585 页；Aura Jorro & Adrados，《迈锡尼字典》（*Diccionano Micénico II*，Madrid，1993），第 331 ~ 332 页。

例，甚至也可以说是后希腊中的唯一，即存在一个以 $αυτός$ 为名字前缀的民族。① 由于在姓氏中，te-qa-jo（$θηβαῖος$）和 te-qa-ja（$θηβαία$）遍布迈锡尼世界与荷马的诗歌，人们不禁感到疑惑：它们为什么会首先存在。我认为这种独特的形式（赀然这又是一种尚未得到信服的解释）表明了一种相类似却又不同寻常的需求，即为了区分本土的比俄提亚和其他拥有相同名字的城市。②

因此，在许多方面，青铜时代的文本很好地阐释了比俄提亚的忒拜就是埃及的忒拜；这也能够很好地解释在阿基琉斯的比较中，忒拜为什么取代了比俄提亚。在特洛伊战争之前，除了《伊利亚特》第 2 卷第 505 行中微妙地提及了忒拜的力量，其他的英雄史诗对于忒拜力量的描写都存在戏剧性的削弱，并且在史料记载中，这种削弱性描写都保持了一致。最近对卡德米亚（Kadmeia）的研究表明，在公元前 13 世纪的中后期，忒拜曾遭受过两次不同程度的破坏。③ 此外，忒拜是迈锡尼希腊时期的首要中心城邦的假设，似乎在赫梯的原始资料里就有所反映：一封来自土迪哈利亚斯四世（Tudhaliyas Ⅳ，1237－1209 B. C.）的信里说，迈锡尼希腊国王没有或者无法帮助一个反叛的赫梯国属下，尽管他明确给出过承诺。与此同时，在与叙利亚（Syria）的阿穆路国（Amurru）国王索斯戈穆瓦斯（Sausgamuwas）的条约中，土迪哈利亚斯国王已把迈锡尼希腊国王从他的目录中删去。④

简言之，叙事诗和历史似乎若合符节，以表明此城中近乎人所周知的财富适合与奥尔科墨诺斯城相对比，对比的记录直到 LH Ⅲ B 末尾才慢慢消

---

① 参见 Baumbach，《迈锡尼希腊词汇 II》（"The Mycenaean Greek Vocabulary II"，*Glotta* 49，1971），第 159~160 页；Chadwick，《忒拜的线性 B 文档》（"Linear B Tablets from Thebes"，*Minos* 10，1969），第 130~131 页。

② 我们不能排除埃及人曾在忒拜居住过的情况；Bryce 指出，在迈锡尼城中心，出现了不少安纳托利亚的抄写员和工匠，而且在克诺索斯文档中，"埃及人"已经开始作为个人的名字出现。Bryce，《赫梯世界的社会生活》（*Life and Society in the Hittite World*，Oxford，2002），第 256~257 页，及注 18；Cline & Harris-Cline，《第二千年的爱琴海与东方》（*The Aegean and the Orient in the Second Millennium*，Eupen，1998）。

③ 参见 Shelmerdine，《荷马史诗中闪亮芬芳的布匹》（"Shining and Fragrant Cloth in Homeric Epic"），载 Carter and Morris，*The Ages of Homer: A Tribute to Emily Townsend Vermeule*，Austin，1995，第五章。

④ 参见 Niemeier，《迈锡尼人与赫梯人在小亚细亚西部的战争》，前揭，第 152~153 页。

失。① 在阿基琉斯所做的比较中，尽管埃及忒拜的存在不一定受到比俄提亚忒拜衰落的影响，② 但是后青铜时期的一些事件都能够合理解释这一现象。

因此，必须指出，迈锡尼时代为以下研究提供了现成语境：（a）希腊城邦间的比较；（b）比俄提亚的忒拜与埃及忒拜之间的关系；（c）以及在上述比较中埃及忒拜对比俄提亚忒拜的取代。如果必须更加精准地描绘出事态的发展历程，我认为：（a）它们可以追溯到公元前 15 世纪到公元前 13 世纪；（b）并且最有可能发生在阿蒙霍特普三世上任之后，因为在此之前孟菲斯与希腊的交流尤为重要；③（c）以及可能发生在公元前 13 世纪中期的第一次忒拜大灾难之后，或者发生在（b）的情况出现之后。

有人精确地描述了这段文本生成和传播的过程，然而，《伊利亚特》第 9 卷第 381~384 行背后的故事更加反映了青铜时代的政治和经济，特别是公元前 14 世纪早期到前 13 世纪前三分之一时期的历史境况。

（作者单位：牛津大学古典学系；译者单位：北京第二外国语学院跨文化研究院）

---

① 参见 Buck，《比俄提亚史》（*History of Boeotia*，Edmonton，1979），第二、三章；Symeonoglou，《忒拜的地形：从青铜时期到现代》，前揭，第二章，第 78 页，表 2.12；Fossey，《荷马对比俄提亚的描述》（"The Homeric Description of Boiotia：Mykenaian or Archaic？Or Both？"），载 Bintliff，*Recent Developments in the History and Archaeology of Central Greece*，Oxford，1997，第 139~148 页。

② 参见 Burkert，《一百年前的忒拜和伊利亚特的时间考》，前揭，第 9~10 页。Burkert 认为，埃及的城邦不太适合阿基琉斯比较的"增长了"的量级，也无法要求历史起源的解释；这种观点与 Visser 有关忒拜掠夺的看法相类似。Visser，《荷马的战舰目录》（*Homers Katalog der Schiffe*，Stuttgart，1997），第 274~276 页。

③ 参见前文注释，塔瓦戈乐瓦斯和卡戈穆纳斯的信件更加准确地提供了哈图斯利斯三世统治时期（1267–1237B.C.）的信息，而阿马尔那王朝起于前 1352 年会更准确些。

荷马致阿弗洛狄特颂歌

——一篇文学的赞词

彼得·沃尔科特（Peter Walcot）/文
赵午阳　邵伊凡/译

摘　要：《致阿弗洛狄特的颂歌》与荷马史诗和其他荷马式颂歌等相关文献在许多方面都存在关联。通过文本细读，这首颂歌的主题基调和特殊内涵便得以显现。《致阿弗洛狄特的颂歌》描述了身为爱神的阿弗洛狄特和身为凡人的安喀塞斯之间的爱情故事，其中隐含了欺骗、谎言和抚养等荷马史诗和其他颂歌中常见的情节要素。把这些情节要素与阿弗洛狄特的神性特征融为一体，则可以对《致阿弗洛狄特的颂歌》中的反讽幽默、"诞生"神话等颂歌母题做出富有新意的阐释。

关键词："诞生"神话；反讽；神性；美德

一

笔者阅读古希腊文学的原因有二：首先出乎专业的目的，其次为了个人的愉悦。至于为了个人的愉悦，笔者总是转向那些古老的偏好——荷马（Homer）、希罗多德（Herodotus）与悲剧，也许更令人感到惊讶的是，笔者还特别喜爱赫西俄德（Hesiod）的诗篇与荷马的颂歌（Homeric Hymn）。笔者对赫西俄德的兴趣持之以恒，而这很容易解释：1949年秋日进入伦敦大学读书之时，赫西俄德就进入了视野，而对他的研究则始于参与一个有关《工作与时日》（Works and Days）的研讨班，主持人乃是韦伯斯特（Tom Webster）——古典学院里最富激情的教师。这些演讲给我的印象是如此深刻，以至于时至今日，笔者发现自己仍为那来自比俄提亚（Boeotia）的诗人而痴迷。笔者对荷马式颂歌的兴趣相对来得较迟，而事实上也并不喜欢那些别人认为有些古怪的颂歌,而只对《致阿弗洛狄特的颂歌》(*Hymn to Aphrodite*)表现出强烈的嗜好。笔者知道同事们在质疑:难道现如今对"女性研究"的暂时狂热所造成的后昊已经蔓延到了古典主义者的身上了吗?笔者马上就可以向你保证,事实并非如此:笔者之所以挚爱《致阿弗洛狄特的颂歌》,是因为相信其中有卓越的文学品质,而且这些品质在过去的十几年甚至更久以前,就几乎是人人皆知,流布甚广。

权且容笔者跟随着出版商做一尝试,而这也是笔者喜欢做的事:在一本新书的封面上加印知名学者的推荐语,就像"这是我读到过的最好的书","这本书绝对精彩",如此之类的大路套话,同时引用关于《致阿弗洛狄特的颂歌》的最新观点。譬如说,弗里德里希(Paul Friedrich)对这首颂诗的印象是"卓越臻于完美",韦斯特(M. L. West)认为它是"长篇颂歌之翘首",彼得·史密斯(Peter Smith)称之为"最完整和最引人入胜的长篇荷马颂歌",扬科(Richard Janko)同样评价它是"最值得赞赏的荷马颂歌"。① 甚至连科克(Geoffrey Kirk)都愿意承认"这首颂歌在某些地方相当迷人",尽管这样的评价是明褒实贬。如果今天的某个评论家敢于声称"这首颂歌的叙事外表光鲜但和宫廷诗共有轻浮"②,那么他的确敢于率性直言,但同时多少也有点显得另类。最后,贝耶(Charles Rowan Beye)对这首颂歌有这样的评价:"在所有的荷马式颂歌中,《致阿弗洛狄特的颂歌》可能是最成功的,它是一个迷人的故事。"③ 应该承认,上述所有评论带给笔者的,不仅仅是不安(笔者确实不在乎那些令人着迷却未经检验的推荐),当科克、里维(Levi)和贝耶用"迷人的"一词来描述这首颂歌时,笔者尤其感到困惑万分。在所有的形容词里,笔者最不想用这个词来赞美它。无

---

① Friedrich,《阿弗洛狄特的意义》(*The Meaning of Aphrodite*, Chicago and London, 1978),第 65 页; West, K. J. Dover 编《古希腊文学》(Oxford, 1980),第 23 页; 还参见 West,《赫西俄德神谱注疏》(Oxford, 1966),注释 v.1009(第 433 页),提到"安喀塞斯与阿弗洛狄特结合的故事在《致阿弗洛狄特的颂歌》中以快乐的语调被叙述出来"; Smith,《婴儿与必死的命运》(*Nursling of Mortality*, Frankfurt, Bern, Cirencester, 1981),第 2 页; Janko,《荷马、赫西俄德与颂歌》(*Homer, Hesiod and the Hymns*, Cambridge, 1982),第 151 页。
② Kirk, P. E. Easterling 和 B. M. W. Knox 编《剑桥古典文学史卷一:古希腊文学》(*The Cambridge History of Classical Literature I: Greek Literature*, Cambridge, 1985),第 116 页; Peter Levi,《希腊文学史》(*The Pelican History of Greek Literature*, Harmondsworth, 1985),第 62 页。
③ Beye,《古希腊的文学与政治》(*Ancient Greek Literature and Society*, Ithaca and London, 2nd edition, 1987),第 73 页。

荷马致阿弗洛狄特颂歌

论这个词意味着什么，"迷人"也绝不是《致阿弗洛狄特的颂歌》的特殊内涵。实际上，即使这首颂歌的价值，至少部分价值，已经广为人知，但笔者认为《致阿弗洛狄特的颂歌》的特殊之处至今还未清楚地为人所解，而且其主要基调还是没有得到令人信服的阐释。① 但是，这个重要的任务可能会引出一个最具权威的结论，它可以证明对颂歌的研究应该与对其他类似文献的研究相结合。因为《致阿弗洛狄特的颂歌》并非单文孤证，它一定与荷马时代、后荷马时代的文献证据有所关联。在这些证据中，它自己也扮演了至关重要的角色。目前，我们还需要充分赏析颂歌中三种所谓"题外话"（digressions）之间的相关性，它们经常被认为是对颂歌叙事结构的威胁，但其中的相关证据可以有助于理解这首颂歌。这些文献资料经常被用于发掘《致阿弗洛狄特的颂歌》的口头文学特征这一有限的目标，当资

---

① 近年来，将《致阿弗洛狄特的颂歌》作为"文学"进行单独的深入研究，始于 Henry Podbielski（*La Structure de l'hymne homerique a Aphrodite d la lu*, Archiwum Filologicane XXVII, 1971）。笔者对其中一个主张深表赞同："诗人根据他的叙述结构等方面，幽默地利用颂诗的通用惯例。"（第 95 页）作者读得太多太快，在诗行及其沉浸于构想拙劣的揣测之间，他的思想还值得推敲。依笔者之见，最让人惊异的是 E. J. Bickerman 在《雅典娜神殿》（*Athenaeum*）第 54 期（1976）第 229～254 页中所提出的观点，他认为他在颂歌中找到了浪漫爱情的相关证据，即使 J. van Eck 在《荷马致阿弗洛狄特的颂歌》（学术演讲，Urecht，1978）中同样声称："对'安喀塞斯受引诱'这一情节的描述以及随之而来的恋爱场景塑造了浪漫故事的特征。"更令人惊异的是，van Eck 相信，"在得出'爱情问题被当作一个严肃的话题'这一结论之前，在《伊利亚特》中欺骗女神的'幽默口吻'与《奥德赛》中的得摩多科斯之歌（见下）是有缺陷的"。Van der Ben 在 *Mnemosyne* 第 39 期（1986），第 1～3 页中，主要通过强调语言学，对 Jan Eck 进行了详尽的批判；涉及浪漫爱情的部分，详见 Van der Ben 诗第 153～154 行（18－19）。古代一般的浪漫爱情，参 Niall Rudd, *Ramus* 第 10 期（1981），第 140～158 页，和本人在《古代政治》第 18 期（1987），第 5～7 页中的评论；以及关于好色的阿南克，参见 Hugh Parry, *Phoenix* 第 40 期（1986），第 253～255 页。想看更多请参考 Cora Angier Sown,《荷马式颂歌与传统主题》（Chicago, 1984），作者将《致阿弗洛狄特的颂歌》当作由"诱惑"统领的诗歌（第 67～94 页）。在意细节但是易于从主要问题上偏离而且过于严肃——"《荷马致阿弗洛狄特的颂歌》以其全部败坏风俗的魅力与才智，提供了一个病因学神话，这个神话解释了为什么这些被古希腊人称为英雄或半人半神的人物，这些杰出却缺点重重的混合精华，已不存在于现今的世界上。"（第 169～170 页）以上观点出自 Jerry Strauss Clay《奥林匹斯山的政治：荷马神话中的结构与意义》（Princeton, 1989），第 152～154 页。Van der Ben 还相信，《荷马致阿弗洛狄特的颂歌》回答了一个问题，即"为什么男人不会有一个永生的伴侣，然而相反的情况却在史诗中频繁出现？"（见诗 247～248 行，第 31 页）但是这样的一个原因论并不明显，而且是强行从文本中抽取出来的。本人没有认识到自己从 Ann L. T. Bergren,《古典文物》第 8 期（1989），第 1～41 页中受益颇丰，她找到了《致阿弗洛狄特的颂歌》的原因论——"野心"。Clay 也提及了颂歌的"迷人之处"（还参见第 155 页）。

源充足时，它也可以拥有参考价值。① 即使在最好的情况下，过于狭窄的视野也会限制我们的洞察力。

这首颂歌的真实样貌究竟如何？从更合理的层面上看，它讲述了一个故事，有关英雄埃涅阿斯（Aeneas）如何被创造出来的故事。易言之，这首颂歌展示了希腊"诞生神话"的文学化处理手法。此外，诞生神话表现出了这种传统体裁的普遍特征。这首颂歌与一个孩子在陌生的环境中的塑造过程有关。他双亲中的一位在人类外表的伪装下隐藏了神性的本质；宁芙女仙（Nymphs）从这个孩子出生起就秘密并妥善地照看着他，不仅预言而且揭示了他未来的丰功伟业。这样的创作特征很容易在其他创作时间相近的原始资料文本中找到。当我们以倒序的方法来审视这些文本资料并找出构成它们的基本要素时，我们发现，《伊利亚特》（Iliad）中关于赫拉克勒斯（Heracles）出生的故事（第19卷第95行及以后）就包含着对未来英雄荣耀的预测（第101～105行）；在宙斯（Zeus）出生的故事中，赫西俄德也提到了这位神是如何在婴儿时期被偷走并安置在克里特岛（Crete）上一个安全的洞穴里的［《神谱》（Theogony），第477行及以后］；托名赫西俄德所作的诗歌《盾牌》（Aspis）中则描述了阿尔克墨涅（Alcmene）与宙斯结合的故事，其中宙斯假扮成了她缺席的丈夫安菲特律昂（Amphitryon）（参照第30～32行）。在这些基础文本中，对诞生神话的典型描述以"简约的"叙事形式在《奥德赛》（Odyssey）提罗（Tyro）的故事中有所表现（第11卷第235～257行）。提罗深深陷入对河神埃尼珀斯（Enipeus）的爱情而不能自拔，河神俊美的形象常常反复出现并困扰着她的思绪。波塞冬（Poseidon）将自己伪装成河神的样子诱奸了她，夺去了她的贞操。在用他的方式占有了这位女子之后，波塞冬预言了一个光荣的孩子的诞生，并命令提罗在向他人隐瞒真相的前提下抚养孩子长大。最终提罗生下了一对双胞胎佩利阿斯（Pelias）和涅琉斯（Neleus），二人都命中注定要成为国王。其中一位成了伊俄喀斯（Iocos）的国王，而另一位则登上了派洛斯（Pylos）的王位。

但是对彼得·史密斯来说，《致阿弗洛狄特的颂歌》中有关诞生的神话具有特殊意义。他采用的是结构主义学者科克的方法，将诞生的神话解释为"价值重估的神话"，此类神话描述的是"博地凡夫命有大限"。因此，

---

① 参见 P. G. Preziosi，*HSCP* 第71期（1996），第171～173页，与 Ezio Pellizer，*QUCC* 第27期（1987），第115～157页。

对这首颂歌的读者来说，问题最重要的核心是"那些已经被创造出来的意蕴"①。他主张，永恒的神灵和有死的凡人之间存在一种矛盾，但在埃涅阿斯的养育过程中，宁芙女仙和孩童时期的埃涅阿斯之间抚养与被抚养的关系是神与人之间矛盾有所缓和的象征，前者通过抚养建立起一座桥梁，沟通了神人隔阂（参照第259～272行），而后者则投射出了未来神人家庭的相貌。但很难说这是一个新颖的猜想，史密斯有关神话潜在意义等方面的阐释、其阐释的正确性与传说展示了什么样的韵律、曲调和以何种方式进行写作等问题相比，很难引起我们的兴趣。我们自身的注意力将集中于一个方向，即颂歌作为古希腊社会的一种消遣方式，从某种程度上是通过潜意识上的感染力来保持听众的兴趣的，但同时这种感染力也容易受到对确切的文学术语的研究及分析能力的影响。

二

一个间接地解读《致阿弗洛狄特的颂歌》的方式来自另一个广为传颂的故事，讲述的是女神阿弗洛狄特（Aphrodite）的爱欲冒险。这首诗歌讲述女神和她的情人阿瑞斯（Ares）的故事，乃是费埃克斯人（Phaeacian）在厅堂上招待奥德修斯时由吟游诗人得摩多科斯（Demodocus）吟唱的（《奥德赛》第8卷，第266行及以后）。② 具体内容讲述了女神那位戴了绿帽的丈夫是以何种方式成功地在床上捉到了妻子和她的情人，并以一种羞

---

① Smith，前引，第5页；参 Charles Segal，*CW* 第67期（1973～1974），第205～212页，《悲剧与文明》（*Tragedy and Civilization*，Cambridge，Mass.，1981），第22～24页和《阿瑞图萨》（*Aethusa*）第19期（1986），第37～39页，以及 Helen King，《阿瑞图萨》第19期（1986），第15～17页。提托诺斯和 the tettix 参 Van der Ben，*Lampas* 第14期（1981），104 n. 42。

② 得摩多科斯之歌的荷马时代背景参见 Walter Burkert，*RM* 第103期（1960），第130～132页。文中直接与《奥德赛》相关的部分，参见 Harry G. Edinger，《文学协会》（《评论》）第31期（1980）第45～52页，B. K. Braswell，《赫尔墨斯》（*Hermes*）第110期（1982），第129～137页，Rick M. Newton，《参考消息》第83期（1987），第12～20页，B. Douglas Olson，《阿瑞图萨》（*Aethusa*）第22期（1989），第135～137页，以及 Christopher G. Brown，《凤凰》（*Phoenix*）第43期（1989），第283～285页。还包括 Oivind Anderson（著），J. M. Bremer，I. J. F. de Jong and J. Kalff（编），《荷马：不只是口头诗歌》（*Homer: Beyond Oral Poetry*，Amsterdam，1987），在这本书中作者声称"得摩多科斯所讲的关于阿瑞斯和阿弗洛狄特的故事反而说明，这与奥德赛式的基本主题——夫妻恩爱与保持忠诚——有主题相关性"（第9页）。

辱的方式将他们暴露在其他神灵面前的。这个故事同样也不仅简单地再现了具有快乐意识的费埃克斯人的一种品质，它作为诗人所应用的一系列修辞手法，为英雄奥德修斯返乡的前半程经历制造了一种张力。诗人也持续不断地在诗中提及一个相似的故事，那就是身为王后的妻子克吕墨涅斯特拉（Clytemnestra）给予阿伽门农（Agamemnon）的灾难性的接待（《奥德赛》第1卷，第29行及以后；第3卷，第193~198行，第234~235行，第254行及以后；第4卷，第91~92行，第512行及以后；第11卷，第387行及以后）。同时，他们也呈现出墨涅拉奥斯（Menelaus）与海伦（Helen）在回到斯巴达（Sparta）之后不再亲密的情景。① 事实上，得摩多科斯所选的诗歌不幸地暗示了两个事实：第一个是这位费埃克斯人的宾客（指奥德修斯）与那受到背叛的丈夫火神赫菲斯托斯（Hephaistos）一样，拥有坚定不移的美德和独出心裁的头脑（以及有缺陷的身体？参照第230~233行）；第二个是奥德修斯离开伊塔卡（Ithaca）已经足足二十年之久，他不是仅仅因为偶然才到达利姆诺斯岛（Lemnos）的。这位宾客也丝毫不清楚，在他远离伊塔卡的这段漫长的时间里，他的妻子状况如何。面对得摩多科斯之歌所展示的情境以及此诗本身对悖论（参照第329~332行）和讽刺性幽默采取的严重指控时（例如第339~342行），奥德修斯表现出一贯的礼貌作风。当他聆听诗人的吟唱时，他的脸上可能表现出了喜悦的神色（参照第367~368行），但他的喜悦之情只不过指出了一个事实：他尽力克制着自己的情感（参照第521行及以后）。当奥德修斯不得不去聆听这首歌时，他几乎没有任何的愉悦感，这首歌的主题与他家乡可能发生的危机有着惊人的相似之处。举个例子，奥德修斯曾向他死去的、生活在冥府的母亲问及他的妻子：她是否还与儿子在一起，保卫家庭的财产不受他人侵犯？还是她已经改嫁，又一次步入了婚姻的殿堂？（《奥德赛》第11卷，第178~179行）——很明显，英雄需要再三确认事情的真伪，尤其是妻子的忠诚已经不再被视为理所当然。确实，在《奥德赛》的开篇，伪装成凡人的雅典娜（Athene）

---

① 关于"阿伽门农的归程及其后果的主旨"，参见 Stephanie West《荷马奥德赛注疏》卷1（*A Commentary on Homer's Odyssey*，Oxford，1988），第60页；关于墨涅拉奥斯与海伦重建斯巴达的故事，参 Robert Schmiel，*TAPA* 第103期（1989），第387~394页；《奥德赛》中关于悲剧之爱的中心主题，我在《欧佛洛绪涅》（*Euphrosyne*）第2期（1959），第173~179页中有所涉及。特别是关于 Nekuia 的妇女，参 Mark D. Northrup，*Ramus* 第9期（1980），第150~159页。参阅 Jasper Griffin，《荷马眼中的生与死》（Oxford，1980），"实际上，海伦让人难以捉摸"。

与特勒马科斯（Telemachos）的对话似乎就对佩涅罗佩（Penelope）行为的真实意图表达了些许怀疑（参照第 1 卷，第 275~278 行）。

神灵远离死亡之痛，他们是"死的"（άθάνατοι），所以从来不曾以一种认真的态度对待生活。但是与神灵形成鲜明对比的是，人类注定要走向死亡。根据《伊利亚特》的内容，即使是"宙斯最为宠爱的"赫拉克勒斯也无法逃脱死亡的命运（第 18 卷，第 117~118 行）。在《伊利亚特》中，凡人与神灵的生命具有本质上的差别，这一差别被简明扼要地展现在阿基琉斯（Achilles）对普里阿摩斯（Priams）所说的话里："神们是这样给可怜的人分配命运，使他们一生悲伤，自己却无忧无虑。"（第 24 卷，第 525~526 行）在《阿波罗之颂》（Hymn to Apollo）中，缪斯女神（Muses）同样告诉我们，这首颂歌"对神来说是不朽的礼物，而对人类来说却是一种痛苦，他们所有的收获都来自神灵的给予，生活得轻率无助，无法找到任何办法逃离死亡的魔掌，抵御年老岁月所带来的疾病困扰"（第 189~193 行）。对神来说，通奸本身带来的滔天罪行可以被减轻到开玩笑的程度，就像得摩多科斯所唱之歌的结尾，赫尔墨斯（Hermes）对阿波罗（Apollo）所说的那样："与金色的阿弗洛狄特待上十分钟，就算是被暴露在所有男女神灵嘲笑的眼神下也是值得的。"（《奥德赛》第 8 卷，第 339~342 行；参照第 321~324 行）在荷马史诗中，这种无忧无虑的快乐很大程度上只用来描述神灵的活动，人类的生命过于残酷和荒芜，命运对人类抱有一种恶毒的幽默，甚至胜过奥德修斯对待忒尔西特斯（Thersites）的残忍手段（《伊利亚特》第 2 卷，第 265 行及以后），当时的希腊人（Greeks）对此行为的反应正是笑声和赞同（第 270~277 行）。忒尔西特斯的外表增强了这个残忍的玩笑的效果（第 270~277 行）。诗人对忒尔西特斯的外表和那与其体格相配的行为的描写（这一描写与赫菲斯托斯的跛脚相对应），达到了异曲同工的作用，它显示出忒尔西特斯对任何荣誉都无所诉求。[①] 对于受害者来说，最为坦率的做法就是加入嘲笑者的队伍，成为一个自嘲者。譬如小埃阿斯（Ajax）在帕特罗克洛斯（Patroclus）葬礼举办的竞走比赛上输给了奥德修斯之后，他满口胡言乱语并认为是奥德修斯的保护神雅典娜干预了比赛（《伊利亚特》第 23 卷，第 780~783 行），其他希腊人都在嘲笑他（第 784 行）。但是小埃阿斯在此经历的幽默是一种耻辱，并带有被强迫的性质。如

[①] 有关忒尔西特斯情节片段的讨论参见 W. G. Thalmann, TAPA 118（1998），第 1~28 页。

同持续的竞争会引起不安的情绪和暴力冲突一样,这些贯穿竞赛的争吵总是处在爆发的边缘(参照第473行及以后,第540行及以后和第566行及以后)。

众所周知,《伊利亚特》的第一卷的开头和结尾各有一次争吵,且两者遥相呼应。前者是阿伽门农和阿基琉斯之间的冲突,这场冲突以数不尽的希腊人与特洛伊人(Trojans)的死亡告终;但是后者,天帝宙斯与天后赫拉(Hera)之间的争吵,却以阵阵笑声收尾(《伊利亚特》第1卷,第599行),因为众神被跛足的火神赫菲斯托斯所做的颇具讽刺意味的事给逗笑了:他东奔西跑(第600行),四处斟酒,仿佛自己是伽倪墨得斯(Ganymedes)或赫柏(Hebe)的替身一般,而二者都有着惊人的美貌。这尴尬的局面被巧妙地化解了,众神在回到各自的休憩之所前,把注意力转向了饮食和音乐(第601~604行):当阿伽门农与阿基琉斯分道扬镳、各自行事时,宙斯与赫拉正相拥而眠(第611行)。以笔者的观点,相同形式的反讽式幽默给奥林匹斯诸神的生活、得摩多科斯之歌和《致阿弗洛狄特的颂歌》注入了活力。当我们回忆极具幽默特征的《赫尔墨斯之颂》(Hymn to Hermes)以及致得墨特尔(Demeter)的诗歌中那"混合了庄严与诙谐"的修辞手法时,一种并不出人意料的观点浮出水面。[①] 就像文本细节所示的那样,诙谐为《致阿弗洛狄特的颂歌》提供了一种主旋律,这种旋律在诗歌的开篇便已悄然出现。

三

《致阿弗洛狄特的颂歌》的开篇用简洁和便于理解的文字肯定了女神对众神、人类、鸟类以及其他生物的影响(第1~6行),[②] 接着通过将阿弗洛狄特与三位圣洁女神——雅典娜、阿尔特弥斯(Artemis)和赫斯提亚(Hestia)做对比,进一步说明了爱神的影响力(第7~33行)。通过重复第7诗节与第33诗节,诗歌划分出这种象征性的"偏离"(digression)。事实上对女神的列举并不是无关紧要的。这三位圣洁女神超脱律法(参照第33~

---

① 参见 N. J. Richardson,《荷马颂歌中的得墨特尔》(The Homeric Hymn to Demeter, Oxford, 1974),第56~58页。
② 有关文学和宗教信仰中的阿弗洛狄特形象,参见 Filipo Cassola,《荷马颂歌》(Inni Omerici, Milian, 2nd edition, 1981),第227~229页。

35 行），诗歌通过这一强烈的对比，揭示了性欲的力量。无论是女神还是凡人女子，自身具有的性诱惑力对女性而言都是一种评判标准，但雅典娜、阿尔特弥斯与赫斯提亚却颠倒了这一标准。在颂歌所展示的"引诱故事"里，这一标准被立即颠倒过来：身为女性的阿弗洛狄特成为引诱者，而身为男性的安喀塞斯（Anchises）则扮演着被引诱者的角色。希腊妇女所期望的美德与完全颠覆了这一美德的阿玛宗人（Amazons）之间的鲜明对比提供了一种平行关系。① 阿玛宗人是战士，但不是普通的战士。她们的步兵装备繁重，而骑兵却轻装上阵。她们用拒绝结婚和割去自己乳房的方式拒绝女性的"自然"功能。她们抚养女孩，但杀掉男孩或致其残疾。她们居住在黑海（Black Sea）或北非（North Africa）附近的内陆深处，远离文明人的世界，以加强她们异于常人的特质。因此，阿玛宗人对"标准"的定义就是颠倒既成事实的常规标准，而雅典娜、阿尔特弥斯与赫斯提亚用类似的方法重新定义了爱神的领域，即保持贞洁，远离性爱，这在当时是相当罕见的。

但是其他人，包括宙斯自己（第 36~37 行），都成了阿弗洛狄特诡计下的受害者。现在，宙斯以赫西俄德在《神谱》中所描述的方式来报复对方，以其人之道，还治其人之身。赫西俄德在《神谱》中提到，普罗米修斯（Prometheus）把骨头掩盖在光滑的脂肪下边，通过这一方法将劣质祭品装扮成了上乘祭品，欺骗了宙斯，使后者选择了次等的祭品（第 540~541 行）；宙斯随后对普罗米修斯加以报复，创造了世间第一个女人潘多拉（Pandora），使其光彩照人，极富魅力。但她空有美丽的外壳，内在却绝对无愧于"美丽的恶魔"这个诨号（第 585 行）。在《致阿弗洛狄特的颂歌》中，宙斯向阿弗洛狄特灌输对特洛伊王子安喀塞斯的爱慕之情，最终使她自食苦果，转而成为性欲的受害者。宙斯以这样的方式成功报复了阿弗洛狄特（参照第 2、45 和 53 行）。这一戏剧性的变化以女神的爱情为代价。但无论是阿弗洛狄特还是宙斯，都不应该屈服于情欲的诱惑，因为前者掌握着控制性欲的权力，而后者的妻子是女神赫拉。据诗中描述，这位女神

---

① 参见 W. Blake Tyrrell,《阿玛宗人：雅典神话研究》（*Amazons: A Study in Athenian Mythmaking*, Blatimore and London, 1984），第 44~46 页和 Lorna Hardwick, *G & R* 37 (1990), 14ff. SeeR 37 (1990)，第 14~16 页。同时参见 François Hartog,《希罗多德的镜子》（*The Mirror of Herodotus*, Berkeley, Los Angeles, London, 1988），第 216~218 页。论"他者的修辞"和阿玛宗人。另一个与妇女被逆转的规范相关的例子参见 Christiane Sourvinou-Inwood, *JHS* 107 (1987)，第 152~153 页中有关阿塔兰特和性爱追求的话题。

是一位容貌秀丽、值得赞扬的伴侣（参照第 41~44 行）。诙谐地提到赫拉是宙斯复仇行动中最终选择的一部分，诗歌的这一安排被视为诗人"独创的艺术技巧以及对读者期待心理的灵活处理"的典型代表。①

但是，让我们简要回顾一下那些拒斥阿弗洛狄特的女神。雅典娜是从宙斯的头中生出来的，这点毋庸置疑（参照《神谱》第 886 行及以后和第 924 行及以后），她宣称自己完全站在男性这边 [参照埃斯库罗斯（Aeschylus），《欧墨尼得斯》(*Eumenides*) 第 736~738 行]，喜爱充满男子气概的战争；阿尔特弥斯是女猎人，身为猎人就必须杜绝性行为，以保持狩猎仪式的纯洁。在所有纯洁的希腊妇女中，最突出的当属阿塔兰特（Atalante），她是典型的女猎人。但是阿尔特弥斯的行为却模棱两可，例如她对艾菲索斯（Ephesos）的所作所为。这种态度同样出现在第三位女神赫斯提亚身上。在古罗马神话中，无论是从名字还是从职能上来看，与赫斯提亚所对应的神灵是维斯塔（Vesta）。而在当时，维斯塔很可能因其贞洁的本质，被罗马人称为贞洁的"灶神星"（*Vesta mater*）。② 对赫斯提亚圣洁本质的着重强调，使人回忆起与灶台和火相关的性禁忌："赫斯提亚告诫我们：'不要在家中的炉灶旁暴露个人不洁的阴私部位。'"（《工作与时日》，第 733~734 行）这证明了家中灶台的神圣性。与此同时，书中简要提到了雅典娜和阿尔特弥斯，对她们所统辖的领域进行了总结（第 8~20 行）。书中同样详尽地描述了赫斯提亚如何拒绝嫁给波塞冬与阿波罗，并向宙斯起誓，要永远保持自己的童贞。赫斯提亚被授予了一个补偿性的特权：她应该被置于神庙的中央，在众神的庙宇中得到应有的尊敬。诗歌所包含的细节，使其成为微型的赞美诗。与此相比，在赫西俄德《神谱》（第 383 行及以后）写斯堤克斯（Styx）的赞美诗中，可以再次发现宙斯赋予某位女神特殊权力的母题（第 399 行及以后）。③ 在克罗诺斯（Cronos）众儿女的长幼排序中，赫斯提亚既是他的长女也是他的幼女，因为她虽第一个出生，却成为最后一个被克罗诺斯从腹中吐出的子嗣。赫斯提亚身上体现出一种自相矛盾的特点，而这种特点也是《致阿弗洛狄特的颂歌》所包含的诙谐的另一面。

---

① Janko，《赫尔墨斯》(*Hermes* 109，1981) 第 19 页；Cf. J. C. Kamerbeek,《摩涅莫绪涅》(*Mnemosyne* 20，1967)，第 390 页，将其翻译为"在这样的时刻赫拉忘记了一切"，从而给出整个段落"这美好的颜色具有讽刺意味"。

② 参见 Mary Beard，*JRS* 70（1980），第 24~25 页。

③ 参见 Friedrich Solmsen，《赫尔墨斯》(*Hermes* 88，1960)，第 1~13 页。

通过颠倒对三位女神的标准化描写，诗歌造成了强烈的对比效果。当阿弗洛狄特勾引安喀塞斯时，促生了一种对标准的平行颠倒。但是在诗中提及雅典娜、阿尔特弥斯和赫斯提亚之前，一种具有讽刺意味的幽默就已经存在于《致阿弗洛狄特的颂歌》当中。从每节颂歌的第一行就可看出讽刺意味，它们提到阿弗洛狄特的"欲望"，这与之后诗歌提到阿弗洛狄特的"欲望"而不是"激情"的内容再次形成了对比。① 波特（Howard Porter）在对第一诗节和第九诗节的比较中更加深入地发现了其中的讽刺手法：这位学者注意到这两个诗节的最后四个韵脚完全相同，且前两个韵脚的元音之间几乎完全一致——"这是一种讽刺手法，诗人用几乎相同的音序来请求缪斯女神，希望女神告诉他金色的阿弗洛狄特的'职责'是什么，并以此表明雅典娜和与此相关的'职责'毫无关系。"② 或许吧。而后更明显的讽刺手法是把伊达山（Mount Ida）作为阿弗洛狄特勾引安喀塞斯的场所（第54行）。当时毫不怀疑的阿弗洛狄特曾经积极帮助赫拉对宙斯进行那次臭名昭著的欺骗，而伊达山恰巧成了背景（《伊利亚特》第14卷，第153行及以后）。③"伊达山"和"诱惑"这两个元素连接了《致阿弗洛狄特的颂歌》和《伊利亚特》中的故事。除此之外，两者还共享着"精心修饰"的主题（参照第58行及以后和第14卷第169行及以后）以及"女神的旅行"（参照第65行及以后、第14卷第255行及以后和第281行及以后）、"虚假的故事"（参照第108行及以后、第14卷第200行及以后和第301行及以后）、"女性的羞怯"（参照第155行及以后和第14卷第330行及以后）以及"欢爱后沉睡的男性"（参照第168~171行和第14卷第352~353行）等情节。

在《伊利亚特》的第14卷中，颇具讽刺之处就在于这个勾引其他男子的女人正是受害者的妻子，而且她自称不愿满足宙斯的急切渴望，拒绝取悦他（参照第14卷第329行及以后）。身为人类的安喀塞斯被描述为有神

---

① 参见 B. A. van Groningen，《古希腊古风时代的文学创作》（*La Composition littéraire archaïque grecque*，Amsterdam，2nd edition，1960），第105页；同时参见 Sowa，op. cit.，第53、56和344页。
② *AJP* 70（1949），第253页；同时参见 Pellizer，op. cit.，第117~119页。
③ 有关"宙斯的欺骗"这一段落的简洁有效的分析参见 Mark W. Edward，《荷马：〈伊利亚特〉的诗人》（*Homer*，*Poet of the Iliad*，Blatimore and London，1987），第247~250页，他注意到《奥德赛》中得摩多科斯的吟唱与《致阿弗洛狄特的颂歌》之间的相似性。这一片段最近由 Leon Golden 所讨论，参见《摩涅莫绪涅》（*Mnemosyne*，42，1989），第1~11页。自然，伊达山也是帕里斯的审判这一事件发生的场所。

灵一般的外表（第 55 行和第 77 行），而身为女神的阿弗洛狄特，却很快假借一位人类公主（处女）的身份出现在安喀塞斯身边。此时此刻，诗歌中所包含的讽刺意味被穿插进来。诗歌通过对阿弗洛狄特真实本质的颠覆，使其与其他三位女神形成了更加鲜明的对比。在诗的第 81 行，"她站在他面前，她是宙斯的女儿"（Διοξθμγατηρ）程式的发展展现了同样的讽刺手法；这样的诗句被视为是对阿弗洛狄特与宙斯间从属关系的回溯，与身为凡人的安喀塞斯的对比也强调了她的神圣身份。这个程式在第 107 行处再次重复：阿弗洛狄特宣称自己"不是神而是奥特柔斯（Otreus）的女儿"。当把"她站在他面前，她是宙斯的女儿"这一程式套话与这一声明放在一起比较时，讽刺意味得到了特别加强。① 此外，安喀塞斯被描绘成一个在伊达山上牧牛的牛倌，而且在阿弗洛狄特所掌管的地区起到了非常重要的作用（参照第 4~5 行和第 69~74 行）；甚至相比神同凡间女子的结合，女神同凡间男子的结合更具有讽刺意味，因为严格来说，后一种情况更稀少且不被世人所认同（参照《奥德赛》第 5 卷第 118 行及以后）。然而基本上我们看到的都是对神和人自食苦果的嘲讽；阿弗洛狄特陷于被嘲笑的处境（参照第 44~52 行和第 247~255 行），因为她身为女神，被公平地描述成"风姿绰约的极致诱惑者"，② 现在却爱上了人类，结果不得不自作自受。

四

但是让我们来看看这一引诱事件的初步行动。场景是经过精心布置的：看似是引诱者的安喀塞斯被阿弗洛狄特发现时正独自一人，远离同伴（第 76~80 行），随着音乐消磨时间（第 80 行）。像这样的消遣合乎他英雄的身份（《伊利亚特》第 9 卷，第 186~189 行，但要与第 3 卷第 54 行中"美神的赠品"这一节配合来进行对比），演奏中出现的和谐纯真的音符与伪装的阿弗洛狄特描述她被赫尔墨斯"诱拐"时发出的声音十分相似（第 117~121 行；还参照《伊利亚特》第 16 卷，第 179 行及以后）。我们进一步了解到，安喀塞斯被一位他认为是纯洁处女的女性所诱惑（参照第 81~82 行），

---

① D. Boedeker，《阿弗洛狄特在希腊史诗中的介入》（*Aphrodite's Entry into Greek Epic*，Leiden，1974），第 36 页。
② Susan Brownmiller，《违背己愿：男人、女人和掠夺》（*Aaginst Our Will：Men，Women and Rape*，Penguin edition，1976），第 283 页。

后者思考着与安喀塞斯合法婚姻的前景。当阿弗洛狄特向安喀塞斯展现出她全部的真实光辉时（参照第 120 行及以后和第 187 行及以后），安喀塞斯第一次开口（第 92 行及以后），他的言辞预示了他之后对神发出的祈祷。在第 82 行处，阿弗洛狄特像"未婚的少女"，在荷马的笔下，瑙西卡娅（Nausicaa）则是"未婚的少女"（《奥德赛》第 6 卷，第 109 行）。安喀塞斯的礼敬和他提出的问题都是关于这位站在他面前的女孩的身份，她到底是美惠女神（goddess of Grace）还是宁芙女仙中的一员？他设下祭坛，准备祭品的行为，以及他为获得荣誉、子孙和家族的长期繁荣所做的祈祷，都让我们回想起奥德修斯对费埃克斯公主所说的第一句话（参《奥德赛》第 6 卷，第 149~151 行）。① 在这个精心设计的骗局里，安喀塞斯的问题有关面前女孩的身份，这增强了事实的讽刺性。事实上，他致敬问候的神灵就站在他的面前。安喀塞斯问题中所蕴含的力量随着他所礼敬的一系列女神的名字——阿尔特弥斯、勒托（Leto）、阿弗洛狄特、忒弥斯（Themis）和雅典娜（第 93~94 行及以后）——而得到了加强。这一系列的名字巧妙地在两对可供选择的身份中隐藏了正确的答案：阿弗洛狄特。名单的每一方都包括了一位女神，阿尔特弥斯在一方，而雅典娜在另一方。这个名单预先将作为处女女神的神灵挑出，并以之与充满爱欲的性感女神阿弗洛狄特形成鲜明对比（第 8~20 行）。极具讽刺意义的是，当听到安喀塞斯最后一次念出神灵的名字时，听众发出了揶揄的微笑。阿弗洛狄特的回答是这样的：她不是一位女神——为什么把她当成一位女神呢？她不过是一介凡人，有着身为凡人的母亲罢了（第 109~110 行）。谎言对于这位性爱女神来说总是来得相当容易。

阿弗洛狄特接下来所讲述的故事是一个典型的谎言故事。因为故事富于偶然性的细节，所以它听起来更加真实（第 111 行及以后）。② 女神并没有说出自己的名字，而是提供了一个名叫奥特柔斯的虚构的父亲身份。这看似随意的举动，实际上却在暗示安喀塞斯："我想你应该听说过他"，"奥特柔斯统治着整个弗里吉亚（Phrygia）"（第 111~112 行）。女神的话颇具讽刺意味地让人回想起那个"未定型的谎言"——"我曾经在得洛斯（De-

---

① 有关安喀塞斯和阿弗洛狄特、奥德修斯与瑙西卡娅遭遇之间的相似之处，参见 John J. Keaney *AJP* 102（1981），第 261~4 页。
② 参见 Smith, op. cit., 第 50 页和本人所著《古代社会》（1977）第 8 卷第 1~19 页中对《奥德赛》和谎言的艺术的研究，对 C. Emyln-Jones, *G&R* 33（1986），第 1~10 页进行了补充。

los）上领导着数量庞大的人民"（《奥德赛》第6卷，第164行），这句话是奥德修斯向瑙西卡娅乞求时所说。然而，最令人印象深刻的是，阿弗洛狄特对她是如何掌握特洛伊语（Trojan）这一问题进行了解释：她是从她那来自特洛伊的姑姑那里学会的（第113~116行）。关于这个细节，她的谎言一定程度上运用了伪装的现实主义手法，这具有相当程度的破坏性。一位弗里吉亚的公主，理所当然地不说特洛伊语反倒说希腊语！阿弗洛狄特继续解释她为何突然出现。她提及被赫尔墨斯绑架的那段经历，当时她正与同伴一起为了纪念阿尔特弥斯而跳舞。她加入一些模糊的细节来让她从弗里吉亚到伊达山的旅程听上去更有说服力（第117~125行）。阿弗洛狄特所说的一切，包括在参加一个适合年轻纯洁女孩的活动时被绑架，赫尔墨斯预言她将成为安喀塞斯的合法妻子并为他繁育杰出的子嗣（参照第126~127行）等等细节，这些都有助于她完善"纯真"这一外在的伪装。随后，阿弗洛狄特假扮成一位卑微的恳求者（第130行及以后），强调她现在悲惨的处境（参照第130行和《奥德赛》第6卷，第169行），对着安喀塞斯呼唤宙斯，请求让她这样一位纯洁的处女，加入安喀塞斯的家庭。她同时呼唤自己的父母，向安喀塞斯承诺丰厚的嫁妆，而安排婚礼宴会的请求则被排在了最后。在对宙斯的呼吁中，她先是自称贞洁，后表现出对双方父母的考虑，承诺大量的黄金和丰厚的礼品，最后对于婚姻安排发起一系列的指令。所有这些细节，一个强似一个，都旨在表现女神的狡猾和诡计。这是一个精心策划的演讲，它和奥德修斯对费埃克斯公主的恳求一样起到了效果；它影响到了听众，使他们被实际的情境所控制：它所造成的效果不仅仅是在女神的话语和请求中所表现的外在纯洁与阿弗洛狄特的真实目的之间制造了极为讽刺的对比，还因为这一切都是复仇心重的宙斯所一手策划，所以阿弗洛狄特在利用安喀塞斯的同时，也同样陷入了被操纵的情境。诗人在数个层面上展现了这一点。此时，阿弗洛狄特表面上似乎是在控制别人，事实上，她正在被别人所控制。

这名女孩想要以新娘而不是情人的身份出嫁并将自己奉献给安喀塞斯，但是安喀塞斯却如饥似渴地想要与阿弗洛狄特共度良宵而不考虑任何后果，就像得摩多科斯的歌中赫尔墨斯急切盼望能够享受来自阿弗洛狄特的魅力（参照第149~154行和《奥德赛》第8卷，第339~342行）。此时诗人将更多的幽默讽刺笔法应用到了安喀塞斯身上。安喀塞斯曾经声称没有神灵或凡人能够考验他的激情，相比被不完善的激情所控制，他宁愿选择死亡；

但现在却将阿弗洛狄特比作"一位与女神相似的女子"（第 153 行）。与新喜剧中的年轻情侣仅仅因为被他的爱人否认就不必要地发起自杀的威胁这种过度行为而引发的滑稽效果不同，在安喀塞斯这里，显得滑稽可笑的是，安喀塞斯的宣告并不是证明"浪漫"爱情的证据，而只不过是将享受性爱的迫切需求用口头方式说出来罢了。

尽管他们实际上都是被诱惑者，但无论是出现在"宙斯的欺骗"① 诗节中的宙斯还是颂歌中的阿弗洛狄特都必须扮演诱惑者的角色。真正诱惑者的言辞和行动都在现存于科隆（Cologne）的诗人阿尔齐洛科斯（Archilochus）的残存诗篇中被揭示出来（韦斯特，第 196a 行）。

但是，与阿尔齐洛科斯的残存诗篇形成对照的是，在《致阿弗洛狄特的颂歌》中，是阿弗洛狄特所假扮的女子搭讪男子并求婚的，安喀塞斯仅仅在一个受到严格限制的范围内掌握着主动权。安喀塞斯是轻率的、冲动的，而阿弗洛狄特反倒保持着谦逊的姿态，这与"宙斯的欺骗"中宙斯的鲁莽和赫拉的谦逊可堪对照（《伊利亚特》第 14 卷，第 312 行及以后和第 329 行及以后；还参照第 149 行及以后和第 155～157 行）。阿弗洛狄特用"甜蜜的欲望"激起了宙斯的情欲（第 45 行及第 53 行），而现在，安喀塞斯又一次以同样的激情"甜蜜的欲望"激起了阿弗洛狄特的情欲（第 143 行），观众正期望着欣赏到两人相同的遭遇所引起的讽刺效果。当安喀塞斯小心翼翼除去阿弗洛狄特精心设计的衣服和装饰品时（参照第 162～166 行、第 64～65 行和第 86～90 行），是有着一双恰如其分的低垂眼眸的阿弗洛狄特（第 156 行）采取了行动。她悄悄钻进了安喀塞斯那张用狮子和熊的皮毛覆盖的床（参照第 69～74 行和第 158～160 行）。但是当凡人安喀塞斯与女神阿弗洛狄特躺在一起时，他自己在整个诱惑过程中所扮演的角色，如果用一个总结性的评论作为其特点的话，那就是"对他的所作所为一无所知"（第 167 行）。毕竟，对他来说，按照惯常的看法，女孩无法认识到发生在她身上的事情所带来的全部后果，再说，这只不过是一次普通的调情！

紧接着发生的事使这一评论的全部寓意得到了明确的说明（第 170 行及以后）：当安喀塞斯睡着之后，女神装扮自己，重新恢复了她真实的神态和美貌，开始对她的爱人讲话。以正常的经验来说，这名女孩将会因自己"罪行"的严重性而流露出内心的痛苦，而男人则会匆忙收回自己所有轻率

---

① ［译按］"宙斯的欺骗"（DioApate；Deception of Zeus）：在《伊利亚特》第 14 卷出现的情节。

的婚姻承诺。然而这里出现了另一种与之前所说的经验相反的标准，浮现出反讽的轮廓：安喀塞斯刚刚还自诩，如果能够享受一位像女神一样的女子，他宁愿即刻奔赴黄泉（参照第149行及以后），但在被粗鲁地唤醒之后，他却被恐惧攥住了，转移了自己的视线并遮起了脸（第181~183行），在这名女子面前表现出沉默寡言的样子。他的恐惧很快转变成了对宙斯的祈求，他别无他求，只求得到神的怜悯（第185~190行），他有充足的理由为此感到忧虑（参照《奥德赛》第5卷，第118~128行）。阿弗洛狄特以一个承诺和与诞生相关的预言回复安喀塞斯，他没有理由感到恐惧，他的儿子和后代将统治特洛伊（第192行及以后）。他们的儿子被命名为埃涅阿斯，这个名字被巧妙地以追溯语源的方式解释为"铭心刻骨的悲伤攥住了我"（第198~199行），意指安喀塞斯以普通的经验对女神进行揣摩，认为女神会陈述自己与凡人同床而导致的痛苦。发生这一场景时，诗歌的基调发生了变化。当阿弗洛狄特发表近百行令人惊愕的演讲时（第192~290行），讽刺和幽默消失了，取而代之的则是庄重肃穆。《赫尔墨斯之颂》再一次提供了可以与之相比的情节（见论文第141页）：阿波罗与赫尔墨斯重归于好，互相交换礼物，并发誓坚守未来的友谊。同时阿波罗通过把狄瑞亚三姐妹（Thriai）①——三位纯洁的预言师——赠送给他的兄弟来巩固他们的关系（第521行及以后）。在这时，诗歌中原有的幽默停止了。但《赫尔墨斯之颂》中并没有涉及大篇幅的演讲，这与《致阿弗洛狄特的颂歌》不同。事实上，遍寻其他主要的颂歌，如《赫尔墨斯之颂》、《得墨特尔之颂》（*Hymn to Demeter*）和《阿波罗之颂》（*Hymn to Apollo*），演讲的最长篇幅分别只有43行、28行和27行（第526a~568行，第406~433行，第475~501行）。在阿波罗吩咐他那留守在克里特岛上的仆人这部分内容中（《阿波罗之颂》，第532~544行），有13行诗最能令人回想起阿弗洛狄特对安喀塞斯一共99行的指示，这两个演讲都是对全诗的总结，在内容上十分相似，都结合了承诺和威胁。但阿弗洛狄特的演讲由于风格和内容如此鲜明而成为一个单独的类别。②

---

① [译按] Thriai，又称 Thriae。她们是帕纳萨斯山的科里西亚洞穴圣泉的三位女仙。
② 欣赏史诗中演讲的关键参见 J. Griffin,《荷马史诗中的言辞与发言人》("Words and Speakers in Homers", *JHS*106, 1986)，第 36~37 页；同时参见 G. S. Kirk,《〈伊利亚特〉评注》第 2 卷第 5~8 册 (*The Iliad, a Commentary Vol. II*: *books 5-8*, Cambridge, 1990)，第 28~35 页，一些详尽的细节参见 Dieter Lohmann,《伊利亚特中的演讲组成》(*Die Komposition Reden in der Ilias*, Berlin, 1970)。

作为一个测试的例子，阿弗洛狄特提到了有关伽倪墨得斯和他被绑架的故事，这是一个具有足够情感基调的主题（第202行及以后）。当我们翻开第202行，发现这行诗伴随着有力的属性形容词与两个特有的有关名字和绰号的惯用语——"伽倪墨得斯金色的卷发"和"混血的主人宙斯"。它介绍了掠夺行为的煽动者和对象的身份。当"红色的"酒液被有资格观看这一奇景的（第205行）斟酒人从金色的碗中倒出时，有关颜色的形容词"金色的"（第206行）被挑了出来。伽倪墨得斯的父亲特罗斯（Tros）的悲伤"铭心刻骨"（第207行），他的哀悼"永无休止，绵延不尽"（第209行），于是宙斯可怜他并赔偿给他"高脚的"骏马（第211行）；宙斯进一步通过"那杀死阿尔戈斯的信使"①（第213行）告诉特罗斯，他的儿子已经成为不朽的存在，这是三倍的"神性与神恩"，这里所强调的是神圣行为者的额外特权（第214行）。在收到这样的信息之后，特罗斯不再哀悼（参照第209行和第216行），心中溢满着喜悦，欢快地骑上捷足的骏马（第216~217行）。第202行令人印象深刻，诗歌语言自始至终辞藻华丽，强调感情回应，从而为诗人之后将要写下的诗句奠定了基调。这些诗句在阿弗洛狄特传达她那令人敬畏的信息之后闪亮登场。

五

在宣布并解释了儿子名字的含义之后，阿弗洛狄特引用了伽倪墨得斯与提托诺斯的故事，二者皆为特洛伊人，并且都因美貌而燃起了众神的激情。② 这里为什么会出现第二个所谓的题外话呢？考虑到情境的因素。从词源学的角度来看，埃涅阿斯的名字中，包含着阿弗洛狄特对自己所作所为的悔意，而且，她为自己与人间男子发生关系的过错找借口，也情有可原。毕竟，谁都会为自己在性方面犯的小错找这样或那样的借口，这再正常不过了。神圣力量的影响为阿弗洛狄特提供了易找的借口：在《伊利亚特》中，普里阿摩斯一句话就可以让海伦从对自我的愧疚怀疑中释放出来，在普里阿摩斯的眼中，众神应该为这场发生在特洛伊的战争负责（第3卷，

---

① [译按] 指赫尔墨斯。
② 关于荷马笔下人物所表现的"外部追叙"，参见德·荣格（De Jong），《叙述者与聚焦者：对〈伊利亚特〉叙事的介绍》（*Narrators and Focalizers: the Presentation of the Story of the Iliad*, Amsterdam, 1987），第160~162页。

第 164~165 行），而在《奥德赛》中，海伦则认为爱神阿弗洛狄特应为自己抛家弃夫的灾难性决定负责（第 4 卷，第 261~264 行）。但是阿弗洛狄特不愿接受类似的理由，因为女神几乎不指责她自己或是宙斯，因为这会让她自己在安喀塞斯的眼中显得愚蠢。因此阿弗洛狄特被迫重新选择一个借口，被迫引用其他神明曾经犯下的过错，包括那些由于特洛伊王室中相貌出众的男性成员而引发的过错来为自己开脱。阿弗洛狄特列出的第一个例子是特洛伊王子伽倪墨得斯，他有着倾国倾城的美貌并被宙斯诱拐（由此看来，宙斯也不比阿弗洛狄特好到哪里去），随后，神把他也变成了不朽的同类（第 202 行及以后）。

但是相比之下，伽倪墨得斯的例子有一个巨大的缺点：她承诺的太多，可能会诱使安喀塞斯产生过多的期待，甚至是期待长生不老。因此，第二个故事在伽倪墨得斯的故事之后出现：提托诺斯的故事（第 218 行及以后）。这个故事起到一种正向作用，或者就像海伦·金（Helen King）所提出的，是一个"警示故事"①。提托诺斯的故事说明阿弗洛狄特可能没有能力像宙斯对待伽倪墨得斯那样对待安喀塞斯，因为在这个故事中，提托诺斯的爱人厄俄斯（Eos）被迫向宙斯祈求，赐予她的爱人以永生（第 220~221 行），虽然宙斯答应了，但这位众神之王还是欺骗了她。就像如今宙斯让阿弗洛狄特爱上了安喀塞斯后，又欺骗了她一样。在提托诺斯的故事里，宙斯残忍地拒绝将青春永存附加在永生之上，因此，提托诺斯日渐衰老，越来越令人心生厌弃。通常，或者说是男人们通常相信，只有女人才害怕随着年龄的增长而失去原本的美貌，但是就忒提斯（参照《伊利亚特》第 18 卷，第 433~435 行）与厄俄斯爱情的例子来说，这一情况发生了逆转。男性经历了逐步、必然的衰老。②

第二个"纠正的"例子在《致阿弗洛狄特的颂歌》中得以证明，在诗第 244~247 行中，阿弗洛狄特第一次告诉安喀塞斯，直到埃涅阿斯垂垂老矣，宁芙女仙才会让他再次见到孩子，而且在五年后，她自己也将与儿子一同归来。拒绝现有的论证是一种双重校订，凡·艾克（van Eck）称：

---

① King, op. cit., 第 28 页。
② 晚年与希腊人，参见 George Minois,《关于"晚年"的历史：从古代到文艺复兴》（*History of Old Age from Antiquity to the Renaissance*, Cambridge, 1989），第 43~45 页，Thomas M. Falkner 和 Judith de Luce 编,《在希腊和拉丁文学中的晚年形象》（*Old Age in Greek and Latin literature*, Albany, 1989）以及 Robert Garland,《生活的希腊方式》（*The Greek Way of Life*, London, 1990），第 242~244 页。

"第 276～277 行应该被当作第 274～275 行中对阿弗洛狄特所说之言的修正。等到埃涅阿斯暮年的时候，阿弗洛狄特就不会再把他留给宁芙女仙；是的，等他五岁时，阿弗洛狄特将亲自带着儿子回来。"① 遗憾的是，凡·艾克不能解释阿弗洛狄特计划中的修正，这种修正被迫借助于更加令人信服的解释：诗人"想让宁芙女仙的故事和第 465～466 行保持和谐。"在第 465～466 行中曾提到，安喀塞斯的姐夫阿尔卡托斯（Alcathous）在自己的家所在的"美丽的灌木林"中抚育埃涅阿斯。但是，如果接受了一种假设，即提托诺斯的故事是作为一种修正而存在的，那就必须考察这种矫正是否必要。荷马史诗里的证据再次起到了帮助，同时使我的观点——提托诺斯故事是对伽倪墨得斯故事的纠正——更加清晰可信。

在《奥德赛》第 4 卷当中，特勒马科斯在斯巴达拜访了海伦和墨涅拉奥斯。夫妻二人都对他讲述了一个奥德修斯在特洛伊的故事，以此证明英雄的卓越功绩。首先讲述的是海伦的故事（第 240 行及以后），内容是关于奥德修斯如何突破特洛伊人的防线，乔装成乞丐进入城内，并被海伦一人认出的。但是海伦并没有出卖他，反而对他给城邦所造成的浩劫（第 259 行及以后）表达出喜悦，因为她渴望回到家乡，那时她已经对阿弗洛狄特给予她的愚蠢想法感到悔恨。然而墨涅拉奥斯的故事却从另一个视角去描述海伦，他的描述后来被写入了特洛伊的英雄事迹当中。他讲述了（第 265 行及以后）海伦在当时的丈夫得伊福波斯（Deiphobos）的陪伴下，试图通过模仿他们妻子的声音来引诱希腊英雄们从木马中走出来。墨涅拉奥斯和狄奥墨得斯（Diomedes）差点受骗，奥德修斯阻止了他们并且挽救了所有的阿开奥斯人。墨涅拉奥斯勇敢地提出，海伦受到了精灵（Daimon）② 的蛊惑（第 265 行及以后），这一蹩脚的解释并不能消除他妻子给别人留下的深刻印象，即在希腊围攻特洛伊的最后阶段，海伦也始终坚定地站在特洛伊这边。这对海伦的行为无疑是个差劲的解释，而且对消除墨涅拉奥斯之言所带来的那种强烈的印象作用不大。有一个评论家指出，"海伦讲述的故事是在为自己的行为开脱，而墨涅拉奥斯所讲的故事则是在指责海伦"。再者，"在海伦的故事里，只有她自己认出了奥德修斯，但在墨涅拉奥斯的故事中，她可以轻易地模仿希腊英雄们妻子的声音：第一种是爱国，第二种

---

① van Eck, op. cit., 第 94 页；参 Van der Ben, op. cit., 第 35～36 页，他更喜欢基于对第 274～280 诗行的重新整理来解决问题。
② ［译按］Daimon：又称 Dæmon（拉丁文），在神话中指守护神或精灵。

则是背叛"。①

依笔者所想,阿弗洛狄特有关伽倪墨得斯的故事,也需要用同样的方式,以厄俄斯和提托诺斯的故事做补充来纠正那可能是错误的假设。虽然宙斯可以让他的爱人不朽,厄俄斯却不能为提诺托斯做相同的事情,她只能求助于宙斯。厄俄斯的经历暗示着阿弗洛狄特对宙斯所提的相同要求不可能以一种适合阿弗洛狄特或安喀塞斯的方式被满足。换句话说,阿弗洛狄特的神力还没有延伸到能够给予爱人以永生的地步,并且在笔者看来,不能把"获得永生"视作一个合理的请求,这一观点的正确性在《奥德赛》中普罗透斯给予墨涅拉奥斯以承诺和卡吕普索(Calypso)提供给奥德修斯的建议这两件事上得到了验证。② 在诗中,卡吕普索告诉赫尔墨斯,她一直在照顾奥德修斯并告诉奥德修斯她将给他带来不朽和永恒的寿命(第5卷,第135~136行;参照第209行),但到现在为止,很明显她无法实现这一慷慨的承诺。从她的回答中我们可以看到,卡吕普索这一"漫不经心"的态度暗示出她的承诺并不是一个严肃的提议,而是由一个明显是被激怒了的女子所做的过分声明。普罗透斯承诺给墨涅拉奥斯的(第4卷,第561~569行)是将他送到极乐的土地上,但即使这意味着永生,也是赐给宙斯女婿的永生(第569行)。除了荷马史诗外的任何其他作品都没有让阿弗洛狄特有能力赋予他人不朽。在《神谱》中,女神能做的最好的事是将年轻的法厄同(Phaethon)变为精灵(第991行)。如果我们根据同一首诗歌的内容,阿里阿德涅(Ariadne)到达永生是来自宙斯的决定(第949行),在《工作与时日》(*Works and Days*)中,当英雄在战斗中死去,宙斯就将他们安置在受过祝福的极乐岛上(节161及以后)。如果伊菲梅德(Iphimede)从阿尔特弥斯那里得到永生[赫西俄德,来自第23卷(a),第21~23行,默克尔巴赫-韦斯特;还参见《赛普利亚》(*Cypria*)第104页第18~20行,亚伦],而得墨特尔却在得摩丰(Demophon)尝到了失败的滋味(《得墨特尔之颂》,第259行及以后),忒提斯和儿子阿基琉斯同样如此[《阿波罗多洛斯》(*Apollodorus*)第3卷第13节第6行;参见《埃塞俄比斯》(*Aethiopis*)

---

① Schmiel, op. cit., 第468~469页;同时参见 Stephanie West 在《荷马史诗〈奥德赛〉注疏》卷一(*A Commentary on Homer's Odyssey* Vol. I),第208~209页;参见 Simon Goldhill,《诗人的声音:希腊文学中的散文与诗歌》(*The Poet's Voice, Essays on Poetics and Greek Literature*, Cambridge, 1991),第62~64页。

② 由此参见 Smith, op. cit., 第62~64页。

第 106 页第 114~115 行，亚伦］，但厄俄斯在她将不朽赠送给门农（Memmon）时寻求宙斯的允许（《埃塞俄比斯》第 106 页第 6~7 行，亚伦）。在《神谱》中我们找到了一个荒谬的说法，那就是基尔克（Circe）让佩涅罗佩、特勒马科斯和忒勒戈诺斯（Telegonos）①都成为不朽者（第 109 页第 23~26 行，亚伦）。②

"这循环的和谐世界"并没有让争论无效化。这个争论主张，《致阿弗洛狄特的颂歌》并没有预备将能赋予凡人以不朽的能力归到女神阿弗洛狄特的名下，并且阿弗洛狄特通过否认具有与厄俄斯相同的力量而向安喀塞斯证明她力量的有限性。阿弗洛狄特接着告诉安喀塞斯，她不会让他和提托诺斯一样，得到同样的命运，但如果他能像他现在一样继续以她丈夫的身份活下去，她不会因此感到不高兴。如此，他将很快步入衰老（第 239~246 行）。这明显意味着她自己没有能力给予凡人不朽的身份和永恒的寿命。女神承诺说他将会平安无事，并做一位卓越的儿子的父亲，安喀塞斯必须满足于这一承诺。这比一般的诱惑受害者所预期的要多得多。

以不朽神灵的角度来看，使阿弗洛狄特感到痛苦的是她自己的耻辱（节 247 及以后）。众神对阿弗洛狄特给予安喀塞斯以偏爱，使他"与大地等同"的做法议论纷纷："会有高贵的女子对奴隶有所偏爱吗？"③ 宙斯的目的达到了（参照第 45~52 行），阿弗洛狄特再未展露笑容；尽管她是引诱者，但她所携带的引诱的污点伴随着孩子的出生显现出来。这个孩子必须被隐藏起来，宁芙女仙提供了解决的方法。她们很明显是"儿童的抚育者"（《荷马史诗》第 26 卷，第 3~5 行和赫西俄德《神谱》第 145 卷，第 1~3 行，默克尔巴赫-韦斯特），并能够便捷地往返伊达山（第 98~99 行、第 257~258 行和第 285 行）。她们在神灵与凡人之间扮演着具有媒介作用的中

---

① ［译按］在希腊神话中有三个含义，在这里指基尔克和奥德修斯最小的儿子。
② 参见 Jasper Griffin, *JHS* 97 (1977)，第 42 页。
③ Parry, op. cit., 第 254 页。同时参见 Jeffrey Henderson 著，Michael Grant 和 Rachel Kitzinger 编，《古地中海文明：希腊与罗马》(*Civilization of the Ancient Mediterranean*, Greece and Rome, New York, 1988)，其中提到了"欲望和追求"，他指出："希腊人个性中对于性行为的观念并不是互相平等的参与者的感情回报，而是作为追求者的年长伴侣与作为被追求者的年轻伴侣之间的关系……与追求和被追求者关联的行为会完全取决于性别和社会地位，女人可以追求其他女人，但不能追求男人……必须注意保持传统分配给男性和女性的性别角色的外在表现——越像现实表现得那样越好。"（第 1256~1257 页）额外注释：现在这首颂歌也同样见德·荣格（de Jong），*WS*102 (1989)，第 13~26 页和 Jean Rudhardt, *MH*48 (1991)，第 8~20 页。

间人的角色（第259行及以后），这致使她们有独一无二的资格抚养埃涅阿斯，后者是神与人"血统混合"的结果。对她们自身地位的描述——年轻且拥有永恒的寿命——与永远年轻不朽的伽倪墨得斯和年老的不朽者提托诺斯形成了鲜明的对比。如果描述她们与神明之间谱系联系的文字（第264行及以后）在相当长的篇幅上得到了发展，则是通过回应对三位贞洁女神及其活动的公开描述来为这一故事的完整性服务的（第7行及以后）。我们看到早期雅典娜、阿尔特弥斯和赫斯提亚是如何通过自我性行为的完全缺失来强调阿弗洛狄特的性行为（见此论文第141~143页）；宁芙女仙强调给予伽倪墨得斯的特殊"特权"，提托诺斯和埃涅阿斯都与三位特洛伊王子既相似又不尽相同。当孩童埃涅阿斯被送还给安喀塞斯时，他就像他父亲（参照第55行和第77行）和其他特洛伊的王子那样（参照第200~201行），宛如"神样"（第279行）。并且，为了保住埃涅阿斯出生的秘密，安喀塞斯声称宁芙女仙是他的母亲，如若不然，他就将被宙斯的闪电击倒（第281行及以后）。这个谎言是阿弗洛狄特所捏造的，确实整个计划都是为了让埃涅阿斯成为伊达山上的宁芙女仙的儿子，这个计划与她之前有关弗里吉亚人出身的谎言相比不相上下。且埃涅阿斯确实是由宁芙女仙抚养的，也就更容易将这个谎言维持下去。作为欺骗的女性的原型，阿弗洛狄特与安喀塞斯的关系在开始和结束时都有谎言参与其中。

安喀塞斯现在已经全然知晓（参照第289行），但当时他躺在"不朽的"（ου' νσα' φαειδω'ζ）女神身边，"却并不完全知晓"事实真相（第167行），阿弗洛狄特正是那个告密者。从第192行到第290行，皆是阿弗洛狄特所说之言，但接下来仅有一行提及她离开了天庭（第291行）和两条相近的标准风格的两行诗句（第292~293行）。阿弗洛狄特不像涅斯托尔（Nestor）或是菲尼克斯（Phoenix）那样，是唠唠叨叨的老者，但是她的话语却有着令人印象深刻的巨大篇幅。实际上，女神们的话语以及内容解释了语气的变化，这种变化从讽刺幽默到庄严肃穆。她发表的讲话，其长度也许有诗歌的三分之一，内容丰富多彩，足以抓住听众的兴趣——对安喀塞斯的激励；讲述伽倪墨得斯与提托诺斯的故事；承认发生在自己身上的耻辱；解释为何将孩子隐藏起来以躲避世人目光，还有女神最后下达命令（这一命令因威胁而得到了强化）以维护彼此之间的秘密。如此长的一段文字对诗人的诗艺是一种严峻的考验。《致阿弗洛狄特的颂歌》的作者成功地满足了这些要求，揭示出诗人的灵活诗艺，其文字技巧已经被今日文学评论家们所认可。但是就像笔者想证明的那样,那些先于演讲的文字展现出一种尽管有所不同但可以与前者相提并论的天资技巧。它们将会在2500年后引发人们静谧的微笑,而这恰恰能表明其不同寻常的天资。一旦阿弗洛狄特提供解释、发出严厉警告,其庄严性便会被其听众感知到。而未来人们的微笑将会使庄严的程度得到加强,并为之带来一种附加影响。笔者发现,以"迷人的"一词来形容(见第137~138行)《致阿弗洛狄特的颂歌》是不恰当的,而"绝妙""出色""精巧""魅力十足""引人入胜"等诸如此类的词太过模糊,无法准确地定义诗歌的优劣,对这首诗歌优点的评判当下需要寻求更多不同类型的拓展研究,并集中讨论诗歌中的文学技巧。

(作者单位:英国加的夫大学学院;译者单位:北京第二外国语学院跨文化研究院)

·文学研究前沿·

哈姆雷特与窦娥

袁宪军

摘　要：把哈姆雷特与窦娥置于一起讨论，只是为了从悲剧精神的层面论证关汉卿《窦娥冤》可以被认为是严格意义上的悲剧。悲剧的要义不在于悲剧人物的悲惨结果，而在于悲剧人物的受难以及受难的时候所闪现的人性尊贵的光芒。窦娥身上彰显的种种美德，不仅是哈姆雷特以其他方式所表现的人性特征，也是亚里士多德在《诗学》中界定的悲剧主人公所具有的特点：悲剧主人公经历和忍受苦难的方式，值得我们关注和尊敬，因为它们蕴含着令人崇敬的品质。

关键词：哈姆雷特；窦娥；悲剧精神；悲剧诗学

把哈姆雷特与窦娥置于一起讨论，即使不说是风马牛不相及，很多人也会觉得有些驴唇不对马嘴。之所以就此题目略加探讨，只是为了从悲剧精神的层面论证关汉卿《窦娥冤》可以被认为是严格意义上的悲剧。"中国没有悲剧，只有悲惨的故事"之说，在国内有一段时期甚嚣尘上。持有这种观点的人，把西方悲剧理论尤其是亚里士多德的悲剧理论拿来硬套中国古典戏剧，[①] 尤其从人物的角度，把亚里士多德的悲剧人物理论——社会地

---

① 中国古代戏剧家并没有"悲剧"的严格概念，所以他们的悲剧意识是浸透在其他的戏剧门类里。元代戏剧家的作品，我们习惯称之为"杂剧"。明代朱权在其《太和正音谱》上卷《杂剧十二科》中把杂剧分为十二种："一曰神仙道化；二曰隐居乐道，又曰林泉丘壑；三曰披袍秉笏，即君臣杂剧；四曰忠臣烈士；五曰孝义廉节；六曰叱奸骂谗；七曰逐臣孤子；八曰钱刀赶棒，即脱膊杂剧；九曰风花雪月；十曰悲欢离合；十一曰烟花粉黛，即花旦杂剧；十二曰神生鬼面，即神佛杂剧。"（中华书局，2010，第38～39页）《窦娥冤》大概属于"悲欢离合"一种，但是这里的"悲"，似乎也不是严格意义上"悲剧"之悲。游国恩等在《中国文学史》中把《窦娥冤》列为"公案剧"一类，笔者倒是同意这一说法：关汉卿在创作这部戏剧的时候，是以冤假错案得以昭雪为其主旨的。当然了，现当代有人把《窦娥冤》视作悲剧（例如，王季思编《中国十大古典悲剧集》，齐鲁书社，1991），亦无可厚非。

位高于普通人,而在道德层面又不完善,从而他的悲剧结果会令观者产生最佳的感情宣泄和净化——拿过来衡量中国古典戏剧的悲剧人物。然而,亚里士多德这里所谓的悲剧主人公的特征,只是悲剧人物的表面特征,而内在的特征,尤其是悲剧特征,在中外悲剧却是一致的。

  悲剧的要义不在于悲剧人物的悲惨结果,而在于悲剧人物的受难以及受难的时候所闪现的人性尊贵的光芒。哈姆雷特一上场就是在受难,而且是心灵的受难:父亲亡故母亲再嫁,王位也被叔父篡夺,内心极度痛苦以至于到了无法忍受的程度。"但愿这一个太坚实的肉体会溶解,消散,化成一堆露水!或者那永生的真神未曾制定禁止自杀的律法!上帝啊!上帝啊!人世间的一切在我看来是多么可厌,陈腐,乏味而无聊!"(第一幕,第二场)窦娥七岁卖身到蔡婆婆家,尽管不愁吃穿,也不像刘兰芝那样受婆婆的肉体虐待,但是这卖身的现实以及结婚刚刚两年不到夫君便因肺痨死去,给她精神上造成了极大的创伤:"则问那黄昏白昼,两般儿忘餐废寝几时休?大都来昨宵梦里,和着这今日心头。催人泪的是锦烂熳花枝横绣闼,断人肠的是剔团圞月色挂妆楼。长则是急煎煎按不住意中焦,闷沉沉展不彻眉尖皱,越觉的情怀冗冗,心绪悠悠。似这等忧愁,不知几时是了也呵!"(第一折)哈姆雷特更惨烈的受难,是在鬼魂对他讲述了自己中午在花园里睡觉时被同胞弟弟毒死的经过之后,在背负了为父复仇、重整乾坤的责任之后,在他有理由、有义务、有能力完成复仇的使命时却再三地延宕。他的自责反映了他内心深处的痛苦:"可是我,一个糊涂颠顸的家伙,垂头丧气,一天到晚像在做梦似的,忘记了杀父的大仇;虽然一个国王给人家用万恶的手段掠夺了他的权位,杀害了他的最宝贵的生命,我却始终哼不出一句话来。我是一个懦夫吗?谁骂我恶人?谁敲破我的脑壳?谁拔去我的胡子,把它吹在我的脸上?谁扭我的鼻子?谁当面指斥我胡说?谁对我做这种事?嚇!我应该忍受这样的侮辱,因为我是一个没有心肝,逆来顺受的怯汉,否则我早已用这奴才的尸肉,喂肥了四境之内的兀鹫了……我的亲爱的父亲被人谋杀了,鬼神都在鞭策我复仇,我这做儿子的却像一个下流女人似的,只会用空言发发牢骚,学起泼妇骂街的样子来,在我已经是了不得的了!呸!呸!"(第二幕,第二场)而窦娥,寂寞守寡不说,还要受张驴儿纠缠不休,甚至蒙冤在公堂上遭受大刑折磨:"这无情棍棒教我捱不的。……呀!是谁人唱叫扬疾,不由我不魄散魂飞。恰消停,才苏醒,又昏迷。捱千般打拷,万种凌逼,一杖下,一道血,一层皮。打的我肉都飞，血淋淋，腹中冤枉有谁知！"（第二折）窦娥的受难是肉体的，然而更是精神的。她的冤屈比天大，比海深："你道是暑气暄，不是那下雪天；岂不闻飞霜六月因邹衍？若果有一腔怨气喷如火，定要感的六出冰花滚似绵，免着我尸骸现；要什么素车白马，断送出古陌荒阡！"（第三折）哈姆雷特也冤：他被篡夺了王位，他被剥夺了爱情，他被剥夺了重整乾坤的机会。但是，比起窦娥的冤，那是小巫见大巫。窦娥的冤为事实证实：行刑后，窦娥的血都飞在那白练上，无半点落地；六月里，天降大雪，落在窦娥的身上；楚州亢旱，三年不雨。

　　西方古典悲剧人物的另一个特征，是受到命运的捉弄。哈姆雷特本来在大学读书，作为丹麦的王子，年富力强，剑术过人，学识非凡，等父王年老驾崩之后，继承大统，一展宏图，本也水到渠成，可是恰恰命运捉弄人，父王被谋杀，母亲又嫁人，王位被篡夺。在《窦娥冤》中，命运的安排更是彰明较著。窦娥的母亲早逝，因为父亲借了高利贷不得不在七岁时与父分离，蔡婆婆举家迁移，窦娥结婚两年丈夫便患弱病亡故，赛卢医赖债害命，蔡婆婆被张驴儿父子相救，这两个无赖父子逼婚使诈，张驴儿的父亲误食有毒的羊肚汤，官司的判决由一位糊涂官做出，等等，这一切无不彰显着命运的渗透。面对命运的捉弄，哈姆雷特说道："一只雀子的死生，都是命运预先注定的。"（第五幕，第二场）窦娥却不愿向命运低头，她哭天抢地，控诉社会的不公，言道："有日月朝暮悬，有鬼神掌着生死权，天地也，只合把清浊分辨，可怎生糊突了盗跖颜渊。为善的受贫穷更命短，造恶的享富贵又寿延。天地也，做得个怕硬欺软，却原来也这般顺水推船。地也，你不分好歹何为地？天也，你错勘贤愚枉做天！"可是，也不得不承认自己的哭叫改变不了天地分毫，"哎，只落得两泪涟涟"（第三折）。个人的意志和努力，并不能与天命抗争，即使抗争，也只能以失败告终，这一观念，在哈姆雷特和窦娥亦然，这并不奇怪，因为命运之不可抗拒是中西传统思想的主要内容，而通过悲剧表现人类的这一悲剧意识再好不过。命运的力量，总是以某种灾难性的事件呈现，而这样的事件的发生，又总是需要环境中某些罪恶作为导引，这一点在《哈姆雷特》和《窦娥冤》中均显而易见。在《哈姆雷特》，罪恶发生于戏剧开始之前，兄弟谋杀兄长并篡夺王位，在故事展开之后，是克劳狄斯与勒替斯密谋在剑尖上和酒杯中放毒以便毒死哈姆雷特；当然，哈姆雷特在母亲卧室不假思索刺死波隆涅斯也是一种罪恶行为。在《窦娥冤》，罪恶一环接一环：蔡婆婆放高利贷并逼迫窦天章以女还账,赛卢医试图勒死蔡婆婆以逃避偿还高利贷,张驴儿下毒逼婚,糊涂官草菅人命,等等。莎士比亚借霍拉旭之口在《哈姆雷特》结尾说道:

> So shall you hear
> Of carnal, bloody, and unnatural acts,
> Of accidental judgments, casual slaughters,
> Of deaths put on by cunning and forc'd cause,
> And, in this upshot, purposes mistook
> Fall'n on th'inventors' heads.
> (你们可以听到奸淫残杀,反常悖理的行为,冥冥中的判决,意外的屠戮,借手杀人的狡计,以及陷人自害的结局。)
>
> (Act V, Sc 2, 385 – 390)

这段描述,是对《哈姆雷特》中所发生的罪恶事件的描述,又何尝不是对《窦娥冤》中所呈现的罪恶的概括呢?这些罪恶,是人的欲望使然,似乎又是冥冥的暗力作用的因果关系造成。悲剧人物在这样的环境中,纵然使尽浑身解数,也逃不出那罪恶的设计,他/她只能走向毁灭。莎士比亚安排霍拉旭说这样的话,并非在纯粹地描述悲剧中的事件,而是借这样的罪恶事件揭示悲剧中应有的——至少会有的——重要因素。

当然了,这样的罪恶,与亚里士多德在《诗学》中所确定的悲剧人物的 harmartia 即悲剧性弱点没有关系,这些罪恶只是悲剧人物的外部环境,在一种意义上,可以说是悲剧人物暴露其悲剧性弱点的导因。悲剧人物被置于某种环境中,在这种或那种环境中,他/她采取某种行动,或不能采取行动,而且,行动与不行动导致了周围的他人相应的行动或不行动,从而导致不可避免的悲剧结局。"罪恶酝酿罪恶,并且导向毁灭。"① 所以,在另一种意义上,这样的罪恶也是悲剧结局的导因。

关于哈姆雷特悲剧的成因,布雷德利著名的性格悲剧理论,已经很透彻地阐明,当然,丹麦宫廷的腐败,造成了哈姆雷特的悲剧结局,这可谓是另一种解释。至于窦娥悲剧结局的成因,也有不同的说法,比如,认为

---

① H. D. F. Kitto, *Form and Meaning in Drama*, New York: Bames and Noble, 1956, p. 324.

高利贷是造成窦娥悲剧结局的直接原因,这一观点在国内文学界具有代表性;① 也有人认为,高利贷并非窦娥悲剧的真正原因,高利贷仅仅对剧情的发展起了推进作用,而真正造成窦娥悲剧结局的是元代社会黑暗残暴的政治制度;② 还有人认为,元代的司法制度中的有罪推定是窦娥悲剧的直接原因;③ 更有人认为,窦娥身上明显的封建道德印记即尽孝守节是窦娥悲剧性格的深层意蕴。④ 这些观点,既有外部的又有内在的,然而均是从表面现象讨论窦娥的悲剧成因,均没能像布雷德利探讨哈姆雷特的悲剧性格那样深入透彻。笔者觉得,杨栋在《窦娥非勇士辩:兼析〈窦娥冤〉杂剧的文化意蕴》一文中说,窦娥是一个善良的弱女子,是一个被传统道德束缚、经受严酷打击的受害者,是喘息在封建社会里的千百万中国劳动妇女的典型,道出了窦娥悲剧的根本原因。窦娥的形象,我们可以追溯到《孔雀东南飞》中的刘兰芝这一原型,也可以说,窦娥就是中国封建社会里妇女的原型。说穿了,窦娥是传统中国的集体无意识妇女形象。从这个意义上讲,与哈姆雷特有相似之处:哈姆雷特的原型可以追溯到俄狄浦斯和俄瑞斯忒斯等,同时,哈姆雷特自身是一个原型,是心灵备受折磨之原型,宿命论之原型,君子动脑不动手之原型,面对种种磨难显示人性高贵之原型。

面对冤屈,面对身心的摧残,哈姆雷特与窦娥不但均表现出人性的尊贵,而且在表现的程度上均令人称道。

《哈姆雷特》的剧情是在阴冷的"午夜"展开的。午夜的黑暗,不仅象征丹麦王国里所发生的罪恶,而且预示着哈姆雷特将要承受极大的心理打击。在紧接着的第二场,我们就得知,哈姆雷特父亲新亡,而隆登大宝的却是他的叔父,不仅如此,就连自己所敬爱的、一向贞淑的母亲也嫁给了她的小叔子。父亲突然驾崩,令他悲伤,叔父篡夺了王位,使他郁闷,而母亲却在父亲过世不到两个月的时间就再婚,而且所嫁的是父亲的亲兄弟,这无疑使得他郁结的心灵更是伤口上撒盐。自己的王位被叔父篡夺,母亲又嫁给了叔父,这使得这位本要"重整乾坤"的王子颜面扫地,所以,他想着自杀,这样一了百了。"碎了吧,我的心,可是我必须紧住我的嘴。"

---

① 例如,游国恩等:《中国文学史》,人民文学出版社,2002。
② 例如,张仲仪:《窦娥悲剧成因别解》,《西北师大学报》(社会科学版)1998年第4期。
③ 例如,苏力:《法律与文学:以中国传统戏剧为材料》,三联书店,1998。
④ 例如,张人和:《重评〈窦娥冤〉》,《吉林师大学报》1979年第4期;刘中华:《论窦娥悲剧性格的美学价值》,《社会科学辑刊》1992年第3期。

(第一幕,第二场)心已碎了,可是不能述说,也无处述说,只有咬碎了牙往肚子里咽。不仅如此,哈姆雷特深深地爱着莪菲丽霞,却不能坦坦荡荡地去表白,反而要用语言伤害他所钟情的少女,而且,莪菲丽霞不但不能理解他的苦衷给他丝毫安慰,反而被敌人用作钓饵探测他的秘密,他的内心的痛苦可想而知,而这样的痛苦只能隐忍。哈姆雷特不得不隐忍这种种打击和隐忍,无疑是悲剧展示主人公坚韧性格的重要侧面。

勇敢,是自古希腊以降西方所崇尚的人格美德。悲剧英雄,与历史上的英雄人物一样,或许会残暴、无情、不公正、自暴自弃,但绝对不会是一个懦夫。他们无论面对多么大的苦难或者打击,也决不会退缩,他们会沿着自己的意志所确定的方向努力。如果缺乏了勇敢的精神,他们就绝对不配英雄的称号。在荷马史诗《伊利亚特》中,勇敢可谓希腊英雄和特洛伊英雄的第一德性,① 超过了其他任何美德。在古希腊悲剧里,勇敢同样是悲剧主人公必备的特质,尽管他们的勇气与其说表现在肉体上不如说在精神上,俄狄浦斯、安提戈涅,均是如此。哈姆雷特尽管责备自己是一个懦夫,但是他本性却绝不是一个懦夫。哈姆雷特在得知父亲的鬼魂夜游露台之后,决定跟哨兵前往,一探究竟。当鬼魂出现时,霍拉旭和当值的哨兵均力劝哈姆雷特不要跟随鬼魂走:"千万不要跟它去……要是它把您诱到潮水里去,或者把您领到下临大海的峻峭的悬崖之巅,在那里它现出了狰狞的面貌,吓得您丧失理智,变成疯狂,那可怎么好呢?您想,无论什么人一到了那样的地方,望着下面千仞的峭壁,听见海水奔腾的怒吼,即使没有别的原因,也会吓得心惊胆裂的。"(第二幕,第四场)然而,哈姆雷特毅然前往:"我的命运在高声呼喊,使我全身每一根细微的血管都变得像怒狮的筋骨一样坚硬。"(第二幕,第四场)面对鬼魂,他视死如归;面对敌人、阴谋,他同样是无所畏惧。哈姆雷特在被遣往英国的途中遭遇海盗的袭击,他凭着自己的勇气和技艺,不但打败了海盗,还使得他们为己所用。他明知国王安排他与勒替斯比剑是一个阴谋,却依然承诺应允,尽管把生死赋予冥冥中的力量,但这种宿命的观念,亦是哈姆雷特性格中把生死置之度外那种勇敢的气质使

---

① 柏拉图在《法律篇》把勇敢列在四种善的最后一位:智慧(wisdom)是第一位的,接着是节制(temperance),第三位的是正义(justice),而第四种美德是勇气(courage)。但是,亚里士多德认为勇气比节制更值得赞扬,因为面对痛苦、克服恐惧比克制所喜爱的更为不易。之后,也有思想家把人的世俗生活四德改为勇气、节制、正义和审慎(prudence),例如托马斯·阿奎那,阿奎那甚至认为勇气贯穿于其他任何一个德性,比如,节制也是勇气的体现,因为坚韧不拔的精神(fortitude)是节制不可或缺的品质。

然。哈姆雷特处处表现的勇敢，彰显出悲剧主人公性格中高贵的一面。

我们不会忘记哈姆雷特的一段台词："我近来不知为了什么缘故，一点兴致都提不起来，什么游乐的事都懒得过问；在这一种抑郁的心境之下，仿佛负载万物的大地，这一座美好的框架，只是一个不毛的荒岬；这个覆盖众生的苍穹，这一顶壮丽的帐幕，这个点缀着金黄色的火球的庄严的屋宇，只是一大堆污浊的瘴气的集合。人是一件多么了不得的杰作！多么高贵的理性！多么伟大的力量！多么优美的仪表！多么文雅的举动！在行为上多么像一个天使！在智慧上多么像一个天神！宇宙的精华！万物的灵长！可是在我看来，这一个由泥土塑成本质的生命算得了什么？人类不能使我发生兴趣；不，女人也不能使我发生兴趣。"（第二幕，第二场）这段台词，当然是哈姆雷特在向罗森克兰兹和基腾史登表明自己真的患了抑郁症，对于自然界美好的事物甚至女人也没有了兴趣，以便使他们向国王汇报时证明自己的疯癫不是装出来的。但是，透过表面我们不难看出，哈姆雷特所说的话中，字里行间流露出他的人文主义思想：日月星辰宇宙万物的壮丽，是为人类欣赏的、为人类所用的，而人的理性、力量、仪表、行为和智慧，才是人类本性的特质。哈姆雷特父王被谋杀，王位被篡夺，母亲的贞洁被玷污，复仇的愿望未实现，心爱的姑娘被敌人利用，心灵的痛苦不言而喻，然而在这种情况下仍然不忘人的尊贵，仍然处处彰显人的尊贵。他在看见克劳狄斯祷告时本想刺死他，但理性让他决定在克劳狄斯"酗酒以后，在愤怒之中，或是在荒淫纵欲的时候，在赌博、咒骂，或是其他邪恶的行为的中间"杀死他，以便他"幽深黑暗不见天日的灵魂永堕地狱"（第三幕，第三场）；他利用伦敦戏班测探克劳狄斯是否真的如鬼魂所言谋害王兄，在发现国王阴谋要英王害死他的时候巧改国书，不可谓没有智慧；他堂堂六尺男儿明朗而俊伟，剑术冠盖法兰西，正是力量、仪表和行为的体现；哈姆雷特正是"宇宙的精华！万物的灵长！"之代表。难道这不是悲剧作家想要悲剧主人公在磨难中展示给观众的人性美德吗？

《窦娥冤》伊始，亦是开门见山述说窦娥不幸的遭遇：母亲早亡，父亲一心求取功名，但家境赤贫，无奈向蔡婆婆借来四十两纹银高利贷，无法偿还，遂不得不将年方七岁的窦娥卖给蔡婆婆做儿媳。虽然在蔡婆婆家也未受什么罪吃什么苦，可是成年后刚刚结婚两年丈夫便因痨病命归西天。"莫不是八字儿该载着一世忧，谁似我无尽头！须知道人心不似水长流。我从三岁母亲身亡后，到七岁与父分离久。嫁的个同住人，他可又拔着短筹；

撒的俺婆妇每把空房守,端的个有谁问,有谁偢?"(第一折)年轻守寡,不仅暗示窦娥心灵的创伤和命运的悲惨,而且是窦娥悲剧的潜因。如果没有窦娥守寡的前提,则不会有张驴儿逼婚的剧情。对悲惨命运的隐忍,如前所述,自身就显示人性中伟大的成分。

窦娥不屈服于张驴儿的威逼利诱,不听从于蔡婆婆的劝说,表面上是中国封建社会的礼教在窦娥意识里的作用,潜在的是窦娥坚强性格的闪光:她宁死也不愿委身张驴儿,并非孝义廉节的礼教在其身上的彰显,[①] 而是嫌弃张驴儿人面兽心的人品。张驴儿看到被他药死的不是蔡婆婆而是自己的父亲后,首先威逼蔡婆婆要窦娥嫁给他便作罢,看到窦娥不从便又威胁窦娥:"(张驴儿云)窦娥,你药杀了俺老子,你要官休?要私休?(正旦云)怎生是官休?怎生是私休?(张驴儿云)你要官休呵,拖你到官司,把你三推六问。你这等瘦弱身子,当不过拷打,怕你不招认药死我老子的罪犯!你要私休呵,你早些与我做了老婆,倒也便宜了你。"(第二折)甚至在糊涂官"人是贱虫,不打不招。左右,与我选大棍子打着"的时候,窦娥仍然鸣冤叫屈。这种宁死不屈的精神,正是悲剧人物秉性高贵的特点。不仅如此,在窦娥身上所体现的更为壮丽的人性光辉,是在糊涂官威胁对她婆婆棍棒加身的时候,她明知自己招罪的结果就是一个死,却为了婆婆免受皮肉之苦而蒙冤招认。窦娥在断头台仍然呼天唤地,用自己的冤屈来感天动地,以表示自己的信念:正义最终会战胜邪恶。窦娥的信念与哈姆雷特对人的赞美一样,是悲剧主人公在劫难之时所表现的人性高贵。窦娥身上彰显的这种种美德,不仅是哈姆雷特以其他方式所表现的人性特征,也是亚里士多德在《诗学》中界定的悲剧主人公所具有的特点:悲剧主人公经历和忍受苦难的方式,值得我们关注和尊敬,因为它们蕴含着令人崇敬的品质。

(作者单位:北京第二外国语学院跨文化研究院)

[①] 我国学者多有认为窦天章对窦娥教育的贞节观念,不但是窦娥不愿再嫁的原因,而且是窦娥悲剧的无意识酵母。参见张人和的《重评〈窦娥冤〉》(《吉林师大学报》1979年第4期)、刘中华的《论窦娥悲剧性格的美学价值》(《社会科学辑刊》1992年第3期)、周国雄的《全面营造中国戏曲艺术范式——论关汉卿的杰出贡献》(《文学评论》1997年第4期)。笔者认为,封建礼教固然不能排除在窦娥的性格因素之外,但是元代社会并不禁止妇女再嫁。再者,窦娥七岁离开父亲去蔡婆婆家,窦天章对她的教育也只能是识几个字而已,根本不到进行贞节教育的时候。所以,说窦娥拒绝张驴儿的逼婚是从一而终的"贞节教育"起着决定性作用,很难站得住脚。

从"无家可归"到"诗意地栖居"

张 严

摘 要：在海德格尔的早期作品《形而上学导论》中，人凭借其"强力"与存在者整体对抗，但这种对抗也使人被"连根拔起"，成为无家可归者。在海德格尔的后期作品中，人不再无家可归，而是"诗意地栖居"在"家"里，栖居在大地上。在从"无家可归"到"诗意地栖居"的这个转变中，"空间"起了很大的作用。终有死的人与不死的神构成了时间维度，栖居不仅与"思"相关，而且与"诗"相关，让生存与真理相联系。

关键词：海德格尔；无家可归；栖居

在海德格尔的早期作品《形而上学导论》中，人以阴森恐怖者的面目出现，人凭借其"强力"与存在者整体对抗，但这种对抗也使人被"连根拔起"，成为无家可归者。在海德格尔后期的作品，如《筑·居·思》《"……人诗意地栖居……"》等文章中，人不再无家可归，而是"诗意地栖居"在"家"（Haus）里，栖居在大地上。这个"家"是终有一死者所筑造的居所。从"无家可归"到"诗意地栖居"，人在这个过程中逐渐"退隐"，主体性越来越消弭，人从妄图成为"存在之主人"的此在逐渐转变为存在的看护者，在这个转变过程中，"空间"起了很大的作用。

一 人的强力行事与无家可归

在《形而上学导论》中，海德格尔引用了古希腊悲剧作家索福克勒斯的作品《安提戈涅》中的一段合唱诗：

阴森恐怖者（das Unheimliche）各种各样，
却没有什么

比人更阴森恐怖。

他出奔怒潮，

随冬之南风暴雨

起伏于

惊涛骇浪峰间。①

海德格尔认为，这段合唱诗展现了作为阴森恐怖者的人的形象，而根据诗中的描绘，人不仅是阴森恐怖者，而且是最阴森恐怖者。海德格尔指出，"人是最阴森恐怖者"这个对人的表述，从人之存在的极端界限和最深处领会了人。② 那么，什么是阴森恐怖？人为什么是阴森恐怖者，而且是所有阴森恐怖者中最阴森恐怖者？

海德格尔是在 Gewalt（强力、暴力）的意义上言说"阴森恐怖"的。这种"阴森恐怖"来自强力行事者（即使用强力意义上的强力者）。这里的"强力"可以从尼采的"权力意志"的那个"权力"来理解。海德格尔指出，行使强力是此在的基本特征。不仅如此，此在还使用强力对抗第一种意义上的强力者，即具压倒性的强力者也就是存在者整体。在这个意义上，此在就是强力者中最强力者。③

作为强力行事者的人凭借其"知识"与作为"具压倒性的强力者"的存在者整体相对抗，尽管人是最强力行事者，然而与存在者整体对抗的结局却是悲观的："有知的人进入这个嵌合之境当中，将存在撕扯［在"裂缝"（Riß）中］入存在者，却绝不能克服（bewältigen）具压倒性的强力者。"④ 可见，人虽凭借强力，睥睨万物，对抗着存在者整体，一往无前地开辟道路，然而终究不能掌控和主宰存在者整体，并且厄运始终在等着他："阴森恐怖者中的最阴森恐怖者，存在于嵌合（δικη）与知（τεχνη）之间的对抗关系（der gegenwendig Bezug）中。最阴森恐怖者不是渐升等级中最

---

① Martin Heidegger, GA. 40：*Einführung in die Metaphysik*, Frankfurt-am-Main, 1983, S. 148. 译文出自海德格尔《形而上学导论》，熊伟、王庆节译，商务印书馆，1996，第 147~148 页。译文有所改动。另此处 das Unheimliche 熊伟先生译为"苍劲者"，似更恰切，此处为保持全文行文风格统一取直译。
② 参见海德格尔《形而上学导论》，第 150 页。
③ 参见海德格尔《形而上学导论》，第 151~152 页。
④ Martin Heidegger, GA. 40：*Einführung in die Metaphysik*, Frankfurt-am-Main, 1983, S. 169. 译文参考海德格尔《形而上学导论》，第 162 页。译文有所改动。

高一级的阴森恐怖者。就自然禀性而言，它是阴森恐怖者中的独一无二者（das Einzigartige）。在超强力的存在者整体与强力行事的人之此在的对抗关系中，会产生跌入丧失出路（Ausweg-lose）与丧失处所（Stätte-lose）的可能性：厄运。"① 这里指明了人之厄运的两种形式：丧失出路（Ausweg-lose）与丧失处所（Stätte-lose）。

第一种厄运表现为丧失出路。人奋力前行，但屡屡在自己所开辟的道路上受阻，也就是丧失出路。虽然人能随机应变，但是"这种随机应变本身也是丧失出路，并且丧失出路到了这种程度，乃至于它把自己隔绝于对显象加以沉思的道路之外，在那里自己折腾自己"。② 不仅如此，在一件事上，一切强力行事性都陷于绝境、立即失败，这件事就是死亡。"死亡终结一切圆满，死亡超出一切界限。"③ 人在死亡面前无路可走，并不是死到临头才无路可走，而是向来且从根本上在死亡面前无路可走。死亡乃是最根本的丧失出路，"只要人存在，人就处于死亡之无路可走中"④。在这个意义上，人的阴森恐怖（Unheimlichkeit），就应理解为此在的无家可归（Um-heimlichkeit）："于是此-在乃是发生着的无家可归本身"⑤。

第二种厄运表现为丧失处所。丧失处所的原因在于，人在强力行事中离开了原有的处所、位置（Ort）。在空间意义上，丧失处所是指强力行事的人离开了原有的处所。"彼弃处所（Ort），冲出，勇投入无处容身的海涛之中"⑥ 就是这种意义上的离开。这种离开发生在人和其他存在者打交道的过程中。人离开原有的处所，就是离开"本乡"，从而成为无家可归者："他

---

① Martin Heidegger, GA. 40：*Einführung in die Metaphysik*, Frankfurt-am-Main, 1983, S. 171. 译文参考海德格尔《形而上学导论》，第 163 页。译文有所改动。
② Martin Heidegger, GA. 40：*Einführung in die Metaphysik*, Frankfurt-am-Main, 1983, S. 167. 译文参考海德格尔《形而上学导论》，第 159 页。译文有所改动。
③ Martin Heidegger, GA. 40：*Einführung in die Metaphysik*, Frankfurt-am-Main, 1983, S. 167. 译文参考海德格尔《形而上学导论》，第 159 页。译文有所改动。
④ Martin Heidegger, GA. 40：*Einführung in die Metaphysik*, Frankfurt-am-Main, 1983, S. 167. 译文参考海德格尔《形而上学导论》，第 159 页。可以看到，这里对于死亡的讨论沿袭了《存在与时间》的思路，甚至更具有悲剧意味。
⑤ Martin Heidegger, GA. 40：*Einführung in die Metaphysik*, Frankfurt-am-Main, 1983, S. 167. 译文参考海德格尔《形而上学导论》，第 159 页。译文有所改动。
⑥ Martin Heidegger, GA. 40：*Einführung in die Metaphysik*, Frankfurt-am-Main, 1983, S. 162. 译文参考海德格尔《形而上学导论》，第 155 页。译文有所改动。此句中"无处容身的"原文为 ortlosen，意为失去位置的，熊伟先生译为"无边"，此处为保持全文行文风格统一译为"无处容身的"。

从其早就而且大大习惯了的本乡界限里走出来，溜出来了，因为他作为强力行事者跨过了本乡的界限，而且恰恰是向具压倒性的强力者意义之下的阴森恐怖者方向走去。"① 在时间意义上，丧失处所是指强力行事的人离开了他原来所处的历史"境域"，而这里的"境域"同样也是一种位置，一种处所。在对建立国家的强力行事的讨论中，海德格尔对"国家"进行了阐释。德语"国家"（Staat）这个词对应的希腊文是 πολιζ。他认为，不应从国家和城邦来理解 πολιζ 这个词，而应将其理解为此在身处其中的历史境域，是人本身的此在之基础（Grund）和处所（Ort）："πολιζ 毋宁是指处所，是历史性的此-在身处其中的此（Da），并且此-在就作为这个此而存在着。πολιζ 是历史境域，是历史在它之中、缘于它并且为了它而发生的此。"② 人作为创造者建立国家，就超出了自身所处的历史处境，失去了原有的位置："作为强力行事者使用强力，并且在历史性的存在中，作为创造者、行动者变成高耸而出者（Hochragende）。"③ 人只要高出历史境域，也就成了无家可归者（Um-heimliche）："在历史境域中的这个高耸而出者同时丧失国家（απολιζ），丧失城邦和处所，成为孤独者，无家乡者（Un-heim-liche），并且在存在者整体中丧失出路，与此同时丧失律法和界限，丧失建构和资格，因为这一切又有待他们作为创造者才建立起来。"④

人离开原有处所和历史境域，人就成为非本乡的、无家可归的，从而人的阴森恐怖最终就归结到了无家可归，而无家可归就是人的厄运："这样一来，这种最阴森恐怖者的整个无家可归之境才开启出来；这不仅在于，他在其无家可归之境中企图走向存在者整体，也不仅在于，他在这样做时作为强力行事者要挣扎越出其本乡，而在于，只要他作为在一切道路上的无出路者（Auswegslose）被从与本乡的任何联系中抛出来，并招致 ατη，厄运，灾祸，他才是一切中最阴森恐怖者。"⑤ 人虽然是强力行事者，但人的

---

① Martin Heidegger, GA. 40: *Einführung in die Metaphysik*, Frankfurt-am-Main, 1983, S. 160. 译文参考海德格尔《形而上学导论》，第 153 页。译文有所改动。
② Martin Heidegger, GA. 40: *Einführung in die Metaphysik*, Frankfurt-am-Main, 1983, S. 161. 译文参考海德格尔《形而上学导论》，第 154 页。译文有所改动。
③ Martin Heidegger, GA. 40: *Einführung in die Metaphysik*, Frankfurt-am-Main, 1983, S. 161. 译文参考海德格尔《形而上学导论》，第 154 页。译文有所改动。
④ Martin Heidegger, GA. 40: *Einführung in die Metaphysik*, Frankfurt-am-Main, 1983, S. 161. 译文参考海德格尔《形而上学导论》，第 154 页。译文有所改动。
⑤ Martin Heidegger, GA. 40: *Einführung in die Metaphysik*, Frankfurt-am-Main, 1983, S. 160. 译文参考海德格尔《形而上学导论》，第 153 页。译文有所改动。

强力必然永远无法和存在的超强力相抗衡，失败的厄运是人的宿命："当存在作为威临者，作为其所现身者，作为 φυσις，即涌现着的威临（aufgehendes Walten），对抗着存在之超强力（übergewalt）的强力行事性必然在存在之超强力上撞碎。"①

在《形而上学导论》中，人作为强力行事者与存在者整体相对抗，然而最终无家可归，身陷厄运，体现出一种孤胆英雄式的悲壮。为什么人落到这样一个境地？为什么人与存在的关系如此紧张？根本原因在于人的主体性过度膨胀。这反映在人的强力行事性上。人太强势，太野心勃勃，太具侵略性。人凭借"知"，试图掌控存在者整体，主宰存在，做"存在的主人"。在人与存在者的关系中，人作为强力行事者，步步紧逼，处处主动，在哪里都试图占上风。人成了这样一个"超级主体"，"木秀于林"，也就自绝于其他存在者，人排斥了其他存在者，占据了其他存在者的位置，同时也失去了自己的原有位置（Ort），处于失位的孤独中，处于无家可归中。

二 "物"、"空间"与"家"

海德格尔在作于1951年的《筑·居·思》②中指出，只要人们已经在大地上栖居，他们就不是无家可归，因为他们已经在"家"里。这个"家"就是人自己所筑造的家，也就是住所（Haus）。住所是一个建筑物，而建筑物是物，是一种独特的物。这种物的独特之处在于，它作为位置而提供出场所（Stätte）："作为位置而提供出一个场所的那些物，我们眼下先称之为建筑物。"③ 在这里，家作为建筑物一方面是一种物，另一方面又和位置、场所紧密联系在一起。那么，如何理解这里的"物"？

与海德格尔在《艺术作品的本源》中对物的规定不同，在这里物被规定为天空、大地、诸神、终有一死者的四重聚集。这种四重聚集是如何实现的？

首先，《艺术作品的本源》中的"天空"是"日月运行，群星闪烁，四

---

① Martin Heidegger, GA. 40: *Einführung in die Metaphysik*, Frankfurt-am-Main, 1983, S. 171. 译文参考海德格尔《形而上学导论》，第163页。译文有所改动。
② 该文系海德格尔1951年8月在达姆施塔特举办的"人与空间"专题会议上的演讲。参见海德格尔《海德格尔选集》（下），孙周兴选编，上海三联书店，1996，第1188页。
③ 《海德格尔选集》（下），第1197页。

季轮转，是昼之光明和隐晦，是夜之暗沉和启明，是节气的温寒，是白云的飘忽和天穹的湛蓝深远"①。

什么是大地？"大地（die Erde）是承受者，开花结果者，它伸展为岩石和水流，涌现为植物和动物。"②

这里的天空和大地的意义离我们通常所理解的天空和大地已不远了。天空和大地张开了人的栖居空间，人就在天空下，在大地上，在天空和大地"之间"筑造自己的家。

其次，终有一死者和诸神的概念被引入。如果说天空和大地在这里属于"空间"维度的话，终有一死者和诸神则属于"时间"维度。

什么是终有一死者？终有一死者（die Sterblichen）是作为复数出现的"人"，虽然仍然"终有一死"，绝不能跳出有限性，但已不同于《存在与时间》中那个向死而在的此在，也不同于《形而上学导论》中那个强力行事的人。毋宁说，终有一死者是"知天命"的人的整体，已经跳脱出个体的"烦"和"畏"，跳脱出与存在者整体的对抗冲撞，而能够带着平和正视死亡，带着泰然走向死亡："人之所以被叫做终有一死者，是因为人能够赴死。赴死意味着能够承受作为死亡的死亡。唯有人赴死，而且只要人在大地上，在天空下，在诸神面前持留，人就不断地赴死。"③

什么是诸神？与代表有限性的终有一死者相对，诸神是不死者，是无限性的代表："诸神是神性之暗示着的使者。"这里的神性，就可理解为无限性。这里的诸神以复数形式出现，可见诸神并非那个独一无二的上帝，而只是无限性之运作的体现："从神性的隐而不显的运作中，神显现而入于其当前，或者自行隐匿而入于其掩蔽。"④

这样，终有一死者和诸神就分别代表着有限性和无限性而构成了"时间"这一维度。在《艺术作品的本源》中相对隐去的"时间"维度，在此又重新凸显出来。

最后，天空、大地、诸神、终有一死者在物中达到四重聚集。这种四重聚集，同时也是在"空间"维度和"时间"维度上的二重聚集。在写于1950年的《物》中，海德格尔对这种四重聚集进行了深入讨论。四重聚集

---

① 《海德格尔选集》（下），第1193页。
② 《海德格尔选集》（下），第1192页。
③ 《海德格尔选集》（下），第1193页。
④ 《海德格尔选集》（下），第1193页。

也就是"物物化":"物物化。物化聚集。居有四重整体之际,物化聚集四重整体入于一个当下栖留的东西,即入于此一物彼一物。"① 物化居留天空、大地、诸神、终有一死者,使得四者相互趋近:"物化之际,物居留大地和天空,诸神和终有一死者;居留之际,物使在它们的远中的四方相互趋近,这一带近即是近化(das Nähren)。"② 这种相互趋近使得四者在物中得以保持统一:"物化之际,物居留统一的四方,即大地和天空,诸神和终有一死者,让它们居留于在它们的从自身而来统一的四重整体的统一性中。"③ 天空、大地、诸神、终有一死者在物中的四重聚集,构成了统一的四重整体。四重整体的统一性就是四化(Vierung)。而四化又作为"世界世界化"而成其本质。这样物不仅物化自身,而且物化"世界"。物物化之时,"世界"作为"世界"而"世界化":"物化之际,物才实现世界。"④ 当然,这里的"世界"不同于《存在与时间》中的"世界",也不同于《艺术作品的本源》中的"世界",这个"世界"不能从任何形而上学意义上理解,只能从它与物的关系,它与物的亲密与区分来理解。⑤

这样,海德格尔就把物归结为四重整体的聚集。物以各种方式聚集四重整体。那么建筑物作为一种独特的物,是以何种方式聚集四重整体的?海德格尔以桥为例,指出建筑物以为四重整体提供一个场所的方式聚集四重整体:"诚然,桥是独具方式的一物;因为它以那种为四重整体提供一个场所(Stätte)的方式聚集着四重整体。"⑥ 但是要提供一个场所,首先必须有一个位置(Ort),只有那种本身是一个位置的东西才能为一个场所设置空间。这个位置不是先于建筑物的,而是从建筑物本身而来才产生的。位置提供出场地和道路,从而设置出"空间"。

三 回位与安家:诗意地栖居

在《形而上学导论》和《艺术作品的本源》中,"空间"就是从位置获得其规定的。这里的"空间"也是根源于位置,但有所不同的是,这里

---

① 《海德格尔选集》(下),第1174页。
② 《海德格尔选集》(下),第1178页。
③ 《海德格尔选集》(下),第1178页。
④ 《海德格尔选集》(下),第992页。
⑤ 参见《海德格尔选集》(下),第994页。
⑥ 《海德格尔选集》(下),第1197页。

的"空间"要从复数意义上来理解,是"诸空间"(die Räume):"空间本质上乃是被设置的东西,被释放到其边界中的东西。被设置的东西一向得到了允诺,因而通过一位置,也即通过桥这种物而被结合、即被聚集起来。因此,诸空间(die Räume)乃是从诸位置那里而不是从"这个"空间('der' Raum)。"①

这里的"这个"空间,是单数意义上的空间,是"广延"意义上的空间,是在数学上被设置的。海德格尔说,不是"这个"空间即数学意义上的空间给出"诸空间",而是"诸空间"给出作为间隔的空间,而后者又给出作为纯粹延展的空间。作为间隔的空间和作为纯粹延展的空间,使得我们得以根据距离、路线和方向来测度诸空间和位置,但是我们不能把这种在数学上测度的结果,即尺寸及其维度,也就是"这个"空间,反过来当成诸空间和位置的本质根据。② 建筑物作为位置所提供出的"空间",是"诸空间",而绝不是"这个"空间。是位置而不是数学意义上的空间聚集着四重整体,庇护着四重整体:"由于位置把一个场地安置在诸空间中,它便让天、地、神、人之纯一性进入这个场地中。位置在双重意义上为四重整体设置空间。位置允纳四重整体,位置安置四重整体。……作为这种双重的设置空间(Einräumem),位置乃是四重整体的一个庇护之所,或者如同一个词所说的,是一个Huis,一座住房(Haus)。这种位置上的这种物为人的逗留提供住所。这种物乃是住所,但未必是狭义上的居家住房。"③

由此可见,位置设置'空间',允纳和安置四重整体。这种位置上的建筑物就是人的住所,是人的"家"。不过,这里的"家"既不能从狭义的"住宅"来理解,也不是浑然天成的一个位置。这个位置必须由建筑物带来,因此必须"生产"出建筑物。这种"生产"就是筑造。"生产"在《艺术作品的本源》中与"知"(τεχνη)紧密相关,是从"让显现"的角度来规定的,即被规定为这样或那样地让某物作为此物或彼物进入在场者中显现出来。而在这里海德格尔认为筑造已不仅仅是"让显现"意义上的生产:"哪怕我们在原始希腊的τεχνη意义上一味地把筑造生产思考为让显现,那种把作为在场者的被生产者带入已经在场者之中的让显现,筑造生

---

① 《海德格尔选集》(下),第1197页。
② 参见《海德格尔选集》(下),第1198~1199页。
③ 《海德格尔选集》(下),第1201页。

产的本质也还不能得到适当的规定。"① 那么，筑造的本质是什么呢？

筑造的本质是让栖居，即通过建立位置，使人能够栖居："筑造之本质的实行乃是通过接合位置的诸空间而把位置建立起来。唯当我们能够栖居，我们才能筑造。"② 因此，筑造归属于栖居。那么栖居的本质又是什么？

栖居的基本特征是保护，是终有一死者对四重整体的保护："终有一死的人通过栖居而在四重整体中存在。但栖居的基本特征乃是保护。终有一死者把四重整体保护在其本质之中，由此而栖居。相应地，栖居着的保护也是四重的。"③ 这种保护有以下四重体现。

拯救大地。拯救在这里意味着把某物释放到它的本己的本质中。在《形而上学导论》中，人向大地强制索取，打扰了万物发育的宁静，这里的拯救远非如此。拯救不是利用、耗尽、控制和征服大地，毋宁说，拯救是守护着作为大地的大地。

接受天空。人接受天空的安排，而不是试图去干涉天空的秩序："他们一任日月运行，群星游移，一任四季的幸与不幸；它们并不使黑夜变成白昼，使白昼变成忙乱的不安。"④

期待诸神。这种期待是一种希望："他们期待着作为诸神的诸神。他们怀着希望向诸神提出匪夷所思的东西。他们期待着诸神到达的暗示，并没有看错诸神缺失的标志。……在不妙中他们也还期待着隐匿了的美妙。"⑤

护送终有一死者。这种护送把终有一死者护送到死亡："他们把他们本己的本质——也即他们有能力承受作为死亡的死亡——护送到对这种能力的使用中，借以得一好死。"⑥

在这个四重保护中，拯救大地、接受天空是在空间意义上来说的，期待诸神、护送终有一死者是在时间意义上来说的。只要人栖居，就发生着这种四重保护。这里保护意味着"守护四重整体的本质"⑦。守护同时也是庇护和保藏。人在物中保藏四重整体的本质："作为保护的栖居把四重整体保藏在终有一死者所逗留的东西中，即物（Dingen）中。" "栖居通过把四

---

① 《海德格尔选集》（下），第1203页。
② 《海德格尔选集》（下），第1203页。
③ 《海德格尔选集》（下），第1193页。
④ 《海德格尔选集》（下），第1193～1194页。
⑤ 《海德格尔选集》（下），第1194页。
⑥ 《海德格尔选集》（下），第1194页。
⑦ 《海德格尔选集》（下），第1194页。

重整体的本质带入物中而保护着四重整体。"① 这个"物",就是人所筑造的建筑物,就是人的"家"。那么四重整体的本质是什么?

四重整体的本质就是那个"打叉的存在"。在写于 1955 年的《面向存在问题》中,海德格尔指出,画在"存在"这个词上的打叉符号并非单纯否定性的涂画符号,而是指出了"分为四等分的四块区域以及它们在打叉场所的聚集"②。这样,人之栖居,即对四重整体的本质的保藏和守护,也就是对存在的守护。人通过栖居成为存在的守护者,在这种守护中通达着世界,并且唯有人能做到这一点:"唯有作为终有一死者的人才栖居着通达作为世界的世界。"③ 而人本身从栖居也获得了自身的存在方式:"栖居乃是终有一死的人在大地上存在的方式。"④ 由此,人与存在在栖居中共属一体。人不再无家可归,人在"家"里安居,守护着存在。

但是并非只要人有了住房人就是在栖居。栖居也并非纯粹的居住。海德格尔在《筑·居·思》结束部分指出,栖居的真正困境并不只在于住房匮乏。栖居的真正困境在于人首先必须学会栖居。人的无家可归状态就在于人还根本没有把真正的栖居困境当作困境来思。若要走出这种无家可归,就必须根据栖居而筑造并且为了栖居而运思。⑤ 这样栖居就和"思"联系在一起。如同《筑·居·思》这个标题所表明的那样,海德格尔从筑造谈到了栖居,又从栖居谈到了思。

然而栖居也不仅仅只和思相关联。海德格尔在写于 1951 年的《"……人诗意地栖居……"》中指出,"栖居就是作诗(Dichten)":"作诗才首先让栖居成为栖居。作诗是本真的让栖居。"⑥ 为何栖居就是作诗?

作诗与栖居的共同点在于测度(Vermessung)。人栖居在大地上,并且仰望天空:"这种仰望同上直抵天空,而根基还留在大地上,这种仰望贯通天空与大地之间。这一'之间'(das Zwischen)被分配给人,构成人的栖居之所。我们现在把这种被分配的贯通——天空与大地的'之间'由此贯通而敞开——称为维度(die Dimension)。"⑦

---

① 《海德格尔选集》(下),第 1194 页。
② 《海德格尔选集》(上),第 631 页。
③ 《海德格尔选集》(下),第 1183 页。
④ 《海德格尔选集》(下),第 1191 页。
⑤ 《海德格尔选集》(下),第 1204 页。
⑥ 《海德格尔选集》(上),第 465 页。
⑦ 《海德格尔选集》(上),第 470~471 页。

这种贯通天地之间的仰望即是一种测度,这种测度测定把天空和大地两者相互带来的那个"之间",也就是天空与大地所共属的那个维度。人的栖居基于对那个维度的仰望着的测度。这种测度同时测定着人之本质。而测度的"尺度"就是神性:"神性乃是人借以度量他在大地之上、天空之下的栖居的'尺度'。"① 而作诗在本质上也是度量(Messen),是采取尺度(Mass-Nahme),诗人的尺度即是神。从而栖居就是作诗:"人栖居并非由于,人作为筑造者仅仅通过培育生长物同时建立建筑物而确立了他在大地上天空下的逗留。只有当人已然在作诗的'采取尺度'意义上进行筑造,人才能够从事上面这种筑造。本真的筑造之发生,乃是由于作诗者存在,即那些为建筑设计、为栖居的建筑结构采取尺度的作诗者存在。"②

由此可见,栖居不仅是运思,而且是作诗,而按照海德格尔对运思和作诗的规定,二者都是道说(das Sagen)之方式,归属于道说。这样栖居亦是一种道说,所道说的仍是存在之真理。

(作者单位:中共中央党校马克思主义学院)

---

① 《海德格尔选集》(上),第471页。
② 《海德格尔选集》(上),第478页。

德里达与激进的无神论*

庞红蕊

摘　要：2009年，耶鲁大学比较文学专业教授马丁·海格伦德出版了《激进的无神论：德里达和生命的时间》一书，该书一经问世便引起了学界的巨大争论。综观当前德里达研究的成果，学者们大多认为德里达的后期思想发生了"伦理转向"。海格伦德反对这一主流说法，他另辟蹊径，从时间性的角度来重新勾勒德里达的思想轨迹，这为我们提供了崭新的视角。他指出，德里达的思想从未有过断裂，"激进的无神论"思想贯穿其始终。所谓"激进的无神论"是对范导性伦理理想的批判，是向"将临之未来"的敞开，是对"永存"和"绝对免疫"状态的拒绝，是对生命有限性和"自体免疫"状态的肯定。

关键词：海格伦德；德里达；激进的无神论；伦理转向

2011年10月25日，美国康奈尔大学教授乔纳森·卡勒（Jonathan Culler）应清华大学之邀，在外文系做了题为"当今的文学理论"（Literary Theory Today）的学术讲座。① 在该讲座中，卡勒重点介绍了当代文学理论领域的几个最新发展趋势。他指出："最近我们看到了德里达研究的再次兴起，一方面是不断出版他的演讲稿（这一过程将持续很多年），另一方面是大量出版研究他的著作。"② 在研究著作方面，他重点提及了两本书，一本是 J. 希利斯·米勒（J. Hillis Miller）的《献给德里达》（*For Derrida*, Fordham, 2009），一本是马丁·海格伦德（Martin

---

* 本文为河北省社会科学基金项目"德里达的动物问题研究"（HB16WX035）的阶段性成果。
① 该讲座中文稿件参见《外国文学评论》2012年第4期，第49~62页。
② 《当今的文学理论》，《外国文学评论》2012年第4期，第53页。

Hägglund)① 的《激进的无神论：德里达和生命的时间》(*Radical Atheism*：*Derrida and the Time of Life*，Stanford，2009）。前者是一本"简明而适合教学使用"的论文集，旨在探讨德里达思想的广度；后者则是一本带有论争性质的专著，旨在挖掘德里达思想的深度。《激进的无神论》一经问世便引起了学界广泛的关注，"成为相关会议上和学术期刊上辩论的一个热门话题，表明了当代理论对雅克·德里达的著作的持续关注与密切参与"②。

在《激进的无神论》一书的开篇，海格伦德便亮出了自己的两大观点。

第一，他反对德里达思想研究界的主流说法，不认为其后期的思想存在"伦理"或"宗教"转向。综观当前德里达研究的成果，学者们大多认为德里达后期著作中存在"伦理（或宗教）转向"，从这一点出发，他们尝试为解构主义赋予一种伦理性动机。持这种观点的学者有罗伯特·伯纳斯科尼（Robert Bernasconi）、德鲁西拉·柯奈尔（Drucilla Cornell）、西蒙·克里奇雷（Simon Critchley）等。③ 经他们的论证和推广，德里达的研究者们已然对这一观点达成共识。海格伦德认为这种观点存在两个缺陷：一是上述学者们多将《马克思的幽灵》（*Specters of Marx*，1993）视为德里达"伦理转向"的开端，其实这是对该书的误读。二是学者们多将德里达的伦理思想与列维纳斯的伦理形而上学等同起来，在他们看来，这两位思想家都渴望在自我与他者之间建构一种"非暴力"关系。海格伦德认为，这种观点忽视了德里达思想与列维纳斯思想的根本差异。

第二，在这部论著中，海格伦德尝试从时间性角度来重新释读德里达的思想，他认为，"激进的无神论"（radical atheism）观念贯穿德里达思想的始终，该观念是理解德里达思想的一个重要维度。这两大观点一破一立，驳中有立，立中有驳，相辅相成。

---

① 马丁·海格伦德是耶鲁大学比较文学专业的教授，近年来，他致力于从时间性角度来重新审视当代西方文学及理论。2009 年，他出版了《激进的无神论》一书，旨在从时间性角度来重新估量德里达的思想轨迹。2012 年，海格伦德出版了《渴望时间：普鲁斯特、伍尔夫与纳博科夫》（*Dying for Time*：*Proust*，*Woolf*，*Nabokov*，Harvard）一书，旨在从时间性角度入手重新解读普鲁斯特的《追忆似水年华》、伍尔夫的《达洛维夫人》以及纳博科夫的《阿达》。《激进的无神论》的中文译本将由河南大学出版社出版，胡继华、庞红蕊译。
② 《外国文学评论》2012 年第 4 期，第 54 页。
③ Martin Hägglund, *Radical Atheism*：*Derrida and the Time of Life*, California：Stanford University Press, 2009, p. 76.

一 《马克思的幽灵》:"正义"与"幽灵萦绕学"

德里达在《马克思的幽灵》一书中明确探讨了"正义"问题,人们通常将该书视为德里达思想"转向"的开端。持这种观点的研究者们又分流出两种不同立场:或赞同德里达的"伦理转向",致力于探讨其解构论中的"不可解构者";或认为德里达的"伦理转向"是乌托邦幻想,无法从根本上解决当今的政治伦理难题。[①] 海格伦德认为这两种观点都误解了德里达的"正义"思想。他指出,德里达从未将"正义"设定为一种伦理理想(ideal),他倾尽心力所质疑的正是这种所谓的理想状态。

在《马克思的幽灵》中,德里达重点解析了《哈姆雷特》中的一句台词:"这是一个混乱的时代"(The time is out cf joint)。时代混乱往往表现为道德沦丧、社会溃败以及社会共同体的根基崩塌等。人们通常将此句作为"对普遍社会状态的批判",这种"实然"状态衍生出一种对传统的意识形态批判,即:批判社会普遍的不义和压迫,呼唤正义的到来。[②] 德里达部分认同这种对传统的意识形态批判,他强调政治批判的重要性,重申马克思主义精神的重要性。他指出,我们决不能摒弃"解放""进步"等观念。在此背景下,他批判了新自由主义者(代表人物是弗朗西斯·福山)的"马克思主义消亡说"。在《马克思的幽灵》中,德里达将福山的《历史的终结与最后的人》定位为"一部描述历史之终结的书""一部宣称马克思主义灭亡的最喧闹、最中立、最成功的著作""一本新福音书"。[③] 书中,他说道:

> 黑格尔与马克思两人都相信人类社会的发展不是无止境的,而是认为当人类建立了能够满足他最深刻的和最基本的需要的社会形式之后,这一发展就会结束。因而这两位思想家都设定了某种"历史的终点":对黑格尔来说,这个历史的终点就是自由国家,而在马克思看来,则是共产主义社会。[④]

[①] Martin Hägglund, *Radical Atheism: Derrida and the Time of Life*, p.77.
[②] Martin Hägglund, *Radical Atheism: Derrida and the Time of Life*, p.77.
[③] 德里达:《马克思的幽灵》,何一译,中国人民大学出版社,2016,第58页。
[④] 德里达:《马克思的幽灵》,第68页。

显然，在两位主张"历史的终结"的"师傅"之间，"门徒"福山选择了黑格尔。德里达指出，《历史的终结与最后的人》整部书都是对黑格尔"主奴辩证法"的简化说明。福山指出，当人们在物质（经济生活富足）和精神（人与人之间相互承认）两方面都获得满足的时候，所有的社会矛盾都将得到解决，历史便会走向终结，这一终极目标（telos）便是自由民主制度。书中，福山诊断出"马克思主义模式基础上的社会制度的终结"，诊断出"整个马克思主义传统的终结"，"所有这一切似乎就在自由民主制度和市场经济的欣喜若狂中走到了自己的终点"。① 之所以称《历史的终结与最后的人》为"新福音书"，是因为福山根据"20世纪最后25年最显著的变化"确定了"自由民主制度胜利的日期"。福山承认20世纪后半叶也存在灾难（恐怖、压迫、屠杀、种族灭绝等），然而"这些经验的事件或事实的积累决不会改变人类中的大部分人走向自由民主制度这一理想的方向"②。

德里达反对福山的新福音主义思想，在《马克思的幽灵》的第三章"耗损殆尽"（wears and tears）中，他绘制了一幅标题为"糟糕透顶的今日世界"的黑板画，列出了当今世界的十大灾祸：（1）失业；（2）对无家可归之人的权利剥夺；（3）国家间无情的经济战争；（4）在自由市场的概念、规范和现实方面控制矛盾的无能；（5）外债和其他相关机制的恶化使人类的大多数处于饥饿或绝望的境地；（6）军火工业和贸易被列为西方民主国家常规调整的范围；（7）核武器的扩展；（8）种族战争加剧；（9）幽灵般的国家不断侵入经济流通流域和政府机构；（10）现存国际法仍被特定的民族—国家所操纵。③ 德里达指出，福山以"自由民主制"之名宣扬新福音，在历史终结的狂欢中欢呼资本主义市场的来临，庆祝宏大解放叙事的终结，鼓吹人类将永远不会遭受暴力和压迫。然而"任何一点的进步都不允许我们无视在地球上有如此之多的男人、女人和孩子在受奴役、挨饿和被灭绝，在绝对数字上，这是以前从未有过的"④。

随着东欧剧变和苏联解体，"马克思主义消亡论"成为20世纪90年代初期的主流性话语。新自由主义者们为资本主义和市场经济大唱颂歌，福山更是在《历史的终结与最后的人》一书中宣称人类的最终理想已然达成。

---

① 德里达：《马克思的幽灵》，第58页。
② 德里达：《马克思的幽灵》，第59页。
③ 德里达：《马克思的幽灵》，第83~85页。
④ 德里达：《马克思的幽灵》，第86页。

德里达反对这类新福音式的话语,他为人们列出了当今世界的十大灾祸,强调马克思主义批判精神的重要性。他指出,既然当今的时代"混乱脱节",我们便须致力于建构一个更正义的社会来对抗这种混乱。海格伦德指出,德里达的观点看似与传统的马克思主义批判一脉相承,实质上,两者存在本质的差异。与传统的马克思主义批判相一致,德里达也认为当今世界充满排斥和暴力,这是一种实然状态,我们应时刻保持清醒的批判精神。然而,传统的马克思主义批判设想了一个绝对正义的社会状态,设定了一个理想的终极目标,而德里达并不认同这种观念。针对马克思的遗产,德里达的做法是将马克思主义激进化(radicalization),将解构精神与马克思主义融合起来。他说道:"这种将马克思主义激进化的尝试便是解构"①。所谓"激进化"即随时准备进行自我批判,即自愿接受自身的变革、价值重估和自我再阐释。② 具体说来,德里达要把"任何一种目的论或任何一种弥赛亚式的末世学"与马克思主义区分开来。③ 换言之,德里达要重新阐释马克思主义话语中的弥赛亚精神。

德里达摒弃了绝对正义的乌托邦境界。在《马克思的幽灵》中,德里达说道:"这种日趋恶化的失调不正是为宣告良善,或者至少是宣告公正所必需的吗?断裂不正好就是其他事物的可能性吗?"④ 在他看来,时代的混乱脱节不是人们最终可以克服的事情,混乱和暴力不是正义的对立面,而是一切伦理和政治的前提条件。⑤ 海格伦德指出,德里达对"正义"概念的探讨遵循的是解构主义逻辑,这种逻辑总是与"存在(在场)本身的不可能性"(the impossibility of being in itself)密切相关,与"时间性"(temporality)概念紧密相连。⑥ 时间性无法拥有一个固定的意义,它总是处于"不再是"与"尚未成"之间,因此,从本质上说来,时间本身就是"混乱脱节"的。德里达认为,万物须敞露在时间之中,须敞露在"将临之未来"(the coming of the future)中,所谓纯粹在场与死亡无异。生命的特征是"必有一死",它被时间所分割。"无论我们做什么事情,我们总是已经向将

---

① Jacques Derrida, *Specters of Marx*, trans. Peggy Kamuf, London and New York: Routledge, 1994, p. 115.
② 德里达:《马克思的幽灵》,第89页。
③ 德里达:《马克思的幽灵》,第90页。
④ 德里达:《马克思的幽灵》,第24页。
⑤ Martin Hägglund, *Radical Atheism: Derrida and the Time of Life*, p. 78.
⑥ Martin Hägglund, *Radical Atheism: Derrida and the Time of Life*, p. 79.

临之未来说'是',因为没有'将临之未来',就不会有什么事情发生。同样道理,每一个肯定都从本质上被'否定'所萦绕和威胁,因为'将临之未来'中同时也蕴含着一切威胁"。①

德里达的研究者们大多将德里达的"无条件的正义"也视为一种范导性理念,然而这种观点失之偏颇。海格伦德指出,导致人们误读的源头在于德里达对法律和正义的区分。德里达明确指出,法律是可解构的,而正义是不可解构的;法律是有条件的,而正义则是无条件的。所谓"无条件的正义"并非"绝对正义",而指的是正义向"将临之未来"的无条件敞开。将临之未来具有"不可决断性"(undecidability),"人们永远都无法知晓未来将会发生何事。承诺随时可能变成威胁,友谊随时可能化成敌意,忠诚随时可能变成背叛"。② 正是这种"不可决断性"动摇了一切既定意义,摧毁了一切绝对性。德里达在《马克思的幽灵》中强调,他不赞成"乌托邦"观念,不赞成康德意义上的范导性理念和将来在场的民主制度(a future democracy in the future present)。他致力于探讨的是"将临的民主制度"(a democracy to come),它不可预知、不可估算,是幽灵性的地盘,德里达称其为"没有弥赛亚主义的弥赛亚"(the messianic without messianism)。③ "我们宁愿说弥赛亚的召唤而不愿说弥赛亚主义",④ 后者指向一种在场性和宗教性,前者则是一种经验结构,是"一种在哀悼、记忆之中的许诺和期待",是一种"指向未来的许诺",是向将临之未来的无条件敞开。⑤

"幽灵性"(spectrality)一词是《马克思的幽灵》中的关键术语,该词与"无条件的正义""没有弥赛亚主义的弥赛亚"等概念密切相关。首先,"幽灵性最为突出的一个含义是阴魂不散、无法忘怀的幻影和幽灵,它们提醒人们勿忘那些历史暴力的受害者们,勿忘那些在社会建构过程中被驱逐、被灭绝的人们,这些幽灵对国家、民族或意识形态的良知提出了质疑"。⑥ 福山在《历史的终结与最后的人》中宣扬新福音主义思想,歌颂自由民主制度的胜利。德里达用"幽灵性"一词警醒人们今日世界的"灾祸和暴

---

① Martin Hägglund, *Radical Atheism: Derrida and the Time of Life*, p. 34.
② Martin Hägglund, *Radical Atheism: Derrida and the Time of Life*, p. 40.
③ Jacques Derrida, *Specters of Marx*, pp. 81–82.
④ 德里达:《马克思的幽灵》,第166页。
⑤ 胡继华:《后现代语境中伦理文化转向:论列维纳斯、德里达和南希》,京华出版社,2005,第108页。
⑥ Martin Hägglund, *Radical Atheism: Derrida and the Time of Life*, p. 82.

力"。其次,"幽灵性"与传统的"实体论"(ontology)截然对立,德里达旨在建构一种"幽灵萦绕学"(hautology)来反对"在场"观念。如果说实体论将存在看作自我同一的在场,那么"幽灵"则无法完全在场:它本身并不存在,然而却与"逝去者"或"将临者"密切相关。① "幽灵"是神秘莫测、不可预知的,德里达的"幽灵萦绕学"批判的是未来在场的范导性理想,其概念内核与"无条件的正义""没有弥赛亚主义的弥赛亚"等概念是一致的。

二 德里达驳列维纳斯:"他者"与"暴力"

在过去的十五年中,德里达的研究者们在探讨德里达的"伦理转向"问题时总是将其与列维纳斯的思想关联起来。他们一致认为,德里达对"他异性"的思索与列维纳斯的伦理形而上学思想有异曲同工之处。在《激进的无神论》一书的第三章,海格伦德对这类观点进行了批判。② 他指出,罗伯特·伯纳斯科尼的《论德里达思想中的列维纳斯痕迹》(*The Trace of Levinas in Derrida*)一文首次论述了德里达与列维纳斯思想的亲缘关系。伯纳斯科尼认为,德里达的《暴力与形而上学》一文并不是对列维纳斯哲学的批判,毋宁说他展示了列维纳斯思想的某种紧迫性。③ 此后,德里达的研究者们纷纷跟随伯纳斯科尼的思路,对德里达的思想做列维纳斯式的解读。西蒙·克里奇雷在《解构主义伦理学》(*The Ethics of Deconstruction*)中进一步发展了伯纳斯科尼的观点,他指出,列维纳斯的伦理理想是"德里达所想要达至的目标和境界",德里达的原初之"是"是对他者的伦理肯定。④ 与伯纳斯科尼、克里奇雷一样,德鲁西拉·柯奈尔也尝试为"解构主义赋予一种伦理性动机"⑤。在《界限哲学》(*The Philosophy of the Limit*)的序言中,她开宗明义:"最近四年来(1988~1992),我对称之为解构的话语展开了一种伦理学的解读。我致力于探讨解构的伦理学解读是如何与伊曼纽尔·列维纳斯的他异性哲学建立联系的。"⑥ 书中,她指出,我们应将德里

---

① Martin Hägglund, *Radical Atheism: Derrida and the Time of Life*, p. 82.
② Martin Hägglund, *Radical Atheism: Derrida and the Time of Life*, p. 76.
③ Martin Hägglund, *Radical Atheism: Derrida and the Time of Life*, p. 95.
④ Martin Hägglund, *Radical Atheism: Derrida and the Time of Life*, p. 96.
⑤ Martin Hägglund, *Radical Atheism: Derrida and the Time of Life*, p. 100.
⑥ 德鲁西拉·柯奈尔:《界限哲学》,麦永雄译,河南大学出版社,2010,序言,第1页。

达的《暴力与形而上学》一文视为对列维纳斯的一种重新阐释。德里达指出了列维纳斯对语言本体论的依赖,然而却未拒斥列维纳斯的伦理思想。因此,"德里达对列维纳斯的解构本身就可以从伦理学意义上来解读。为了不简单地偏袒某一方,我们需要把德里达与列维纳斯搁在一块来解读,关注他们对责任的呼吁以及对表现一种他者性的非暴力关系的呼吁"。①

海格伦德指出,上述三位学者都关注德里达与列维纳斯思想之间的亲缘关系,却无一例外地忽视了两人思想的本质差异。德里达对"他者"和"暴力"等概念的探讨与列维纳斯的观点有着根本的不同。在《激进的无神论》中,海格伦德对列维纳斯的"绝对他者"(the absolutely Other)概念进行了剖析,指出了该概念与阿那克西曼德"无限者"(the Infinite)概念之间的共通之处。众所周知,笛卡尔在《第一哲学沉思集》探讨了著名的"六大沉思"。最令列维纳斯感兴趣的是第三个沉思——"论上帝及其存在",其中,笛卡尔提出了一组对立的概念,即:"有限者"与"无限者"。"笛卡尔尝试去探索上帝积极的无限性,在此过程中,他发现人的想象力根本无法触及这种完满的理念。因此,笛卡尔指出,'无限者'这一理念不可能起源于人类有限的意识,它证明了绝对超验性(即上帝)的存在"。② 笛卡尔认为,无限者是完满的,原初的,有限者是不完美的,派生的。列维纳斯认同笛卡尔的"无限者"概念,同"无限者"概念一样,他的"绝对他者"概念是超越历史的,是善的超然存在,具有形而上学和宗教的特质。

德里达也时常在文中使用"绝对他者"或"全然他者"等术语,然而他为这些术语赋予了崭新的内涵。首先,如果说列维纳斯将"他者"设定为超验的存在,那么德里达则将"他者"设定为有限的存在。他在《多义的记忆》(*Mémoires*)一书中说道:"作为他者的他者即是有死者的终有一死"。③ 正是"他者"的有限性唤起了人们对"他者"的责任,如若"他者"是超验的、神圣的,那么他便不会被侵犯或消灭,人们也就没有理由为其担负责任了。因此,德里达所探讨的"绝对他者"或"全然他者"与一切形式的神性毫无关联,它们指的是"他者"彻底的有限性。其次,如果说列维纳斯将"他者"设定为至善的存在,那么德里达则认为"他者"是不可决断的存在。德里达指出,"他者"是不可预测的,"人们永远都无法

---

① 德鲁西拉·柯奈尔:《界限哲学》,第102页。
② Martin Hägglund, *Radical Atheism: Derrida and the Time of Life*, p. 87.
③ Martin Hägglund, *Radical Atheism: Derrida and the Time of Life*, p. 219.

提前预知他所召唤的是何者。与他者的相遇会带来机遇还是威胁，会被认可还是被拒绝，是带来生命的延续还是暴力的死亡？这些都是无法决断的"。①

列维纳斯又是如何设定自我与"他者"之关系的呢？众所周知，列维纳斯将伦理学视为"第一哲学"，其理论根基是"与人类他者的面对面遭遇"②。在这一关系中，"汝不可杀戮"是原初的伦理律令，这表明主体对"他者"负有一种无条件的伦理责任。在自我主体与"他者"的关系方面，主体应抛却一切形式的自爱，无条件尊重并服从"他者"。在自我主体眼中，"他者"是主人、上帝、至高无上者。显然，这种关系呈现出一种根本的不对称性。黑格尔在《精神现象学》中也谈及"自我与他者的关系"，在他看来，自我与"他者"之间也呈现出一种不对称性：自我将"他者"看作奴隶，将自己视为主人，自我与"他者"之间保持一种持续的争斗关系。可以说，列维纳斯对"自我与他者之关系"的设定是对黑格尔"主奴辩证法"的颠倒。

由是观之，在列维纳斯那里，自我与"他者"之间呈现出一种面对面的、非暴力的、不对称的关系。德里达对这种关系设定进行了反驳。

首先，列维纳斯认为自我与"他者"之间是面对面的直接遭遇。这种直接性拒绝一切媒介，拒绝所有"玷污和杂质"③。在《另类存在》（Otherwise than Being）一书中，列维纳斯对言说（saying）和所说（said）这两个概念进行了区分。"言说"呈现在口语中，是直接的、诚恳的，而"所说"呈现在书写中，是间接的、疏离的。德里达指出，列维纳斯的这一观点带有典型的语音中心主义倾向。传统的在场形而上学一向持这类观点：言语优于书写、善优于恶、和平优于暴力等等。"它假定简单之物先于复杂之物，纯粹之物先于混杂之物，诚恳先于欺诈"，即先存在正面的价值观念，而后它们遭到负面价值观念的破坏。④ 德里达指出，所谓正面的价值观念无法保持其完整性，无法保持其应然的理想面貌，它们都必然受到其"对立面"的破坏。德里达称这种特质为"必要的破坏性"（essential corruptibility）。⑤

其次，列维纳斯认为"自我与他者"之间呈现出一种非暴力的伦理关

---

① Martin Hägglund, *Radical Atheism: Derrida and the Time of Life*, p. 91.
② Martin Hägglund, *Radical Atheism: Derrida and the Time of Life*, p. 85.
③ Martin Hägglund, *Radical Atheism: Derrida and the Time of Life*, p. 80.
④ Martin Hägglund, *Radical Atheism: Derrida and the Time of Life*, p. 81.
⑤ Martin Hägglund, *Radical Atheism: Derrida and the Time of Life*, p. 81.

系，德里达则强调自我与"他者"之间的关系是开放的，它总是向着暴力性敞开。在《友爱的政治学》（*Politics of Friendship*）中，德里达对"汝不可杀戮"这一原初律令进行了解读。他指出，这一律令无法证实原初和平的存在，恰恰相反，它证明了"暴力正近在眉睫"①。我们无法提前知晓"他者为谁"，无法预知"他者"的行为方式，因此我们总是会敞露于被"他者"威胁和杀害的危险中。倘若我所面对面邂逅的"他者"想杀死我，那么我还应该无条件服从"他者"的命令吗？德里达指出，即便是最令人动容的爱情和最亲密无间的友情也会被暴力所萦绕——"我可以杀死你，你也可以杀死我"。②他认为，所谓"非暴力"的伦理理想是不可能实现的，如果一种生存状态（或关系）不允许发生任何变化，那么它便是静止不前的。如果事物不再向暴力敞开，那么它便终止了生命的一切可能性。既然"非暴力"的伦理理想是不可能实现的，那么我们是否可以将"较少的暴力"（lesser violence）规定为自身的行事原则呢？海格伦德认为，德里达对"较少的暴力"的论述十分具有启发性。③ "较少的暴力"的渴望并不是善的，因为人们根据"较少的暴力"所做出的决断可能会更具暴力性。以种族灭绝政策为例，该政策所遵循的逻辑是"要被灭绝的这一群体会给另外一个群体带来极大的危险性，与此相比，对这一群体实施灭绝具有较少的暴力性"④。"较少的暴力"并不存在一个固定的原则，它是极其复杂的，正是这一点显示了政治批判和斗争极大的潜力。

最后，列维纳斯认为"自我与他者"之间的关系是不对称的，"他者"高高在上，是"我"的君王和宾客。德里达认为，列维纳斯的这一观点自相矛盾。他在《暴力与形而上学》中指出，"我"对于"他者"来说是"他者"。⑤ 换言之，"他者"是一个可以互换和反转的术语，当"你"和"我"立于彼此面前，此时谁是他者呢？"我应该服从他者"同时也意味着"他者应该服从于我"，我们对彼此来说都是"他者"，谴责"我"的利己主义也就意味着谴责"他者"的利己主义。⑥ 此外，列维纳斯将"自我与他者"之间的关系设定为单一的，排除了第三方的存在。然而在现实的境遇

---

① Martin Hägglund, *Radical Atheism: Derrida and the Time of Life*, p. 89.
② Martin Hägglund, *Radical Atheism: Derrida and the Time of Life*, p. 89.
③ Martin Hägglund, *Radical Atheism: Derrida and the Time of Life*, p. 83.
④ Martin Hägglund, *Radical Atheism: Derrida and the Time of Life*, p. 83.
⑤ Martin Hägglund, *Radical Atheism: Derrida and the Time of Life*, p. 90.
⑥ Martin Hägglund, *Radical Atheism: Derrida and the Time of Life*, p. 91.

中，难免会存在多个人的邂逅。德里达在《死亡的礼物》（*The Gift of Death*）中说道："回应他者的召唤、需求甚或爱意，对他者负责的前提条件是牺牲其他的他者们。"① 因此，列维纳斯所谓"对他者的无限责任"总会首先对"他者们"进行过滤和筛选，总会带有区别对待和背叛的意味。

在探讨相关问题时，德里达经常使用列维纳斯式的术语，这容易招致研究者们的误解。值得注意的是，德里达为这些术语赋予了崭新的含义。海格伦德指出，列维纳斯的"他者"概念并没有摆脱柏拉图和笛卡尔哲学的形而上学范式，他将"他者"设定为超验、神圣、至善的存在，这种设定与柏拉图的"超越存在之善"（good beyond being）概念、笛卡尔的"无限者"概念有着共通之处。与列维纳斯不同，德里达认为"他者"之所以成为"他者"，首先是因为其彻底的有限性。他指出，"他者"是不可预测、不可决断的。在"自我与他者"的关系方面，列维纳斯描绘了一幅"非暴力"的伦理理想画面。德里达认为，因为"他者"的"不可预测性"和"不可决断性"，所以这种"非暴力"的伦理理想是不可能实现的。德里达从未将"暴力"看作负面的因素，相反，他认为"暴力"既是无法避免的，也是必要的。克里奇雷在《解构主义伦理学》中指出，德里达的"原初之'是'"是一个伦理性时刻，"这是对他异性的肯定，是对他者之他性的肯定"②。海格伦德对此观点进行了批判，他指出，德里达所说的"原初之'是'"并不是对他者的伦理肯定，而是对生命有限性的肯定，是对"将临之未来"的肯定。既然未来是不可决断的，"他者"是不可决断的，那么便存在"我"对"他者"说"不"的风险。

三　激进的无神论："间距化"与"自体免疫"

海格伦德在《激进的无神论》一书中强调，"激进的无神论"观念贯穿德里达思想的始终。那么，何谓"激进的无神论"呢？众所周知，传统无神论"仅限于拒绝上帝存在和灵魂不朽，从不质疑人们对于上帝和不朽的渴望（the desire for God and immortality）"③。传统的无神论者将"终有一死的生命"看作一种缺失，他们希望超越这种缺失状态，欲求一种无法企及

---

① Martin Hägglund, *Radical Atheism: Derrida and the Time of Life*, p. 94.
② Martin Hägglund, *Radical Atheism: Derrida and the Time of Life*, p. 96.
③ Martin Hägglund, *Radical Atheism: Derrida and the Time of Life*, p. 1.

的"不朽的完满"。德里达既拒绝上帝存在和灵魂不朽,也反对人们对"不朽之完满"的欲求,海格伦德称这一思想为"激进的无神论"。

为了向读者们清晰地呈现出"激进的无神论"逻辑,海格伦德从时间性(temporality)和"间距化"(spacing)等命题出发展开论述。在《声音与现象》(*Speech and Phenomena*)一书中,德里达说道:"时间是十分关键的概念,也是最为根本的问题。"① 在传统形而上学中,时间扮演着双重角色。一方面,时间以"当下"为根基,"过去"被视为已经存在的时间,"未来"被视为将会在场的时间。"当下"的在场是同一性哲学的源泉。另一方面,时间又是与"在场"观念不相容的,连续性是时间的特征。"当下"永远不可能自在存在,它总是被分割为"不再是……"和"尚未成……"② 在这里,同一性和连续性是相互抵触的。在这种分割下,同一性是如何可能的?如何将过去和未来关联起来?海格伦德指出,"'时间—意识'哲学通常将这个综合绑缚在一个自我显现的主体身上,这个主体通过回忆和期望将过去和未来关联起来。在这里,主体的回忆和期望都是以当下的形式呈现出来的。然而这种解决方案假定体验时间的意识在本质上是在场的,从而免于时间的分割"③。德里达一方面认同时间的连续性特征,另一方面又否认"当下"的在场性。他指出,"'过去'不是已然在场,因为任何过去从一开始便自身分裂了。相应地,'未来'也不是即将在场,它指的是每个事物内部所固有的不断位移。任何所谓的在场都在其自身的进程之中产生分裂,它不仅关乎过去的元素,也关乎未来的元素"④。那么,德里达是如何探讨时间的综合的呢?

不同于传统形而上学的时间观,德里达致力于建构一种不以"临在/在场"为基础的时间观,他用"踪迹"(trace)一词来形容时间的综合。"踪迹"即"间距化","即是时间的生成空间或空间的生成时间(延宕)"⑤。德里达在晚期作品《触摸》(*On Touching*)中写道:"一切解构的首要之道乃是间距化。"⑥ 海格伦德指出,"间距化"概念是理解德里达思想的关键,它塑造了德里达全部关键术语的内在品格。"踪迹""延异""源—书写"

---

① Martin Hägglund, *Radical Atheism: Derrida and the Time of Life*, p. 15.
② Martin Hägglund, *Radical Atheism: Derrida and the Time of Life*, p. 15.
③ Martin Hägglund, *Radical Atheism: Derrida and the Time of Life*, p. 17.
④ Martin Hägglund, *Radical Atheism: Derrida and the Time of Life*, p. 17.
⑤ Martin Hägglund, *Radical Atheism: Derrida and the Time of Life*, p. 18.
⑥ Martin Hägglund, *Radical Atheism: Derrida and the Time of Life*, p. 2.

"正义""礼物""好客"等重要概念都是在"间距化"观念的基础上提出的。德里达将"间距化"分为两个方面,即:时间的空间化和空间的时间化。一方面,"鉴于'当下'只有凭借'消失'才能'出现'(它一闪而逝),它须被铭写为一道空间性的踪迹",从而在过去和未来之间建构一种关系,这便是时间的空间化。另一方面,"踪迹"是空间性的,空间性的特征是其驻留的能力,然而在时间中的踪迹瞬时演替,这道踪迹"无法以不可分割的临在/在场为根基,它始终是一道过去的踪迹,并向未来敞开,与未来发生关联……从本质上说来,它一边涂抹,一边还敞露自身",这便是空间的时间化。① 德里达指出,生存是一种本质的有限性,它总是内在地被时间所区分,因此,"踪迹"结构是一切生命形态的前提条件,它也决定了一切生命必然向不确定的未来敞开。正是在此基础上,德里达提出了生命的"自体免疫"(autoimmunity)概念。"自体免疫"原是一个生物学术语,指的是有机体针对自身健康细胞和组织的免疫反应系统。海格伦德指出,"自体免疫"的生物学含义提示我们应认识到德里达遵循的是一种生命的逻辑。② 然而值得注意的是,德里达所阐述的"自体免疫"概念只是对生物科学概念的借用,其基本内涵仍然建立在哲学基础上。

德里达的"自体免疫"概念指的是生命内部承载着自我毁灭的因素,生命所要守护的东西反过来会成为攻击生命的源头。一切威胁皆源自生命的内部,生之机缘与死之威胁密不可分。每一个经验结构的内核都有一种不可治愈的"自体免疫性",因为人们想要肯定的任何事物中都包含有"否定"的一面。③ 从哲学层面上来说,"自体免疫"概念违反了亚里士多德的"不矛盾律"(the principle of noncontradiction)。"不矛盾律"是同一性哲学的根基,亚里士多德在《形而上学》(*Metaphysics*)中对该律则进行了规定:"同样的属性在同一情况下不能同时属于又不属于同一主题。"④ 换言之,同一主题不能同时拥有相互矛盾的属性,"与自身同一的事物是不可分割的统一体,它没有必要具备对自身的免疫力。它也许会受到自身之外事物的威胁,然而它不可能对抗自身"。⑤ 德里达用"自体免疫"概念反对传统的

---

① Martin Hägglund, *Radical Atheism: Derrida and the Time of Life*, p. 18.
② Martin Hägglund, *Radical Atheism: Derrida and the Time of Life*, p. 9.
③ Martin Hägglund, *Radical Atheism: Derrida and the Time of Life*, p. 34.
④ Martin Hägglund, *Radical Atheism: Derrida and the Time of Life*, p. 14.
⑤ Martin Hägglund, *Radical Atheism: Derrida and the Time of Life*, p. 14.

"不矛盾律"和同一性哲学,他指出,间距化和踪迹结构是"自体免疫"的最深刻源泉。踪迹结构使生命向不确定的未来敞开,所谓"将临之未来"必定处于一种双重境遇中,它既是机遇,也是威胁:它一方面开辟了存在的可能性,另一方面也显露出毁灭的危险。可以说,踪迹结构使"自体免疫"被铭写在生命的核心。

从宗教层面上来说,"自体免疫"概念是对"绝对免疫"之神性世界的反驳。奥古斯丁在《忏悔录》(Confessions)中描绘了"绝对免疫"的境界,他指出,不能改变一定优于可能改变,不可损伤一定优于可能损伤,不能朽坏一定优于可能朽坏。一切至善的宗教境界都坚执于"绝对免疫",因为至善必免于邪恶的朽坏。① 形而上学和宗教传统认为,永恒不变、不可侵犯之物是最值得人们想望的,在绝对免疫的理想之境,不会有任何事情发生或改变。德里达则认为,改变、朽坏、"有死"不是生命意欲超越的存在之缺乏,"不朽性"和"绝对免疫"也不是最值得想望的至美之境,因为它会取消"有死者"的时间,会遮蔽生存的渴望。德里达在《无赖》(Rogues)中写道:"自体免疫并不是纯粹的弊病,也不是一种绝对的灾祸。它可以使我向他者、向将临的事件、向即将到来的人敞露自身。因此,自体免疫是不可计算的。如若没有自体免疫而只有绝对豁免,那么便不会有什么事件发生,也不会有什么人到来;如若没有自体免疫,那么我们便不会再期待与等待,不会再彼此向往,也不会期待任何事件的到来。"②

为了批判"绝对免疫"观念,德里达在《尼采与机器》(Nietzsche and the Machine)中使用了"污染"(contamination)一词。文中,他写道:"我们必须将'可能之污染'视为我们的机遇,因为它同时也是一种敞开,一种机遇。没有污染的话,我们便没有敞开,没有机遇。"③ 德里达认为,"污染"是不可避免的,也是不可治愈的。如若没有"污染",便无事可兴,便与死亡无异,一切有关纯粹的理想都是站不住脚的。势必会有一些学者提出如下质疑:德里达晚期一直致力于探讨"纯粹的礼物""无条件的好客"等问题,这些概念岂不是违背了"污染"法则吗?以"纯粹的礼物"概念为例,德里达的研究者们普遍将其视为一种"至善的范导性理念":人们因自身经验的有限性而无法体验它,但可以去欲求它。海格伦德指出,这种

---

① Martin Hägglund, *Radical Atheism: Derrida and the Time of Life*, p. 8.
② Martin Hägglund, *Radical Atheism: Derrida and the Time of Life*, p. 31.
③ Martin Hägglund, *Radical Atheism: Derrida and the Time of Life*, p. 35.

解读方式是对德里达思想的误读。德里达一向强调的是"纯粹的礼物"的不可能性。首先，礼物能保持纯粹性的前提是摆脱经济关系，然而不论是赠予礼物还是接受礼物，都势必会被经济关系所"污染"。"即便我怀着最大的慷慨赠予别人礼物，这种赠予的欲望也会使我从中获益。换言之，即便别人不计回报、不求偿还，当我接受礼物的时候，我便困于一种亏欠之中，从而开启了一种经济关系。"① 其次，礼物的赠予和接受都是在时间中进行的，时间开启了一种不可决断性，所以"好"的礼物有变成毒药的风险（在德语中，"gift"有"毒药"之义）。德里达的"礼物"概念是想强调"礼物"的不可能性，因为礼物只有通过"污染"和生成"非自身"才能是其所是。

康德在《万物的终结》（*The End of All Things*）一文中提出了"时间的终结"观念。他的逻辑如下：如若万物都受制于时间，那么它们随时都会发生改变，若想保证自在之善和纯粹理念的存在，就必须取消时间，就必须有时间的终结。康德写道：

> 然而，某个时刻将会到来。那时，时间终结，一切变化也都停止了。这一场景是难以想象的。那时，整个自然将变得死板，仿佛被石化了一般；那时，思维主体最后的思想和情感将会停顿下来，永远保持一成不变。人类只能在时间之中意识到自身的存在，意识到生命存续的量值。因此，时间终结后的生命看起来像是消灭了一样。②

为了确保"至善"观念的存在，康德假定了"时间的终结"。在他的笔下，时间终结之后，万事万物不会变得更完善或更糟糕，它们看起来与死亡无异：自然变得死板，人的思想停顿，生命像被消灭了一样。康德的描述印证了德里达的观点，即：时间的终结将会是最糟糕的事情，因为它会摧毁万物和生命。在《论哲学领域新兴的末日论腔调》（*On a Newly Arisen Apocalyptic Tone in Philosophy*）一文中，德里达指出，将临的时间是永不终结的，它是一切事件的超—先验条件。他模仿先知的腔调说道："我告诉你们，我已经开始在告诉你，不会有世界末日，以前未出现过，以后也不会有。"③

---

① Martin Hägglund, *Radical Atheism: Derrida and the Time of Life*, p. 36.
② 转引自 Martin Hägglund, *Radical Atheism: Derrida and the Time of Life*, pp. 44–45。
③ Martin Hägglund, *Radical Atheism: Derrida and the Time of Life*, p. 46.

结　论

《激进的无神论》一书带有强烈的论辩色彩，海格伦德反对德里达思想研究界的主流观念，即：德里达早期旨在从文字学和符号学入手解构西方形而上学中的"逻各斯中心主义"倾向，他后期则重点探讨正义、礼物、好客等伦理命题，其思想发生了"伦理（宗教）转向"。在"伦理转向说"的引导下，研究者们倾向于探讨列维纳斯与德里达伦理思想的亲缘关系，认为两人都致力于建构一种"非暴力"的伦理理想。海格伦德指出，这种观点忽视了列维纳斯与德里达思想之间的本质差异：列维纳斯旨在建构一种范导性的伦理理想，而德里达自始至终都在批判这种"伦理理想"，其"礼物""正义""好客"等概念并不是伦理理想的建构，恰恰是对"伦理理想之不可能"的证明。

《激进的无神论》一书另辟蹊径，从时间性角度来重新释读德里达的思想，这为我们提供了崭新的视角。作者海格伦德认为，德里达的思想从未有过断裂，"激进的无神论"思想贯穿其始终。海格伦德之所以将德里达的思想命名为"激进的无神论"，是因为德里达从未将"终有一死的生命"看作一种存在之缺失，也从未将"永存"和"绝对免疫"看作最值得想望的至美之境。为了清晰地呈现出"激进的无神论"逻辑，海格伦德重点探讨了德里达的"间距化"和"自体免疫"概念。这两大概念之间是相辅相成的，可以说，它们塑造了德里达全部关键术语的内在品格：不论是前期的"延异""踪迹""源—书写"等概念，还是后期的"正义""礼物""好客"等概念都是在此基础上提出的。

《激进的无神论》一书更倾向于探讨一些极易遭人忽视的概念术语，海格伦德为这些概念赋予了复杂的内涵，并强调这些概念在分析现实命题时的巨大潜能。以"自体免疫"概念为例，海格伦德指出，该概念铭刻于德里达思想的内核，它具有重要的哲学、宗教以及现实意义。从哲学层面上说来，"自体免疫"概念是对"不矛盾律"和"同一性哲学"的反叛；从宗教层面上说来，该概念是对"绝对免疫"之境的反驳；从现实层面上说来，我们可以借用该概念来分析当今的民主、法律、政治等重大命题。在《无赖》中，德里达便借用1992年的阿尔及利亚选举事件探讨了民主的"自体免疫"。在德里达的笔下，民主的"自体免疫"并不是一个我们应设法克服的消极因素，任何民主政治都具有"自体免疫"性，"一方面，民主必须保护自己以免受到自身的威胁；另一方面，民主用于保护自身的措施必然会威胁到民主自身"。

（作者单位：河北师范大学文学院）

参考文献

德里达：《马克思的幽灵》，何一译，中国人民大学出版社，2016。

柯奈尔：《界限哲学》，麦永雄译，河南大学出版社，2010。

乔纳森·卡勒：《当今的文学理论》，《外国文学评论》2014年第4期。

Jacques Derrida, *Specters of Marx*, trans. Peggy Kamuf, London and New York: Routledge, 1994.

Martin Hägglund, *Radical Atheism: Derrida and the Time of Life*, California: Stanford University Press, 2009.

论希利斯·米勒的解构修辞[*]

何博超

摘　要：美国著名解构主义文论家希利斯·米勒对于修辞极为重视。他不是在语言认知的基础上发现修辞的语法功能，而是在文学语言的本性上发掘修辞的流动性，以及对固化语言的瓦解作用。他将修辞和述行语结合起来，并对隐喻、强喻、寓言、反讽、拟人等修辞格重新诠释，通过它们进行文本分析，使解构主义文论批评具有了可操作性和可理解性，从而避免了在语言层面上的自我迷失。

关键词：修辞；隐喻；强喻；寓言；反讽；拟人

本文拟对希利斯·米勒的修辞观进行一种简单的考察，试图结合米勒关注的"修辞格"，来勾勒米勒对于解构主义文论做出的"技术性"拓展。首先要强调的是，米勒理解的解构修辞不是"修辞压力"，而是修辞的内在效果和外部文化语境。完全可以在把肯尼斯·伯克和德·曼结合起来的意义上理解米勒的修辞。伯克的新修辞学是"意识认同"的语言修辞版和社会版，是修辞传统说服功能的现代转换版（转换为认同），是解构修辞的认知版，不过不能说完全对立于解构修辞。伯克视文学和修辞学为人类的"象征行为"，是从单一意义出发，兼顾多种意义，他的几种认同已经指明了"认同"的复杂性、策略性和文化性，这一点完全可以改造为"解构修辞"。① 作为一个兼收并蓄的批评家，米勒不会只看重伯克与德·曼两种新修辞学的断裂。保罗·德·曼精确地定义了解构修辞，米勒曾反复征引。不过在介绍"解构修辞"之前，先应稍稍回溯西方修辞学中，尼采对亚里士多德修辞术理论的拓展，前者对"解构修辞"的影响巨大，直接促使米

---

* 本文为2015年国家社科基金青年项目"亚里士多德《修辞术》的哲学研究"（15CZX032）的阶段性成果。

① 参见王一川《文学理论》，四川人民出版社，2003，论"文学修辞"一章全文。

勒发挥了尼采修辞术理论的消解力量。

亚里士多德有对修辞术的经典定义:"就将修辞术作为一种能力,能就每件事情,审视出(θεωρῆσαι)可能的说服法(1355b26－27)。"① 这个定义已经指明了:修辞术是说服的方式;可能性的能力几乎无限大。前对应述行语(performative 或 illocutionary),② 后对应修辞的强大取效功能。但是,通过尼采的分析,能看出,亚里士多德已经是把修辞"抽象化"和"规范化"了。③ 亚氏不再像科拉克斯(西方公认的修辞学创始人)重视修辞的"生存功能",而是"说服"功能。尼采指出"人们能够表达讼案,方是修辞学的目标"。这是符合西方历史的,修辞学的兴起源于希腊城邦制的建立,后者促使人们必须良好地处理各种商业和法律关系,前者就是重要手段。而亚里士多德"只抓住选题","不涉及表达风格、布局、记忆"。尼采还转接到文学上,这恰如亚氏重视戏剧的行动,而不重视戏剧的效果和演员的身体呈现。这样"修辞术"成为抽象的偶然的有一定规则的系统性说服法,最初只是技能,达不到技艺(τέχνη)的水平。④

亚里士多德的定义主宰了西方修辞学传统。这是"同"的路线,当然"异"的路线也交互着延续下来,⑤ 因为"修辞术"的生存功能必然地会被保留。尼采为这条脉络的传接做出了贡献。不过,尽管尼采是古典修辞学的奇才、"语言学转向"之前的"修辞家",但是,按德·曼的介绍,他的修辞学贡献始终被人们忽视。⑥ 而德·曼敏锐地注意到了尼采的语言贡献。

德·曼认为尼采把"转义"和"本义"的关系颠倒了过来。"转义不应

---

① 另一个定义见,"它的活动(ἔργον)不是说服,而是就每件事情(περὶ ἕκαστον),看到(ἰδεῖν)那些现成的说服法"。译文由笔者译自古希腊文,见 Aristotle, *Ars Rhetorica*, R. Kassel ed., Berlin: de Gruyter, 1976, 1355b10－11。
② 这是奥斯丁一分法时们的第二层。其他两层是 locutionary(发言)行为和 perlocutionary(取效)行为。这里的术语译文从顾曰国在英文版《如何以言行事》序言中的翻译。J. L. Austin, *How to Do Things with Words*, 外语教学与研究出版社;Oxford: Oxford University Press, 2002. 米勒有专门的著作分析述行语。简单来说,德·曼和米勒致力于发扬语言的述行功能,而不是认知功能,后者被述谓语所主宰。
③ 尼采:《古修辞学描述》,屠友祥译,上海人民出版社,2001,第 8 页。
④ 尼采:《古修辞学描述》,第 9 页。
⑤ 王一川在《文学理论》中总结了西方修辞学的三条路线:亚里士多德;伯克;德·曼;伊格尔顿。其中前两位对应"同",德·曼对应"异",伊格尔顿是综合,因此凡三个修辞学方向。尼采是德·曼这条线的直接影响者。并且法国的罗兰·巴特也致力于发展尼采的修辞学。参见王一川《文学理论》,论"文学修辞"一章全文。
⑥ 德·曼:《论尼采的转义修辞学》,《解构之图》,李自修等译,中国社会科学出版社,1998,第 144 页。

被理解为一种装饰,而从语义学的角度来讲,也不应理解为一个从固有本义命名中衍生出来的引申意义。""毋宁说,情况恰好相反。转义并不是语言所派生的、不重要的……"① 我们可以一句话概括:转义先于本义,语言创造意义。尼采有一个经典命题:"语言就是修辞",它要传达"意见",而非"知识"。② 德·曼也引了这个"大胆而悖谬"的命题。这里语言传达意见,不是知识,已经说明了语言的基本功能不是认知,是述行。并且,仅传达意见则语言存在界限,逾越了这个边界,就产生悖论(paradox)。文学语言就踩在这个界限上。

德·曼还认为尼采式的解构第一步就是注意一切语言的比喻性(figurality)。③ 其词根 figura 是辞格的意思(也有形象的意思,本文建议翻译为辞象),是"艺术地改变了表达形式"④。此尚非转义——"运用辞语替代另外的辞语:用转义代替本义"。但转义生辞格和形象。这样语言的起源应是转义的,是作为辞格的形象的。德·曼解读的目的就是要读出一个反形而上学的尼采。他还读出了尼采对语言反讽力量的重视,对隐喻无法命名主体的揭示,但是他或许忽视了尼采对亚里士多德忽视修辞生存性功能的理解。修辞的生存论意义,海德格尔也揭示过,"我们必须把亚里士多德的《修辞学》看作日常共处的第一部系统的诠释",而不是理解为"教科书"上的东西。⑤ 这里潜在地指明了修辞和述行语的关系。而德·曼只关注修辞回复生存时"反"的那一方面。修辞是一个"无尽的反思"⑥。事实上,反对什么,那个什么就是自己构建的,这是一个反历史的过程。德·曼最终只能陷入无尽的循环,这个形式是思想观念化、脱离历史的最好表现。

当然,德·曼有一个经典的结论即对修辞解构性的发现是成功的,其对米勒的影响最大。这个结论为 "The paradigm for all texts consists of a figure

---

① 德·曼:《论尼采的转义修辞学》,《解构之图》,第 146 页。
② 尼采认为,"语言就是修辞(Die Sprache ist Rhetorik),因为它只会转达意见(δόξα),而不能转达知识(ἐπιστήμη)"。"修辞术……不怎么关涉真(das Wahre),不关涉事物的本质(das Wesen der Dinge),它不会教导,而是给他人传达主观的感动和认可(eine subjektive Erregung und Annahme)。" F. Nietzsche, *Nietzsche Werke: Kristische Gesamtaugabe*, Band II. 4 (Berlin: De Gruyter, 1995), SS. 425–426.
③ 德·曼:《论尼采的转义修辞学》,《解构之图》,第 153 页。
④ 尼采:《古修辞学描述》,第 60 页。
⑤ 海德格尔:《存在与时间》,陈嘉映、王庆节合译,三联书店,1999,第 162 页。
⑥ Stanley Fish, "Rhetoric," in *Critical Terms for Literary Study*, Chicago: Chicago Press, 1990, p. 216.

(or a system of figures) and its deconstruction"（全部文本的范式都包括一个辞格或辞格系统和它的解构）。并由于这个模式不能封闭，那么还会产生"一个充替的辞格附加物，它叙述着先前叙述的不可阅读性"（a supplementary figural superposition which narrates the unreadability of the prior narration）。①这里充替、辞格（辞象）、不可阅读性、解构都被联系起来。这样，文学阅读如自认为是封闭的，那么必是弱化了充替的附加物，如果释放它们，那么我们不可阅读文本，辞象也恢复了修辞的起源，这个过程是一个解构的运动过程。"解构修辞"也就由此而成。

米勒曾引德·曼区分述行阅读与认知阅读。② 这样修辞就和述行语必然结合了。③ 述行语是言语行为理论的重要概念，是20世纪语言学和哲学的一大创举。德里达认为它的创始人奥斯丁做出了很大贡献，述行语和述谓语的发现是"一个伟大的事件"④，尽管他曾和奥斯丁的学生塞尔展开争论。米勒显然受德里达的影响，也极为重视该概念。述行语和述谓语（constative）的区分⑤为"解构主义"提供了建设框架的可能。"解构主义"不必用过于潇洒的方式来分析文本。后者几乎是解构主义文学理论和语言理论（伦理学或几乎全部）的核心：（1）它提供了一个实证的可操作平面，既非孤立的物质基础，也非观念产物（联系文字）；（2）这个基础可以表现出它在时间中转换的各种形态（联系重复）；（3）它向来就是语言的最基本单位，它的发出就是时间本身，完全可以取消词和句子的争论（联系时间和修辞）；（4）这个基础是个负向的点，使用时应该反过来用，不是建构述行语，因为述行语本身在发出后，就开始在时间中"被遗忘"或不断地被当下化，从而在场，它本身就是延异的（联系异乎寻常点）。

需要突出的是第三点，这里能看出述行语和修辞的结合，述行语是长的修辞转义，完全可以理解为修辞或述行修辞。米勒把述行引入修辞是为了强调修辞的创造性、外部性和效果性。

---

① J. Hillis. Miller, "Narrative," in *Critical Terms for Literary Study*, p. 76.
② 希利斯·米勒：《论文学的权威性》，《土著与数码冲浪者》，易晓明等译，吉林人民出版社，2004，第45页；希利斯·米勒：《解读叙事》，申丹译，北京大学出版社，2002，第42页。
③ 费什也在《文学研究批评术语》"修辞"词条把述行语和修辞结合起来。Stanley Fish, "Rhetoric," in *Critical Terms for Literary Study*, p. 213.
④ 德里达：《德里达中国讲演录》，周荣胜译，中央编译出版社，2003，第113页。
⑤ J. L. Austin, *How to Do Things with Words*, Lecture I.

对于转义，① 它分述行修辞和认知修辞两个功能，那么，由于语言就是修辞，转义是修辞的核心，那么语言都是转义，文学语言亦然。这样文学语言的运动就是转义的运动，是一个长的转义，但是如果运动，那么必然转义的述行修辞方面有一种自动力。我们知道，任何运动都不是绝对的线性，所以运动就是扩散，而阅读运动就必定不是沿着单义的线性方向进行，意义永远是扩散着被理解。所以转义的扩散的力量来自转义形式，米勒认为寓言（parable）是最基本的一种，那么全部的寓言都是述行语，这样转义、阅读、解构、述行被联系起来。当然如果转义生辞象的话，还要把重复机制引入，这是一个完整的链条。

本文接下来要介绍五个上述的"扩散转义"，它们为米勒所常用。需要注意的是，不能在纯粹否定一个正题的意义上理解它们，也不能在一种线性的接收信息的层面上去理解对修辞的阅读。我们可以想象，自己在跑步，如果是线性运动的话，那么景物不会向后由近及远地消失，跑步者仿佛是透明着在运动，那当然不可想象。而阅读文本接受修辞的运动，必定不是读取透明的信息并且解码的过程，就像跑步一样，如果这样，那么将没有形象。

1. 隐喻

米勒注重对隐喻这个辞格的解构式发现。他指出隐喻是"epiphora"或"词语置换"的代名词。这里 epiphora 是一个辞格为"词尾重复"，它的前缀 epi-在希腊文中是 upon，after 的意思，后缀-pherein 在希腊文中是"带来"的意思。② 这和隐喻（metaphor）的后缀是一样的，其词原义是带来、传送和改变。③ 米勒在《解读叙事》中谈及隐喻，他的策略和德·曼差不多，还是颠倒本义和转义的关系。他举《俄狄浦斯王》中一些言非所言的比喻，颠覆了隐喻。④ 这个颠覆是正确的，因为隐喻本身就不是必然的，必定存在过一个平面，于其上词还没有和物建立看似必然的关系，否则就没

---

① 海登·怀特认为转义的原义即转动，偏离原义，它又分"规则性的"和"完全背离的"。在怀特的理解中，隐喻、转喻、提喻、反讽构成转义的四条主线。这里，反讽的力量还没有释放出来。海登·怀特：《转义、话语和人的意识模式》，《后现代历史叙事学》，陈永国译，中国社会科学出版社，2003，第 2 页。
② 徐鹏：《英语辞格》，商务印书馆，1996，第 542 页。
③ 罗念生、水建馥编《古希腊汉语词典》，商务印书馆，2004，"Metaphor"字条。
④ 希利斯·米勒：《解读叙事》，第 28 页。

有我们现在理解的"意义"。当然米勒不是说，词没有确定意义，起码词的确定意义离不开隐喻的含混性。

中国古典诗学存在"隐"的传统（如刘勰《文心雕龙·隐秀篇》），如果米勒完全理解中文的话，他会明白他要找的隐喻是什么样的"隐"，当然要转换到西方语境。"隐"的概念（如同解构一样，也谈不上是概念）完全避免了单义和多义、字面和隐含、本义和转义的简单二元对立。

2. 词语误用、强喻（catachresis）

近似于中国"兴"的概念在西方不是没有。不能武断地说西方只有隐喻，虽然隐喻在西方一直被认为是居统治地位的甚至极限的修辞，似乎隐喻之上再无转义。法国后结构主义、解构主义者就使一些前隐喻转义"可见"起来，从"教科书"上解放了它们。强喻是其中最关键的一个。尼采曾举了不少例子，屠友祥注引了巴特和福柯对强喻的重视。① 福柯是在分析欧洲古典时期语言时谈到的词语误用。② 他发现了提喻、换喻和强喻是重要的古典修辞。它们构成了"久远的隐喻的出发点：这些隐喻逐渐变得复杂，并且不久是如此远离它们的发源地，以至于难以重新发现它们"。这些前隐喻修辞建立的物之序后来都被相应转换并被认为是迷信。可以看出福柯的考古学揭示了西方前隐喻的时代，那个时代的开端可以标定在 16 世纪文艺复兴时期③：相似性主宰的认识型包括适合、仿效、类推、交感。这其实就是四种前隐喻的修辞。那时，西方关于知识（episteme）的建构还处于一个词和物平等的时代，所谓"意义"层面还未出现。所以不能说西方没有"兴"，而是相当于兴的这个修辞传统远离了科学的目光。

结构主义的任意性就是强喻的一个版本，但是过于机械和含糊。任何一个符号都不是天生就任意起来。任意性的说法没有从历史的角度解释词语误用，不过却揭示了能指和能指间，能指和所指间关系的修辞性。

米勒认为词语误用是"粗暴地、强制地、随意地用一个词命名某种没有真实名字的事物。词语误用的例子如桌'腿'和母'语'（tongue）。这样的词既不是字面意义，因为桌腿不是真正的腿，语言也不是舌头；它也不是比喻意义（转义）的，因为它并不替代什么专有的词。词语误用破坏

---

① 尼采：《古修辞学描述》，第 54 页。
② 福柯：《词与物》，莫伟民译，上海三联书店，2001，第 152 页。
③ 福柯：《词与物》，第 103 页。

了实际意义与比喻意义之间的区别,这种区别是分析喻义的基础"。① 隐喻的绝境在于模糊了字面意义和比喻意义的距离。所以,强喻连转义都算不上了,它牢牢地处于隐喻甚至修辞的外部。

米勒在《解读叙事》中论及亨利·詹姆斯也提到了词语误用。② 米勒认为这个词词源上是"反对使用"的意思,即对"精选的转义"进行破坏。精选的转义如"孩子的脸像苹果",辞格能表达意义,完美地起到修饰的作用。而强喻破坏了这种完美。比如上帝,上帝只能存在于对上帝的一切比喻中,那么各个语言中的上帝包括画像等其他媒介都是一种强喻。那么"人民"、"官方"甚至"中国"不也都是强喻吗?但是要注意的是,揭示强喻不是否定"物",而是明晓物是如何进入语言的。对于"现实主义"小说,米勒认为"词语误用不断推翻任何现实主义叙事有关实际指涉的假定"③。它推翻了词是"反映"和"反射"物。这是必然的。

米勒用强喻是为了接近词和物的交界。对于诗歌,比如他分析 W. 史蒂文斯的诗歌时考察了诗歌中的词语都是词语误用,④ 指向了 mise en abyme,指向虚无。这是米勒的一个批评模式,即捉住几个词针对它们的所指是否存在来分析这种指向的运动。要注意的是,米勒的分析并未局限于史蒂文斯的一首诗歌进行阐释,而是联系重复的意象,联系诗人的思想,从形式上指明了诗人的矛盾。

"兴"当然不同于强喻,后者在米勒的描述中被认为"导致了修辞'科学'破坏了作为科学、作为清晰明了的真理知识"⑤。这里把强喻的功能指认为破坏真理,从而使人们认为"解构主义"反科学,并且破坏了伽达默尔的对话、哈贝马斯的交往。其实如果我们看重强喻中"兴"的成分,那么就会对这种看法不以为然。米勒无非要破除"认知",即"隐喻"对文学的干扰,但正是这个目的,又使得他的强喻区别于"兴",因为中国诗学传统中,不存在西方意义上的"认知隐喻",中国也没有"literature"和"science 和 philosophy"的区分和斗争,我们无须破"认知",让"兴"摆脱"比"(相当于隐喻和明喻)。

---

① 希利斯·米勒:《大地·岩石·深渊·治疗》,方杰译,《土著与数码冲浪者》,第 150~151 页。
② 希利斯·米勒:《解读叙事》,第 93 页。
③ 希利斯·米勒:《解读叙事》,第 93 页。
④ 希利斯·米勒:《大地·岩石·深渊·治疗》,方杰译,《土著与数码冲浪者》,第 151 页。
⑤ 希利斯·米勒:《大地·岩石·深渊·治疗》,方杰译,《土著与数码冲浪者》,第 151 页。

如果仔细考察西方历史的话，必定能发现一条前隐喻的路线。然而比起"兴"来，那必定是和"兴"有交集，但又有着自己独特性的充满焦虑的空间。

3. 寓言

米勒极为重视寓言。这个寓言不是讽喻寓言（allegory）——本雅明在《德国悲剧的起源》、德·曼在《时间性修辞学》中都把它和象征进行区分，米勒曾征引过。① 讽喻是时间性的，象征是空间性的；讽喻突出互文性和文本内部，而象征朝向意义、指向文本之外。其实这个寓言和 parable 差不多。后者词典意义是指和《圣经》有关的寓言。如果说有差异的话，那么是寓言越出了讽喻和象征的对立。

米勒从词源上指明寓言的意思是"thrown beside"（抛出）。如同抛物线（parabolic curve）"远离想象的线被抛出，从想象的锥顶点向下，落在远离圆锥平面那个优美的圆之外"。是那种扫过太阳永远消失的彗星而非沿椭圆曲线做周期性运动的哈雷彗星。② 米勒以此为比喻，则"parable is a mode of figurative language which is indirect indication…"（寓言是一种不直接指示的形象性语言）。对寓言的阐释都是寓言性和抛物性的。

比起词语误用，米勒重视寓言的运动性。似乎只有通过这种抛的运动，强喻的彗星才会远离没有下次回归只有无尽的还在远离的点，它是终极不可接近的。寓言的抛走，联系着在作品中回响的他者。③ 读者需要跨过重复的间距，然而如果一无所获呢？这是无法跨越的但还在重复的不存在的间距，谁能跨越到彗星那边呢？米勒举卡夫卡的例子，在西方这是一个只有目标没有路的远点，是一种痛苦，城堡拒绝 K 的进入，K 的到来也是茫茫积雪中的一次偶然事件。然而在中国《蒹葭》的不可接近却带来一种韵味。偶然性在中国是人们追求的，然而在西方偶然只带来无尽的抛射和梦魇。

米勒把寓言和述行语结合，述行语的发出是为了做事，为了个体的存在。最终的不可接近是世界中我的存在运动而非形上的终极。远方才是不可接近的。那么寓言的述行语每次都是无尽的。

---

① 希利斯·米勒：《幽灵效应：现实主义小说中的文本间性》，满兴远译，《土著与数码冲浪者》，第 51 页；德·曼：《时间性修辞学》，《解构之图》，李自修等译，中国社会科学出版社，1998，第一部分。

② J. H. Miller, "Parable and Performative in the Gospels and in Modern Literature," in *Trope, Parables, Performative*, New York: Harvester Wheatsheaf, 1990, p. 135.

③ J. H. Miller, "Preface," in *Trope, Parables, Performative*, p. ix.

4. 反讽（irony）

如果说释放的词语误用处于隐喻外部，那么反讽是从隐喻内部瓦解的冲力。如果说隐喻是单中心圆，讽喻是双曲线，寓言是抛物线的话，那么反讽就是永久性的悬置。① 寓言还有目标，而反讽不受任何中心的限制。

米勒认为反讽是无所不在的非确定性因素。② 这种理解和克尔凯郭尔一致。在《论反讽概念》中，克氏考察了反讽在欧洲历史中的变动，释放了反讽的力量。他认为反讽拥有"永恒的有效性"，它"自己扬弃自己"，通过对直接现象的否定，而走向现象和本质的同一。③ 我们能看到反讽天然地使语言显出了外观，因为反讽使深渊上的阅读的可能性变得不可能了，语言使人们对它敏感了。米勒甚至说："假如文学是在语言中进行虚构的永恒可能性的话，那么反讽就是文学的代名词。"它是并非转义的转义，无法用任何图表来加以描述。④

反讽冲出隐喻回到了词语误用，但由于它是内部冲出的，因此效果不同于强喻。比较我们指着桌子说"这是桌子"，而指着一个人说"这是桌子"。前者是强喻，但人们并不察觉，差异延迟；而后者的差异很明显地表现了出来。

米勒联系间接引语来分析反讽，叙述者和人物交织，人们分不出话的真正源头，各种文本交织。作者使文字脱离了自己，作品如同儿女出生脱离了父母自由生长，文学就是提供这样一个虚构游戏的场地，"使语言脱离实用语境的可能性"。反讽和述行语结合，我们不会只盯着"反"和"讽刺"，从生存的角度，人们随时处于语言的反讽中。每个词都不可能拥有真空一样的语境，流溢出来的他者留出了这个词（声形义）的其他位置，相互拥挤揭示出充替的他者。

米勒把反讽推到文学权威性的地位，那么我们必然联想述行语的权威地位，述行语必然是反讽吗？如果这样，述行语的核心修辞是否为反讽？而且当反讽性修辞处于某个文化阶段的核心的时候，是否有着深刻的文化内容？

5. 拟人（prosopopoeia）

这也是米勒常用的一个转义。这个词前缀 proso- 是脸和人（person）的

---

① 希利斯·米勒：《解读叙事》，第 170 页。
② 希利斯·米勒：《解读叙事》，第 170 页。
③ 克尔凯郭尔：《论反讽概念》，汤晨溪译，中国社会科学出版社，2005，第 213、286 页。
④ 希利斯·米勒：《解读叙事》，第 172 页。

意思。后缀-poieein 是制作的意思。词的意思是"一种修辞辞格，事情以人的方式被再现，或无生命的东西作为有生命的东西被说出，或缺席的人被转述，或死去的人被作为活着的人再现"①。而 person 源于拉丁文 persona，是面具的意思。② 那么拟人就是制作面具。人格化（personification）这个辞格包含于其中。

米勒引过德·曼论拟人：它指"一个名字、一张脸或一个声音归于缺席的人、无生命的人、死去的人，它是抒情诗的基本转义"。德·曼认为它比隐喻还要重要，是诗歌的本质。③ 显然这又是一个前隐喻的修辞。米勒论证了为什么所有的诗人即使再有强力、再纯净也摆脱不了拟人，因为一切的诗都是虚构。④ 这里虚构要理解为创造事物但让人觉得是把事物纳入语言的述行过程。

米勒举康德的道德律，他认为康德就是在用人格化的方法来给予道德律意义，但是弱化了这个拟人，那么人们就得到了透明的和纯净的理性。

米勒同样赋予这个辞格以解构。而他的策略依然是向修辞绝境 mise en abyme 靠拢。拟人很像强喻，而且偏于让人们接受拟人和某事物的关联。当它从"教科书"上释放出来，就成为相当原始的修辞。它为了揭示物。如米勒引史蒂文斯诗歌题目："无物的观念，只有物本身。"拟人就在建立联系的时候被推翻了，因为世界是无限的，物是无限的，相似性是无限的，所以拟人难以涵盖物本身，因此拟人在米勒看来，以这样"不满意"的方式揭示着词和物。

本文分析了五种被米勒重新发掘的修辞。米勒重视的是如何从中导出文学语言的本性。他试图通过述行语使固化的认知语言流动起来。米勒式的解构修辞凝集了文本（文字）生成的各种因果关联、各种现象和本质的分裂、各种奠基性条件和结构，恰处于文本内部解读和外部文化阐释的边界上。或许他有时回避政治社会的因素，但他通过出色的具体文本分析，从形式上提供了可操作的修辞程式。修辞如同绳索的结点，使得多元多线索的解构主义文论不至于漫无目的和难以把握。

（作者单位：中国社会科学院哲学研究所美学研究室）

---

① 徐鹏：《英语辞格》，第 551 页。
② 希利斯·米勒：《解读叙事》，第 167 页。
③ J. H. Miller, "Prosopopoeia in Hardy and Stevens," in *Trope, Parables, Performative*, p. 245.
④ J. H. Miller, "Prosopopoeia in Hardy and Stevens," in *Trope, Parables, Performative*, p. 258.

参考文献

保罗·德·曼:《解构之图》,李自修等译,中国社会科学出版社,1998。
弗雷德里希·尼采:《古修辞学描述》,屠友祥译,上海人民出版社,2001。
海登·怀特:《后现代历史叙事学》,陈永国译,中国社会科学出版社,2003。
克尔凯郭尔:《论反讽概念》,汤晨溪译,中国社会科学出版社,2005。
罗念生、水建馥编《古希腊汉语词典》,商务印书馆,2004。
马丁·海德格尔:《存在与时间》(第2版),陈嘉映、王庆节合译,三联书店,1999。
米歇尔·福柯:《词与物》,莫伟民译,上海三联书店,2001。
徐鹏:《英语辞格》,商务印书馆,1996。
雅克·德里达:《德里达中国讲演录》,中央编译出版社,2003。
约瑟夫·希利斯·米勒:《解读叙事》,申丹译,北京大学出版社,2002。
约瑟夫·希利斯·米勒:《土著与数码冲浪者》,易晓明等译,吉林人民出版社,2004。
Aristotle, *Ars Rhetorica*, R. Kassel ed., Berlin: de Gruyter, 1976.
Austin, J. L., *How to Do Things with Words*, 外语教学与研究出版社; Oxford: Oxford University Press, 2002.
Foucault, M., *Les Mots et les Choses*, Paris: éditions Gallimard, 1966.
Lentricchia, F. & Mclaughlin, T. (eds.), *Critical Terms for Literary Study*, Chicago: Chicago Press, 1990.
Miller, J. H., *Trope, Parables, Performative*, New York: Harvester Wheatsheaf, 1990.
Nietzsche, F., *Nietzsche Werke: Kristische Gesamtaugabe*, Band II.4, Berlin: De Gruyter, 1995.

·经典迻译·

"喻象"的释义与考辨*

——一段概念史

埃里希·奥尔巴赫(Erich Auerbach)/文　林振华/译

摘　要："喻象"本意为"立体造型",其语义流变肇始于公元前1世纪罗马教育的希腊化。在其发轫阶段,有三位作家发挥了至关重要的作用——瓦罗、卢克莱修和西塞罗。自公元4世纪起,"喻象"除了形象建构的意义之外,还获得了对基督宗教及其圣经解释极为重要的"预表功能","喻象"的用法以及与之相关的阐述方法,在几乎所有拉丁教会作家中得到全面发展。从"形象"到"喻象"到"兆象",一段概念史的考察表明,一个词如何通过语义发展,进入历史环境,并催生历经几个世纪而不衰的结构。促使圣保罗到异教徒中传道的历史环境,发展了兆象阐释,为它在古代晚期乃至中世纪发挥影响铺平了道路。

关键词：形象；寓言；预表学；喻象阐释

一　从泰伦斯到昆体良

"喻象"(figura),派生自同干词"fingere"、"figulus"、"factor"和"effigies",本意为"立体造型"。该词最早见于泰伦斯的《宦臣》(*Eunuchus*, 317)。剧中写到,某少女拥有"nova figura oris"（与众不同的脸型）。帕库

---

* 本文以 Ralph Manheim 的英译文为底本翻译（载 Erich Auerbach, *Scenes from the Drama of European Literature*, Minneapolis: University of Minnesota Press, 1984, pp. 11 – 76）,同时参考了 Jane O. Newman 的英译文（载 Jame I. Porter ed., *Time, History, and Literature: Selected Essays of Erich Auerbach*, Princeton and Oxford: Princeton University Press, 2014, pp. 65 – 113）,译毕按德文原文（载 *Gesammelte Aufsätze zur Romanischen Philologie*, Bern und München: Francke Verlag, 1967, pp. 55 – 92）校对。

维乌斯（Pacuvius）的这段引文［270/1, cf. Otto Ribbeck, *Scaenicae Romanorum poesis fragmenta* (3rd ed.,) Leipzig: B. G. Teubner, 1897) I: 110］可能作于同一时期：

> Barbaricam pestem subinis nostris optulit
> Nova figura factam……
> （她把异邦的瘟疫，画到我们的矛上，
> 那造型与众不同……）

普劳图斯可能对该词知之甚少。他用过两次"fictura"（*Trinummus*, 365; *Miles Gloriosus*, 1189），但这两处的含义更接近造型活动而非其结果。此后，使用"fictura"的作家屈指可数。提到"fictura"，我们不禁注意"figura"的特殊之处。根据埃尔努－梅耶（Ernout-Meillet）的《拉丁词源》（Ernout-Meillet, *Dictionnaire étymologique de la langue latine*, 346），"figura"为词干式派生词，而非"natura"等词尾式派生词。施托尔茨－施马尔茨（Stolz-Schmalz, *Lateinische Grammatik*, 5th ed., 219）认为，此乃"effigies"之变体。无论如何，这一特殊词形传达了某种鲜活而动态的、自由而俏皮的色彩；加之发音优美，很多诗人都乐在其中。上述两例中，"figura"都与"nova"同用，这或许纯属巧合；可即便巧合，重要性也不言而喻。通过考察该词的流变，我们可以探究其中的创新观念，看前人如何破旧立新。

"figura"的流变肇始于公元前1世纪罗马教育的希腊化。在其发轫阶段，有三位作家发挥了至关重要的作用——瓦罗（Varro）、卢克莱修（Lucretius）和西塞罗。当然，我们无法明确他们取材于何种佚遗的材料；但卢克莱修与西塞罗筚路蓝缕之功巨大，对于"figura"词义之变，任何人恐怕都难望其项背。

瓦罗是三人当中创意最少的。在他的作品中，"figura"有时意指"外形"，甚至"轮廓"，故而开始偏离其最早的含义，即比较狭隘的立体造型概念。不过，这似乎是大势所趋（后文我们将进一步探讨），瓦罗在其中并无特殊建树。瓦罗是词源学家，熟知该词的本源［"fictor cum dicit fingo figuram imponit"（当造形者说"我在造形"，他便为物体赋形）：*De lingua latina*, 6.78］。因此，当他用"figura"表示生物和物体，其中往往蕴含立体造型的意味。有时，我们很难确定，在瓦罗的时代，这种意味有多么强烈。

例如，他表示，买奴隶时既要看形体（figura），也要看品质——买马要看年岁大小，买母鸡要看产蛋多少，买苹果要看香味浓烈程度（Ibid., 9.93）；另外，他还写到，某恒星改变了自身的颜色、亮度、形状、轨道（colorem, magnitudinem, figuram, cursum）（转引自 Augustine, De civitate Dei, 21.8）；在《论拉丁语》（De lingua latina, 5.17）中，他把并排而立的尖栅栏比作拉丁字母 V 的形状（figura）。当他讨论词形时，"figura"便没有那么强烈的立体造型意味。例如在《论拉丁语》（9.21）中，他写到，我们从希腊人那里引进了新型的容器，可为何大家像抗拒毒药一样，不肯接纳新词形（formae vocabulorum）？"难道他们认为，两种意义差别太大，不得不找一种新形式，看起来前所未有，听上去又似曾相识？"（Et tantum inter duos sensus interesse volunt, ut oculis semper aliquas figuras supellectilis novas conquirant, contra auris expertes velint esse?）这段表述很接近"'figura'可听"的观念。此外，我们还应注意，一些拉丁作家不谙哲学，使用术语时并不严谨。瓦罗亦然，表示"形"时，他并不区分"figura"抑或"forma"。严格说来，"forma"的意思是用以造型的"型器"（法语的"moule"），"figura"之"形"便脱胎于此。不过，如此区分极其罕见，盖利乌斯（Gellius, Attic Nights 3.10.7）可能是唯一例外："semen genital fit ad capiendam figuram idoneum"（生机勃勃的种子开始成型）。

如前所述，瓦罗的独出心裁（遮蔽了"figura"的本义），属于语法层面。事实上，瓦罗率先用"figura"表示语法的，曲折的和派生的形式。他所谓"figura multitudinis"，就是指复数形式。"Alia nomina quinque habent figuras"（9.52）的意思是"一些名词有五种（变格）形式"。这种用法影响深远〔cf. Thesaurus Linguae Latinae, （s. v.）figura, III A 2a, col. 730 and 2e, col. 734〕。从瓦罗的时代起，"forma"也具有同样含义，但"figura"似乎使用得更频繁，并受拉丁语法学家青睐。这两个词，尤其是词源清晰可见的"figura"，何以迅速获得纯粹的抽象意义？答案是通过罗马教育的希腊化。希腊语的科学词汇与修辞词汇比拉丁语丰富得多，表达"形"之概念的词语很多，其中最为重要的如"morphē""eidos""schēma""typos""plasis"。随着柏拉图与亚里士多德的词汇扩展至哲学与修辞领域，这些词也具有了特殊内涵。例如，"morphē""eidos"就跟"schēma"存在明显差异。"morphē""eidos"乃"揭示"物质的形或式（idea）；"schēma"则指这种形的可感可知之态（shape）。最经典的例子见于亚里士多德《形而上学篇》

探讨"ousia"（本质）的段落（*Metaphysics*，VII，3，1029a）。文中，作者将"morphē"定义为"形之态"（schēma tēs ideas）。职是之故，亚里士多德用"schēma"表示感官可感知的性质范畴，并且与"megethos"（数量）、"kinēsis"（运动）、"chrōma"（颜色）等联用，对此我们已经在瓦罗那里见过。拉丁语中的"forma"简直是"形体"（merphe）、"形式"（eidos）的理想替身，因为它原本就有模型（model）之义。有时，"exemplar"（典型）也是不错之选，但"figura"更频繁地对译"schēma"。在科学术语中（语法、修辞、逻辑、数学、天文），希腊人经常用"schēma"指"外在形态"，拉丁语的"figura"也作如是之用。

于是，在原来的立体造型含义之外，"figura"又出现了更加广泛的含义。首先，它用来指可以通过感官感知的事物；其次，它是语法、修辞、逻辑、数学乃至后来的音乐和舞蹈的形式。当然，原本的立体造型含义并未完全消失；"typos"（印记）和"plasis""plasma"（立体造型）通常以"figura"对译，因为其词根"fig-"也有此义。"figura"的"印迹"（the imprint of the seal）含义便从"typos"演化而来。这个隐喻大有来头：前有亚里士多德［*De memoria et reminiscentia*，450a 31："运动暗示着被感受之物的某种印迹"（hē kinēsis ensēmainetai hoion typon tina tou aisthēmatos)］，间有圣奥古斯丁［*Epistolae*，162.4（*Patrologia Latina*，XXXIII，col.706)］与伊西多尔（Isidore）［*Differentiae*，1.528（*Patrologia Latina*，LXXXIII，col.63)］，后有但丁［"come figura in cera si suggella"（像蜡上的印迹），*Purgatory*，10.45 and *Paradise*，27.52］。不过，影响"figura"含义流变的，不单单是"typos"的造型之义，还有其中蕴含的通用、规定、示范的意味（参见与"nomikōs"的联用，见 Aristotle，*Politics*，II，7，1341b 31），而这反过来也进一步消除"figura"与"forma"之间已模糊不清的界限。"figura"同"plasis"等词的关联，也使前者逐渐转向"塑像""意象""肖像"等含义（可能一开始就存在此倾向，但演变很缓慢），进而与"statua"，甚至与"imago""effigies""species""simulacrum"分庭抗礼。因此，从用法上讲，拉丁语词"figura"基本可替代"schēma"，但这并未充分体现它的词能（potestas verbi）。另外，"figura"比"schēma"更切近立体造型之义，而且更有活力，更有魅力。当然，希腊语中的"schēma"也比德语的借词"Schema"更有活力。例如，亚里士多德就把人类（尤其是演员）的动作模仿称为"schēmata"。故希望用"schēma"表达动态形式的想法不足为奇。不过，后来进一步体现这种想法和转变的，不是"schēma"，而是"figura"。

卢克莱修笔下的"figura"带有希腊哲学色彩，但他的用法极为独特，自由且意味深长。他先从最为常见的"形貌"义入手，从手工制成的"模型"（minibustractate figura, 4.230）到纯粹的"地貌"（2.778，4.503）。尔后（4.556），他将其由立体造型和视觉层面，推广至听觉层面["辞貌"（figura verborum）]。不过，从原型到摹本（imitation），从模型到模本（copy）的重要转变，最好的例子就是探讨子女与父母相像的段落（种子的混合，遗传问题）。他写到，孩子兼具父母的容貌（utriusque figurae），且经常与前辈的容貌（proavorum figuras）有几分相似。另外，他还写到，"inde Venus varias producit sorte figuras"（因此，维纳斯创制了各种容貌）（4.1223）。不难看出，此处只有"figura"才能胜任模型（Urbild）与模本（Abbild）的文字游戏。"forma"与"imago"过于切近其中的一个意思。而"figura"也表示可通过感官感知的事物。它比"forma"更灵活，还保留了比"imago"更精确的原型特质。值得注意的是：这里以及后来，尤其在诗歌中，三韵脚的"figura"（不论其语法变格形式如何）堪称六步格的绝佳尾韵。最后，"模本"之义的另一个特殊例子，见于卢克莱修的形论，即如薄膜（membranae）一般的物体之形，剥落后在空中飘浮。此论是他以物质论（materialism）的术语，对德谟克利特"影像论"（eidōla）的改造。卢克莱修把"影像"称为"simulacra""imagines""effigias"，有时也以"figuras"呼之。于是，我们就在他的笔下，首次发现"figura"的"梦象""幻象""魅影"含义。

这些衍生义富于极大生命力，而且越发重要，"模型""模本""幻象""梦象"等含义始终与"figura"息息相关。不过，卢克莱修最令人拍案的创举在另一处。众所周知，他笃信德谟克利特与伊壁鸠鲁的原子宇宙论。他把原子称作"primordia""principia""corpuscula""elementa""semina"，即"corpora, quorum concursus motus ordo positura figura"（以其组合、运动、秩序、位置、形状）[1.685, （cf.）2.1021]而生发万物的物体。虽然小，可原子是物质，而且有形。它们的形态不计其数，故卢克莱修以"figurae"称之；反过来，"figurae"也常常译为"原子"[迪尔斯（Diels）便如此]。大量的原子不断运动；它们在虚空中游荡，相互组合，相互排斥，跳着形之舞（a dance of figures）。"figura"的这一用法似乎仅限于卢克莱修；《拉丁词库》（*Thesaurus Linguae Latinae*）只给了一个示例，即公元4世纪末克劳狄安的一句引文（*Rufinum* l. 17）。卢克莱修最有创意的用法影响甚微，可在我看来，所有用过"figura"的作家里，他无疑是最别出心裁的，即便该用法的历史意义不大。

西塞罗经常使用"figura"，而且用法相当灵活，在其政治、公论、司法、哲学著作中，各种"形"随处可见。这些用法反映出他可爱、无常、摇摆不定的品性。例如，西塞罗经常以"figura"写人，有时带着怜悯的口吻。在《为昆·罗斯奇乌斯辩护》（*Pro. Q. Roscio*, 63）中，他写道："portentum atque monstrum certissimum est, esse aliquem humana specie et figura, qui tantum immanitate bestias vicerit, ut…"（有个东西人模人样，却比任何野兽都凶残……毫无疑问，如此异形着实可怕……）同文中（20），作者用"tacita corporis figura"（无声的体形），表示仅看举手投足就可知其人罪大恶极。人的肢体、内脏、动物、器具、群星，总之一切可感知物都有"figura"，就连神祇和整个宇宙亦然。另外，西塞罗还化用了希腊语词"schēma"的"样貌"（appearance）甚至"模样"（semblance）之义。例如他写到，暴君只是长着"人的模样"（figura hominis）；"神祇乃非实体之存在"（gods as immaterial beings）的观念，既无法把握（figura），也无法感知（sensus）。在西塞罗的著作中，很少看见他截然区分"figura"与"forma"（如 *De natura deorum* 1.90, and note 7 above），而且"figura"并不仅限于视觉或立体造型层面。例如，他用过"figura vocis"（声貌），用过"figura negotii"（工种），并且频繁使用"figurae dicendi"（辞类）。当然，平面几何之形与立体几何之形也有"figura"。不过，西塞罗罕用该词的模本之义。在《论神性》（*De natura deorum*, l.71）中，他写到，对话者之一科塔（Cotta）能轻易读懂诸神的"身似物"（quasi corpus），"si in cereis fingeretur aut fictilibus figuris"（如果把它制成蜡像或黏土）。在《论占卜》（*De divinatione*, 1.23）中，他提到了一块外形近似小潘神的悬崖。西塞罗用"imagines"（*De divination*, 2.137）指德谟克利特所谓的自形体发散出来的"schēmata"（上文谈及卢克莱修时已提及）[a corporibus enim solidis et a certis figures vult fluere imagines Democritus（德谟克利特认为，影像发散自物质形体与实际形态）]。西塞罗从不用"figurae"，而是用"signa"指众神的形象。兹以奚落维雷斯（Verres）的笑话为例（*In Verrem* 2.3.89）。维雷斯打算盗窃西西里城的一尊名贵神像，却爱上自己主人的妻子："contemnere etiam signum illud Himerae jam videbatur quod eum multo magis figura et lineamenta hospitae delectabant."

(现在他似乎嫌弃希梅拉的雕像,因为女主人的样貌更让他心花怒放。)除此之外,几乎找不到像卢克莱修笔下如此大胆的创新用法。

西塞罗的功劳主要在于,把"figura"的物质概念引入学术话语,并按照需要加以改造,在于使之在学术话语中发挥作用。该词常用于其哲学与修辞著作,尤其是论神性的文章。在这些著作中,他试图界定如今我们所谓的包罗万象之形。众所周知,西塞罗一直致力寻找一种表达方式,能取代单个的"figura",表达修辞上的"全整"(copia)含义,为此他常常将同义词联用,如"forma et figura"(形状与样貌)、"conformatio quaedam et figura totius oris et corporis"(完整体貌的构象)、"habitus et figura"(习惯与样貌)、"humana species et figura"(人的外表与样貌)、"vis et figura"(力量与样貌)等等。显然,他渴望将现象世界尽收眼底,对此他的罗马读者很可能已略知一二。不过,西塞罗或者天资不济,心有余却力不足,或者有意折中,他无法提出令人信服的形的观念或将其仔细完善;他的想法仍然模糊不清。但西塞罗能不偏不倚,极尽"figura"各种用法,这足以让我们对其心怀感激。

不过,"figura"演变史中,最为关键的一步在这里:西塞罗和《致海伦尼乌》(*Ad Herennium*)率先将其作为修辞术语,来指称文辞的"状态"(schēmata)或"特点"(charactēres lexeōs),即文体(style)的三个层次,《致海伦尼乌》(4.8.11)示为"figura gravis, mediocris, extenuata"(壮丽体、适中体、精约体);《论演说家》(*De Oratore*, 3.199 and 3.212)示为"plena, mediocris, tenuis"(华丽体、适中体、简约体)。不过,正如费特尔(Emil Vetter)指出["Figura" in *Thesaurus Linguae Latinae* (VI, part 1, col. 731, 11. 80 f.)],西塞罗尚未从技法角度,以"figura"表示迂说或藻饰之义,即我们所谓的"辞格"。虽然他熟稔其种种辞格,并予以详述,但他并不像后来作家那样称之为"figurae",而是啰唆的"formae et lumina orationis"(言辞的形式与修饰)。另外,他还经常使用"figura dicendi"(言说方式),当然大多为"forma et figura dicendi"(言说的形式与方式)。比如他说演说的方式不计其数(*De oratore*, 3.34),再比如他单说库里奥(Curio)"suam quandam expressit quasi formamque dicendi"(讲话自成一体,仿佛那是他特有的形式与方式)(*Ibid.*, 2.98)。在修辞学堂,随着西塞罗的演说论著成为圭臬,那里的学生越来越熟悉这种关联用法。

于是,到共和国时代末期,"figura"已深深扎根于哲学术语和知识阶层的言谈之中。进入帝国时代的第一世纪,其用法与含义继续演变。不难想象,诗人甚好模型与模本之间的文字游戏,以及梦象与现实之间的若即若离。卡图卢斯(Catullus)(*Attis*, 62)的这句话便是典型例子:"Quod enim genus figurae est ego quod non obierim?"(我不曾拥有何种模样?)普罗佩提乌斯(Propertius)亦写到,"mixtam te varia laudavi saepe figura"(我常常歌颂你千面合一的模样)(3.24.5),以及"opportuna meast cunctis natura figuris"(我的天性适合各种模样)(4.2.21)。在《梅萨拉颂》(*Panegyricus ad Messalam*)优美的结尾部分,他描写了死亡使人"形体扭曲"(mutata figura)的力量。维吉尔(*Aeneid*, 10.641)则写到,幽灵给图尔努斯(Turnus)施了魔,让他以为眼前的就是埃涅阿斯:"morte obita quails fama est volitare figuras"(据说,死后魅影就像这样四处飘荡)。不过,"figura"的形变之义最丰富的出处莫过于奥维德。有时,出于凑韵的需要,他会用两音节的"forma"表达相同意思,但除此之外,他用的最多的,还是三音节的"figura"。在他笔下,该词组合五花八门:"figuram mutare, variare, vertere, retinere, inducere, sumere, deponere, perdere"(变形、化形、转形、驻形、显形、假形、离形、失形)。这里不妨举几个例子[均引自《变形记》(*Metamorphoses*)]:

1. tellus…partimque figures/ rettulit antiquas(泥土……部分保存了古代的形状)(1.436);

2. …se mentitis superos celasse figuris(……众神化作障眼的形状)(5.326);

3. sunt[,]quibus in plures ius est transire figuras(法力给了别人,使其能幻化为各种形状)(8.730);

4. …artificem simulatoremque figurae/ Morpheus(……狡猾的摩尔菲乌斯能摹仿人的形貌)(11.634);

5. ex aliis alias reparat natura figuras(自然根据其他形状来造型)(15.253);

6. animam…in varias doceo migrare figuras(我教导道,灵魂……进入各种形体之中)(15.172);

7. lympha figures/ datque capitque novas(水能赋新形,亦能受新形)(15.308)。

还有一处表达了"印迹"之义:

> Utque novis facilis signatur cera figures
> Nec manetut fuerat nec formas servat easdem,
> Sed tamen ipsa eadem est...
> (柔软的蜜蜡盖上了新的印迹
> 再不是以前的模样,再不是同样的形状,
> 虽然还是这块的蜜蜡……)(15.169 – 171)

此外,奥维德笔下"figura"应明显带有"模本"意味。例如,《岁时记》(*Fasti*, 6.278)写道:"globus immense parva figura poli"(天球是浩瀚的天穹之缩本)。在《女杰书简》(*Heroides*, 14.1.97)与《黑海书简》(*Ex Ponto*, 2.8.64)中的部分段落亦然。奥维德还使用"figura"表示"字母"(已见于瓦罗)——"ducere consuescat multas manus una figuras"(让一只手习惯模拟各种字母)(*Ars amatoria*, 3.493),以及鱼水之欢的"体位"——"Venerem iungunt per mille figuras"(他们尝试上千种颠鸾倒凤的体位)(*Ibid.*, 2.679)。在奥维德的著作中,"figura"鲜活可变,形态各异,欺人眼目。《天文学》(*Astronomica*)的作者马尼利乌斯(Manilius),运用"figura"也很有一套。除了上述含义外,他还用其(以及"signum""forma")表示"星象",卢卡努斯与斯塔提乌斯(Statius)则用其表示"梦象"。

建筑师维特鲁维乌斯(Vitruvius)的"figura"用法,与这些作家全然不同,也与修辞学家相异。对他而言,"figura"是建筑的外形和立体造型,充其量是这种造型的复制品。故其中并无虚幻或转化的意味。所谓"figurata similitudine"(7.5.1),并非指"模仿相似性",而是指"创造相似性"。"figura"往往指"营造图"[modice picta operis futuris figura(规划草图),1.2.2];"universae figurae species"或"summa figuratio",则指建筑或人的全图(他喜欢从对称角度比较这两者)。虽然他偶尔将其用于数学领域,但无论对他还是那个时代的建筑作家,"figura"(以及"fingere")都含有十分具体的造型意义。例如,费斯图斯(Festus, 98)"crustulum cymbi figura"(外形像船的蛋糕);凯尔苏斯(Celsus)(2.3.5f.)"venter reddit mollia, figurata"(子宫孕育着柔软的形体);科鲁梅拉(Columella)(12.15.5)"ficos comprimunt in figuram stellarum flosculorumque"(他们把无花果按成星形和小

花形)。这方面老普林尼的例子更多。虽然他来自另一个社会和文化阶层,但他的作品涵盖了"figura"所有可能的种类与类型的含义。在《博物志》(*Natural History*)第35卷开篇,作者哀叹肖像画日渐式微,从中我们可清楚看到该词从形像(form)到肖像(portrait)的含义转变:"Imaginum quidem pictura, qua maxime similes in aevum propagantur figurae…"(借着肖像画,栩栩如生的人像代代流传下来……)后来,他提到了瓦罗发明的插画书:

> imaginum amorem flagrasse quondam testes sunt…et Marcus Varro…insertis…septingentorum illustrium…imaginibus:non passus intercidere figuras, aut vetustatem aevi contra homines valere, inventor muneris etiam diis invidiosi, quando immortalitatem non solum dedit, verum etiam in omnes terras misit, ut praesentes esse ubique ceu di possent.

> (过去,大家很喜欢肖像画……马可·瓦罗便是其一……他在自己的著作中,插入700位名人的画像,使他们的形象不至于随岁月流逝而消失。如此泽被后世的发明,甚至让神祇都心生妒意,因为他不仅赐予不朽,而且传诸四海,让不朽者如神明一般无处不在。)

在公元1世纪的法律文献中,"figura"有时指"纯粹的外在形式"甚至"外貌"。例如,《学说汇纂》:"non solum figuras sed vim quoque condicionis continere"(不仅包括契约的形式,而且包括其效力)(*Digest*, 28.5.70)(Proculus);"Mihi Labeo videtur verborum figuram sequi, Proculus mentem"(依我看,拉贝斯好空辞,普罗库鲁斯求实意)(*Digest*, 50.16.116)(Javolenus)。

不过,"figura"在公元1世纪最重要且深远的演变,乃是获得"辞格"之义。该用法见于昆体良《演说术原理》(*Institutio oratoria*)第9卷。实际上,这一观念已并不新鲜。它源于希腊,后来为西塞罗用拉丁语所表述,但西塞罗没有以"figura"指辞格;再者后世不断讨论修辞问题,推动了修辞技法的日益完善。"figura"获得辞格之义的具体时间已不可考。根据上文提到的盖利乌斯(9.10.5)的著作标题《当代辞格》(*De figures sententiarum*, by Annaeus Cornutus),以及大、小塞内加和小普林尼著作的只言片语,我们大致可以推断时间在西塞罗之后不久。这种演变实乃水到渠成之事,因为希腊语词"schēma"就经历了相似过程。通常，我们必须假定，"figura"的技巧用法，比现有文献所示的更早更丰富。例如，早在波伊提乌（Boethius）或伪奥古斯丁（pseudo-Augustine）的《范畴篇》（*Book of Categories*）之前，肯定有人已经用拉丁语表述了"三段论法"（"schēmata syllogismou"就源于亚里士多德）。

在《演说术原理》的第 8 卷末尾及第 9 卷中，昆体良详细阐述了转义（tropes）与辞格的理论。这部分似乎全面批判了前人的著述，并成为后世相关问题的奠基之论。昆体良区分了转义与辞格。转义的范畴更狭窄，仅指词句的非字面用法（non-literal）；辞格则是由词语的普通常见用法衍生而来的一种话语形式。不同于转义，辞格并不以词语替换为目标；其构成可基于词语的正确含义与顺序。一般说来，所有话语都是构造而成的，是一种辞格。不过，辞格只用于以诗歌或修辞方式构造的形式。为此，他将演说模式分为朴素型 [carens figures, aschēmatisto（即"缺乏辞格"）] 和辞格型（figuratus, eschēmatismenos）。其实，我们很难区分转义与辞格。昆体良自己也经常难以断定某种说法的归属。后来，人们认为"figura"的概念更宽泛，囊括了"转义"；一切非字面或间接的表达形式都可视为"辞格"。对于转义，昆体良列举了隐比（metaphor）、借代（synecdoche）[mucronem pro gladio; puppim pro navi（以刃代刀，以船首代船）]、代用（metonymy）（战神马尔斯代战争；维吉尔代维吉尔的著作）、换称（antonomasia）（佩利得斯代阿基琉斯）等等。对于辞格，他则分为含义或内容辞格（figurae sententiarum）与词语辞格（figurae verborum）。其中，内容辞格包括设问（rhetorical question），即演说者自问自答；预辩（prolepsis），即预想各种反对方式；换位，即假装把法官或听众视为知己；代言（prosopopoeia），即代人（如对手）立言，或拟人（如父国）；呼告（solemn apostrophe）；示现（evidentia or illustratio）；各种形式的反讽；跳脱（aposiopesis or obticentia or interruptio），即演说者"吞掉"部分语句；佯悔，即假装悔叹别人的话；诸如此类，不一而足。无论如何，昆体良提及的辞格，应该是当时最重要的，也是最名副其实的"辞格"[即隐藏在各种形式中的暗示（allusion）]。罗马演说家已经发展了一种精巧的影射技法。往往出于政治或战术原因，抑或为达到某种效果，最好秘而不宣，至少三缄其口。昆体良强调了为何演说者要在修辞学校刻苦练习这种技法，同时指导演说者如何虚构案例（controversiae figuratae），以提高自己的运用水平。至于"词语辞格"，他提到了飞白（intentional solecisms）、叠言（rhetorical repetitions）、对仗（antitheses）、谐音、减词、连词省略（asyndeton）、递进（climax）等等。

昆体良对转义与辞格的论述，我们只能取其最精华部分。原书当中，他列举了大量范例，并详细考察了不同形式及其彼此的分别；这占据了第8卷和第9卷的主要篇幅。昆体良建构的体系非常精细；不过，他似乎比其他演说家更喜欢驰思遐想，不愿固守吹毛求疵的时代思潮。在古代晚期的修辞传统中，口是心非、拐弯抹角、含沙射影、颠来倒去地侃侃而谈（或天花乱坠，或者切中要害），这种技巧早已锻炼得炉火纯青，面面俱到；如今看来，真是匪夷所思，甚至愚不可及。这些演说方式都叫"figurae"。众所周知，中世纪与文艺复兴时期仍然十分重视辞格研究。12、13世纪文体理论家视《致海伦尼乌》为其灵感之源泉。

以上便是"figura"一词在古代异教中的流变。后来，该词在语法、修辞、逻辑等领域又经历了其他演变。它们自然基于上文指出的和部分讨论的含义。不过，历史上最重要的意义，乃是基督教教父根据上述演变而创造的。

二 教父笔下作为真实预言的"figura"

"figura"在基督教世界中的新含义最先见于德尔图良（Tertullianus）。德尔图良极其频繁地使用该词。为厘清它的含义，我们先考察几段引文。

在《驳马尔基翁》（*Adversus Marcionem*，3.16）中，德尔图良提到了嫩（Nun）的儿子何西阿（Oshea），摩西称其为约书亚（Jehoshua）（《民数记》13：16）：

> ……有人开始称他为耶稣……于是，我们首次看到，此乃未来之象。因为耶稣·基督将把第二民族（也就是我们这些生于荒野的人），带到流着奶和蜜的应许之地，换言之，赐予我们永恒生命，再没有比这更幸福的；而实现这一宏愿，并不是凭着摩西（即律法），而是凭着耶稣，换言之，凭着福音的恩典，用石刀（即基督的训词，因为基督就是磐石）完成我们的割礼。因此，在这个人身上，圣礼之迹象准备显现；甚至被尊奉带着主的名字的兆象，众人称他为耶稣。

这里，作者把约书亚—耶稣的称呼方式视为预言，预示了即将发生之事。领着以色列民族踏上巴勒斯坦的应许之地的，是约书亚而非摩西；同样，领着"第二民族"走进永福之地的，是基督的恩典而非犹太律法。那个以预言传报此奥秘的人（他身上"圣礼之迹象准备显现"），带着神之名的"figura"（兆象）被引出。因此，约书亚—耶稣的称呼就是未来救世主的真实预言（prophecy）或谶兆（prefiguration）。"兆象"是某种真实的历史的事件，它所传报的事件也是真实的历史的。这两个事件的关系因彼此一致或相似而得以彰显。例如，德尔图良在《驳马尔基翁》中写道："Quare Pascha Christus, si non Pascha figura Christi per similitudinem sanguinis salutaris et pectoris Christi?"（逾越节祭神的羊羔和基督一样，都使人免于流血，故逾越节羊羔是基督的兆象，若不如此，基督怎可能称为逾越节羊羔？）两个事件的结构或其相随的状况似是非是，却足以使我们辨别中间的兆象。为此，我们需要以某种方式予以阐释。例如，把《利未记》16∶7ff. 中的两只献祭的公山羊，阐释为基督第一次与第二次降临的兆象（*Ibid.*, 3. 17, or *Adv. Iudaeos*, 14）。再如，在《灵魂论》（*De anima*, 43）中（另见 *De Monogamia*, 5），作者把夏娃阐释为"figura Ecclesiae"（教会的兆象），其依据是亚当为"figura Christi"（基督的兆象）。"Si enim Adam de Christo figuram dabat, somnus Adae mors erat Christi dormituri in mortem, ut de iniuria perinde lateris eius vera mater viventium figuraretur ecclesia."（若亚当呈现了基督的兆象，那么亚当的沉睡就是于死亡中沉睡的基督之死亡；故亚当肋部的伤口就应该预兆了教会，即真正的万物之母。）

后文我们将考察这种阐释倾向如何兴起。无论如何，其目的在于揭示《旧约》中的人物与事件，为《新约》及其救恩史的谶兆。这里值得注意的是，德尔图良明确否认，兆象阐释（figural interpretation）削弱了《旧约》的文字与历史权威性。他坚决反对属灵论（spiritualism），拒绝把《旧约》仅仅视为托寓（allegory）。在他看来，《旧约》无论文字抑或历史上都是真实的，即便出现兆象预言的地方，兆象也像其预言的事件一样，都具有历史真实性（historical reality）。他坚信，预言的兆象是具体的历史事实，并且通过具体的历史事实而应验。为此，德尔图良使用了"figuram implere"[*Adversus Mariconem*, 4. 40：figuram sanguinis sui salutaris implore（应验他避免流血的兆象）] 或"figuram confirmare"[*De fuga in persecution*, XI：Christo confirmante figures suas（基督证实他的兆象）]。从这里开始，我们将把两个事件分别称为兆象与应验（fulfillment）。

众所周知，德尔图良是坚定的实在论者（realist）。对他而言，作本义"形"解的"figura"，乃性体（substance）的一部分。在《驳马尔基翁》（5.20）中，他将其等同于肉身（flesh）。之前（4.40），他曾提到圣餐里的面包：

> 他把它做成自己的身体，说"这是我的身体，是身上的肉"。没有真正的身体，就不可能有肉身。空洞之物是幽灵，不可能有肉身。于是，若他假装把面包看作他的身体，因为他缺少身体的实在，那么他必须给我们面包。马尔基翁的不实之词说得对，应该将面包钉到十字架上。为什么他把面包称作他的身体，而不是马尔基翁代称为心的甜瓜？他不理解，基督的肉身说法古已有之，《耶利米书》（11∶19）早已写道：我并不知道他们设计谋害我，说来，让我们把木头放到他的面包上，意思当然就是把十字架放到他的身上。

《创世记》（49∶11）、《以赛亚书》（63.1）中，作"血之兆象"（figura sanguinis）解的酒，同样被他有力地阐释为"肉身的明证"（probatio carnis）。以上这些震撼人心的句子清楚表明了德尔图良的兆象阐释所要达到的具体界限。不管哪种阐释，唯一属灵的因素，就是灵智（intellectus spiritualis），即从应验中辨认出兆象。在《论肉身复活》（*De resurrection carnis*，19ff.）中，他指出，先知不仅用意象说话；果真如此，我们根本就无法辨别那些意象；另外，先知的话大多应从字面理解，对于《新约》亦然："nec omnia umbrae, sed et corpora; ut in ipsum quoque Dominum insigniora quaeque luce clarius praedicantur; nam et virgo concepit in utero, non figurate; et peperit Emanuelem nobiscum Jesum Christum, non oblique."（并非一切都是身影，那其中也有身体；我们甚至有关于主自己的预言，它比白天还要明亮。童女受孕，并不是辞格型说法；她直接生育了以马内利，神与我们同在，耶稣·基督。）他毫不留情地抨击有人把通俗易懂的死而复生，曲解为"虚构含义"（in imaginariam significationem distorquent）。他抵制当时各派的属灵化倾向，类似上述段落还有很多。在处理兆象与应验的关系上，我们能更加清楚地看到他的实在论思想，因为二者彼此都可能具有更高的历史具体性。例如，《驳马尔基翁》（4.40）中有这样一段话："an ipse erat, qui…tamquam ovis coram tendente sic os non aperturus, figuram sanguinis sui salutaris implere concupiscebat?"（他就像在剪毛者面前的羊羔，不肯张口，却极其渴望让避免流血的兆象应验……难道不正是这样吗？）"神的仆人如羊羔"的兆象似乎只是明喻。在另一处（5.19），所有律法被阐释为基督的应验 [de umbra transfertur ad corpus, id est, de figuras ad veritatem（它被从影子转移至性体，也就是从兆象变化为现实）]。第一处的明喻与第二处的抽象（abstraction）减弱了兆象的现实力量。不过，有些例子里的兆象似乎更为具体。在《论洗礼》（De baptismo，5）中，毕士大池（the pool of Bethesda）俨然洗礼之兆象："figura ista medicinae corporalis spiritalem medicinam canebat, ea forma qua semper carnalia in figuram spiritalium antecedunt."（这个身体治愈的兆象，预示了属灵的治愈；按惯例，作为属灵之事的兆象，肉体之事往往先发生。）然而，无论毕士大池，抑或洗礼，分别是具体而现实的事物和事件，与之相关的唯一属灵之事，便是阐释或效果。德尔图良随即补充到（Ibid., 7），洗礼是肉体行为："sic et in nobis carnaliter currit unctio, sed spiritaliter proficit; quomodo et ipsius baptismi carnalis actus, quod in aqua mergimur, spiritalis effectus, quod delictis liberamur."（因此，于我们而言，膏是抹在整个肉身上下的，但它的好处是属灵；正如洗礼行为是肉身的，因为我们被浸入水中，但其效果是属灵的，换言之，我们摆脱的是罪孽。）由此可见，即便在刚才引用两处羊羔的例子中，德尔图良念想的，不但是隐喻的羊羔，而且是真实的羊羔，不但是抽象的律法，而且是作为历史分期的律法时代。

有时，两种说法的关系，就像兆象与应验。例如，《论迫害中如何自全》（De fuga in persecutione，11）："certe quidem bonus pastor animam pro pecoribus ponit; ut Moyses, non Domino adhuc Christo revelato, etiam in se figurato, ait; Si perdis hunc populum, inquit, et me pariter cum eo disperde [Exod. 32: 32]. Ceterum, Christo confirmante figuras suas, malus pastor est … [John 10: 12]" [当然，好牧人不惜生命保护自己的羊群，甚至摩西也说，主基督即便未被显现，也会以兆象被预示。他说，如果你毁灭这个民族，就把我同他们也一起毁灭（《出埃及记》32：32）。另外，基督确证了他的兆象，说那个坏牧人……] 不过，这两处说法表述均为历史事件，而且它们并没有如此表述——摩西与基督的关系如同兆象与应验。应验往往被视为真象（veritas）（如上文引例所示），兆象则被视为影子（umbra）或影象（imago）。就先隐后显的意义而论，影象与真象都是抽象的；就作为承载意义的物或人而论，它们则是具体的。摩西依然是历史而真实的，因为它是基督的影子或兆象；作为应验的基督，绝非抽象观念，也是历史而真实的。真实的历史人物当从属灵角度阐述（spiritaliter interpretari），但这种阐述指向了肉体的，进而是历史的应验（carnaliter adimpleri, cf. *De ressurrectione*, 20）——因为此刻，真象成了历史或肉身。

自公元 4 世纪起，"figura"的用法以及与之相关的阐述方法，在几乎所有拉丁教会作家中得到全面发展。当然，有人把普通的托寓也称作"figura"（后来这变得司空见惯）。例如，拉克坦提乌斯（Lactantius）（*Divinae institutiones*, 2.10）将南北释为"生死之象"（figurae vitae et mortis），将昼夜释为真假信仰之象。不过，基督教的谶兆与应验之思想接着就马上流露出来："etiam in hoc praescius futurorum Deus fecit, ut ex iis, et verae religionis, et falsarum supersitionum imago quaedam ostenderetur."（而且这里，先知先觉的上帝唤起了某种影象，让它在真宗教与假迷信中都能显现。）于是，"figura"开始表示"关乎未来之事的奥义"：基督的受难"non fuerunt inania, sed habuerunt figuram et significationem"（绝非徒劳无益的，其中自有奥义与深味）。此外，他还由此谈到普遍的神的劳作，"quorum vis et potentia valebat quidem in praesens, sed declarabat aliquid in futurum"（其力量与威力不但有益于当下，而且预示了未来之事）。这一思想也主宰了他的末世论。他承袭了当时流行的思辨阐释（speculative interpretation），将创世六日解读为六个千禧年（那时已临近终结）。千年王国已临近（*Ibid.*, 7.14）："saepe diximus, minora et exigua magnorum figuras et praemonstrationes esse; ut hunc diem nostrum qui ortu solis occasuque finitur, diei magni speciem gerere, quem circuitus annorum mille determinat. Eodem modo figuratio terreni hominis caelestis populi praeferebat in posterum fictionem."（我们常说，不起眼的小事是大事的兆象与预示。因此，我们限于日出日落之今日，就很像过往千年限定的末日。同样，世俗人的形象预示着未来的天国人。）

那时，作家大都喜欢用兆象阐释最寻常的范例，表示兆象与真象的相对关系。不过，我们有时也会遇到更具属灵论、托寓、道德意味的阐释模式，如奥利金（Origen）的圣经注疏。在一段讨论以撒献祭的文字中（这是实在论型兆象阐释的最有名的一个例子），作者写道［出自奥利金的拉丁译者鲁费努斯（Rufinus）（*Patrologia Graeca*, 12.209；希腊原文已佚）］："Sicut in Domino corporeum nihil est, etiam tu in his omnibus corporeum nihil sentias: sed in spiritu generes etiam tu filium Issac, cum habere coeperis fructum spiritus, gaudium, pacem."（正如主没有肉身的成分，你在所有这些事物中也感觉不到任何肉身的成分；不过，当你开始有了灵、喜乐、平安的果实，你就会在灵中孕育你的子以撒。）当然，奥利金的托寓并不像，比如斐洛（Philo）的那么抽象。在他笔下，《旧约》的事件似乎活灵活现，与读者及其真实生活息息相关。不过，唯有在他对《出埃及记》的三日之旅的优美阐释中（loc. cit., pp. 313ff.），我们才体会到，神秘与道德成分远远超过严格历史成分。德尔图良更具历史与实在论意味的阐释，与奥利金的道德与托寓方法之间的区别，反映了早期基督教和其他语境中广为人知的冲突。一方努力将《新约》和大部分《旧约》的事件，转化为纯粹的属灵事件，以"抽走"其中的历史特征；另一方希望保留圣经的全部史实性及其中的奥义。在西方，即便前者从未失势，但后者还是占得上风，圣经多义论盛行便是明证。该说保留了完整的字面或历史意义，但插入纯粹的抽象阐释，以补充或取代预示阐释（prefigural interpretation），由此隔断了这一层面意义与同样真实的谶兆之间的联系。圣奥古斯丁为调和两派之说，立下不世之功，其折中方案最终为动态的兆象阐释法所袭用。他的思想非常活跃，且以史为据，对纯粹的抽象托寓心存不满。

在圣奥古斯丁那里，整个古典传统都鲜活起来，从他对"figura"的使用便可见一斑。其中既有常见的"形"义（静态的，动态的，轮廓的，型体的），也有用于世界、整个自然或特殊物体的，有时同"forma""color"等一同表示形容（Epist., 120.10, or 146.3），有时表示万变不离其宗。其中，最后一个意义见于他对《哥林多前书》（7：31）的阐释："Peracto quippe iudicio tunc esse desinet hoc coelum et haec terra, quando incipiet esse coelum novum et terra nova. Mutatione namque rerum non omni modo interitu transibit hic mundus. Unde et apostolus dicit: praeterit enim figura huius mundi, volo vos sine sollicitudine esse. Figura enim praeterit, non natura."（当审判结束，这天地便不复存在，新的天地开始形成。然而，这个世界并不会彻底毁灭，而是经历一番改头换面。故而使徒说道：这世界的样子将要过去了，我要你们不必担忧。过去的是样子，不是自然。）（De civitate Dei, 20.14）另外，他还用"figura"表示异教偶像，梦象或幻象，抑或数学公式；总之，我们熟知的含义几乎无所遗漏。不过，他最常用的还是谶兆之义。奥古斯丁明确采取《旧约》的兆象阐释，不但强烈建议用其布道和传教（如 De catechi-

zandis rudibus，III，6），而且自己也进一步完善。他的著作保留了"figura"的所有含义：诺亚方舟是"praefiguratio ecclesiae"（教会的谶兆）(*De civitate Dei*, 15.27)；从多角度看，摩西是"figura Christi"（基督的兆象）(如 *De civitate Dei*, 10.8 or 18.11)；亚伦的神职（sacerdotium）是"umbra et figura aeterni sacerdotii"（永恒神职的影象和兆象）(*Ibid.*, 17.6)；女奴夏甲（Hagar）是《旧约》的兆象，是"terrena Jerusalem"（地上的耶路撒冷），撒拉（Sarah）是《新约》的兆象，是"superna Jerusalem civitas Dei"（天上的耶路撒冷，上帝之城）(*Ibid.*, 16.31，17.3；*Expos. ad Galatas*, 40)；雅各与以扫（Esau）"figuram praebuerunt duorum populorum in Christianis et Iudeis"（预示了犹太民族与基督民族的兆象）(*De civitate Dei*, 16.42)；朱迪亚王（the king of Judaea）"(Christi) figuram prophetica unction gestabant"（先知抹膏，是基督的兆象）(*Ibid.*, 17.4)。这些只是部分范例。整部《旧约》，或至少其重要的人物和事件，均以兆象来阐释。即便有微言大义处，如对于哈拿（Hannah）的祷颂（《撒母耳记上》2：1 – 10）(*De civ.*, 17.4)，奥古斯丁的阐释不仅是托寓的，而且是兆象的；他把哈拿为子撒母耳出生做的祷颂，解读为旧的地上王国和祭祀转化为新的天上王国的兆象，哈拿自己成了"figura ecclesiae"（教会的兆象）。

奥古斯丁坚决反对圣经的纯托寓阐释，亦摒弃了如下观念，即《旧约》是秘传之书，唯有去除字面的历史的意义和通俗阐释，才能把握其秘义。他认为，每个信徒都能逐渐窥测其崇高的内涵。在《论三位一体》(*De trinitate*, 11.2) 中，他写道："…sancta scriptura parvulis congruens nullius generis rerum verba vitavit, ex quibus quasi gradatim ad divina atque sublimia noster ingellectus velut nutritus assurgeret."（……《圣经》的内容亦适合小孩，它并不回避任何字面解读，在此过程中，我们的理解得以丰富，并逐渐接近神圣而崇高之物。）此外，他有更加明确地提到兆象问题 (*Serm.*, 2.6)："Ante omnia, fratres, hoc in nomine Domini et admonemus, et praecipimus, ut quando auditis exponi sacramentum scripturae narrantis quae gesta sunt, prius illud quod lectum est credatis sic gestum, quomodo lectum est; ne substrato fundamento rei gestae, quasi in aere quaeratis aedificare."（首先，兄弟，我们以主的名义告诫并命令你，当你听到解读圣经文字的秘义，述说了已为之事，那你要坚信，所读内容如记述的那样已经发生，否则事件就失去了现实依据，成了空中楼阁。）他沿用了一个传统观点，即《旧约》是具有历史真实

性的预言，并且比其他人更重视保罗书信的某些段落（我们稍后讨论）。遵行律法，"基督徒以为它们是来世的影子，就弃之一边，反而抓着这些影子中以兆象应许的"（quas tamquam umbras futuri saeculi nunc respuunt Christiani, id tenentes, quod per illas umbras figurate promittebatur）；这律法以及"具有应许之兆象的"（quae habuerunt promissivas figuras）圣礼都是圣经的文字，因为它们明确的肉身与历史现实性，已经通过基督的应验（这仍然是历史的）而得以揭示与阐释，并为新的，更完整、更清楚的应许而取代（下文我们将看到）。于是，基督徒应该遵行的，"不是让人称义的律法条文，而是义人借以为生的律法信仰"（non ad legem operum, ex qua nemo iustificatur, sed ad legem fidei, ex qua iustus vivit）（De spiritu et littera, XIV, 23）。《旧约》的犹太人，"当他们仍然用兆象预言信徒已知的真实献祭，他们在为未来之事的兆象而欢呼；他们知道很多，但忽略的更多"（quando adhuc sacrificium verum, quod fideles norunt, in figuris praenuntiabatur, celebrabant figuram future rei; multi scientes, sed plures ignorantes）（Enarrationes in Psalm, 39.12）；固执而盲目的近世犹太人（此处的口吻令我们想到后来针对犹太人的论辩）对此断然否认："'你们如果信摩西，也必信我。因为他书上有指着我写的话'（《约翰福音》5：46）。这些人照着肉身意义遵行律法，不知道把它的地上应许，理解为天上事的兆象"[Non enim frustra Dominus ait Judaeis: si crederetis Moysi, crederetis et mihi; de me enim ille scripsit（John 5：46）; carnaliter quippe accipiendo legem, et eius promissa terrena rerum coelestium figuras esse nescientes]（De civ., 20.28）。然而，"天上的"应验并不完整。于是，在一些早期作家，尤其是奥古斯丁的著作中，兆象与应验这两极的并置就为三阶段的演进所取代：作为基督降临之预言兆象的律法或犹太史；作为末世与最后审判之新应许的兆象化身或应验；作为最终应验的这些事件之出现。《布道辞》（Serm., 4.8）中写道："Vetus enim Testamentum est promissio figurata, novum Testamentum est promissio spiritualiter intellecta."（《旧约》是通过兆象所知的应许，《新约》是按灵来理解的应许。）《驳法乌斯提努斯》（Contra Faustinum, 4.2）里写得更清楚："Temporalium quidem rerum promissiones Testamento Veteri contineri, et ideo Vetus Testamentum appellari nem nostrum ambigit; et quod aeternae vitae promissio regnumque coelorum ad Novum pertinent Testamentum: sed in illis temporalibus figuras fuisse futurcrum quae implereuntur in nobis, in quos finis saeculorum obvenit, non suspicio mea, sed apostolicus intellectus est, dicente Paulo, cum de talibus loqueretur: Haec omnia..." (《旧约》蕴含现世之事的兆象, 故我们称之为《旧约》, 对此我们没有谁怀疑; 永生与天国的应许属于《新约》。这些现世的兆象中, 存在未来之事的应许, 它们将在临近末世的我们的身上应验。这个应许不是我的臆想, 而是使徒的解读。正如保罗为此所言, 因为这一切……) 接着, 奥古斯丁引用了《哥林多前书》第10章第6节和第11节。① 虽然这里指出终极应验已临近, 但奥古斯丁显然思考着两个应许, 一个是隐藏于《旧约》中明显现世的应许, 一个是福音书中明确写明的永恒的应许。这赋予了圣经四义说极其强烈的现实性和历史具体性, 其中三义变得具体且相互联系, 只有一个仍然具有道德的托寓的含义。对此, 奥古斯丁解释道 (De genesi ad litteram, 1.1): "In libris autem omnibus sanctis intueri oportet, quae ibi aeterna intimentur" (我们应该注意所有圣书中对永恒的暗示) ——末世与永生, 此乃类比义; "quae facta narrentur" (对事实的重述), 此乃字面或历史义; "quae future praenuntientur" (对未来事件的预言), 此乃更狭隘的兆象义 (见于《旧约》和基督降临的真实预言); "quae agenda praecipiantur vel moneantur" (对我们所行的命令或建议), 此乃道德义。

虽然奥古斯丁反对抽象的托寓属灵论, 并从具体的历史现实中, 演绎出自己对《旧约》的整套阐释, 但他还是希望将 "figura" 作为具体事件从时间中完完整整地剥离, 并置于永恒视界。这些理想隐含于道成肉身的思想。历史的兆象阐释是它们的直接明证, 而且得以很快显现。例如, 德尔图良就指出 (Adversus Marcionem, 3.5), 在《以赛亚书》第50章第6节 "dorsum meum posui in flagella" [武加大译本作 "corpus meum dedi percutientibus" (人打我的背, 我任他打)], 过去事件通过兆象呈现了未来事件; 他还补充到, 对上帝而言, 没有 "differentia temporis" (时间之别)。不过, 奥古斯丁的前辈或同辈中, 似乎没有谁像他这样如此深刻而全面地发扬该理想。奥古斯丁强调时间, 并再次显明德尔图良所察觉的对比, 这只是因为其表述运用了完成时。例如, "Scriptura sancta etiam de rebus gestis prophetans quodammodo in eo figuram delineat futurorum" (即便预言既成之事, 圣经也会以某种方式勾勒未来之事的兆象) (De civ., 17.8); 当《诗篇》第113首

---

① [译按] "这些事都是我们的鉴戒, 叫我们不要贪恋恶事, 像他们那样贪恋的"; "他们遭遇这些事, 都要作为鉴戒。并且写在经上, 正是警戒我们这末世的人。"

(*In exitu*) 与《出埃及记》中的表述 (*Enarr. in Psalm*, 113.1) 相抵牾时, "ne arbitremini nobis narrari praeterita, sed potius futura praedici…ut id, quod in fine saeculorum manifestandum reservabatur, figuris rerum atque verborum praecurrentibus nuntiaretur"（我们不该以为，读到的只是既成事件，应该清楚，那是对未来的预言……留待末日显现的，应该以事件与言词的兆象先昭告天下）。有一段话中，奥古斯丁没有明言兆象阐释，但或许较好地反映了他对兆象永恒的看法："Quid enim est praescientia, nisi scientia futurorum? Quid actem futurum est Deo qui omnia supergreditur tempora? Si enim scientia Dei res ipsas habet, non sunt ei futurae, sed praesentes; ac per hoc non iam praescientia, sed tantum scientia dici potest."（若非未来的知识，那未来的预识是什么？对于始终远上的神，未来是什么？若上帝的知识包含所有答案，那它们对神就不是未来，而是当下；因此，我们该称之为知识，而非预识。）(*De civ. quaest. ad Simplicianum*, II, qu.2, n.2)

自公元 4 世纪以降，兆象阐释大大促进了传教；无论是布道还是宗教训令都经常使用，当然还混合了纯粹的托寓与道德阐释。里昂主教厄赫里乌斯 [Eucherius of Lyons，公元 5 世纪初，曾到勒林（Lerins）求学] 著《属灵解经书》(*Formulae spiritalis intelligentiae*) 是兆象与道德阐释的教科书，可能专门为学生编写；从 6 世纪起，又出现了尤尼利乌斯（Junilius）的《圣律原理》(*Instituta regularia divinae legis*) 和《圣帕拉丁山司库》(*Quaestor sacri palatii*) (*Patrologia Latina*, Vol. 68, col. 15ff.) [受安条克派（Antioch）影响的某希腊著作的译本]。其第一章如此写道："Veteris Testamenti intentio est Novum figuris praenuntiationibusque monstrare; Novi autem ad aeternae beatitudinis gloriam humanas mentes accendere."（《旧约》旨在通过兆象与预言揭示《新约》；而《新约》旨在为人类点明永福的荣耀。）还有一个例子能说明兆象阐释如何用于指导新皈依者，它出自布雷西亚（Brescia）主教高登提乌斯（Gaudentius）第二篇布道辞 (*Patrologia Latina*, 20, col. 855) 中对逾越节献祭的阐释。高登提乌斯认为，先行出现的兆象并非真象（veritas），而是真象的摹本（imitatio veritatis），这无意中表达了兆象的视界（figural perspective）。我们看到大量奇怪而夸张的兆象阐释，其中经常混杂着纯粹抽象的道德托寓。不论是整部《旧约》，还是其中最为重要的细节，都是福音书具体的历史兆象。这一基本观点后来成了根深蒂固的传统。

现在，让我再次重复我的语义学问题："figura"如何从教父作家那里获得新含义？基督教文学最古老的作品为希腊语写就，经常用以表示"具有历史真实性的预言"的词语是"typos"。由此，我们不禁猜测（可能还有读者联想到之前的某些引文，比如拉克坦提乌斯的文字），"figura"从基本的"造型"或"形式"，一下子就获得新含义；早期教会作家的用法似乎印证了这一点。比如，《旧约》的人物或事件"figuram Christi（ecclesiae, baptismi, etc.）gerunt or gestant"［具有基督（教会、洗礼等）的样子］；万物之中的犹太民族"figuram nostrum portat"（长着我们的样子）；圣经"描绘了未来的样子"（figuram delineat futurorum），这几句中的"figura"均可翻译为"样子"。不过，后来增加了"schēma"的概念（跟前基督教诗歌与修辞传统中表示隐藏、转化甚至欺骗的修辞意象或迂说有关）。"figura"与"veritas"、兆象之"阐述"（exponere）与"揭示"（aperire, revelare）的对比，"figura"与"umbra"、"sub figura"与"sub umbra"的等同［如"ciborum"（食物的），甚至更广泛的"legis"（律法的），一般认为，其中的"figura"隐藏着其他的、未来的、真实的讯息］，这些都表明古老的修辞格式之义流传下来，只不过从演说学校的唯名论层面和奥维德诙谐的神话，转移到真实属灵的，故而重要可靠的存在层面。昆体良所谓的词语辞格与内容辞格之别，复现于"figurae verborum"（预言之词、明喻等等）与"figurae rerum"（真实具体的预言）之别。

在此新基础上，"figura"的"词力"范围得以大大扩宽。有人以其表示"奥义"，如塞杜利乌斯（Sedulius）［ista res habet egregiam figuram（此事具有非凡的奥义），*Carm. pasch.*, 5.384 f.］，如拉克坦提乌斯。有人以其表示"欺伪"或"伪象"（Filastrius 61, *Liber de Haeresibus*, *Patrologia Latina*, Vol. 12, col. 1176）［sub figura confessionis christianae（基督教信仰的伪象之下），这话的意思是"声称自己是基督徒"］；苏尔皮奇乌斯·塞维鲁斯（Sulpicius Severus）（*De vita beati Martini*, 21.1, *Pastrologia Latina*, Vol. 20, col. 172）说到，魔鬼"sive [se] in diversas figuras spiritalis nequitiae transtulisset"（把自己化作各种伪象或属灵的罪恶）；莱奥一世（Leo the Great）（*Epist.*, 98.3, *Patrologia Latina*, 54.955）："lupum pastorali pelle nudantes, qua prius quoque figura tantummodo convincebatur obtectus."（剥下狼身上的羊皮，那是它以前隐藏自己的伪象。）有人以其表示"空辞"或"伪辞"，抑或"遁辞"［per toto figuras ludimur（我们遭到所有这些空辞的嘲讽），Prudentius, *Peristephanon*, 2.515］；鲁费努斯（*Apologia adversus Hieronymus*, 2.22）："qualibus (Ambrosium) figuris laceret."（他中伤安布罗修斯的遁辞。）或者仅仅表示"言词"或"文字"［te...incauta violare figura（以轻率之辞冒犯你），Paulinus of Nola, *Carmina*, 11.12］。当然，还有很多新义用法很难准确翻译。例如公元6世纪，副执事阿拉特（Arator）的《论护教之行》（*De actibus apostolorum*）（*Patrologia Latina*, 68, cols. 83 ff.）中，有这样一段诗文，"tamen illa figura, qua sine nulla vetus (i. e., Veteris Testamenti) subsistit littera, demun hac melius novitiate manet"（《旧约》赖以存在的那个"figura"保留了下来，更有助于理解《新约》）（Bk. 2, el. 361-3）；还有大约同一时代的维也纳主教阿维图斯（Avitus）（*Poema*, 5, 1.284, MG *Auct. ant.*, VI, 2）谈论最后审判的一段话：上帝击杀埃及地一切头生的，但放过了带血记号的房屋，故他或许通过圣餐的标记，认出并放过那些信徒①："Tu cognosce tuam salvanda in plebe figuram."（从被拯救的平民中，认出你的"figuram"。）

除了真象的兆象与应验之间的对比，我们还应注意"figura"与"historia"的对比。"historia"或"littera"是字面义或它所指涉的事件（表象）；"figura"同指该含义或事件，但其中隐含着未来的应验，而这个应验便是真象（veritas）。如此一来，"figura"就成了"littera-historia"与"veritas"的媒介，大概类似"spiritus"（灵）或"intellectus spiritalis"（灵智），有时代之以"figuralitas"（灵象或隐象），比如福尔根提乌斯（Fulgentius）（*Continentia Vergiliana*, 90.1）："sub figuralitate historiae plenum hominis monstravimus statum."（我们已经揭示了历史灵象之下人类的整个境遇。）当然，"figura"与"historia"常常可以互换使用，比如大额我略（Gregory the Great）有言（*Ezech.*, 1.6.3）："ab historia in mysterium surgere."（从隐象上升到奥秘。）后来，"historiare"和"figurare"意为"以意象描绘"，"用图说明"，不过前者仅具字面义，后者兼具"托寓阐释"之义。

"figura"并非表示历史谶兆的唯一拉丁词语，常用的还有希腊词语"allegoria"和"typus"。"allegoria"一般指奥义，不独真实的预言。不过，两者的界限并不确定，因为"figura"和"figuraliter"往往超过真实的预言。德尔图良笔下的"allegoria"就基本等同于"figura"（这种情况很少）；在

---

① ［译按］见《出埃及记》11:1-13:16。

阿尔诺比乌斯（Arnobius）（*Adversus noationes*, 5.32；*Patrologia Latina*, Vol. 53, col. 1147）那里，"historia"与"allegoria"相对立；另外，"allegoria"亦有《加拉太书》4：24①为据。不过，"allegoria"不能总是与"figura"通用，因为它没有后者的"形"义；故我们不能写"Adam est allegoria Christi"。"typus"不如"figura"，则仅仅因为它是外来词。这一点显而易见。对于讲拉丁语（或后来任意一种罗曼语言）的人，"figura"多少能主动唤起该词流变过程中的各种意思，而"typus"始终是外来的、没有活力的符号。拉丁语中，用于替代或至少可以替代"figura"表达"谶兆"之义的，有"ambages""effigies""exemplum""imago""similitudo""species""umbra"。"ambages"由于内涵过于消极而遭弃；"effigies"侧重指"模本"，故内涵过于狭窄，即便与"imago"相比，似乎也缺乏内涵深化的潜力；其他几个词多多少少能表示"真实的预言"，但都无法充分概括其义。它们都会偶尔用到，当然用的最多的是"imago"和"umbra"。有人用"imagines"（单独使用，非属格形式）指罗马房屋中的先人塑像；在基督教中，它们指圣徒的画像和塑像。于是，该词开始向另一个方向演变。不过，根据武加大译本，人是"ad imaginem Dei"（按着神的形像②）创造的；后来很长时间里，"imago"与"figura"不分伯仲，虽然只是在"意象"与"谶兆"同义的语境下。"umbra"最权威的用法见于保罗书信（Col. 2：17；Heb. 8：5 and 10：1③）。它的使用也极为频繁，但往往指真实预言的隐喻式表达，而非事物本身。不论如何，没有哪个词像"figura"一样，囊括了所有这些含义：具有创意的造型，本质不变的变化，模本与模型的文字游戏。因此，"figura"得到最频繁而广泛的使用，也就不足为奇了。

三　兆象阐释的起源与分析

上一节讨论"figura"语义时，我们不得不几次岔开话题，说明教父作家用该词表达的观念。有鉴于此，有必要更加详细地追溯这一观念的起源，

---

① ［译按］和合本作"这都是比方。那两个妇人，就是两约。一约是出于西乃山，生子为奴，乃是夏甲"；思高本作"这都含有寓意：那两个妇人是代表两个盟约：一是出于西乃山，生子为奴，那即是哈加尔"。
② ［译按］和合本作"形像"，思高本作"肖像"。
③ ［译按］三处引文分别为"这些原是后事的影儿，那形体却是基督"，"他们供奉的事，本是天上事的形状和影像……"，"律法既是将来美事的影儿，不是本物的真像……"。

厘清它与其他相关观念的区别，考察它的历史意义与影响。

教父作家经常征引早期基督教作品（主要是保罗书信），作为兆象阐释（figural interpretation）的依据。其中最重要的，当属《哥林多前书》10：6和11。那里，旷野上的犹太人被称为"typoi hēmōn"（我们的鉴戒），并写道"tauta de typikōs synebainen ekeinois"（他们遭遇这些事都要作为鉴戒）。另外一处经常援引的段落是《加拉太书》4：21-31；刚受洗的加拉太人仍受犹太教影响，打算行割礼，于是保罗向他们解释律法与恩典、旧约与新约、为奴与自由的区别，为此他对比了夏甲与以实玛利（Ishmael）、撒拉与以撒，还把《创世记》的记述同《以赛亚书》51：1①联系起来，并且通过真实预言予以阐释。亦有《歌罗西书》2：16等写到，犹太饮食的律法和节日只是"后事的影儿，形体却是基督"；《罗马书》5：12等和《哥林多前书》15：21②中，亚当作为未来基督的"typos"出现，恩典与律法相对立；《哥林多后书》3：14③谈到犹太人诵读的圣经上面盖着帕子（kalymnos）；最后，还有《希伯来书》9：11等：基督血的献祭，乃是《旧约》中大祭司的献祭的应验。

《使徒行传》中某些段落（如8：32④）表明，兆象阐释对于早期基督教传教至关重要。若新犹太基督徒试图从《旧约》中寻找耶稣降临的谶兆和作证，并将与之相关的阐述纳入传统，实乃自然而然的事；尤其是因为多数信徒相信，弥赛亚将是第二个摩西，他的救赎将是第二次出埃及，届时会重演第一次的奇迹。这些无须多言。然而，如果我们考察上述段落，尤其是联系保罗的整个宣教就会发现，在保罗头脑中，这些犹太思想夹杂着对犹太基督徒公开的敌意，而正是这种态度具有特殊意义。保罗写下书信中包含兆象阐释的这些文字，正值他为传教而与外邦人（Gentiles）进行艰苦的斗争，很多都是回应犹太基督徒的攻击与迫害。几乎整部书信意欲剥除《旧约》的规范色彩（normative character），表明它仅仅是后事的影子。他的全部兆象阐释，源自其恩典对律法、信心与行为的主题。旧律法

---

① ［译按］"你这不怀孕、不生养的要歌唱！你这未曾经过产难的要发声歌唱，扬声欢呼！因为没有丈夫的比有丈夫的儿女更多。"这是耶和华说的。
② ［译按］"死既是因一人而来，死人复活也是因一人而来。"
③ ［译按］"但他们的心地刚硬。直到今日诵读旧约的时候，这帕子还没有揭去。这帕子在基督里已经废去了。"
④ ［译按］"他所念的那段经，说：他像羊被牵到宰杀之地，又像羊羔在剪毛的人手下无声，他也是这样不开口。"

被废弃，那只是影子，是"typos"。遵行旧律法不但无益，甚至有害，因为基督已经以自己献祭。基督徒称义，并不因为行了律法，而是信了主。按照犹太人和犹太教对律法的理解，《旧约》是使人死的信，而新基督徒是新约和使人活的圣灵的侍从。此乃保罗的教义，这位从前的法利赛人和迦玛列（Gamaliel）的学生，渴望从《旧约》中寻找相关依据。在他看来，《旧约》不再是以色列的律法书和史书，而自始至终作为基督的应许和谶兆。其中并无确定含义，有的只是已经应验的预言含义。那里的内容乃"为我们"而写（《哥林多前书》9：10①，比较《罗马书》15：4），最重要的、最神圣的事件、圣礼、律法，都只是基督与福音书的临时形式和表现（《哥林多前书》5：7）："etenim Pascha nostrum immolatus est Christi."（因为我们逾越节的羔羊基督，已经被杀献祭了。）

保罗的思想兼具实用性与政治性，同时融合了极富诗歌创意的信仰。他以自己的智慧将犹太人的摩西重生于弥赛亚的思想，转化为真实预言的体系——重生的基督既应验又废弃了其先行者的功事。《旧约》虽然因此失去了作为律法的权威和作为民族史的独立，但意外获得了具体的现实性。保罗没有系统地阐释《旧约》，可涉及《出埃及记》，涉及亚当与基督、夏甲与撒拉的少数文字，足以展现他的意图。后来的《旧约》之争使其思想与阐述一直活跃于历史舞台。笃信律法的犹太基督徒的影响很快就消散了，而另一派随即取而代之，他们要么想把《旧约》彻底删去，要么想仅对其予以抽象的托寓的阐释。如此一来，基督教必然会失去其神意史（providential history）思想，其固有的具体性，以及与之相关的巨大说服力。面对鄙视《旧约》，试图剥除其含义的人，兆象法再次证明了自身的价值。

与此同时，我们还应注意一个重要因素，即兆象阐释促进了后来基督教的广泛传播，特别是在地中海西部与北部国家。如前所述，兆象阐释将《旧约》从以色列民族的律法书和史书，转变为一系列基督与救赎的兆象，比如见于中世纪戏剧的先知队，见于西欧与北欧中世纪雕塑中的循环图案。在这种形式和语境下，犹太历史与民族特点荡然无存，凯尔特与日耳曼等民族便能接受《旧约》。它属于普世的拯救宗教，亦属于同样宏达而广泛的历史观，并随该宗教传达给接受者。在原来的形式下，那些民族难以接受来自如此遥远而陌生的民族的律法书和历史。当然，这是后话，第一批外

---

① ［译按］"不全是为我们说的吗？分明是为我们说的。"

邦布道者和基督教父不可能会想到。起初，问题并未出现，因为最早的异教皈依者跟离散的犹太人一同生活，受其潜移默化的影响，并且乐于接受当时希腊化世界中的任何宗教体验，故早已熟知犹太历史与宗教。虽然我们只能事后考察，但这一判断依然重要。直至很晚，可能晚至宗教改革时期，欧洲人才开始把《旧约》视为犹太历史与犹太律法。一开始，对新皈依的民族而言，它是事件的兆象（figura rerum）或真实预言，基督的谶兆，并以此赋予其世界历史的基本概念。由于与信仰的特殊关联，这一思想变得极具力量，其后近千年里，一直是唯一合法的历史观。于是，兆象阐释倚赖的理解方式，对于基督教理解历史、现实，理解一般的具体现实，变得至关重要。于是，我们就回到了本节开头提出的第二个任务，即更准确地界定兆象阐释，将其同其他相关的阐释形式区分开来。

兆象阐释建立了两个事件或人物的关联，前者既指称（signifies）自己，也指称后者；而后者包含或应验前者。兆象的两极在时间上是分隔的，任作为真实的事件或兆象，它们又处于时间之中，处于历史生命的洪流中。唯有对两个人物或事件的理解，即灵智，才是属灵的行为，但该行为处理两极时，必须在其现成或渴望的具体现实中，将其分别作为过去、现在或未来的事件，而非概念或空论（abstractions）。这些都是极其次要的，因为应许和应验都是真实的历史事件，要么已在道成肉身中发生，要么将在第二次降临中发生。当然，纯粹的属灵要素也属于这个终极应验，因为"我的国不属于这世界"。① 不过，未来世界同样是真实的国，而非无形的抽象概念。这世界将失去"figura"，留下"natura"，肉身也将复活。由于在兆象阐释中此事被当作彼事，由于此事再现并象征彼事，故兆象阐释是最广义的托寓。有鉴于迹象（sign）与被象征物的具体史实性（historicity），兆象阐释不同于我们所知的其他形式的托寓。文学或美术中常见的托寓，再现的是某种美德（如智慧），某种激情（妒忌），某种制度（法律），或最多是非常宽泛的历史现象组合（和平、父国）——但从不是具有充分史实性的特定事件。这些便是古代晚期与中世纪的托寓，从普鲁登提乌斯的《灵魂之战》（*Psychomachia*）到里尔的阿兰（Alain de Lille）和《玫瑰传奇》（*Roman de la Rose*）中的托寓便属此类。

同样（有人觉得情况相反），我们往往把历史事件的托寓阐释，解读为

---

① ［译按］出自《约翰福音》18：36。

哲学学说的隐晦表述。在圣经解经传统中，这种托寓法长期与兆象阐释分庭抗礼。此乃斐洛的方法，受其影响，亚历山大教理学院（catechetical school of Alexandria）也袭用此法。它源于更为古老的传统。各哲学学派早已将希腊神话（尤其是荷马与赫西俄德的神话）解读为他们各自自然（physical）体系与宇宙体系的模糊描述。此后，托寓法受到形形色色的影响，不光有纯粹唯理论的，更有神秘的和宗教的。古代晚期众多教派和神秘教义发扬了神话、迹象、文本的托寓阐释。在他们的阐释中，自然与宇宙层面逐渐让位于道德与神秘层面。浸淫于犹太传统的斐洛，把自己的哲学构建为圣经注疏，并将圣经的各类事件，解读为灵魂建立与可知世界联系的各个阶段。从以色列的整个命运，从犹太史上各主角的命运中，他看到了一种托寓——亟待拯救的负罪灵魂，从堕落到希望到最终救赎。这种纯粹属灵和超历史的（extra-historical）阐述，在古代晚期影响巨大，其部分原因是它非常清晰地展现了以亚历山大为中心的重要的属灵论运动。不独文本与事件，连自然现象、星宿、动物、岩石都被剥去了具体的现实性，而予以托寓阐释，有时甚至是兆象阐释。亚历山大教理学院采用了属灵—道德—托寓法，并得到基督徒奥利金的出色响应。众所周知，该方法同兆象法一样，流传至中世纪。尽管存在许许多多的混合形式，可它确实截然有别于兆象阐释。属灵法改变了《旧约》，如此一来，以色列的律法与历史失去了其民族与民众的特点。不过，取而代之的是一套神秘或道德体系，而相比在兆象体系下，文本失去了更多的史实性。这种解经法举足轻重。在圣经四义说中，它完全决定了其中的道德义，有时也包括类比义。虽然我尚无严格的证明，但我相信，没有兆象法的帮助，属灵法本身对新皈依的民族的影响微乎其微。它总是比较高深，不够直接，甚至深奥难解，除了极少数伟大的神秘主义者偶尔能妙手回春。从起源和本质看，属灵法仅限于一小部分有知者和新信徒。只有他们才能从中得到乐趣和营养。然而，兆象的真实预言源自特定的历史环境，即基督教与犹太教决裂，外邦传教情况特殊。它发挥着历史作用。它完整而坚实的目的论历史观，以及神意的世界秩序，使之有能力把握皈依民族的想象与内在感受。大获成功后，它为不太具体的托寓说（比如亚历山大派的托寓说）铺平了道路。类似这种的属灵阐释法，或许比使徒和基督教父的兆象法更早，但它们毫无疑问是后来的形式。兆象阐释当然不够原始，不够古老，但它以自己动态具体的史实性，重现了创造力的新生与重生。

除了以上考察的托寓形式，还有一些以此物再现彼物的方式，堪比兆象预言。它们便是所谓的象征形式或神话形式，我们常将其视为原始文化的特征，且总能在这些文化中看到它们。近年来，有关它们的材料陆续出现，而对其的筛选和解释远不完善，故使用时务必谨慎。首先认出并描述这些形式的是维科（Vico）。它们的特点在于，再现物必须极其重要甚至神圣，能够规定其信徒的生活与思想。不过，这种力量不仅仅通过迹象或象征来表达或摹仿。事实上，它还存在于并蕴含在象征之中。因此，象征本身能够代它发挥并受到影响。影响象征，便相当于影响象征物，于是魔力就能传递到象征之中。这种象征或神话形式仍然存在于古代晚期的地中海国家，但它们大多已经失去自身的神秘力量，进而成为托寓。如今的情况也类似。我们的法律符号、纹章、国旗中，依然见于我们的现代文化。当然，无论是在古代晚期还是在现代，人类不断渴望创造能发挥真正魔力的象征。这些象征或神话形式与兆象阐释有几分关联：两者都意欲阐释并统摄整个生命；两者都只有在宗教或相关层面才能想象。不过，两者的差异同样显而易见。象征必须拥有魔力，"figura"则不必；"figura"必须始终具有历史性，象征则不必。当然，基督教不乏魔法的象征，"figura"则不然。两种形式的差别正在于，兆象预言关乎历史的阐释（究其本质即文本阐释），象征是对生命的直接阐释，起初大多是对自然的阐释。是故，兆象阐释是后世文化的产物，相当间接复杂，必须使用象征或以神话包含历史。由此看来，"figura"具有浓厚的沧桑感，因为一种伟大文化要先达到鼎盛，展现古代的印迹，之后阐释传统（其本身也是传统的产物）才能产生兆象阐释等内容。

这两种比较（一种比较托寓，一种比较象征的神话的形式）揭示了兆象预言的双重性。一方面，它刚刚出现，时间不长，旨在创造性地、具体地阐释世界历史；另一方面，它又很古老，是后世对具有数百年历史的神圣文本的阐释。其年轻的活力使之具有几乎无与伦比的说服力，不但征服了地中海的后期文化，而且影响了西部与北部的新兴民族。其中的古老内容，令这些民族及其对历史的理解不知所措，这也是我们即将予以说明的。

兆象预言通过此世俗事件阐释彼事件；前者象征后者，后者应验前者。二者均为历史事件，但由此看来，其中包含临时和残缺的成分。它们指向彼此，又共同指向未来即将发生的事件，某种现实、真实、确定的事件。《旧约》的谶兆即如此。它们不但指向福音的化身与宣告，而且指向这些事件，因为它们也不是最终的应验，而是对末日和真正的神之国的应许。因此，该来的，总会来。不过，即便它是不容置疑的事实，但仍为晦涩的托寓，亟待阐释，即便这种阐释的一般含义与方向已由信仰确定。于是，不管是从原始思维，还是从现代科学角度看，世上没有哪个具体事件拥有既成事实的这种自足性。一切历史仍然是开放可疑的，指向某种遮蔽的事件。生命个体与这类事件的关系，就是受试探者与靠希望、信念、期待生活者的关系。兆象理解中事件的临时性，同样全然有别于历史发展的现代观念。在现代观念中，临时事件被解读为连贯的水平进程的一环。在兆象体系中，意义必须始终自上而下地垂直寻找，事件并非置于相互的连贯关系来看待，而是割裂开来，结合被应许而尚未显现的事件。在现代观念中，事件总是自足安全的，其阐释基本不完整。在兆象体系中，事实从属于始终绝对安全的阐释；它们的上演乃遵循未来之中的事件模型，故只是被应许的。这一术语预示未来且摹仿兆象的模型［我们该还记得上文的"imitate veritatis"（对真象的摹仿）］，让我们不禁想起柏拉图的观点。当然，还不止于此。每种未来模型（作为历史虽不完整）已经在上帝中应验，并永远存在于他的佑护。如此一来，他借以蔽之的兆象，以及他借以揭示其义的化身，便是已然之事的预言，但一直不为人类所觉察，直至他们用自己的感觉和心灵，看到露出真容的救世主（Savior revelata facie）。因此，兆象不仅是临时的，同时，它们亦是永恒不朽之事的临时形式。它们不仅指向具体的未来，而且指向已然且必然之事。它们所指向的，一方面亟待阐述，在具体未来中当然会应验，另一方面业已在没有时间之别的神佑中应验。换言之，这种永恒已经在兆象中体现。它们既是现实的临时碎片，又是遮蔽的永恒现实。这种双重特点尤其见于献祭的圣餐，最后的晚餐，作为"figura Christi"（基督的兆象）的"Pascha nostrum"（我们逾越节的羔羊）。这一圣餐既是兆象，又是象征，久已存在于历史之中（自从它首次在旧约中写明）；它以最纯粹的形式，向我们揭示了兆象之中那些我们当下所感受的、临时的与遮蔽的，以及自一开始便不朽的东西。

四 中世纪的兆象艺术

兆象阐释，或者说得更全面点，兆象的历史观广为流传，影响至深，范围远及中世纪以降。对此，学者早有关注。除了关于解经史的神学著作，美术史与文学史研究亦各自遵循并践行兆象思想。这一点尤其见于美术史里的中世纪图解术（iconography），以及文学史里的中世纪宗教剧。不过，研究者似乎还未认识该问题的特殊性质。结果，兆象结构没有与其他托寓或象征形式截然区分。幸而，古德（T. C. Goode）独具慧眼，围绕贝尔塞奥（Gonzalo de Berceo）的《弥撒圣祭》（*El Sacrificio de la Misa*, Washington, The Catholic University of America, 1933）撰文，为此开了好头。另外，普夫劳姆（H. Pflaum）《中世纪欧洲诗歌中的宗教辩论》（*Die religiose Disputation in der europäischen Dichtung des Mittelalters*, Geneva-Florence, 1935）虽没有触及核心问题，但看得出，作者清醒地意识到这一情况。近来（见 *Romania*, 63：519 ff.），他对"figure"的正确理解，使其准确阐述了遭编者误读的某些古法语诗歌，恢复了文本的原貌。可能还有其他我无法涉猎的文献，但我相信，这方面仍缺乏系统研究。属灵性与现实感的交错，为欧洲中世纪一大特点，却很难令我们理解，要想寻求突破，上述研究似乎必不可少。在多数欧洲国家，直至18世纪，兆象阐释依然经久不衰。波舒哀（Bossuet）的作品里自不待言，亦见于多年以后格勒图森（Groethuysen）在《法国中产阶级的起源》（*Les Origines de la France bourgeoise*）中引用的各位宗教作家。弄清兆象阐释的本质，了解它与相关但结构迥异的形式之间有何不同，能大大帮助我们理解古代晚期与中世纪的文献，破解众多谜题。早期基督教式石棺上和墓茔中频现的主题，真就不太可能是基督复活的形象吗？或者以马勒（Male）名作为例，埃及的马利亚（Maria Aegyptiaca）的故事［他描绘的这些图卢兹（Toulouse）博物馆的画像，呈现的便是这个内容］，为以色列民族出埃及的兆象，故解读方式应该效仿中世纪对诗篇《以色列出埃及》（*In exitu Israel de Aegypto*）的阐释，难道这就真不太可能吗？

不过，个人阐释并未穷尽兆象法的重要意义。但凡研究中世纪者，都深知兆象法为中世纪的历史阐释之基石，并且影响了时人对日常现实的看法。深入中世纪思想各层面的类比法（analogism），与兆象结构息息相关。大概从奥古斯丁《论三位一体》（*De Trinitate*）到阿奎那《神学大全》（1, q. 45, art. 7），在论述三位一体时，作者都将人本身解读为上帝之形象，具有"三位一体之兆象"（figura Trinitatis）的特征。我不太清楚，兆象思想到底对审美观念有多大影响。换言之，艺术品在多大程度上可视为现实中仍无法企及之应验的"兆象"。在中世纪，大家无意从理论层面探讨艺术摹仿自然的问题，但更愿潜心研究如下观念，即作为造物主上帝之化身，艺术家意识到自己的头脑中活跃着一种原型。众所周知,这一观念正源于新柏拉图主义。然而,问题依旧:该原型以及按其创制出来的艺术品,到底在多大程度上,堪称应验于上帝的现实与真象之兆象?我手头的资料中并无定论,而专题文献亦求之不得。不过,我仍打算从现有资料中引用几个段落,以证我的观点。在讨论克吕尼修道院(Abbey of Cluny)柱顶如何呈现乐音时[*Deutsche Vierteljahrsschrift für Literaturwissenschaft und Geistesgeschichte* 7(1929),p. 264],施拉德(L. Schrade)引用了欧塞尔的雷米吉乌斯(Remigius of Auxerre)对"imitari"一词的解释:"scilicet persequi, quia veram musicam non potest humana musica imitari."[(imitari)就是紧随其后,因为人的音乐无法摹仿真正的音乐。]这个观点很可能源于如下思想:艺术家的作品是对真实而又愉悦的现实(这里即天使合唱)之摹仿或至少为模糊呈现。在《神曲·炼狱篇》(*Purgatorio*)中,但丁称赞了上帝创造的艺术品(其中既有美德,又有恶德),因为它们完美应验了愉悦的真象,与之相比,人的艺术乃至自然都相形见绌(Purg., 10 and 12)。祈求阿波罗时,他写道(*Par.*, 1.22 – 24):

> O divina virtù, se mi ti presti
> tanto che l'ombra del beato regno
> segnata nel mio capo io manifesti
> (神圣的大能啊,只要你给我上次
> 力量的部分,让我以文字写出
> 至富国度留在我脑中的影子。)①

这里,他的诗被描述为真象的"umbra"(影子),刻在他脑海中。但丁的灵感论有时也可以按照这个思路解释。不过,以上只是建议。要弄清中世纪美学中新柏拉图主义元素与兆象元素的关系,就必须结合更广泛的材料。我相信,论述至此,我们已清楚,必须将兆象结构与其他意象形式区分开来。我们或许可以说,欧洲的兆象法受了基督教的影响,而托寓法源于古代异教传统;前者主要用于基督徒,后者用于古代材料。托寓法以古代晚期异教作家或尚未彻底皈依基督教的作家为范例。每当古典、异教甚

---

① [译按]引自《神曲·天堂篇》,黄国彬译,外语教学与研究出版社,2009,第2页。

或相当世俗的影响日益兴盛，托寓法就可能出现。有鉴于此，若我们把兆象法基本视为基督教的和中世纪的，那准保没错。不过，如此说法过于宽泛且不够精确，毕竟反映一千多年里各类文化之交汇的很多现象，无法进行如此简单的分类。很早以前，对于世俗与异教材料，也是采取兆象阐释。例如，图尔的额我略（Gregory of Tours）就用七寐者（Seven Sleepers）作为耶稣复活的兆象；拉撒路（Lasarus）死而复活，约拿（Jonah）从大鱼肚里逃生，亦通过兆象阐释。在中世纪鼎盛期，女先知、维吉尔、《埃涅阿斯纪》中的人物，乃至布列塔尼神话里的人物［如《追寻圣杯》（*Queste del Saint Graal*）中的加拉哈（Galahad）］都纳入了兆象阐述，此外还有包含了兆象、托寓、象征的形形色色的混杂形式。这些既用于古典材料又用于基督教材料的形式，亦见于中世纪的集大成之绝唱——《神曲》。不过，我将指出，总体而言，支配并确定《神曲》全诗的正是兆象形式。

在炼狱山脚下，但丁与维吉尔遇到了一个慈眉善目的老人。其相貌为象征四大德的四星所熙耀，光彩耀人。他诘问两人旅行的合法性，从维吉尔彬彬有礼的回答中（他已提醒但丁向老人行跪礼），我们得知，此人是乌提卡的加图（Cato of Utica）。说明自己的神圣使命后，维吉尔继续说道（*Purg.*, 1-70-75）：

> Or ti piaccia grader la sua venuta
> libertà va cercando, che è sì cara,
> come sa chi per lei vita rifiuta.
> Tu il sai, chè non ti fu per lei amara
> in Utica la morte, ove lasciasti
> la vest ache al gran dì sarà sì chiara.
> （现在，请让他此来得到福祚。
> 他来此，是为了寻自由。自由的宝贵，
> 为自由牺牲的人自能揣摩。
> 这道理你也明白。在乌提卡，你为
> 自由牺牲而不以为苦；衣褐
> 脱下后，到了伟大日子就烨烨生辉。）①

---

① ［译按］引自《神曲·炼狱篇》，第5~6页。

接着，维吉尔请求加图帮助自己回忆前妻玛尔奇娅（Marcia）。然而，加图毫不留情地厉声拒绝了，可若这是天国女性（donna del ciel）贝缇丽彩的愿望，那就另当别论。他命令道，但丁在升天之前，脸上的地狱污点必须抹掉，腰上必须扎着芦苇。在第二歌结尾处，加图再次出现，严厉斥责刚到山脚下的灵魂［它们正忘情地听着卡塞拉（Casella）之歌］，提醒它们继续上路。

乌提卡的加图，正是上帝派驻炼狱山脚的卫士。他是异教徒、恺撒的敌人、自杀者。这着实令人惊讶，伊莫拉的本韦努托（Benvenuto of Imola）等早期评注者已表达了自己的困惑。但丁提到，只有极少数异教徒在基督的帮助下，逃离了地狱，其中便有恺撒的这个敌人，他的同谋（即共同杀害恺撒的凶手）跟犹太人一起，被紧紧咬在撒旦的嘴里。自杀是"对自己行凶"，为此自杀者在第七层地狱遭受最恐怖的折磨，但加图的内疚之情似乎不及他们。维吉尔点出了个中原因。他说，但丁追逐自由，那是无价的，因为他知道自己甚至愿意为此付出生命。《旧约》的教父解经者，将以撒、雅各等人的故事，从其世俗而政治的语境中抽离出来。但丁对待加图故事的做法亦然，并将其变成"figura futurorum"（未来的兆象）。加图是"figura"，或者说，那个以生命换自由的世俗加图是"figura"，而《神曲·炼狱篇》中的加图是揭示出或应验的兆象，是该兆象事件的真象。他为之牺牲的政治与世俗自由，不过是"umbra futurorum"（未来的影子），是基督教式自由的谶兆，加图正为此受命戍守，抵抗一切世俗诱惑。意欲摆脱一切邪恶的基督教式自由，使人实现自我的真正主宰——为了获得这种自由，但丁才腰围谦逊芦苇，直至到达山顶后如愿以偿，被维吉尔加冕为自身的主人。这里，作者把加图宁死而不为政治奴的故事，解读为上帝子民之永恒自由的"figura"——为了让灵魂摆脱原罪的奴役，一切世俗之事皆可抛弃。为何但丁让加图担此角色？罗马的作家（他们奉加图为道德、公义、虔诚、自由之爱的楷模）认为，因为他"超越了众党派"。但丁发现，称赞加图的还有西塞罗、维吉尔、卢卡努斯、塞内加、瓦雷利乌斯·马克西姆斯（Valerius Maximus）。维吉尔曾写到，"secretosque pios his dantem iura Catonem"（远处是正直的人，其中有立法者加图）（Aeneid, 8.670）；出自帝国诗人的这段赞誉，想必给但丁留下了深刻印象。他对加图的钦佩还流露于《飨宴》（Convivio）；在《帝制论》（De Monarchia, 2.5）中，他沿袭西塞罗之说，认为加图自杀另当别论，还视其为罗马政坛楷模，体现了他极为重视的政治美德。在这段引文中，但丁试图指出，罗马以美德立国，以捍卫全人类之公平与自由为己任。在这一章中,他写下了如下句子:"Romanum imperium de fonte nascitur pietatis."(罗马帝国肇始于公义之源。)

但丁相信,基督教的救恩故事与罗马世俗君主制之间,存在预定的协调关系。因此,他用兆象阐释法解读一位异教罗马人,也就不足为奇了——总的来说,他不加区分地利用两个世界的象征、托寓和形象。毫无疑问,加图是"figura";当然,并非如《玫瑰传奇》(Roman de la Rose)里的人物那样,被当作托寓,而是已成为真象的兆象。《神曲》是认为并宣称兆象之真象(figural truth),已经应验的幻象(vision)。其鲜明特点正在于,通过严格遵守兆象阐释,它把幻象中感知的真象,同历史的世俗的事件联系起来。严苛、正义而虔诚的加图,在其命运与世界神意史的重要时刻,为自由而献出生命;作者保留了这个人物的所有历史与人格力量。它没有成为自由的托寓。这里的乌提卡的加图,是个独一无二的个体,正如但丁之所见。但与此同时,他被调离那个他视政治自由为至善(如犹太人视谨遵律法为至善)的世俗且临时的状态,被置于最终应验的层面。在那儿,岌岌可危的不再是世俗的公民德行或律法,而是属灵之善(ben dell'intelletto)、至善,以及上帝眼中不朽灵魂的自由。

让我们再举个比较复杂的例子。几乎所有评注者都把维吉尔视为理性的托寓——人类与自然的理性,它能产生正确世俗秩序,也就是但丁所谓的世俗君主制。更早的评注者不反对纯粹的托寓阐释,因为与我们不同,他们并不觉得托寓与真正的诗歌有何抵牾。很多现代批评家反对此观点,强调但丁之维吉尔的诗性、人性、性格的特质。然而,他们仍然无法否认此维吉尔"另有深意",无法找出该深意与人类现实之间令人满意的关系。近来(不独涉及维吉尔),不少作家[如瓦利(Valli)和芒多内(Mandornet)]已经回到纯粹托寓或象征角度,反对把历史现实看作"实证的"或"浪漫的"。不过,历史意义与隐含意义之间别无选择,两者全都存在。兆象结构保存了历史事件,并将其阐释为启示;唯有保存,方可阐释。

但丁认为,历史的维吉尔既是诗人又是向导。之所以如此,是因为在埃涅阿斯的冥府之旅中,维吉尔预言并赞美了罗马帝国统治下的世界和平,但丁把这一政治秩序看作"地上的耶路撒冷"(terrena Jerusalem)的典范;同时也因为在诗中,作者鉴于罗马的未来使命,庆祝作为世俗与属灵力量之注定所在的罗马建城。总而言之,维吉尔是诗人与向导,因为后世所有伟大诗人无不受其作品的影响与启发。但丁不但为此声明,而且借第二位大诗人斯塔提乌斯（Statius）之口，也强调这点——遇到索尔代洛（Sordello）时，或许亦在关于圭多·卡瓦尔坎蒂（Guido Cavalcanti）（*Inf.*，10.63）的极具争议的诗歌中，我们能听到同样的主题。此外，维吉尔是向导，因为除了短暂预言，他还在第四首牧歌中，宣布了永恒超越的秩序，基督的降临（届时，世俗世界将重生）。当然，他写下这些预言时，并未意识到其分量，但后代可以从中受到启发，他们对真象的理解也会因这些文字而深入。诗人维吉尔是向导，因为他描写了冥府，肯定知道来去之路。不过，他注定成为领路的诗人。这是命中注定的，因为他是罗马人，是人类。他能言善辩，智慧超群，而且具备领路人的种种品质。这些品质见于他的主人公埃涅阿斯，亦见于整个罗马——公义（iustitia）与虔诚（pietas）。对但丁而言，历史的维吉尔体现了这种世俗的完满，故能够带领自己一窥神圣而永恒的完满；历史的维吉尔是集诗人、先知、向导于一身的维吉尔之兆象，如今在彼岸世界得到应验。历史的维吉尔由身居幽狱（limbo）的维吉尔"应验"，他是古代大诗人的伴侣，应贝缇丽彩的请求引导但丁。身为罗马人与诗人，维吉尔遵照神明的建议和决议，派埃涅阿斯前往冥府，向神明求解罗马世界的命运。他的诗歌成为后世追随者的向导，同样，这里他受命为重要任务担任向导。毫无疑问，但丁认为，论重要程度，自己的使命与埃涅阿斯的旗鼓相当——向混乱的世界，展示自己在旅途中看到的正确秩序。维吉尔受命向他指出并阐述地上的真正秩序，其中的律法扩展至彼岸世界，并在那里得到应验。同时，他还受命向但丁指明该秩序的目标，即天上有福的会众（heavenly community of the blessed），对此他在自己诗中已经预言——但他无法进入上帝之国的腹地，因为他在世时，其预言之奥义尚未向其揭示出来。未经启示，他死时就是无信仰的人。因此，上帝不希望但丁在维吉尔的帮助下进入他的国。维吉尔只能领他到国的边界，那是维吉尔高贵而正义的诗歌之极限。斯塔提乌斯对但丁说，"你先让我到帕纳索斯山的山洞里畅饮，接着向我照亮了上帝。你就像黑夜里的带灯路人，惠及的不是自己，而是让与随之前行的人更加明智……借着你，我成了诗人；借着你，我成了基督徒"（*Purg.*，22.64–69 and 73–74）。世俗的维吉尔把斯塔提乌斯引向救恩，这里作为应验的兆象，他又把但丁引向救恩。但丁从维吉尔那里接受了崇高的诗风，借着维吉尔，他免受永恒的非难，踏上了救恩之旅。维吉尔曾启示斯塔提乌斯，让他独自行看自己带来并宣告的光。现在，维吉尔又领着但丁，来到后者可能知晓却不许擅自行看的光的界域。

因此，维吉尔并不是某一特质、美德、能力、力量或历史境遇的托寓。他既非理性，又非诗歌，亦非帝国。他就是维吉尔自己。不过，他不是后世作家结合历史背景所刻画的那类历史人物（如莎士比亚的恺撒或席勒的华伦斯坦）。这些诗人展现历史人物时，紧紧围绕其世俗的生平。他们把重要的时代栩栩如生地呈现给我们，寻找时代本身的意义。但丁认为，每个生命都应按照它在世界神意史中的位置予以阐释；这段历史他纳入了《神曲》的幻象之中，而这幻象已保存于赋予每个基督徒的启示。于是，《神曲》里的维吉尔是历史的维吉尔本身，可又不仅如此。历史的维吉尔只是全诗揭示的应验之真象的兆象，该应验比兆象更真实，更重要。但丁与现代诗人不同。对他而言，兆象阐述得越充分，它与永恒的救恩计划结合得越紧密，它就变得越真实。同时，但丁又不同于冥府里的古代诗人，他们把世俗生命视为真实，把死后生命视为影子；可在但丁看来，彼岸世界是真正的现实，而此岸世界仅仅是未来的影子。当然，这个影子也是超越的现实之徵兆，必须在那里完全复现。

以上我对加图与维吉尔的论述，亦基本适用于《神曲》。全诗完全以兆象构想为基础。在《但丁——世俗世界的诗人》（*Dante: Poet of the Secular World*, 1929）中，我提出，但丁借《神曲》暗示，"整个世俗的历史的世界……已置于上帝的最后审判，每个灵魂都占据神性秩序所指定的位置；这个世界已经受到审判……为此，他没有破坏或削弱各人物的世俗特征，反而紧紧抓住他们各自的世俗历史性，并同其最终命运联系起来"（p.108）。这一观点早见于黑格尔，而且是我阐述《神曲》的基础。可那时，我缺少可靠的历史依据，故在绪论部分，我只给出建议，未做定论。现在我相信，已经找到了历史依据，它就是现实的兆象阐释。虽然它与纯粹的唯灵论和新柏拉图主义倾向矛盾重重，却是欧洲中世纪的主流观念：世俗生命是完全真实的，如道（Logos）成肉身一般真实；可尽管真实，它仍只是真正、未来、最终的真象的影子和兆象（该真象既揭示又保存兆象，其中包含了真正的现实）。如此一来，单个的世俗事件，就不再被视为确定而自足的现实，也不再被视为从属于单个事件或多个事件演化新事件的发展链条。相反，世俗事件可以说同包含它的神性秩序存在直接而垂直的联系（该秩序将来自己会变成具体的现实）。因此，世俗事件是未来将发生的神性现实之部分的预言或兆象。不过，这一现实并不仅仅是未来；它总是存在于上帝眼中和彼岸世界。换言之，已揭示的真正的现实，始终存在或永远存在于超越（transcendence）之中。但丁的作品试图以这种方式，呈现诗意而系统的世界图景。当人类受到世俗困惑与毁灭的威胁，神的恩典前来相助——这是整个幻象的轮廓。自年轻时起，但丁就受特殊恩典的眷顾，因为他注定肩负特殊任务。早年，他获得殊荣，可以查看化为鲜活生命贝缇丽彩的启示——跟别处一样，这里也夹杂着兆象结构与新柏拉图主义。贝缇丽彩在世时，曾视但丁为自己的不二之选，还用眼和嘴向他传递情意；弥留之际，她的态度亦然，却采用了沉默而神秘的方式。在但丁看来，贝缇丽彩是启示的化身。当但丁偏离正途，离去的贝缇丽彩成了他唯一可能的拯救者。贝缇丽彩是但丁的间接向导（在天国则直接为其带路）。正是她为但丁指明揭示出来的秩序，世俗兆象的真象。但丁在三个国度的所见所闻，都是真实具体的现实，世俗的兆象便包含其中并得到阐释。当他有生之年看到应验的真象，他既拯救了自己，又能向世界宣告自己所见，并领着它走上正途。

当然，对《神曲》兆象人物的这种考察，无法提供可用来阐释每个争议段落的普遍方法，但我们可以从中提炼某些阐释原则。众所周知，诗中每个历史或神话人物，必然只会涉及但丁对其所知的历史或神话存在，两者的关系正如兆象与应验。我们必须谨记，不要否认这些人物的世俗的历史的存在，不要局限于抽象的托寓阐释。对于贝缇丽彩尤为如此。19 世纪浪漫的现实主义过于强调作为人的贝缇丽彩，试图将《新生》（*Vita Nova*）当作情感小说。此后，有人开始反其道而行之，试图将其完全消解，散作形形色色越发微妙的神学概念。然而，这里我们也别无选择。对但丁而言，人物的字面义或历史真实性（historical reality），与其深层义不但不冲突，而且恰恰为其"兆象"。这层奥义并没有消解历史真实性，而是证实并应验了它。《新生》里的贝缇丽彩是世俗的人。她的确出现在但丁面前，的确向他打招呼，后来又的确断然否认。她嘲笑但丁，为亡友和亡父哀悼，最后的确去世了。当然，这种真实性只可能是但丁之经历的真实性——诗人会有意编造并改写自己遇到的事件。故我们只能考虑这意识当中活跃的内容，而非外在的现实。另外值得注意的是，从她出现的第一天起，世俗的贝缇丽彩在但丁看来，就是从天而降的奇迹，是神之真象的化身。因此，其世俗人格的真实性，并不像维吉尔或加图那样，源于历史传统中的特殊事实，而是取自但丁本人的经历。这段经历向他表明，贝缇丽彩是奇迹。不过，无论化身，抑或奇迹，都是会真实发生的；奇迹发生在世上，化身则为肉身。由于中世纪的现实观与众不同，现代学者并不区分兆象表达（figuration）与托寓表达，且大多只理解后者。即便敏锐如神学批评家芒多内（op. cit., pp. 218-219），也只考虑到两种可能：要么贝缇丽彩只是托寓（他持此论），要么她是小比切·波尔蒂纳里（petite Bice Portinari）（此论受到他的嘲讽）。这一论断误解了诗歌真实性，此外，他竟然认为现实与意义之间存在如此巨大的鸿沟。"地上的耶路撒冷"是"永恒的耶路撒冷的兆象"，因而它就不存在历史真实性吗？

在《新生》中，贝缇丽彩是但丁经历的现实中活生生的女性——在《神曲》中，她不是分离的灵智（intellectus separatus），不是天使，而是将在最后审判中再次肉身复活的有福的人类。没有哪个教条的神学概念能完全描绘她。《新生》里的某些事件，不适于任何托寓。对于《神曲》则还存在另一个问题，必须准确区分她和《天堂篇》里的其他各色人物，如使徒考验者和圣伯纳德（St. Bernard）。无论如何，我们无法以这种方式，恰当地把握她与但丁的特殊关系。早期评注者大多把贝缇丽彩解读为神学；近来有学者试图寻找更微妙的表达方式。然而，此举导致夸大其词，错误连连。芒多内提出了与维吉尔针锋相对的"超自然秩序"（ordre surnaturel），并将这个极其宽泛的概念用于贝缇丽彩。可即便是他也拘泥于自己创设的亚范畴，犯下错误，扭曲自己的概念。但丁赋予贝缇丽彩的角色，可以从她的行动和对她的描述清楚地看出。她是启示的兆象或化身，"sola per cui l'umana spezie eccede ogni contento da quel ciel, che ha minor li cerchi sui"（Inf., 2.76）；"che lume fia tra il vero e l'intelletto"（Purg., 6.45），她是上帝怀着恩典，出于爱意（Inf., 2.72），为拯救而赐予人类的，她指引人类走向"神的幻象"（visio Dei）。芒多内引用了《新生》、阿奎那文献的相关段落，包括上文的祈求段落（O Donna di virtù, sola per cui, etc.），可他忘记指出，贝缇丽彩乃神之启示的化身，而非简单纯粹的启示。人无法这样同"超自然秩序"交流，只能与启示化身对话，那是神的救恩计划的一部分，是人类借以超乎其他世俗创造物的奇迹。贝缇丽彩是化身，是"基督的兆象"或"形像"（figura or idolo Christi）（她的双眼反映出其双重本性）（Purg., 31.126）。当然，这种解释绝不会穷尽她的人的属性，而她与但丁的关系也无法通过条条框框来充分说明。写下以上的话，只是为了表明，神学阐释固然有用，甚至不可或缺，但我们不一定要为此牺牲贝缇丽彩的历史真实性。情况恰恰相反。

我们对"figura"的考察就到此为止吧。我们要指出的是,一个词如何通过语义发展,进入历史环境,并催生出历经几个世纪仍经久不衰的结构。促成圣保罗到异教徒中传道的历史环境,发展了兆象阐释,为它在古代晚期乃至中世纪发挥影响铺平了道路。

(作者为德国20世纪罗曼语文学家和文学史家;译者单位:深圳绿洲国际学校)

·新著揽英·

透视尼采

左依祎 等

摘　要：尼采哲学具有多种维度。如果以尼采的透视主义方法透视尼采思想，尼采思想就展现出多个维度，这些维度包括：生物学维度，存在论维度，隐喻维度，元－形而上学维度，以及政治－伦理维度。本辑书评选取当代尼采研究的代表性著作，力图重构尼采研究的现代语境，为西方思想研究和哲学传统研究再度定向。按照这些论者的观点，尼采思想是一个复杂的多元系统，其中生物学是隐喻，存在论是根基，悲剧是主旨，元－形而上学是超越，政治伦理是蕴涵。

关键词：尼采；生物学隐喻；透视主义；存在论；超－形而上学

格雷戈里·穆尔：《尼采、生物学与隐喻》
(*Nietzsche, Biology and Metaphor*, by Gregory Moore, Cambridge University Press, 2004)

格雷戈里·穆尔（Gregory Moore）是剑桥西德尼·苏塞克斯学院的研究员，他的研究领域包括德国思想和文化历史。穆尔曾在《尼采研究杂志》（*Journal of Nietzsche Studies*）、《尼采研究》（*Nietzsche Studien*）与《德国的生活与信件》（*German Life and Letters*）上发表过关于尼采研究的相关文章。穆尔在《尼采、生物学与隐喻》（*Nietzsche, Biology and Metaphor*）这本书中探索了德国哲学家对查尔斯·达尔文1859年出版的关于生物进化的著作《物种起源》（*Origin of Species*, 1859）所引发的智力争论的反应。通过发现尼采作品中饱含的丰富生物隐喻，格雷戈里·穆尔质疑了尼采极具颠覆性的后现代思想家的名声，并证明了尼采的思想深受19世纪晚期关于进化、堕落和种族辩论的影响。

全书共分为两个部分,第一部分对尼采与达尔文主义之间的争议提出了新的阐释并做出详尽的研究。特别的一点是,穆尔还认为尼采关于进化的观点对其道德哲学和美学哲学的发展具有非常重要的意义。第二部分则分析了尼采文化批评的关键主题——他对犹太教传统的攻击,他对摧残现代性的虚无主义危机的诊断以及他的反瓦格纳主义论战——以人们对即将崩溃的西方文明生物学所产生的担忧作为背景。穆尔分两部分讨论上述问题的目的,一方面是区分尼采对生物学和医学术语的歧视与讽刺性运用,另一方面则是区分他对这种语言不加批判的使用。然而,值得注意的是,在实践中,生物学在多大程度上保留了尼采思想中特权话语的地位并不受他的认识论相对主义的影响。

该书第一部分从"进化"角度出发,将尼采极其复杂且备受争议的进化论问题分为三章进行论述,作者的目的不是对尼采与达尔文主义的关系提供详尽或明确的解释,而是研究这种进化论的特定方面是如何反映达尔文时代的当代智力问题的,抑或是如何引起人们的质疑的。作者在第一章(The physiology of power)首先提出,尼采自诩为"反达尔文主义"以及他对进化生物学的态度必须从所谓"非达尔文革命"这个角度来理解。大量涌现的进化理论表面上支持达尔文的自然选择假说,但在寻求别的人类进化机制时,却又回到了传统的古老生物学那里。在这样一种背景下,穆尔竭力探讨尼采关于权力意志的理论,并试图将其作为一种可替代的进化机制。达尔文对自然做出的描述引发了19世纪思想家面临的最大挑战之一,即自然是为了生存而进行的无止境、无情义的斗争,这一描述使得思想家们不得不对社会生活和道德行为是人类生活的普遍特征这一阐述做出解释。通常,人们认为已有的道德准则是人类从动物祖先那里继承下来的利他冲动和行为的理性化。因此,第二章(The physiology of morality)着眼于尼采根据这些理论,尤其是以赫伯特·斯宾塞为代表的思想,试图建立的另一种进化伦理学。在第三章(The physiology of art)中,穆尔将尼采的"艺术的生理学"思想与当代试图用进化论观点来解释人类的艺术冲动联系起来,从而提出一种看待尼采"艺术的生理学"思想的新方法。第一部分的前三章紧密相连,在多方面相辅相成。尼采的进化理论在第一章中首次被提及,其理论的主要特征在接下来的两章中得到了提炼与升华。这一部分的安排旨在向读者展示进化的程度,道德与艺术对尼采来说都是同一自然现象的其中一个方面。

第二部分则从"退化"角度出发,在最后三章中,作者探究了"堕落"的概念是如何与尼采思想的主要主题相关的——他的反基督教的谩骂、他的美学、他的道德哲学、乌伯门教以及他对虚无主义的攻击。第四章（Nietzsche and the nervous age）从总体上探讨尼采的颓废理论。作者追溯此理论在尼采作品中的发展,并指出尼采对性和性别态度是如何根植于他所提倡的以优生措施来控制和消除堕落的。在第五章（Christianity and degeneration）中,作者继续探讨了尼采是如何利用对西方文明即将瓦解的恐惧来颠覆伪科学的。基督教末世论通过把堕落概念与犹太教和基督教的价值观对立而隐含在堕落概念中。穆尔尤其关注尼采对道德的疯狂、世袭犯罪和克汀病等概念的诉求,以及他讽刺性地运用反犹太修辞来诋毁瓦格纳的雅利安-基督教传统。最后,在第六章（Degenerate art）里,穆尔把尼采对现代艺术的批判定位在当代艺术"健康"和"疾病"概念的语境中,关注瓦格纳案件的论证和隐喻。

穆尔希望把尼采关于健康和疾病的修辞描述为与后达尔文时代的广泛思潮相矛盾,或是不加批评使用的体现,作者大体上重建了围绕生物进步与衰落理论文化意义的当代相关辩论,在此过程中,作者穆尔借鉴了近年来关于进化论和退化论学说的大量著作。

尼采与19世纪的生物主义

在1868年出版的《自然创造史》的"序言"部分,动物学家恩斯特·海克尔曾断言,"进化论作为具有神奇力量的密钥,终会在未来的某一天开启解开宇宙所有神秘的大门"①。作为达尔文在德国最热情、最有影响力的信徒,海克尔与和他同时代的许多人一样坚信生物学能在塑造国家政治中起到中心作用,这份坚持源于这样一种期望,即如果有可能了解原始生命形式的基本发展规律,那么理解更高、更复杂的生命形式——人类集体或社会群体,就可以成为现实。与许多后来被称为"社会达尔文主义者"的当代思想家一样,海克尔至少表面上对作为达尔文学说核心的生存竞争抱有极大的信念,将它看作人类生活的一个整体、过去和未来文化进步的引

---

① Ernst Haeckel, *History of Creation*, vol. II: *Or the Development of the Earth and Its Inhabitants by the Action of Natural Causes*, trans. with an introduction by E. Ray Lankester, London: Henry S. King, 1876, p.368.

擎。但是海克尔对知识分子、道德和生物进步的狂热信念并不是每个人都认同的。毋庸置疑，大部分人类历史代表了来自非文明起源的进步，但一些批评家开始怀疑这种进步是否可以无限延续。其他人则被迫面对文明本身（尤其是快速城市化和工业化）在19世纪发生的可能性，随着世纪末的到来，人们越来越焦急地预测这个可能性的大小，或许事实上这正是种族和文化衰落迫在眉睫的原因。

以上对于种族健康的担忧引发了优生学运动，并最终推动了种族摩尼教以及国家支持下的社会主义灭亡。尼采的著作见证了19世纪末生物科学的非凡文化影响，他的作品展示了他一生对进步和衰落机制的痴迷，同时，尽管尼采对达尔文进行了攻击，但是他对于现代进化世界观对探究传统哲学领域的深远影响有着浓厚的兴趣。事实上，他后来的思想核心，即对所有价值观的大肆吹嘘，正是基于一种对生物学说服力的呼吁，以证明流行思想的低等性并推翻它们。同样，在尼采最后的笔记中，他试图用他所谓"艺术生理学"来勾画出对美学的新理解。尽管尼采对进化自然主义的来源有着明显的信心，但他也和同时代人一样，对社会和文化危机有着敏锐的感知，在秩序即将崩塌的情况下，对在退化论的言论中寻求恰当的表述深信不疑。然而，正如尼采关于哲学家的明晰定义所言说的那样，"文化医师"的任务不仅局限于诊断，还在于识别"衰退症状"。他还必须开一个疗程的处方。尼采主张采取一些清洁的，或者更确切地说，采取优生的措施以促进社会复苏，即在健康和病态之间架设起一道警戒线，清除社会中无用的寄生物。他坚持认为没有同情的余地，因为人类的重生，至少有一部分在于服从无情的、有益的生存斗争。

如何解释无论是关于粗略的生物还原论还是纯粹隐喻的问题，自从批评家们开始讨论尼采的思想以来就一直是困扰人们理解尼采思想的难题。作者穆尔试图通过探索19世纪末20世纪初尼采对于由进化与衰退这个概念滋生的希望和恐惧之情所做出的回应来解答这个问题。尼采后期的思想，尤其是《查拉图斯特拉如是说》中提出的超人宣言，似乎在进化论对人类影响首次被提出讨论的时候就明确地旨在解决这些问题了。达尔文和海克尔的教诲也最终指向了"超人"。虽然一些严肃的科学家，如英国生物学家卡尔·皮尔森试图同其所谴责的源自尼采所谓优生学"蔑视和蔑视弱者的教条"的人道主义理想划清界限，其他人则更为热衷与支持尼采。尼采的著作在英国期刊《优生学评论》上被人们热议过，并被德国"种族卫生"的奠基人称赞。种族主义月刊《政治人类学》的编辑拉乌尔·里希特称赞尼采为"生物人类学的哲学家"。但是，尼采的"生物主义"直到1945年才被普遍承认，当时，在大屠杀之后，种族退化的神话最终放松了对大众想象的控制，几乎没有人质疑他生物语言的地位。正如里克特所说，没有人怀疑他只是"一个生物学家"。

在这段时间里，有一个著名的人物对尼采所谓"生物学主义"提出异议，他就是马丁·海德格尔。几乎每个人都按照字面意思解读尼采的生物比喻，海德格尔认为，用这种方式解读尼采只是保留了他思想的"前景"，掩盖了其"真实的"形而上学性质。海德格尔认为尼采的思想并不是真正的"生物科学"，因为他认为生命本质上是拟人化的，是形而上权力意志的表现，而不是生物科学所描述的真正的有机现象。作者认为，虽然海德格尔关于尼采以这种"形而上学"的方式理解生命的声称是正确的，但这并不意味着尼采的思想不可能具有生物学性质。海克尔的思想既是形而上学的，又是生物学的。穆尔认为，尼采的思想同海克尔的一样。此外，海德格尔从不费心去问为什么尼采调动了大量的生物隐喻。并且，在他智识发展的早期阶段，他始终将思想置于19世纪下半叶的主导话语之中。这不是一个边缘问题，因为它必然揭示了尼采对他所生活的文化的复杂和矛盾的态度。进化理论和退化精神病学的历史已经清楚地表明，生物学必须在它的历史背景下被理解，它与19世纪晚期欧洲的语言、文化和政治密不可分。海里希因敏锐地意识到，进化论真正的致命因子正被那些最大声疾呼的拥护者所压制，但是维多利亚时代的大多数人不能接受这种毫无目的、无处不在的斗争。他们对于进步的信念是自我安慰必不可少的手段，无论短期的痛苦如何，都有一个有意义的目标要实现，即进化是一个不可阻挡的通向道德和智力进步的过程。当时的生物学家就像现在一样，把进化论视为一种精神价值的来源，并寻求发现自然中潜在秩序的迹象和证据，即使达尔文也声称在自然选择的过程中寻求到了伟大的道德。和施特劳斯一样，海克尔也宣称进化论是一种"新信仰"，事实上，它只不过是用生物科学的时髦词语装扮起来的"旧信仰"。和其他人尤其是马克斯·韦伯一样，尼采自己承认尽管19世纪世俗的人性理论以及起源丢弃了基督教教义的明显外饰，但他们不否定人性的观点一度与上帝论者的神学和犹太-基督教的禁欲主义理想类同。同样重要的是，尼采对当代生物主义中隐含的意识形态预设的认识与他自己的思想不一致。

通过解开与进化论和退化理论相关的复杂网络关系，穆尔寄望尼采以颠覆、重新诠释以及二次评估的方式解决这个问题，还能证明他的思想在他那个世纪的价值观念和偏见中处于何种程度。无论批评与否，尼采的生物主义破坏了他"不合时宜"的自创神话都是一个不争的事实。

尼采论隐喻与修辞学

除了按照简单纯粹的字面意义或仅仅作为"前景"，理解尼采的生物语言有第三种途径。自20世纪70年代以来，人们对他的修辞理论及他写作的修辞性质愈加欣赏。这并不是说人们以前完全忽视了他这方面的能力，而是尼采的名声自19世纪90年代初传播开来之后，他就被人们推崇为诗人哲学家，他的作品既不完全是哲学，也不完全是文学，但在某种意义上，他代表了两者的空前融合。作者曾暗示，没有人试图深入探究尼采的语言或隐喻。只是在最近，他的译者才认识到他文章中富含的华丽辞藻、多义性的用词以及明显的矛盾性，简言之，所有这些特征使那些试图从文学"形式"上提炼出认知"内容"的人感到沮丧。这些特征至少不全是一个有成就的文体家的特质，但或许可理解为是尼采最基本的哲学信念表现之一：所有的语言本质都是内在的修辞。不仅是诗意的话语模式，所有的语言功能，包括哲学、科学，甚至数学和逻辑的抽象象征，不可避免地都是基本的隐喻。尼采的语言、真理和修辞理论是否能够解释他与19世纪生物主义的关系？

尼采对文字和象征之间传统区别的颠覆可以追溯到他职业生涯伊始。修辞不是一种次要的边缘的语言现象，而是语言的本质。1873年，尼采在一篇未发表的文章《超道德意义上的真理与谎言》中，提出了语言固有隐喻性的命题，并提出语言的隐喻性只传达价值而非真理的观点，这是他批评传统形而上学和认识论的基础。穆尔认为世界上存在离散的、自我同一的实体，或者一个感知主体及其客体的概念，这种想法是由语言结构所创造的虚构。相反，概念是任意符号，它是隐喻传递过程的产物：一个从感知本身行为开始的过程，在不同的表达领域之间，神经刺激被变现为一个图像，转而又以词转化为一种语言，并最终成为一个概念。探讨两个不相同但大致相似的事物，或忽视这两者之间的差异，抑或选择性地强调它们的共同点——就以上内容形成的概念同样是隐喻性的。简言之，对尼采而言，世界上不存在一种"适宜"的表达，也不存在一种无隐喻的恰当知识。

因此，字面意义是不可能的，因为字面意义意味着一个词或命题能确切表达的给定的、独特经验的意思，或在词与指称之间完全一致。尼采反对语言的表征模型，因此他也否定形而上学以及相应的真理理论。因为世界和它的对象相互关联的方式是人类意识无法触及的，语言只能表达拟人化的关系，然后投射到世界上并被认为构成实体本身。我们对经验的分类和概念没有比诗歌的隐喻更具认知性。唯一的区别是，通过习惯，我们忘记了它们本质上的趋向性和任意性。我们赋予它们一种它们所不具备的独立性和因果效力，并使它们凝结成"现实"本身的规范尺度。尼采认为，对"道德"和"真理"的理解已经变成了定义人的基础，他强调，我们完全忘了这所谓的真实不过是社会规约下"习惯性的隐喻"而已。根据尼采最著名的论断，真理不过是一支流动的隐喻大军，是转喻的拟人化，根深蒂固的社会规约和道德生活全部都是隐喻。作者认为随着时间的流逝，人们忘记了这些主导价值观其实仅仅是某种生命形式对外界的表达，只不过这种表达比较强势持久，成功地保留下来而已。我们忽视价值的起源，导致我们无意识地依赖社会道德，这些社会道德逐渐被人们接受，就进化成了新的完美真理。这样看来，一种价值的"真实度"最终是由其被使用的频率决定的，人们越频繁地依赖它，它就变得越真实。尼采对语言和真理的拟人化描述是从同性恋科学开始的，他将人类知识的"视角"特征称为：没有客观事实，只有对世界的部分解释，这是由我们的感官生理学、我们的本能及我们所生活的文化主导价值内在化的程度所确定的。鉴于认知是不可避免的人类中心主义，且作为欲望驱策的躯体，我们没有"纯粹理性"或"完美概念"这样的东西来解释价值的维度。事实上，解释本身就是价值。不仅我们的世界被我们认为是"真理"的死亡隐喻所包裹，构成我们知识体系的解释网络所表现的价值也被归化，使它们看起来是我们所谓的现实的附属品。

穆尔认为，尼采的修辞和语言理论可以帮助我们理解他关于生物语言的地位和功能，因为这表明他不仅把生物学当作一个隐喻。生物学就像其他知识体系一样，是一个隐喻，一个符号和价值体系，我们试图以此来把握生命的过程。尼采不仅像所有生物主义思想家一样，认为价值观的起源是基于人类经验的生物基础，他还声称，生物学的话语本身就是由这些东西塑造和浸透的。作者认为虽然尼采有时会质问在意识形态和抽象概念层面的生物概念和理论，但也许大多数情况下，他显然不会以一贯批评的方式使用生物语言甚至隐喻，至少是在正常意义上的术语"隐喻"。这里有一个问题，那就是尼采对隐喻的定义是如此宽泛，以至于他有效地清空了意义的概念，使它实际上毫无用处。如果所有的认知和语言现象都被理解为隐喻，那么这就不能告诉我们他对生物和医学术语的具体使用。这并不能解释为什么他选择在这个特殊的习语中表达自己，也不允许我们在尼采的生物主义和恩斯特·海克尔之间做出任何有意义的区分。

作者的目的不仅是将尼采置于19世纪生物学的宏观背景之中，他还将自己的论证置于一个更为精准的点上。20世纪80年代末之后，随着尼采著作的批判版本的不断增多，以及他未发表的笔记的不断重估，尼采的研究者们一直致力于评定尼采读过的特定作家对尼采思想的影响。这些书中有许多关于生物学、医学和精神学的著作。除了概括尼采的知识环境之外，穆尔还采取了更为具体的办法，那就是讨论影响尼采的特定思想家和作家，即使他们当中的许多人现今已被人们遗忘，但他们仍旧是19世纪生物学的代表。穆尔认为不管怎样，这些思想家的著作多少影响了尼采对问题的看法。

（编译者：左依祎，北京第二外国语学院2016级美学研究生）

凡妮莎·莱姆等：《尼采与生命的生成》
(*Nietzsche and the Becoming of Life*, edited by Vanessa Lemm, Fordham University Press, 2015)

作为在西方思想史上独树一帜的伟大思想家，尼采早已清醒地意识到一旦人类开始将他们的生命朝向追逐真理和价值的先验来源，那么虚无主义和禁欲主义便不可避免地降临了。蓦然回首，愈加发觉我们当下生存的现实世界，是那样接近尼采所早已预见的可怖样态，即人类心灵世界的逐渐荒漠化和虚无主义的无尽蔓延。究竟我们该如何抵制虚无主义和禁欲主义呢？尼采提醒世人可以尝试将视线转向世俗生活中人类的生命本身，要知道，尼采曾这样说过，"每一个不曾起舞的日子，都是对生命的辜负"。也正因如此，关于对尼采作品中的生命问题的思考已经成为众多学者感兴趣的研究课题，如今这本《尼采与生命的生成》论文集很大程度上是基于

2009 年 11 月在迭戈·波塔莱斯大学人文学院举办的以"尼采与生命的形成"为主题的国际会议上发表的会议论文。该集分为六个部分共十七篇论文,皆是以对尼采作品中的生命概念的不同视角下的关注来提醒我们尼采哲学仍然是我们这个时代最深刻的关于生活的智慧源泉。从现实意义上来说,研究尼采的"生命"学说或许会帮助我们找到如何在这个地球上好好活着的可能答案。

虽然人们普遍认为尼采主张回归生命和自然,但这种回归的意义仍然是一个悬而未决的问题。尼采主张的是哪种"自然主义"?正如最近的研究所论证的那样,尼采的自然概念是由现代自然科学所决定的吗?该集第一部分的第一篇论文《从科学、艺术与生命的视角看:悲剧是如何诞生的》认为,只有从《悲剧的诞生》所揭示的角度理解"科学"本身,尼采的自然主义才是"科学的"。根据这种希腊概念,科学被视为"通过艺术家的视角"(through the optic of the artist)的,而艺术反过来又被视为"通过生命的视角"(through the optic of life)的。因此艺术需要从生命的角度来理解,即意味着从透视主义的角度出发。而在《尼采,自然和生命的确认》中,作者哈塔卜(Lawrence J. Hatab)捍卫尼采的自然主义是一种"存在主义的自然主义",而不是科学主义或形而上学的自然主义。为了理解自然可以具有存在主义的意义,哈塔卜追溯到古希腊的自然哲学,特别是亚里士多德的自然观念,如自然观或自我表现运动。认为尼采对自然作为强力意志的理解是对亚里士多德自然观的激进化理解。此外,哈塔卜还认为对于尼采来说,现代科学自然主义是一种禁欲主义理念(ascetic ideal),这种禁欲主义理念比起希腊哲学,与犹太-基督教(Judeo-Christian religion)有更多共同之处。现代科学自然主义与宗教共享的结构仍希望消除透视主义(perspectives)或解释(interpretations)的争论(contest)。在这样的过程中,哈塔卜认为面对亚里士多德的自然观念消亡之后遗留下来的对自然的机械化物理理解,现代科学自然主义无疑加深了虚无主义和无意义。

虽然本书的第一部分显示了尼采的自然主义对希腊哲学的生命生成的理解的借用,但这并不是尼采思考生命的唯一重要背景。在本书的第二部分中,《进化论、目的论和自然法则》以尼采的主动性研究和尼采与 19 世纪新生物科学的交流为主题,而这里的 19 世纪新生物科学特别是指达尔文的进化论和其影响下的德国哲学,以及康德批判系统背景下的目的论的回归。《进化论是盲目的吗?论尼采对达尔文的接受》将尼采的生命观置于 19

世纪特别是支持和反对达尔文的生物进化论的这场科学辩论中。作者弗吉尼亚·卡诺（Virginia Cano）认为，对于尼采来说，真正的问题是达尔文的理论是否会使得生命的生成变得过于机械化，因为这种理论没有充分强调生命的创造性的潜力和其规范性的维度。卡诺强调达尔文的进化理论及其基本的力学思想对理解尼采生命概念以及生命生成概念的重要性，而克鲁兹（Mariana A. Cruz）的《尼采与19世纪的目的论的辩论》正视了尼采的概念同18~19世纪的目的论因果性的联系，并试图重建尼采与自然目的论的早期对抗。最后，西门子（Herman W. Siemens）在《尼采的"必然性"概念及其与"自然法则"的关系》中依据尼采批判涉及的自然法则的科学的（机械论的）概念来研究尼采的必然性概念。西门子认为，尼采批判动机首要是围绕自我立法问题的道德关注和围绕自我创造问题的艺术关注，这些问题围绕着"生命法则"的概念而逐渐明确。与传统的观点相反，自然法则，特别是必然性的概念，被理解为与道德以及创造性的自由观念直接相对立。西门子声称尼采的必然性概念必须被理解为对道德与自由的重估和重新解释，因而这也构成了一种面向自然法则与人类所谓的规范性的和解。

而关于生命生成的道德或规范性问题则是本书第三部分的焦点。尼采曾说过，当人们将生命与正义"拟人化"概念相比较时，生命是"非正义的"。因此问题在于一种道德或伦理的形式是否有可能回归生命与自然，或者，正如人们经常假设的那样，尼采的自然主义是否注定要成为不道德主义。凡妮莎·莱姆（Vanessa Lemm）的《在尼采的历史观中的生命与正义》通过对尼采的历史知识的分析探讨了生活与正义的悖论，根据尼采，与生俱来的不公正可以为一种生命的公正秩序（just order）提供材料。莱姆主要针对尼采早期作品来研究这个问题，而斯科特·詹金斯（Scott Jenkins）在《生活，不公正和反复再现》中则是继续关注正义的问题与尼采的早期作品中的生命的联系，以及正义问题在尼采的后期作品《查拉图斯特拉如是说》中提出的永恒回归的尼采愿景中的影响。最后，丹尼尔·康威（Daniel Conway）在《听从生命的法则：接受、服从、好客》中提供了对尼采《论道德的谱系》一书最后一部分的解读，认为尼采在这里神秘地唤起了"生命的法则"。康威积极地探索尼采的思想对于读者的影响，尤其是尼采唤起的生命法则以对抗基督教的道德观。根据康威的说法，尼采鼓励他的读者克服基督徒的道德观，呼吁采用新的生命法则，并且在新的生命法则里服从、接受和好客的价值起着核心作用。

　　克服基督教禁欲主义带来了创造身体和感性之间新关系的任务。这种身体和感性的转变也反映了尼采的观点，即生命已成为人类的规范准则。在本书第四部分，黛布拉·伯格芬（Debra Bergoffen）在《向着超人的身体》中考察了两个身体：最后一个人的身体代表了基督教和柏拉图主义体现的禁欲主义理念，尼采以超人的名义设想的新身体是一个剥夺其耻辱的女性身体。通过让尼采与后存在主义的法国女权主义者（如 Luce Irigaray 和 Julia Kristeva）进行对话来详述其假设。汉斯（Rainer J. Hanshe）在《尼采的通感认识论和整体人类的恢复》中认为，成为一个新的身体首先需要培养一种感觉经验（sense experience）的通感概念，对于尼采来说，这不仅是形而上学的努力，还是整体人类恢复的一部分。根据汉斯的说法，尼采鼓励我们发展我们的通感潜能。这意味着推进以意为导向的认识论，需要我们改变我们获取知识的方式。根据这种新的认识论概念，变成超人意味着激活我们的通感能力，从而克服理性与感官之间的分裂以及感官的等级化，使人类恢复其因为现代的功能分化而失去的那种希腊的整体观。伯格芬和汉斯都在借鉴尼采对新人类和人体的看法，而多诺万·宫崎（Donovan Miyasaki）在《尼采的自然主义道德教养：对优生学的改良批判》中质疑尼采推进"教养"的方式这种新的（人类）类型与伦理上危险的优生学形式一致，因而这也与历史上相关的歧视、种族主义和种族灭绝的做法差不多。与伯格芬和汉斯不同，宫崎对尼采希望推动何种人类类型的问题并不感兴趣，尼采希望以何种方式实现这一推动才是他所关注的。宫崎认为，尼采的道德教养（morality of breeding）是直接反对比较优生学的正面和负面形式的，即提升有利特征（traits）的遗传以及消除有害特征的遗传。在人类层面以及人体层面上的生命问题和文化生成不可避免地带来人类自我（self）的问题和人类究竟要成为怎样的一种人的使命。最后，克拉尼奥利尼（Mónica B. Cragnolini）在《一种"其他的存在"：尼采"动物"对生物政治问题的贡献》中试图将尼采在动物性上的思想视为宫崎和其他人讨论过的人性化过程遗留下来的"休息"或"剩余"，以及不同于物质性的禁欲主义渊源。

　　在存在主义的解读中，生物学生命的视角只是次要的，它被认为是通过一种决断论对抗存在的"虚无"、存在（being）以及死亡的人类能力。这种决断论认为人类生命能够超越其他物种和无机物质生命的连续性。本书的第五部分回归到死亡与自由的存在主义的主题，但是这是为了消除他们在尼采的早期接受中所带有的人道主义幻想（humanist conceits）。其两篇论文以截然不同的方式反对了主张人类的死亡"经历"可以使人类超越有机和无机生命的内在性的观点。纳塞尔（Eduardo Nasser）的《尼采和死亡的转变》从尼采基于物质与力的统一性的新生命概念的角度追溯了尼采的死亡概念的发展进程，无机世界不再被认为是一个"缺乏活力"和"没有生命"的世界了。然后，文章将尼采的"自由到死亡"的概念与海德格尔的"存在到死亡"的概念进行比较，从而带来了关于尼采对"死亡"的伊壁鸠鲁式的呈现以及尼采的死亡意识作为人类的极限体验的批判的普遍观点的削弱而非增强。同样在巴贝特·巴比奇（Babette Babich）的《生成和净化：恩培多克勒、查拉图斯特拉的超人和卢西恩的暴君》中，死亡是被探寻的核心对象。这里仍存在争议：尼采"从死亡到自由"能否允许人类克服自然而进入"超人"境界？论文中，巴比奇提出一种对从死亡到生命的内在性的恰当理解，并且生命的永恒诞生应该使我们摆脱任何对动物的优越感的错觉。其分析基于尼采的查拉图斯特拉与恩培多克勒的生命和思想之间的隐秘的联系，关注的是查拉图斯特拉作为立法者的活动、查拉图斯特拉跳跃到火山中的著名自杀以及查拉图斯特拉作为"同一者永恒轮回"教义的导师的教导。类似地，通过回顾尼采的查拉图斯特拉和卢西恩对专制（tyranny）的讽刺作品之间的联系，巴比奇表明，对尼采而言，要摆脱"超人"，就必须有一种更高形式的暴君。

最后，本书的第六部分讨论的是尼采对主体性可能的基本教导，即自我克服的教义（doctrine）与尼采的生命生成的概念的联系。迪特·托马（Dieter Thomä）的《爱上生成：尼采和爱默生的评论》关注性格和自我实验的问题。其中，爱默生和尼采都指出，人所是（who one is），不是一个具有固定本性的事物（not a matter of having a fixed nature），因为"灵魂"是某种"生成"的东西。重要的问题在于这种生成是如何发生的，或者如何在生命中避免固定化。爱默生和尼采主张自我克服，通过这种方式，托马了解了与自己保持距离，欣赏其"差异性"和同时抵制其他人是离我们自己最遥远的这种荒诞说法。与自我保持距离或接近所谓"其他的"以克服自我的这种态度或道德被爱默生称为"智性游牧主义"。并且托马还表明了它某种程度上对尼采的生命思想的影响。但是托马也与德勒兹对尼采的游牧主义的解释保持着一定距离，指出尼采与爱默生一样，都存在试图以某种方式最终拒绝这种持续的自我克服的思想。因为这种持续的自我克服不允许个性（character）的建立。值得注意的是，尼采与爱默生都赞成在连续运动与休息和静止的时刻（moments）之间存在更细微的关系或振荡（oscillation），根据托马的说法，这是对地球上人类游牧生活的更恰当的描述。托马总结说灵魂确实在形成（become），但它需要"慢慢地"形成。另外，自我克服的思想在基思·安塞尔-皮尔逊（Keith Ansell-Pearson）的论文《我们是实验：尼采的道德和真实性》中被特别关注，他认为在尼采思想中期阶段的《黎明》一书二，尼采对自我和自我实验的观点与他对人类苦难治疗方案或哲学疗法的关注密不可分。依照皮尔逊的观点，《黎明》重新提出了一种希腊化的哲学观念，其中对智慧的热爱与促进人类繁荣和幸福密切相关，对于尼采来说，这需要实验性地寻找一种存在的真实方式。虽然托马强调为了成为自己需要与自己保持距离，但是皮尔逊认为尼采理解的真实性是鉴于福柯与"关心自我"相关联的那种习惯，即通过关心和培养那些与自己"最接近"的东西，如从饮食习惯到思考习惯等。与托马质疑德勒兹的游牧主义同样，皮尔逊反对瓦蒂莫（Vattimo）提出的对尼采的后解释学的解读，这种解读认为尼采的超人不是一个新主题，而是超人主题的终结。对于皮尔逊来说，尼采的灵魂或自我无疑是"多元的"，但是它仍然保持着一个自我，需要正确地"关照"才能成为其所是。最后一篇论文是加里·夏皮罗（Gary Shapiro）的《国家和游牧者：黑格尔的世界和尼采的地球》，它提供了在尼采的自我概念中的第三种关于游牧和多元主义的思考路径。夏皮罗从思考生命是发生在何地的角度来看待生命生成的问题：我们是生活在地球上还是世界上？夏皮罗认为尼采的生命和灵魂概念从一开始就是反对黑格尔主义者和后来的海德格尔主义者赋予世界与历史作为人类自由的征程的特权。对于黑格尔而言，世界与精神的统一、永恒和超越是密不可分的，而对于尼采来说，地球是生命的根本内在性。因此，假定的一种游牧形式的生活有利于在地球上的生命生成。夏皮罗反对黑格尔首选的人类组织的形式和集中栖居的主权国家。像托马和皮尔逊一样，夏皮罗同意尼采的自我克服需要自我的多元化。然而，他也认为这种多元化不仅具有内在或以心灵为中心的意义，在尼采那里，人们也可以恢复一个由"迁移、移民、离散、世界大同主义和杂交"所描述的具有众多特征的积极观念，并且它可以逐项地反对群体和人口的类别，而群体与人口这两项最终都取决于国家对共同的而且不属于任何人的地球与生命施加主权的不确定主张。

值得注意的是，在生物科学声称已经解开了生命最深层的秘密和密码（codes）的时代，众多研究尼采"生命"学说的学者对于包括生物学在内的先进的科学提供的结果的价值以及它们在人文科学的应用普遍持更加怀疑的态度。可以说，生命既是离我们最近的，同时也是离我们最远的。如这些论文，它们说明了为什么生命正在正当地生成着；说明了生命由我们实验，就像生命拿我们做实验一样；说明了生命使我们的思考和习惯总是在一种重现的游牧主义状态下持续移动（moving）。最后，也正是由尼采"生命"学说所引发的这些深刻思考在提醒着我们：生命就是活着和享受，而不是有系统地去研究和利用。

（编译者：高芮，北京第二外国语学院2016级美学研究生）

努诺·纳拜斯：《尼采与悲剧的形而上学》（*Nietzsche and the Metaphysics of the Tragedy*, by Nuno Nabais, translated from Portuguese by Martin Earl, New York: Continuum International Publishing Group, 2006）

作者努诺·纳拜斯（1957）是里斯本大学教授，埃武拉大学艺术系客座教授及里斯本大学科学哲学中心成员。纳拜斯致力研究尼采、胡塞尔现象学、精神分析学等问题，著有《可能性证据：胡塞尔现象学中的模态问题》《尼采的个体及个体性问题》等作品。同时，他也是银臂厂（Silver Arm Factory）艺术中心的创始人和监督人。1997年，《尼采与悲剧的形而上学》在葡萄牙出版，同年获得PEN俱乐部奖。尽管葡萄牙没有哲学传统可言，但对比其他欧洲诸国，它是第一个长期研究尼采哲学的国家。译者马丁·厄尔曾在科英布拉大学教授英语、翻译以及美国文化课程，近期担任翻译与记者，其译作《一河两岸：加利西亚和葡萄牙的民族主义和民族志》于2011年12月出版。

《尼采与悲剧的形而上学》全书分为六个章节。纳拜斯在开篇指出，在重构尼采悲剧思想之前，我们要将其悲剧观放置在由康德创建，并由席勒、叔本华、瓦格纳重新审视的崇高的现代观念中理解。在随后的章节中，纳拜斯分别采用两种不同方式证明尼采哲学始终贯穿着他的作品，并致力于悲剧思想。一方面以主题为序，另一方面以时间为序。关于尼采悲剧的形而上学涉及四组概念（个体与个体化、必然性与偶然性、斯多葛派的伦理学与尼采热爱生命的座右铭以及永恒轮回问题），其分别位于五个关键时期：叔本华之前；追随阅读《作为意志和表象的世界》时期；与叔本华决裂；在永恒轮回的观念时期；最终从1885年开始对权力意志学说的发展，并在1887年对虚无主义的诊断时期。最后，作者认为关于悲剧的四个概念最终汇集在权力意志学说的最终原则中，而不是人们常说的永恒轮回。在最后一章中，作者密切关注永恒轮回这一观点，尼采从1886年开始放弃这一思想。这种思想在他的中期是一个控制性的哲学概念。即便他的笔记中开始出现价值重估的草图构想和临时创构权力意志的形而上学，然而在《善与恶的彼岸》出版后，它从他的作品中消失了。因此，永恒轮回并不是这本书真正要探讨的问题。实际上，在权力意志的形而上学和虚无主义的发展中，永恒轮回只是这个漫长发展过程中自我疲惫的时刻。

没有任何一位同时期的哲学家像尼采这般，生命如此丰富充盈。他不仅是哲学家、诗人、小说家，我们甚至可以将他看作一名普通的大众读者。尼采的永恒轮回、虚无主义和权力意志等思想影响着一代又一代的读者。时至今日，仍然对人生的探索之路具有启发性的意义，激励着读者在自我认知道路上不断调整改变。在上述三种观念中，永恒轮回无疑是尼采对20世纪文化词语的最显著贡献。像弗洛伊德的"潜意识"、安迪·沃霍尔的"十五分钟定律"一样，尼采对于生命实质的无止境轮回，已经演变成为一种自我生命的不断丰富充实，而这恰恰独立于他自身的生活。这不仅属于哲学史，也是属于大众文化的历史。像所有概念一样，它的力存在于易用性和可变性之中。正如所有真正的哲学理念，其中心概念一定是无法探知、无比深奥的。在尼采的写作生涯中，他时常转换重要理念，仿佛这只是一种诗意般的变幻。他习惯在新的理念中尝到甜头后便迅速遗弃之前所有。事实上，《尼采与悲剧的形而上学》一开始关心的便是尼采第一次重要的放弃觉醒所遗留的"雾化尾迹"问题，也就是他在《悲剧的诞生》中对古希腊合唱团的沉默的瓦格纳灵感式分析。尼采在永恒轮回的问题上花费了大概五年的时间，这也为《快乐的科学》和《查拉图斯特拉如是说》提供了一个中心前提。但随后它在功能概念上几乎和它出现时一样迅速消失。目前看来，这本书采取了截然不同的方法提出了对尼采晚期哲学的修正解读。

纳拜斯认为，尼采通过提醒人们关注悲剧遗留问题的固有沉默，彻底转变了我们对于古希腊悲剧的看法。如果尼采哲学中存在悲剧理论，那么在悲剧主题中保留沉默的文本可能比在索福克勒斯和欧里庇得斯作为主语的文本中更为明显。我们不再注重阅读尼采关于酒神狄奥尼索斯、合唱的音乐以及英雄的变形的描写，而是将目光转向沉默问题，试图追寻他对悲剧的解释的内部轮廓。人们认为悲剧理论是根据浪漫主义传统（康德、席勒和叔本华）而来的，它反对后现代性的审美辩论，并且以强调崇高和无代表性的人物形象的重要性为中心。这就是本书第一章"尼采在后现代美学中的地位"所处的位置。尼采对悲剧意义的沉默几乎是无休止的。在重构尼采的悲剧思想之前，我们应该将尼采的悲剧观置放在现代崇高观念中去解读。尼采采用叔本华的悲剧主义，认为悲剧属于崇高的感觉。但尼采与叔本华不同，他不认为酒神导致一种屈服和对生命的否定，它只是指向了古希腊人对阿波罗主义外观的渴望。在这里，尼采打破了前人给予道德高于美学的优先地位。

在个体与个体化问题上，纳拜斯将目光着重于尼采对个体存在的辩解方式。他对个体的肯定势必意味着和柏拉图式传统哲学的决裂。然而，尼采的"本体论"却是"含混不清"的。叔本华形而上学的矛盾论断深刻影响着尼采对个体的看法，直到1878年《人性的，太人性的》这一作品出版，尼采完全抛弃了叔本华形而上学的二元论。这部中期作品将个体赋予了中心位置，但即便如此，我们仍能看到叔本华的影子。尼采将永恒轮回看作一种摆脱叔本华式颓废的方式，因为所有事件的重复为个体提供了一种宇宙学基础。在19世纪80年代中期，尼采开始寻找另一种对个体的个体性解读，这种解读转向"内在视角"并较少关注世俗生活。这种观点最终成为权力意志理论，其中，个体的个体性对应了每一个事件。也正是在这种"形而上学的对应"中，尼采发现新个体是具有胜利感悲剧性的普遍存在的基础。对其个体概念，这是一个有趣的重建。他更关注个体的繁荣或落后的条件，而不是肯定一种悲惨的生命。

作者专注于尼采对必然性的形而上学阐述，以及他对"必然性"的追求。尼采重新阐释了斯多葛派永恒轮回概念和斯宾诺莎主义的格言，并将这些融入自身对内在必然性的看法——没有任何理性和目的论可言，仅仅是道德与物理学的结合。然而，纳拜斯指出，尼采混淆了形而上学的必然性与时间的必然性。由于叔本华的影响，尼采从事物本身和现象的角度构思了自由意志。在1862年的文本中，个体性被认为是必然性与自由的综合。

纳拜斯探讨了永恒轮回在所有价值重估学说中的作用。在1886年以后，所有文本中永恒轮回的消失证实了尼采在永恒轮回中寻找到的只不过是一种表现形式，并不能解决虚无主义的问题。

《尼采与悲剧的形而上学》呈现了作者对尼采悲剧思想发展脉络的简略式的历史化分析。本书结构清晰，英文翻译流畅。作者对关键问题的把控引人入胜。读者将通过这种深入学术性书写的阅读，收获颇丰。尼采研究领域的领军人物努诺·纳拜斯对尼采关于悲剧主题的思想的发展进行了一次极具说服力的综合研究，并探讨了尼采哲学的核心问题。这本书展现了对悲剧主题和美学崇高问题的广泛重构问题，使得尼采在这一关键哲学领域的工作发挥了中心作用。纳拜斯探讨了尼采、康德、费希特和叔本华思想中崇高理论的差异，从而对尼采在哲学传统中的地位做了重要介绍。纳拜斯专注于个体问题和偶然性、必然性等一系列尼采悲剧思想中的重要概念。又以写作时间为线索，展现其思想脉络的变化。他重新审视从《悲剧的诞生》到《论道德的谱系》的完成，并进行缜密的分析。纳拜斯对尼采进行的研究展现了令人羡慕的广博学识。他对尼采的阅读是彻底的，对尼采问题的理解是深刻的。此书的撰写能够帮助进行尼采研究的学生和学者。并且这也是一本美学、伦理学和认识论领域的重要著作。但同时，我们也要看到问题所在。正如译者马丁在译者序言部分所指出的那样，纳拜斯的困境一方面是葡萄牙与欧洲的历史性隔离，另一方面是知识分子阶级与工人阶级的内部隔离。葡萄牙受大学教育者大约只占全国人口的11%，大学机构虽然受到广泛尊重，但与大多数葡萄牙人的生活毫无关系。教授们则像神职人员一样备受关注和喜爱，但他们的博学终究会被他们周围平凡的世界所稀释。

（编译者：郭安娜，北京第二外国语学院2016级美学研究生）

莱尔德·艾迪斯：《尼采的本体论》
（*Nietzsche's Ontology*, by Laird Addis, Germanny：Ontos Verlag Press, 2012）

莱尔德·艾迪斯（Laird Addis）于1964年至2004年在美国艾奥瓦大学（University of Iowa）任教，退休后担任哲学名誉教授，研究兴趣集中在形而上学、思想哲学、音乐哲学、尼采。为美国哲学协会、科学哲学协会、美国美学学会、北美尼采社会、人文主义哲学家协会、学院维也纳圈子成员。出版的著作有《社会的逻辑：一种哲学研究》（*The Logic of Society*: *A Philosophical Study*，1975）、《自然征兆：意向性理论》（*Natural Signs*: *A Theory of Intentionality*，1989）、《精神与音乐》（*Of Mind and Music*，1999）、《本体论与分析：伯格曼的散文与回忆》（*Ontology and Analysis*: *Essays and Recollections about Gustav Bergmann*，2007）、《头脑：本体论和解释：收集的论文 1981~2005》（*Mind*: *Ontology and Explanation*: *Collected Papers 1981 – 2005*，2008）、《尼采的本体论》（*Nietzsche's Ontology*，2012）。

《尼采的本体论》是莱尔德·艾迪斯2012年出版的著作。本书共七章。第一章引言，主要对本书的框架进行说明，简单介绍接下来的内容。莱尔德·艾迪斯说他将从"恒变论""物理对象""思维精神""因果关系""权力意志"五个方面来分析本书主题——尼采的本体论。第二章作者分析真理与客观实在性主题。接下来五章分别以恒变论、物体和事物、思维精神、因果关系、权力意志为标题解读尼采的本体论。

莱尔德·艾迪斯说尼采通常将形而上学视为我们日常生活之外的实在，不管尼采在形而上学与本体论上作何评价，尼采提出的本体论确实解决了一些问题。莱尔德·艾迪斯认为存在两个尼采：一个是清醒的自然主义者，相信经验科学的价值和卓越地位，否认上帝和客观道德伦理；另一个则是狂热的虚无主义者，否定上帝、客观现实和客观逻辑、真理和知识等等。本书主要探讨的即清醒的自然主义者的尼采。同时，莱尔德·艾迪斯认为尼采有积极性的尼采和消极性的尼采之分，从两个角度对尼采进行分析也是很有意义的。本书采用结构史学和分析本体论的方法解读尼采，作者希望本作品可以让对尼采感兴趣的人受益。

真理与客观实在性

莱尔德·艾迪斯指出，一个哲学家的本体论通常是通过他关于现实特征的某些陈述表达出来。本体论通常与真理和客观实在性有关，而尼采并不承认真理和客观实在性。然而莱尔德·艾迪斯并不承认上述有关"尼采并不承认真理和客观实在性"的说法，莱尔德·艾迪斯认为尼采相信真理理论，也相信客观实在的可能性和必要性，以及知识、信仰的可寻求性。人们通常认为有关"真理"的理论主要有三个，即对应理论、一致性理论、语用学理论，而莱尔德·艾迪斯认为真理具有对应符合特征，但是哲学家的任务不是揭开"现实"的含义，而是揭示"现实"对应的本体论。莱尔德·艾迪斯不像其他哲学家那样单单讨论"真理"一词的含义，而是认为真理"应该符合事实，符合实际情况，顺应自然或现实"，或者可以从真理的评判标准和真理的价值入手掌握真理的本质。真理多少与个人的信仰有关，然而作者指出尼采相信思维独立于一个人现实生活中所接受的知识，思维的特征并不取决于任何人的信仰、欲望和价值观等等。

在分析客观实在性之前，作者对真理的本质进行了更深一步的探讨。真理不是指一种本就该存在的一元性，而应该具有符合实际的特性。没有什么东西是永恒的，因此真理只适用于永恒不变的客体，由于没有这种客体，所以也就不存在真理可言。作者指出可以通过客观实在性来处理真理与假象之间的矛盾。由于人类头脑的本质，某种程度上人类无法达成对世界的了解。这种思维的短板则是缘于"本土化"，由于所处的时间、地点，接受的文化熏陶的不同，我们注定总是从不同的角度看待世界，因此无法从同一角度掌握世界的客观实体，这也受到社会本身存在的等级制度和社会角色的影响。所以，在作者看来，客观实在性与适用方法有关。如果一个人处理事情的方法是客观的，则客体可能呈现客观性。只有当我们摆脱自己的意识去认识客体时，才能把握世界的真理和客观性。尼采对于真理方法必要性和可能性的肯定将帮助我们对这个世界有更好的认识。尼采认为有理解客观性的方法。尼采批评客观性无用论的看法，赞同客观性方法的可能性和价值。作者指出没有人可以用完全客观实在性的视角看待世界。对于哲学家来说，客观地看待和理解这个世界非常重要。作者提到哲学家追求真理的必要性，哲学家必须保持清醒头脑，摒弃幻觉。尼采在晚年笔记中提到，哲学家可通过自我道德上的漠然、对好坏视而不见、不在乎危险性、性格反常达到"客观实在性"。接着作者指出如果一个人真正达到客观，完全可以克服道德。追求真理时如何采用客观方法？尼采指出，须摒却自己的价值观、希望、欲望；在调查中减少使用帮助感知的工具。作者则提出不同于尼采的看法——我们可以通过"第二天性"客观行事或通过没有任何想法的原始性情。作者以此反对那些认为客观实在性不可能的人。作者否定那些否认客观性的人。作者指出尼采对事物的核心是方法。尼采看到了客观性首先是一个方法问题，并且与道德和宗教相背离。作者指出，客观性是一种有待实现、有待训练、有待传授给学生的方法，必须用坚强的意志使自己跳出个人有限的视角。作者通过举例尼采《论道德的谱系》中的话，来论证尼采对客观实在性的赞同。"保持客观"是一种自律，是尼采的价值观，自律作为第二天性的特质适用于"更高类型"的思想。作者指出尼采更倾向于赞同从个人独特的方式探索主题。人类需要拥有某种信仰以感知世界，但某种程度上他们是以预设的现实去感知，因此人类错误地获得世界，这取决于我们假定的现实知识。我们需要不断检验本体论。作者最后指出，保持客观性不是达到或接近真理的必要、充分条件，没有东西可以保证人正确地掌握它。作者讨论了真理和客观性之间的关系，进一步探索尼采的本体论。

恒变论

"存在"和"生成"是尼采"不变变化"观点的基础理论。我们生活的世界是充满变化的世界。世界在时间上来说是永恒的，也即永远存在，但是这种"永恒"不同于存在（being）世界的永恒，存在世界的永恒是超越时间和空间的、没有开始和结束。作者指出，尼采确实认为存在一个时间上不断变化的世界。

在某种积极意义上，尼采是一位自然主义者，因为尼采认为自然是唯一存在的世界。作者结合沙赫特（Richard Schacht）的观点——"尼采的反科学主义的自然主义"进行自己的论证。沙赫特认为，将尼采的自然主义科学化和关于尼采的叙述可略分两类——发展性和解释性，发展性叙述与发生本质有关，解释性叙述是指现象，但作者并不同意这种分类。沙赫特以"将拯救出科学主义"为背景，提出自己的论点，但其有关"因果性解释"的看法，作者并不赞同，作为认为存在不同于沙赫特的非科学的、因果性的合理解释。断言尼采是一位自然主义者的一类人有以下观点：（1）不存在超自然现实；（2）经验科学是一种有价值的现实知识的来源；（3）人的起源和本质也是自然的一部分。认为尼采不是自然主义者的一类人有以下观点：（1）自然并非完全物料的；（2）人类现实中有本体论无法把握的东西；（3）理解现实的方式有些并不是科学的。作者坚持认为尼采是一位自然主义者，并认为这符合因果决定论，尼采是宿命论者。

关于恒变论，赫拉克利特的追随者克拉底鲁（Cratylus）提出万物要在不断变化中保持同一性的重要性，而尼采不同意此观点。尼采没有明确指出不断变化理论,而是多次暗示这一理论,比如在《偶像的黄昏》一书中,尼采认为统一性有虚假成分,只有生成(being)、消逝、变化不存在欺骗。尼采持有的主要的、直接的、本体论的恒变论观点在于尼采对任何暗示或表明永恒性的拒绝。除此之外,尼采还厌恶生成世界中的物体存在说——时间轮回的不变说。尼采在他1885年夏天的笔记中写道:"精神的本质作为一种生成形式,决定这个世界没有目标,没有终点,不会以存在的形式展现。"作者也提到如同生成世界没有实体,整体状态都在瞬间发生质的变化。尼采也将恒变论称作"永恒轮回"。作者认为恒变论与尼采本体论的另一个特征——权力意志也有关系,尼采的权力意志不是控制他人,而是一种自制力,通过自我努力,控制自然冲动,达到理性和激情和谐,这也是"超人"概念的一大特征。权力意志不仅是人类或有机生命的特征,它也是自然界中普遍的持续向上的力,权力意志证明了恒变论的意义。作者以比向大家强调力的连续性和普遍性。随后,作者指出我们必须将尼采对于特殊事物的物质和"物体"的拒绝与恒变论区别开来。

作者根据"being-"和"being-a-horse",树叶的颜色变迁,来说明经验性质下事物的不断变化特性。作者通过举例通过肉眼观察无法察觉苹果的关系属性的变化,又反过来质疑恒变论的绝对性,认为有关权力意志与恒变论仍需要继续论证,而永恒轮回理论则不可能存在。作者认为尼采的恒变论似乎是错误的,认为尼采只是像《偶像的黄昏》里表明的那样:恒变论是为了彻底区分尼采眼中的存在世界和生成世界。

物体和事物

作者对物体的本体论概念进行历史和系统的回顾,这里的物体是哲学意义上的实体。作者认为将恒变论或其他基本客体的理论同其他任何理论相联系是错误的,会降低真理概念的思想独立性,以及真理的应用。基本客体的分类取决于我们对事物的分类。物质具有以下六种特征:(1)最后的主体属性;(2)独立性;(3)自然性;(4)活跃性;(5)不可再分所性;(6)连续性。连续性是最重要的一个特征。存在论者认为,标准的物质观是认为客体的物质性即终极属性。从存在论角度说,实体是物质与形式的统一。每一个个体拥有一种内在的原动力,并且持续变化、运动。在尼采思维这一章中,作者认为尼采在本体论中的思维这一点上,贬低人类事务中意识的重要性,尼采认为思想独立于外界。

思维精神

莱尔德·艾迪斯认为，在广泛意义上讲，尼采的精神哲学包含了很多今天的哲学家很少谈到的话题，不过在某种程度上，尼采否认了精神的功效。作者更多关注的是那些在文学中很少谈到的精神哲学的技术方面。思维由三种类型的实体组成：有意识的精神状态、倾向性精神状态、依靠有意识的精神状态。思维的本质是意识，即我们每个人都拥有的意识流。接着作者指出尼采精神哲学一个非常普遍但至关重要的特征：尼采试图贬低意识在人事中的重要性。尼采将意识放在与本能相对的位置上，认为文明贬低了本能的重要价值。在本体论和认识论中，尼采强调身体的重要性。尼采本体论中思维这一点的主要特征为：（1）思维不是物质；（2）思维不是身体方面的；（3）思维没有因果。基于以上三点，尼采是一个二元论者、反物质主义者、副现象论进化论者。有关尼采是一个二元论者、反物质主义者，大家已经知道，但是作者认为他有可能是第一个认为尼采是副现象论进化论者的人。尼采不赞同我们平常的"思想透明度"的说法，并拒绝作为物质的思维精神，认为人是否可以完全理解人意识的本质也值得思考。

思维不是物质，没有实体可以通过思维在时间上持续存在——很少有哲学家像尼采一样，拒绝思维的物质观点。

因果关系

莱尔德·艾迪斯指出尼采在《权力意志》中提到很多的因果关系，并且是休谟意义上的因果关系。作者指出休谟和尼采在因果关系方面一致的地方：我们没有实体经验，如果有的话，将是某一特定事件与另一特定事件的因果关系。当我们处于一种引导我们相信事件 A 导致事件 B 的感知状态下，不存在 A 和 B 的因果关系。因此因果关系要么存在于另一种情境下，要么就是虚构的，尼采在两者之间摇摆。

在尼采的《论道德的谱系》中，我们被告知能够思考因果性是人的本质。作者举例说明尼采对因果关系的看法：尼采在现实的观点上是充分肯定因果关系的；因果关系需要合法的联系，可以不是恒定关系。

权力意志

作者指出，尼采的权力意志是宇宙层面上的，对他关于现实本质的看法至关重要。我们可以从《权力意志》和《查拉图斯特拉如是说》中读到尼采关于权力意志的看法。作者认为尼采关于权力意志的讨论具有试探性，并且提出自己的见解：在宇宙层面，权力意志适用于任何事物，包括无机物、一般的有机体特别是人类。

如同因果关系，尼采认为意志存在于一切地方或不存在于任何地方。作者指出，尼采有时也会混淆普遍意志和权力意志，尼采并不重视普遍意志，因为它不仅没有因果效力，而且很少告诉我们人类切实发生的事情。人类行为中存在一种人类、有机体特有的单一的基本冲动，作者将尼采的本体论和其他的单一冲动理论做比较。尼采将权力意志喻为生命意志，但是尼采并没有将无生命部分排除出权力意志，也没有将一切视为有生命。作者指出，尼采对达尔文主义的批判针对的不是进化论本身，而是自然选择和适者生存机制。作者认为权力意志是一切事物的基本力量，也许是唯一力量。尽管尼采试图用权力意志概念为自己的理论辩护，但是表现出来的是力的力量而不是意志的力量，因为自然界中并不存在意识和精神，没有目标、重点，只有以某种方式运作的力量。作者试图用"宇宙扩张力"来形容尼采的权力意志。一开始尼采想表达的是权力意志的概念，但是当他意识到力的普遍适用性时，他自己也被意志概念束缚住了。

尼采指出权力意志不是一个"存在"体，而是我们应该回归的东西。接着作者指出尼采排斥物理原子，对尼采来说，可见世界存在一些不可见、不可分割体，尤其是运动，但它不是物理原子，也不可能是精神上的原子，而是能量原子，作者认为尼采的权力意志也许由"动态量子"构成。尼采设想世界，但是权力意志本身存在限制，尼采经常通过自己的笔记打破这些束缚；这种限制的另一面就是强调"意志"而不是"权力"，作者表示理解尼采的权力意志，更重要的是力的概念，而不是权力的概念，尼采想要传达的是力（"能量"），而不是意志。本章不在于强调权力意志的普遍性，而在于强调其作为唯一因果力量的地位。直到伯特兰·罗素，西方传统中没有哲学家认识到关系本体论的地位。最后，作者得出，权力意志是一种使人产生怜悯的力量。

最后莱尔德·艾迪斯认为尼采本体论的研究始于恒变论，接着是物质与事物、思维精神、因果关系。权力意志是一个简单而明显的循环：如果权力意志在本体论根源上是一种无处不在和膨胀的力，那么变化也就无处不在，没有终点和结束。作者举例尼采1885年夏天的笔记，说明没有变化，

"存在"也不可能。莱尔德·艾迪斯没有处理尼采关于现实的,可能是本体论的观点,尼采所讲的没有道德,事实上只是一种否定意义上的断言,不是一种现实特征,因为一切事物都是永恒的。莱尔德·艾迪斯只同意第一点,而永恒轮回在作者看来不是本体论的特征。我们应该严肃看待清醒的尼采,而不是疯狂的尼采,去了解尼采真正相信的是什么,以及事情是如何的。尼采1885年夏季的笔记中谈到权力意志的基本特征:"世界对我来说是一个充满能量的怪物,是一种坚固的、巨大的力,这种力不会变大变小,只会不断转换。是整个空间里不断相互作用的力,年复一年地流动、不断作用冲击,永无止境地自我创造,破灭。世界和自我本身即权力意志,除此之外没有其他。"

(编译者:孙海霞,北京第二外国语学院2016级比较文学与世界文学研究生)

维诺德·阿查里亚:《尼采的元存在主义》
(*Nietzsche's Meta-Existentialism*,Edited by Vinod Acharya,Walter de Gruyter,2014)

尼采的精神世界,对于任何一个热衷哲学的人都是极具吸引力的。维诺德·阿查里亚的《尼采的元存在主义》也着眼于此,在尼采对形而上学的批判中搜寻蛛丝马迹,以此为基础抽丝剥茧领悟其对于元存在主义的诉求。

作者维诺德·阿查里亚(Vinod Acharya)是西雅图大学哲学教师。代表作有著作一部、论文三篇、书评一篇,分别是书籍《尼采的元存在主义》(*Nietzsche's Meta-Existentialism*),论文《科学、文化与哲学:人与人之间的关系与尼采的早期思想》(Science, Culture and Philosophy: The Relation between Human, All Too Human and Nietzsche's Early Thought)、《贵族与颓废:尼采强者的弱势》(Nobility and Decadence: The Vulnerabilities of Nietzsche's Strong Type)、《康德与浪漫主义的转向》(Kant and the Turn to Romanticism),及书评《评保罗·丹尼尔斯的〈尼采与悲剧的诞生〉》(Review of Paul Daniels' *Nietzsche and the Birth of Tragedy*)。作者的主要研究领域为哲学

和美学,热衷研究尼采的哲学理论,这部《尼采的元存在主义》便是典型作品。在本书中,维诺德·阿查里亚通过分析尼采的形而上学和其对形而上学的批判,运用新的方法论框架对尼采哲学进行新的存在主义解释。这种解读修正了学界对于尼采的错误观点。阿查里亚认为尼采的成熟作品力图使典型的存在主义立场成为万物基础,令这一立场的含义充分发挥其智慧。这种元存在主义的方法反对形而上学上的主客观对立,主张形而上学的模糊和开放式。阿查里亚认为,尼采元存在主义的重中之重就是不断接触形而上学的更新并对其进行批判。

阿查里亚的讨论揭示了尼采的原始解释,表达了尼采写作的精神和特征,同时也引起了对尼采思想的关键含义的关注。本书以海德格尔主义者、后结构主义者和自然主义的解释为背景,认为尼采不主张克服形而上学,也不沉迷其中,而是在形而上学的模糊边缘寻找切入点,从而佐证其元存在主义观点。本书共有两个主题:给尼采哲学寻求存在主义阐释,对尼采对于形而上学的批评进行全面的研究。

《尼采的元存在主义》共分为五个部分。前两部分从方法论角度展现出尼采对于元存在主义进行诉求的细节,并证实了这种诉求实际上意味着对于形而上学的批判。后三个部分直接探讨尼采对于形而上学的评价,尤其研究尼采对于形而上学的对立架构之起源的评价。可以将整部书分解如下。

第一章开篇于一个从存在主义角度对尼采进行的普遍归纳,在这个归纳中,尼采是个独具个人风格,具有激情、个人主义的哲学家。在方法论上,作者立足于主客观存在主义分界区分,追溯存在主义分界。在这一部分,作者回归克尔凯郭尔的《非科学的结语》,其中克尔凯郭尔以其笔名 Climacus 将这种主客观区分作为他存在主义哲学的基本标志。作者通过分析 Climacus 关于"直接交流"与"非直接交流"的区别,发现了存在主义分界中必然存在的固有模糊性及不确定性。作者与 Climacus 的主张存在重大分歧,即 Climacus 对于主客观的区分并不能从根本上确认出这种模糊性。作者因此着眼于元存在主义。不同于将主客观绝对对立起来,尼采的元存在主义哲学直截了当地从对主观和客观完全不同的阐释入手。通过探索尼采如何用元存在主义的方法把握对于主客观进行区分的意义,从而确证主客观区分中固有模糊性的存在,是这一部分的重中之重。

在第二章,作者通过区分核心概念"存在"及解释上完全不同的"主观""客观"两个辩证概念,来再次探索尼采元存在主义的细节。在此作者发现，尼采并未通过之前这种区分达成关于存在的概念，而是与他的间接主张妥协，并将存在当作最终的预设。由此，他从不断进步的主客观角度提出对存在的不断阐释。此外，通过对尼采对于"身体"概念的解读，作者发现即使是在看待一个生命形式的存在及成长的过程中，主客观角度都十分必要、不可或缺。尼采没有明确认为主观高于客观或者是客观高于主观，而是说二者都是意志力（will to power）的表达。立足于此，作者认为尼采对于形而上学的讨论不能仅是对客观真实世界及主观表现世界相互对立等级制度的逆转，反而他的讨论直接针对这套对立结构的源头，即形而上学起源及其生命否定评测。

为了与其定型了的意思进行区分，第三章对于尼采"意志力"概念进行细化解释，并以此为线索找到形而上学对立的起源。这种分析使作者直接观照尼采哲学中最根本的部分，即肯定生命、昂扬向上的意志和否定生命、消极虚弱的意志这二者。然而在作者看来，意志力存在于一种独特的既肯定生命又否定生命的价值观背后，因此我们不能明明白白地区分其独特品质。与各种阐释类别不同，本书作者发现，对于尼采来说，肯定生命的意志与否定生命的意志这两种意志类型之间的关系并不是互不干涉或相互融合，反之，这两种意志类型在剧烈的转变中共存，甚至时而存在一些共同的特性。在这两种意志的剧烈转变中存在一些灰色地带，因此并不能将两者拆分得干干净净。接下来的两章也就从肯定生命的那种昂扬意志逐渐消散这个问题入手，更深层次地继续这个讨论。

第四章从更普遍意义上讨论那种肯定生命的昂扬意志逐渐消散这个问题。作者讨论的焦点在于，这种否定生命、消极虚弱的意志的盛行也在历史上预先昭示着肯定生命、昂扬向上的意志会过早地自行解体。只有这样才能诞生一种新的、在未来历史进程中占据统治地位的消极意志。从尼采对于积极意志的诸多阐释中，作者总结出这种意志的四个典型特征。这些特点不仅是积极意志的必要特点，而且昭示出这种昂扬意志变得衰弱并走向瓦解的多种可能。这种昂扬向上的积极意志正是因为其活跃和强力才走向消散。因此从这种对于特点的分析中不难看出，两种意志的连续性中仍存在灰色地域，在这种灰色地域中，积极意志的消解指向了一种不同以往的消极意志的诞生。消解的关键点会使我们更容易去把握否定生命价值观的起源。

以第四章的讨论为背景，本书第五章呈现出一个详细的案例分析：分析高贵的希腊文化的消解。正是希腊文化的卓越美善才最终导致其解体。立足于尼采在早期作品中对这种希腊文化的关注视野，作者分析出其高贵美善主要集中在希腊城邦、希腊艺术和希腊哲学三个层面。前两者对于希腊强盛的展示更为明确具体，而希腊哲学这一层面却有着一种非常模糊的含义，它既是希腊强盛的丰碑，也是其开始衰落的明证。在前柏拉图时代，希腊的强盛和衰落都在其中并列展现，在这个灰色地带，强盛与虚弱之间的差别消失于无形。在这种模糊性中，作者认为希腊消亡的关键必然是难以捉摸的，在这个意义上，任谁也不能说明它是属于强盛的希腊时代还是属于消极的苏格拉底时代。这都是因为后者诞生于前者的消亡。因此，形而上学主客观对立的起源也必然是难以捉摸的。这也阐释出尼采对于形而上学批判的必不可少的模糊性，这也是他元存在主义主张的基础所在。

克尔凯郭尔这样的存在主义者强调人类的重要性，在主客观对立中站在主观一面，但是尼采是一个超脱于主客观界限的、与众不同的存在主义者。阿查里亚揭示了尼采对于形而上学主客分离的批判，从而向我们展示出一个富于力量感、关注复杂性的元存在主义者尼采。阿查里亚由此向我们展示了一个非标准意义上的存在主义者尼采，并为世人通达尼采哲学思想另辟了一条幽幽之径。

（编译者：王子怡，北京第二外国语学院 2016 级比较文学与世界文学研究生）

Abstract

· Academic Focus · Nietzsche Reconsidered ·

Wishes of the Heart: Walter Kaufmann, Karl Jaspers, and Disposition in
Nietzsche Scholarship   By David Pickus / 1

Abstract: Both Kaufman and Jaspers promoted the study of Nietzsche in the 20th century, and they advocated the interpretation of Nietzsche as a whole. Although the basic path of research is similar, due to the uncertainties inherent in Nietzsche's works, the two have had differences in the research process. In the process of mutual debate between the two scholars, we constantly explored the characteristics of Nietzsche, and also revealed to us the deeper factors hidden behind the differences between the two. Their interpretation of Nietzsche was deeply influenced by the way the German Enlightenment thinkers studied, and applied this influence to Nietzsche's interpretation. In the process of interpreting Nietzsche, the two scholars also showed their hope that Nietzsche could show the characteristics and show their "wishes of heart".

Keywords: Walter Kaufmann; Karl Jaspers; Nietzsche; Wishes of Heart

Nietzsche, Eternal Recurrence, and the Horror of Existence

By Philip J. Kain / 23

Abstract: Nietzsche's center of vision is his thoughts of the eternal recurrence and the horror of existence though many researchers paid little attention to this view or even ignored it. In many books, Nietzsche tells us his idea about eternal recurrence and the horror of existence. This thesis focus on analyzing Nietzsche's famous books to find out his thinking about the eternal recurrence and the horror of existence, and point out that Nietzsche believe that there is no clear connection between suffering and recurrence. Human beings ought to love their life and accept every details in their life no matter how hard it is. In the end, the author repeats his argument that the thoughts of eternal recurrence and the horror of existence are the center of Nietzsche's idea.

Keywords: Eternal Recurrence; Existence; Horror; Nietzsche

Abstract

Nietzsche's Value Conflict: Culture, Individual, Synthesis   By Joe Ward / 41

Abstract: This article poses the question of what it is that Nietzsche values, arguing that we need a generic answer that makes sense of Nietzsche's admiration for both exceptional individuals and types of culture: what Nietzsche values are certain kinds of syntheses of the will to power, holding at diverse levels. These are syntheses endowed with a distinctive, "aristocratic" structure with a pathos of distance maintaining a separation between ruling and subjugated elements. But Nietzsche's valuing is also oriented by extrinsic criteria such as "agonistic" relations, subjugation of other syntheses, and the "exceptional" status of individuals; the determining of value must combine intrinsic and extrinsic factors. Conflict occurs within Nietzsche's values because the conditions that produce the most exceptional individuals are at odds with the conditions needed for flourishing cultures. I contend that the tenor of Nietzsche's late thinking suggests a way of resolving this tension through a willingness to give up on the exceptional status of individuals in favor of the advancement of flourishing cultures.

Keywords: Nietzsche; Value; Individual; Synthesis

Nietzsche's Will to Power as the Distinguishing Factor   By Yuan Chengchun / 62

Abstract: Nietzsche expounds the original position of "will to power" not merely at the layer of the whole world, but also in various parts of the world. His theory of will to power does not attempt to build a transcendental being beyond the living experience of human. Will to power is not set out of the boundary of individual existence; it is still a kind of empirical factor that exists in human's individual experience. The ultimate aim of Nietzsche's searching for "self" and studying the nature of individual existence is to reach a standard to distinguish meaningful from meaningless. This standard implies the basis to distinguish high and low, so as to help people understand the ideal trend and motivation of their lives. Nietzsche believes that the meaning of life is determined ultimately by will to power; it struggles with other will to power and forms a network of relationship, and meaning actually is the expression of the composition of forces of will to power.

Keywords: Will to Power; Distinguishing Factors; Nietzsche

· Classics in New Horizon · Interpretations of Homer and Plato ·

"The Myth was Saved": Reflections on Homer and the Mythology of Plato's Republic   By Charles Segal / 70

Abstract: In the narrative of epic, the poet Homer presents us with colourful mythical world through the poetic form. In *The Republic*, the philosopher Plato used philosophy and rational thinking to explore and reflect on the problems of justice. Homer and Plato seem to be the poles of poetry and philosophy. Both are actually pursuing the eternal value of surpassing reality. Homer uses its unique stylized language to explore the hidden nature behind the diverse world. Plato uses Homer's mythological thinking and injects philosophical thinking to explore the eternal value of society and human nature, thus creating a new mythological form. This form inherits and develops Homer's poetic form, blending and exploring the categories of tragicomedy and drama in the ancient world, integrating "introvertive" and "extravertive" myth. In the end, Plato used the prototype of mythology to fuse poetry and philosophy in the form of "new mythology" and conveyed his thoughts on human nature, philosophy, and life.

Keywords: Myth; Homer; Plato; *Republic*

The Legacy of Aphrodite: Anchises' Offspring in *The Homeric Hymn to Aphrodite*   By *Andrew Faulkner* / 91

Abstract: *The Homeric Hymn to Aphrodite* has traditionally been understood to pay honour to a family of Aineiadai who once held power in the Troad, but in more recent years some scholars have rejected this view. This article first revisits this controversial issue, suggesting that concentrated attention paid in the hymn to the birth of Aineias and his lineage supports the position that the poem was composed for a group that identified itself with Aineias. It then goes on to consider the view that the *Hymn to Aphrodite* narrates the end of Aphrodite's mixing gods and mortals in love. It is argued that this reading is not required by the text of the poem.

Keywords: *The Homeric Hymn to Aphrodite*; The Family of Aineias; Unions between Immortal and Mortal; Shame of Love

Homer and History: Note 9. 381 – 384 in the *Iliad*   By *Adrian Kelly* / 107

Abstract: According to Akhilleus' famous comparison at *Iliad* 9. 381 – 4 and the recent discoveries about the Bronze Age, Adrian Kelly reveals the relationship between Boiotian and Egyptian Thebes, and the replacement of the former by the latter in that comparison. This discovery reflects the history and context of Mycenaean, It is concluded that the material and social records of the Bronze Age are more meaningful to Homer researchers. The author tries to show that the memory behind *Iliad* 9. 381 – 4 seems to reflect both the politics and economics of the Bronze Age, specifically the period between the early fourteenth century and the first third of the thirteenth century. This historical situation provides an interesting addition and a new perspective to Homer researchers.

Keywords: Homeric Epics; *Iliad*; Akhilleus; Ancient Egypt

Abstract

The Homeric Hymn to Aphrodite: A Literary Appraisal　　　　By Peter Walcot / 119

Abstract: By putting the *Hymn to Aphrodite* together with Homeric Epics as well as relatively documents which focus on the other kinds of Homeric Hymns, this thesis mainly focuses on exploring the theme and special comprehension of the *Hymn to Aphrodite* through close reading of texts. This Hymn describes a love story about Aphrodite who is the Goddess of love and a mortal man named Anchises. The story implies some common plots that often present in Homeric Epics and other kinds of Homeric Hymns, such as deceiving, lying and raising. The author analyzes both divinity of Aphrodite and these existing common plots in order to present the characteristics of ironic humor of Aphrodite and how the theme of myth of birth which can be drawn from the *Hymn to Aphrodite* gets a new explanation in it.

Keywords: Myth of Birth; Irony; Divinity; Virtue

· New Perspectives for Literature ·

Hamlet and Dou-E: A Note on Poetics of Tragedy from Comparative Literature
　　　　　　　　　　　　　　　　　　　　　　　　By Yuan Xianjun / 142

Abstract: It is only for the sake of arguing for the true character of tragedy in Injustice to Dou-E by Guan Hanqing, one of the greatest dramatists of Yuan Dynasty of ancient China, that we consider together two main dramatic characters, Hamlet and Dou-E in a strict sense of the term "tragic". The truest meaning of tragedy does not lie in the wretched end of tragic characters, but in the splendid dignity of humanity exposed in the ordeal of suffering characters and their destiny. What is displayed in Dou'E may be similiar to the common humanity represented in other way by Hamlet. What's more, the tragic fates of both Hamlet and Dou'E embodied some siginificant qualities of tragedy defined by Aristotle's Poetics, which is to say that the living experiences of tragic heroes or heroines and the ways of bearing-on-suffering of theirs would deserve our concern and respect.

Keywords: Hamlet; Dou'E; Spirit of Tragedy; Poetics of Tragedy

From "Homelessness" to "Poetic Habitation"　　　　　　By Zhang Yan / 150

Abstract: In Heidegger's early work "Introduction to Metaphysics", human beings rely on their "power" to confront the whole of beings, but this confrontation also makes human beings "uprooted" and homeless. In the later works of Heidegger, such as "Building and Living", human beings are no longer homeless, but "poetically dwelling" in their "home". He lives on the earth. In this transition from "homelessness" to "poetic habitation", "space" has played an important role.

Keywords: Martin Heidegger; Homeless; Habitation

Derrida and Radical Atheism　　　　　　　　　　　　　*By Pang Hongrui* / 161

Abstract: In 2009, Martin Hägglund, a professor of comparative literature at Yale University, published a book named *Radical Atheism: Derrida and the Time of Life*, which caused a huge debate in the academic world. Throughout the current results of Derrida's research, most scholars believe that Derrida's later thoughts have experienced an "ethical turn". Hägglund opposed this mainstream statement, and he took a different approach and reinterpreted Derrida's thoughts from a temporal perspective, which provided us with a new vision. He pointed out that there never was a rupture in Derrida's thoughts, and the concept of "radical atheism" run through from beginning to end. The so-called "radical atheism" is a critique of the normative ethical ideals and an openness to "the coming of the future". In addition, it is also a rejection of the concepts of "permanence" and "absolute immunity" and an affirmation of the limitation of life and the "autoimmunity".

Keywords: Hägglund; Derrida; Radical Atheism; Ethical Turn

On the Rhetoric of Deconstructionism in J. Hillis Miller　　　*By He Bochao* / 178

Abstract: As a renowned American literary theorist, J. H. Miller attaches the most importance to rhetoric. He doesn't attempt to reveal the role which trope plays in Grammar on the basis of linguistic cognition, but, by the nature of the lexis of literature, to fathom the rhetorical fluidity and its effect in destructing solidified language. He combines rhetoric with performative and reinterprets some figures such as metaphor, catachresis, parable, irony, and prosopopoeia, by which, moreover, analysis of texts is at work, aiming to make literary criticism of deconstructionism available and conceivable and not being lost in the level of discourse.

Keywords: Rhetoric; Metaphor; Catachresis; Parable; Irony; Prosopopoeia

· Translation of Classic Writings ·

"Figura": Its Semantics and History　　　　　　　　　　*By Erich Auerbach* / 189

Abstract: Originally "Figura", from the same stem as fingere, figulus, fictor, and effigies, meant "plastic form". The history of its semantic development begins with the Hellenization of Roman education in the last century BC, upon which three great authors, Varro, Lucretius, and Cicero, exerted significant influences. Since 4th century "figura", apart from construction of images, also acquired a topological function that extremely crucial to Christian religion and exegesis on the Holy Bible, related to which several usages and relevant methods of interpretation on classics were developed and even comprehensively advanced in Latin church in its entirety. So the historical scrutiny of a concept from "figura" to "allegorical figure" and "prophetic figure" would indicate how on the basis of its semantic development a word may grow into a historical situation and give rise to structures that will be effective for many centuries. The historical situation that drove St. Paul to preach among the Gentiles developed figural interpretation and prepared it for the influence it was to exert in late antiquity and the Middle Ages.

Keywords: "Figura"; Allegory; Topologoly; Figural Interoretation

· Book Reviews ·

Nietzsche in Multiple Perspectives　　　　　　　　　*By Zuo Yiyi et al. / 229*

Abstract: Generally there are several dimensions in Nietzsche's philosophy. If we attempt to approach Nietzsche's thought with Nietzschean perspectivism, we would find it exhibiting multiple dimensions, including biological, ontological, metaphorical, meta-metaphysical, and politico-ethical dimensions. This set of book reviews is to aim at reconstructing a contemporary context for understanding Nietzsche and at reorienting researches on intellectual history in general and on philosophical tradition of West in particular through reading and evaluating some important works on Nietzsche, for whose authors Nietzsche's philosophy is in nature a complicated polysystem, in which biology functions as a metaphor, ontology as a ground, tragedy as a gist, meta-metaphysics as a transcendent direction, and politico-ethics as an esotericsm.

Keywords: Nietzsche; Biological Metaphor; Perspectivism; Ontology; Meta-metaphysics

《跨文化研究》稿约

《跨文化研究》（*Transcultural Studies*）系北京第二外国语学院文学院（跨文化研究院）主办的综合性学术集刊。其主旨是瞩望人文，学宗博雅，故拆解古今中西樊篱，汇通人文，"六艺"兼容；立足语言文学，却无学科本位，尝试将文学、历史、宗教、哲学、语言融于一体。顾名思义，本刊广邀善士，拜约各方，祈求文化间性研究、文化交往性研究、文化超越性研究的前沿学术成果，期待并培壅既有古典根荄又富当代意识的学术情怀。

《跨文化研究》力求每辑聚焦一个领域，烘托一个主题，突出中国问题意识、中国解决方法和中国学理构建。在"学无中西"的全球化视野下，本刊以"中国学子"作"世界学问"为仰望的境界。在"学科通串"的现代人文转向趋势中，本刊以"综观全局"且"细察幽微"为治学的状态。本刊常设"经典论绎"、"经典导读"、"异邦视野"、"文论前沿"和"新著揽英"等栏目，且不对作者的文字篇幅、研究领域、治学方法做刻意的限制。本刊每年出版2辑，春季四月和秋季十一月为发稿时间。

如蒙慷慨赐稿，敬请了解并遵循如下约定：

1. 所投稿件须是没有公开发表过的新作；
2. 在大作的最后一页上注明您的供职单位、研究方向，且留下电邮地址；
3. 文稿用Word文档常规格式，标题用宋体3号字加粗、居中，作者署名用4号楷体、居中，正文一级标题用4号宋体、加粗，独立引文用楷体、上下空1行，正文用5号宋体，全文1.5倍行距。
4. 论文请提供中英文摘要200个字符，关键词3-5个，论文题目英译、英文摘要和关键词置于文末。
5. 注释用页下注，每页重新编号，编号用数字带圈；其要件和顺序例示如下（未尽之处，敬请参阅新一期样刊）：

①陈恒：《希腊化研究》，北京：商务印书馆，2006年版，第26页。

②包向飞:《宽广的反讽》,载《文化与诗学》,北京:北京大学出版社,2013年版,第160-172页。

③Erich Auerbach, *Dante: Poet of the Secular World*, trans. with an introduction by Michael Dirda, New York: New York Books, 2001, p. 42 (or p. 42 - 46).

④William Franke. "Metaphor and the Making of Sense", in *Philosophy & Rhetoric*, Vol. 33, No. 2 (2000), pp. 137 - 153.

6. 参考文献要件和顺序例示如下:

包向飞:《宽广的反讽》,载《文化与诗学》,北京:北京大学出版社,2013。

陈恒:《希腊化研究》,北京:商务印书馆,2006。

让-皮埃尔·韦尔南:《古希腊神话与悲剧》,张苗等译,上海:华东师范大学出版社,2016。

Blumenberg, Hans *Höhlenausgänge*, Frankfurt am Main: Suhrkamp, 1989.

Pavesich, Vida, "Hans Blumenberg's Philosophical Anthropology: After Heidegger and Cassirer", in *Journal of the History of Philosophy*, vol. 46, No. 3 (2008), pp. 421 - 448.

7. 如蒙赐稿,请将大作发至 kuawenhuayjy@ bisu. edu. cn

8. 如果有必要寄送纸质版,请寄:100024 北京朝阳区定福庄南里1号北京第二外国语学院文学院(跨文化研究院);联系人:杨老师,胡老师。

9. 本刊采用匿名平审制。大作一经发表,即奉微薄稿酬。由于编辑部人手有限,来稿一般不退还,也不奉告评审意见。

《跨文化研究》编辑部

图书在版编目(CIP)数据

跨文化研究.总第5辑,2018年.第2辑/王柯平,胡继华主编. -- 北京：社会科学文献出版社,2018.12
ISBN 978-7-5201-2344-0

Ⅰ.①跨… Ⅱ.①王… ②胡… Ⅲ.①文化交流-文集 Ⅳ.①G115-53

中国版本图书馆 CIP 数据核字 (2018) 第 296628 号

跨文化研究　总第 5 辑　(2018 年第 2 辑)

主　　编 / 王柯平　胡继华

出 版 人 / 谢寿光
项目统筹 / 祝得彬
责任编辑 / 张　萍　徐成志

出　　版 / 社会科学文献出版社·当代世界出版分社 (010) 59367004
　　　　　　地址：北京市北三环中路甲 29 号院华龙大厦　邮编：100029
　　　　　　网址：www.ssap.com.cn

发　　行 / 市场营销中心 (010) 59367081　59367083
印　　装 / 三河市龙林印务有限公司

规　　格 / 开　本：787mm × 1092mm　1/16
　　　　　　印　张：16.75　字　数：284 千字
版　　次 / 2018 年 12 月第 1 版　2018 年 12 月第 1 次印刷
书　　号 / ISBN 978-7-5201-2344-0
定　　价 / 86.00 元

本书如有印装质量问题，请与读者服务中心 (010-59367028) 联系

▲ 版权所有 翻印必究